“广西自治区党委宣传部与广西大学马克思主义学院共建项目”（项目编号：T3160097909）

FROM MANAGEMENT
TO LEADERSHIP

Research on the history of modern Western management philosophy

从管理到领导

现代西方管理哲学发展史研究

罗仕国◎著

人民出版社

责任编辑：武丛伟
封面设计：王欢欢

图书在版编目(CIP)数据

从管理到领导:现代西方管理哲学发展史研究/罗仕国 著. —北京:
人民出版社,2018.2
ISBN 978-7-01-018849-2

Ⅰ.①从… Ⅱ.①罗… Ⅲ.①管理学-哲学-发展史-研究-西方国家
Ⅳ.①C93-02

中国版本图书馆 CIP 数据核字(2018)第 011114 号

从管理到领导

CONG GUANLI DAO LINGDAO

——现代西方管理哲学发展史研究

罗仕国 著

人民出版社 出版发行
(100706 北京市东城区隆福寺街 99 号)

北京龙之冉印务有限公司印刷 新华书店经销

2018 年 2 月第 1 版 2018 年 2 月北京第 1 次印刷
开本:710 毫米×1000 毫米 1/16 印张:26.5
字数:364 千字

ISBN 978-7-01-018849-2 定价:68.00 元

邮购地址 100706 北京市东城区隆福寺街 99 号
人民东方图书销售中心 电话 (010)65250042 65289539

目　录

第二篇 人类行为与激励

第三篇 走向领导科学

绪　　论

一、研究对象

本书命名为“从管理到领导”，旨在体现现代西方管理哲学发展的动态过程和基本方向。整个 20 世纪西方管理思想包括管理哲学思想，从世纪初科学管理和古典组织理论强调科学的管理和严密的理性化的组织结构与组织规则，经过人性和人的激励的研究，随着对人的认识的深入和管理环境的变化，最终从管理走向领导。领导与最初的管理在方式上出现了根本性的转变。美国通用电气公司原 CEO 杰克・韦尔奇有句名言：“多一点领导，少一点管理。”他已经认识到了两者的区别。美国领导学家华伦・本尼斯把领导定义为“创造并实现梦想”，认为“领导关注的是方向、前景、意图、目标和效果”，用目标引领，既是领导者的领导方式，又是其职责与使命。他认为领导是做正确的事，管理在于正确地做事。西方整个 20 世纪的管理，发展的线索很多，比如人性假设、组织变革等，最终都可以体现在管理方式和理念的转变，即从管理到领导的转变。

本书的副标题为“现代西方管理哲学发展史研究”，对本书研究对象的把握，重点在于准确理解这一概念中的几个关键词：“现代”、“西方”、“管理哲学”和“发展史”。

“现代”，是一个比较模糊的概念，在每门学科中的起点是有差别的。在管理思想史上，现代是指20世纪初期以来，以科学管理思想的产生为标志。根据学术界的一般划分，现代包括科学管理阶段（古典管理）、行为科学阶段、管理理论丛林阶段（管理科学阶段）和当代组织文化管理阶段。本书从“从管理到领导”这一思路出发，将现代管理分为三个时期：工业化及其管理原则、人类行为与激励和走向领导科学。以时间来划分，只是一种具有相对性的做法，因为管理思想从来就没有停止过，它的发展总是错综复杂的，只不过某个阶段，某种或几种管理思想占据主导地位，而其他的思想处于次要地位。各种管理思潮不仅在时间上有交叉重叠的情况，在内容上也有互相交叉重叠、互相借鉴的情况。所以，管理思想的本来面目是复杂的，我们对一些情况进行划分、分类，对之进行简化，是为了方便研究，抽象性、齐一性总是伴随具体性和差别性的遮蔽。

“西方”，指北美和欧洲国家。现代工业革命，最先发生在英国、美国这样一些资本主义国家，他们在管理思想上在世界范围内领先一步。这些管理思想和管理哲学思想，对其他国家的管理影响深远。英国、法国、德国、美国等主要资本主义国家的管理思想，在现代管理思想史上占据重要的地位，特别是美国的管理思想，连续性最强，在现代管理思想史上影响深远。几个时期的划分，主要以美国管理思想的变化为标志。这是与美国管理思想的地位、在国际上的影响力有关的。

何谓“管理哲学”？整个现代西方管理哲学的发展史基本上可以看作一部“关于发挥生产力中人的工作效率问题的反思的历史”。管理内容上，是一个从发挥人的工作积极性到发挥知识创造性的过程；管理对象上，是从体力劳动者的管理到知识工作者的管理的发展过程；管理方式上，从过程控制到目标管理和自我管理，从经济激励、人际关系激励到自我实现的激励，从管理到领导的过程。“管理哲学”，是指与管理技巧相对的概念，它不是一种管理技巧，而是一种具有普遍性的思想成果，是对管理实践和理论的思考和从哲学上加以总结的结果，它对管理实践和理论研究具有普遍的指导意义。它是与历史文化相一致的，是与时代的一般思想一致的，特别是西方哲学思想中的科学主义和人本主义两大思潮，决定了现代管理思想发展的基本特征。当然，它们都是以现代人类管理实践为基本来源的，实践是认识的来源和基础。管理哲学思想，与管理技巧一样，也是管理实践需要的产物。不同时期的管理哲学的特点及其之间的差异，反映了不同时期管理实践要解决的问题，是管理实践的要求。

谢尔顿将管理哲学界定为：提供一种达到某种明确目标的方向，并且形成对那些根本原因的理解——那些根本原因从终极上可以解释管理的行为，说明那些支配作为一个整体的管理实践的目的、成长路线和原则。管理哲学家霍金森认为管理哲学是对管理的反思、分析、批判，是对人类最古老的合作行为的反思。具体来说，比如泰勒为何把自己的管理理论叫作管理哲学？为何又说具体的管理方法不是科学管理？只有心理革命称为科学管理？科学管理在何种意义上对今天的管理实践仍然具有借鉴价值？来自办公桌边的管理学家法约尔的管理哲学的特点是什么？其管理思想有什么方法论的特征？韦伯的管理学理性主义表现在什么地方？谢尔顿对管理哲学的含义是如何理解的？他提出企业要承担的社会责任的依据是什么？福利特和巴纳德为何把组织看作一个整合的和协作的系统？对权力的理解与传统的理解有什么不同？福利特提出的冲突解决方法是什么？巴纳德对经理人员职能界定的依据是什么？梅奥的人本主义特征是什么？与旧人本主义的区别是什么？是什么原因使梅奥在众多霍桑实验的解释中脱颖而出，为人们信服？行为科学对人性、人的需求的研究的发展方向是什么？在激励方式上有什么变化？被孔茨称为管理理论丛林的管理科学阶段的管理思想具有什么方法论特征？战略管理发展的轨迹是什么？为何从竞争战略向合作和创新战略转变？组织文化理论对文化的理解是什么？学习型组织在思维方式上为何强调系统思考？对西方管理哲学影响很大的日本的组织文化的特征是什么？松下幸之助和稻盛和夫为何提出共存共荣和利他主义的管理思想？对这些问题从哲学上进行思考就是管理哲学，管理哲学在各个时期和不同的管理思想家那里是有很大差别的，包括本体论、认识论、方法论、人性观、历史观和价值观等多角度的研究，不能用一个所谓标准的模式去评判和取舍。

所谓“发展史”，就是发展的历史。而历史的特点，是研究发展的过程的，而不是对管理思想的简单罗列。它既要研究当时的管理实践甚至人类活动的实践对管理思想的影响，即研究管理的实践基础，也要厘清管理哲学思想的理论来源，弄清楚一些基本概念和基本思想的前后关联。在这方面，管理思想史学家雷恩的著作《管理思想的演变》给我们树立了标杆，值得我们学习。

关于西方管理哲学发展史的分期，根据研究对象可以分为科学管理、人本管理和知识管理三个阶段。这三个阶段根据我们的主题，即从管理到领导发展的过程，可以分为管理阶段、从管理到领导的过渡阶段和领导科学阶段。第一个阶段的特点是，工业革命引起的大工业生产提出了建立管理制度和管理原则的要求，从而产生了美国工程师泰勒的科学管理理论、法国工程师法约尔的一般管理理论和德国学者韦伯的基于合理性的官僚制。其特点是研究在管理中如何运用科学思想和科学方法，建立严密的合理的一般管理制度，建立科学的管理原则。其中泰勒主张用科学方法代替经验的方法，以提高生产效率特别是工人的生产效率。法约尔和韦伯各自建立了一套组织管理原则，他们的重点又有所区别，韦伯强调理性主义的原则，而法约尔要全面一些，甚至在其组织原则中注重个人的发挥和组织文化的建设。第二个阶段是行为科学的阶段，对人类行为和激励进行研究。行为科学这一名称是在1949年美国的一个跨学科国际会议上确定的，但是行为科学的初期研究成果产生于30年代初，它以1933年梅奥的《工业文明中的人类问题》为标志。人际关系理论以人的情感逻辑为研究的基本内容，研究社会因素对人的效率的影响，研究人的社会需求而不是经济需求的满足对工作积极性的影响。随后的行为科学的发展对个人的需求和激励，以及群体行为和领导行为、组织文化对职工积极性的意义进行了研究，是对人际关系理论的深化。这个理论一直延续到 20 世纪 80 年代的组织文化理论。第三个阶段是知识管理阶段，这一阶段的理论中，管理者的作用发生了变化。知识管理阶段的研究对象是人的知识和知识工作者本身的管理，包括知识的保护、知识的创造和知识的运用，用德鲁克的话来说就是对知识工作者的生产率的研究。德鲁克认为在整个 20 世纪人类社会发生的对社会影响最大的事件就是人口结构的变化，即知识工作者的人数逐渐超过体力劳动者。特别是认为 21 世纪对管理的最大的挑战是如何提高知识工作者的生产率，提高知识工作者的生产率成为管理学研究的主要内容。由于科学技术的发展对人类社会也包括管理的深刻影响，人们逐渐认识到外部环境对企业等社会组织的影响，把组织看作一个开放的系统而不是封闭的系统，从而根据外部环境进行战略调整，包括组织结构的设计。人们看到了组织学习的重要性，深入研究知识创造过程。人们越来越重视组织文化建设的意义，领导自觉利用组织文化进行激励和管理。形成了这一时期的管理哲学思想的基本内容。三个阶段的内容相对独立，但也有时间上的交叉，这正体现了思想和实践的连续性与阶段性的特点。

二、研究方法

不同学者会钟情于不同的方法。我们认为管理思想史学家丹尼尔·雷恩的研究方法是一种可取的方法。他坚持了历史与逻辑一致的原则，既考察理论和实践之间的影响关系，也考察思想之间的理论渊源关系。这样才能更好地理解一种理论本身的精神实质和特点，以及变迁的原因和实质。这样学习历史，才有益于我们预测未来，至少对我们研究未来管理和管理思想提供借鉴，指明方向。比如我们研究泰勒的管理思想，要对其产生的工业背景和管理要求进行研究，才能领会其科学管理思想的基本特征和内容，才能理解其管理思想的任务目标。我们也要对泰勒科学管理思想的一些基本思想的理论来源进行研究，才能很好地理解其理论精神，比如其“科学主义的态度”和“经济人”的概念。再比如，我们研究彼得·圣吉的学习型组织理论，如果不对其理论来源进行研究，特别是对学习理论、系统动力学等方面进行研究，就很难深刻理解学习型组织的真谛。正如西方现代哲学发展史一样，西方现代管理哲学发展史也体现了科学主义和人本主义两条路线的争论，管理思想的后续发展也是沿着科学主义和人际关系的路线进行的。管理科学继承了科学管理的传统，而组织文化理论是人际关系理论的深化和组织化，文化本质上是一种人际关系。此外我们还要考察管理思想家个人背景对其管理思想特质的影响，以便更好地理解思想家们的管理思想。正如管理史学家雷恩对泰勒和法约尔思想研究后得出的结论：泰勒是来自车间的管理学家，而法约尔是来自办公桌边的管理学家。这对我们理解泰勒和法约尔的思想有很大的帮助。同样我们也可以根据个人背景，对韦伯的思想——官僚制或科层制思想、梅奥的人际关系理论做类似的研究。为什么霍桑实验第一阶段的“出乎意料”的结果，没有得到很好的解释，梅奥后来加入实验后，比较好地解释了实验的结果，实现了一次管理思想的转变？这说明，管理思想史的研究，既要结合时代背景也要结合个人背景，才能更准确全面地理解其管理思想特征和精神实质。

三、研究的意义

研究历史，是为了更好地理解现在和将来。因为历史绝不是博物馆，历史具有“重演”的本性。比如，西方国家工业革命和工业化的历史，我们国家正在经历。知识经济时代的到来，也是我们所不能选择的事件。还有市场经济的管理，从亚当·斯密以来在西方形成的整套的管理方式和管理哲学思想，我们也应该好好学习和借鉴。日本当代经济发展的奇迹说明，我们对管理思想，甚至科学技术，不必事事自己去发明创造，人类已经具有相互学习的条件。我们要认真学习西方国家的管理，当然也包括西方国家的管理哲学。这是学习西方管理哲学的基本理由。

第一篇

工业化及其管理原则

产生于20世纪初期的古典管理理论主要包括美国人泰勒的科学管理理论、法国人法约尔的工业管理和一般管理理论和德国人韦伯的科层制理论——法约尔和韦伯的思想又称为古典组织理论，以及其他管理思想家和实践者的管理思想。

这一阶段的管理思想的基本特征是科学化、程序化、标准化、理性化，与经验式管理对应，也与非理性的管理对应。这一时期的管理思想以大工业为背景——大工业规定了管理的任务，个人背景规定了其管理思想的角度、界限和特征，以科学（实验）和理性为实践基础和理论基础。对于古典管理理论产生的历史背景，可以从以下三个方面来理解：

1. 工业革命和工厂制度提出了需要

工业革命这一概念最早由恩格斯提出，它是指从18世纪中叶开始的把机器运用于生产，使手工业生产向大规模机器生产转变这一过程。最先从英国中部地区开始，后来发展到欧洲其他国家，19世纪发展到北美地区。这场从手工业到基于分工的大工业的转变以纺织业的变革和蒸汽机的出现为先导，特别是珍妮纺纱机和瓦特的蒸汽机的发明，大大促进了这一过程。一般认为，促进工业革命的主要因素是蒸汽机、煤、铁和钢的生产和应用，以机器取代人力，引起大规模生产和大规模组织的出现。在19世纪20年代，英国工业中动力织布机已经基本取代了手工织布机。这种生产机器及其动力的革命，引起大型工厂的出现和工厂制度的产生，导致了纺织工业、采矿工业、冶金工业和运输工业甚至通信业的产生，同时也引起了整个社会关系的深刻革命，逐渐使整个社会由农业社会向工业社会转变。社会分离为资产阶级和无产阶级两个基本的既相互依赖又相互对立的阶级，也由此引起了工业管理和相应的社会管理的需要。英国工业革命，影响最大的是三个方面：纺织机等引起的生产工具上的革命、蒸汽机引起的机器动力上的革命、以工厂组织制度为代表的组织方式上的革命。恩格斯说："水力，特别是蒸汽力的利用，机器装置的应用，这就是从上世纪中叶起工业用来摇撼世界基础的三个伟大的杠杆。"① 在工业革命和机器大生产条件下，原来的师傅带学徒式的手工工场生产方式和经验式管理已不适应新的需要，这种管理方式严重影响了当时科学技术的发展可能带来的高生产率。最突出的表现就是劳资矛盾，工人出现磨洋工的现象，限制了产量，影响了生产力的发展。劳资关系的重新认识和调整以及新的管理制度的建立、新的管理思想的产生，是社会生产力与生产关系发展的要求。

2. 时代精神和思想来源作理论上的准备

这个时代精神指的是资本主义精神，也就是创新与积极进取精神，是一种以理性而系统的方式追求利润的态度。② 资本主义精神具体包括新教伦理、个人自由伦理和市场伦理等几个方面。韦伯在《新教伦理与资本主义精神》一书中讲道，欧洲传统基督教主张禁欲主义、烦琐的宗教仪式、严格的教规，宗教已经成为压迫人的工具。欧洲在公元16世纪兴起的包括路德和加尔文等人的宗教改革运动，根据新的形势，提出了不同的主张。他们主

① 《马克思恩格斯文集》第1卷，人民出版社2009年版，第406页。

② 参见［德］马克斯·韦伯：《新教伦理与资本主义精神》，李修建等译，中国社会科学出版社2009年版，第40页。

张对传统的宗教进行改革，从而形成了不同的宗教教义和不同的宗教伦理。马丁·路德认为上帝把人分为“弃民”和“选民”，前者注定要被上帝所抛弃，而后者则被上帝所拯救，任何人只要履行了上帝分配的天职，取得成功，就是选民，否则就是弃民。每个人都要相信自己是选民而不是弃民，要积极克服困难，争取成功，以证明自己是选民。新教伦理把上帝和人类生活直接联系起来，每个人可以靠自己的努力拯救自己，在现实中人们找到了精神支柱，因为这种积极主动的人生观与上帝的旨意是一致的。新教伦理思想还包括：浪费时间是万恶之源，因为会失去为上帝争光的机会；乐于从事工作，不成为不劳而食者；劳动分工和专业化也符合上帝的旨意，因为它可以使事情做得更好；浪费有罪等。加尔文的宗教主张中，也有简化宗教仪式的要求，他宣布只有圣经是唯一的信仰依据，只依据和做到圣经中记载的洗礼和圣餐礼即可。提倡节俭，反对奢华，鼓励经商致富，主张分权与民主，反对专制。个人自由伦理是在资本主义发展的过程中逐渐形成的，它反对封建专制，反对对个人的政治迫害和经济掠夺。洛克的《政府论》集中反映了这种个人自由思想。它主张人民只受代表理智的自然法则的支配，不受专横的统治准则和独裁者的各种念头的支配；人类社会以私有制为基础，个人财产不受侵犯，应受到保护。主张政治自由、经济自由，主张每个人都有权利追求人生的幸福生活。市场伦理是随着市场经济的出现而逐渐形成的交易伦理，也是市场经济的伦理基础。主张用市场规律来自动调节市场行为和市场经济，反对国家对市场经济的干涉，主张每个人是经济人，都可以追求利益的最大化。这三种伦理一起构成了资本主义精神的实质。主张人们积极进取，追求财富和幸福，追求自由，反对专制和压迫，成为新的条件下工业革命的基础，从而也成为工业管理的思想基础。

对古典管理思想影响深远的还有当时西方流行的科学主义和理性主义精神。从思想根源来看，当时流行于英美国家的科学主义思潮以及流行于欧陆的理性主义思潮在学界占据了主导地位。科学主义思潮反对非理性，反对传统习惯，反对宗教，主张一切要经过科学理性的审视，而科学不科学的标准是看能否经受实践的检验，实验的方法是科学研究最受推崇的方法，甚至是科学研究的基本方法。理性主义思潮在欧洲国家特别是德国、法国等国家影响深远，从欧洲启蒙思想产生以来，特别是自从康德、黑格尔等一些著名哲学家对理性的研究和提倡以来，在欧洲大陆思想界取得了统治地位。泰勒的科学管理、法约尔的程序化管理、韦伯的理性化管理的思想，反映了这样一个思想上的时代背景。

3. 工厂管理思想提供了理论来源

古典管理理论作为里程碑式的管理思想，它不是无源之水，它是前人思想成果的总结，比如泰勒就是一位工业革命以来的管理方法和思想的集大成者。并不是每一种科学管理方法和思想都是几位思想家的原创，泰勒、法约尔、韦伯的贡献在于，对前人的思想成果进行了系统总结，并奠定在科学实验和系统理性思考的基础上。可以说，古典管理理论的许多基本原理，在之前都有其雏形。在泰勒之前，在组织设计，管理科学化、人性化以及管理教育等方面，均有初步的实践和理论成果。

第一，工厂组织实践和组织管理原则。

在组织管理实践方面，18 世纪英国著名的实业家理查德·阿克赖特是一个卓越代表，被称为现代工厂制度的创立人。他 1771 年创办英国第一个纺纱工厂，对于一个 5000 多工人的工厂，阿克赖特通过自己的管理能力使之运转良好。他在大型生产的人财物的计划、组织、协调方面创造了许多管理经验，比如在连续生产、厂址选择、各种资源的协调、人事纪律、劳动分工等方面，均积累了创造性经验。丹尼尔·麦卡勒姆（1815—1878）是一个很有成就的建筑师，早年进入纽约伊里铁路公司，因管理才能出众，后担任该公司的总监。初任总监时，美国铁路公司多是由一些小公司合并而成的，设备与职工较为分散，缺乏领导的统一性和比较严密的控制系统。顾客、物资安全缺乏保障，运营秩序比较混乱，效率低下。在此情况下，麦卡勒姆在管理上进行了多方面的创新。提出了配备详细制度的管理原则，主张开发电报信息管理技术。又比如在制定的组织原则中，强调职权划分、权力与责任相结合、快速的报告制度等。通过组织细则和电报信息系统保证这些原则的实现。安德鲁·尤尔（1778—1857）提出了自己的组织系统思想。在《制造业的哲学》一书中，他认为一个企业存在三个系统：机械系统、道德系统和商业系统，道德系统指人事方面。这种从组织功能的角度，对组织进行分类的方法，影响到后来的许多管理思想家。法约尔同样从功能的角度把管理做了分类，认为管理包括计划、组织、指挥、协调和控制。

第二，管理科学化、标准化与管理控制思想。

在早期科学管理实践方面，詹姆斯·小瓦特和马修·小博尔顿在他们的企业经营中有多方面的贡献。他们继承了前辈们（蒸汽机发明者詹姆斯·瓦特和工程师马修·博尔顿）创立的索霍工厂，在市场预测、工厂选址、工艺流程与标准、内部控制、产品标准化、会计制度、工作研究、工资福利制度等方面，均进行了很好的研究和设计，提出许多新颖的思想。比如工厂选址要考虑交通与工厂扩建等因素；把整个产品生产过程进行分解，分为不同工序和工种；根据工作情况把机器与工人有机结合；为工人提供舒适的工作环境和生活环境。在理论研究方面，古典经济学家亚当·斯密的分工理论和理性经济人假设等思想对后来的科学管理产生了重要的影响。经济人假设把人的因素成功纳入以计量方法为特征的经济学和管理学之中。安德鲁·尤尔，是最早在大学培训技术和管理人员的教育者。他的《制造业的哲学：大不列颠工厂制度的科学、道德和商业经济的说明》一书，比较系统地阐述了制造业的原则和生产过程，提出企业管理的本质是用机械科学代替手工技巧，用训练有素的企业职工代替经验型的手工艺人。英国管理学先驱巴贝奇，提出管理的原则与管理研究方法，最为接近泰勒的科学管理。他有一个著名的发明——差分机，是世界上第一台具有储存功能的适用机械计算机。在管理学上，他也有多方面的贡献。他把从英国和欧洲大陆国家工厂和工场学到的经验加以系统化，再运用到工厂和工场中去，具有与泰勒几乎相同的关于管理原理的思想。巴贝奇在分工问题上，从学习时间、学习耗材、工作转换、改变工具耗时、注意力以及技术熟练性等方面全面地分析了分工带来的效率和效益。他还认为不仅体力劳动可以分工，脑力劳动也如此。他也认识到了企业中劳资矛盾的存在，认识到劳资双方利益是一致的，认识到劳资合作、和谐共生的重要性，所以他提出了一种固定工资加利润分成的工资制度，认为这种制度能够提高工人的积极性，使工人更加关心企业利益，这种制度会在一定程度上缓解劳资矛盾。美国的亨利·普尔主张通过建立管理体系来进行管理，注重管理中的人的因素。在泰勒之前已经有人提出管理制度问题，主张标准化的管理。美国工程师和管理学家亨利·汤，看到了管理的重要性，主张管理是一门科学，支持和推广科学管理，提出激励的收入分配制度。美国的亨利·梅特卡夫（1847—1917）提出管理控制思想，在他管理的法兰克福兵工厂发明了车间卡片上报制度，将劳动、成本控制有效地结合起来。奥波林·史密斯（1840—1926）在工厂管理中设计了一套机械零件的命名系统，提出三条基本命名原则：区别性、记忆性和简明性，对机械工序的管理有重要意义，非常类似于泰勒的工作管理。

第三，人性化管理。

罗伯特·欧文（1771—1858）在理论和实践上对管理学都作出了贡献，是一位经验丰富的企业家，被称为“现代人事管理之父”。在管理实践上，他靠个人奋斗在18岁时创立自己的工厂，在工厂管理中坚持人本主义思想，致力于改善工人的工作和生活环境。后来又致力于以工厂为中心的社区的社会改革，建设高福利和具有友好关系的协作村。最后他把自己的企业卖掉，成为企业的专业管理人员，最早的职业企业家。在管理思想上，他的主要贡献是：1）提出人是环境的产物的思想，主张用良好的环境代替不良环境，使人弃恶从善，过幸福生活。2）主张公正平等的人性化管理，认为应通过考核激励员工，不应采取惩罚的方法，对于管理上的不公，可以申诉。3）注重教育，主张教育立法，认为教师要以榜样教育学生，不准体罚学生。4）主张改善劳动条件。亨利・汤（1844—1924）是美国工程师、管理学家、企业家，在其公司任总经理48年之久。他在其论文《利益分享》中提出一种分配制度，他认为这种分配制度既可以缓解劳资矛盾又可以调动职工的积极性。这种分配制度称为利益分享制，即职工薪酬由保障工资加上超额利润分享构成，保障工资三至五年保持不变。他在其公司里推广这种做法，在当时确实起到了积极作用。弗雷德里克・哈尔西（1856—1935）研究了工资报酬管理问题，并提出解决方案。哈尔西看到了当时劳资双方在分配等问题上的尖锐矛盾，对当时存在的几种分配方式和思想的不足进行了分析，提出了自己的分配方案。他在1891年发表的一篇文章中对计件工资制的问题进行了分析，认识到计件工资制下，因工人产量提高引起资方提高定额而降低工资率的情况。他对亨利・汤提出的利润分享方案也提出了质疑，他认为，这种方案没有考虑到利润中除了工人劳动以外的其他因素的贡献，工人个体劳动差异没有得到体现，没有提出在亏损时工人的责任，同时也没有指出定额的可变性。哈尔西提出了自己更为合理的奖金分配方案，即：以目前的产量为标准产量，以目前所用的时间为标准时间，如果工人提前完成工作，就把剩余时间完成的利润收益按照一定比例发给工人。他认为这一方案相比亨利・汤的方案具有简单性、公平性、互利性和保障性等优点。他和亨利・汤的思想成为后来分配激励制度的重要来源，特别是成为泰勒科学管理思想的重要来源。威廉・杰文斯（1835—1882）是第一个研究劳动强度和疲劳关系的人。他出版《政治经济学理论》一书，在泰勒之前研究了劳动工具、劳动强度与疲劳的关系，目标是使一个工人能每日或每周所做工作量为最大，但又能让其从疲劳中完全恢复，重新以最大的力量投入工作。主张工人与管理当局的合作。主张通过利润分享、职工拥有股份等方式实现工业合伙。他提出的这些思想就连泰勒也没有能够超越。

第四，管理重要性、管理教育思想。

亨利·汤认为，管理是一门独立的科学，非常重要，可以通过办杂志等媒体来进行传播。亚当·斯密曾经把企业家作为一种生产要素，法国人让·萨伊（1767—1832）也对企业家的角色进行了定位，认为企业家要把土地、劳动力和资本结合起来，要承担管理的风险，因此企业家是第四种生产要素，企业家必须具有监督与管理的艺术，并因管理而获得单独的回报。他还提到“次级管理者”问题，认为企业家在管理中可以通过授权将一部分工作授予下级管理者，这些管理者通过管理领取薪水，不拥有公司财产。法国管理学家杜平（1784—1873）是工业管理教育的先驱，他主张管理技术可以通过教育获得，把管理作为一门独立的科学进行教育。他还进行了生产、机械化方面的研究，对作业研究和提高劳动率有清楚的认识。他说：“必须以尽可能少的工人劳力达到工作所要求的水平，以及必须对每种行业进行研究，以便找出并发现每种行业中最好的工业措施。”法国这种重视管理及管理教育的传统后来为一般管理理论的创立者法约尔所继承。

在这样一种管理实践和理论的背景下，当时站在时代前列的一大批工程师和管理者，开始研究大型组织的管理问题，出现了泰勒、法约尔和韦伯等人的科学的工业作业管理理论和主张理性化、程序化的古典组织管理理论。

第一章　科学管理原理

泰勒在其主要著作《科学管理原理》的前言中，一开始就引用了罗斯福总统在白宫对各州长的一句讲话："保护我们国家的资源，只是提高全国性效率这一重大问题的前奏。"泰勒指出，美国已经注意到生产率问题，但是关注的只是资源的节约和利用，而"每天，来自人力资源上的损失要比在物质资源上的浪费大得多。也正是认识上的问题，导致人们对前者感慨万千，对后者却无动于衷"[①]。提高人力资源的生产率是一个重大问题，但是泰勒在工业实践中看到的是一种截然相反的场景：工人中普遍存在"磨洋工"的现象，工人限制产量，生产效率低下。泰勒对这种现象的原因进行了分析，发现其中既有认识问题，也有管理问题，于是提出了科学管理。泰勒认为，解决工作效率问题在当代的根本方法是进行科学管理，而不能指望某些所谓的"伟大人物"的出现。他撰写《科学管理原理》的目的，就是对科学管理原理做出说明。他说：过去流行的观点可用这样的俗语表达："工业界的领袖是天生的，不是后天成就的。"他说，将来，人们会认识到我们的领袖人物必须是通过培训而成就的——正如天生胜任一样。别指望哪位伟大

① ［美］弗雷德里克·泰勒：《科学管理原理》，马风才译，机械工业出版社 2009 年版，"序言"。

的人物（过去人事管理制度下的）能够与一些普通人形成的、有效合作的集体一决高低。他强调科学管理制度的基础意义。他说，过去，人是第一位的；未来，制度是第一位的。

第一节　生产率问题：泰勒的斗争与思考

弗雷德里克·温斯洛·泰勒（1856—1915），出生于美国宾夕法尼亚杰曼顿，父亲是一名律师，从小受到良好的教育，爱好改进事物，进行调研和实验。19 岁考取哈佛大学法律专业，但因视力问题而辍学。先去费城的恩特普利斯液压机厂做了 3 年学徒，22 岁来到米德维尔钢铁厂，做机械工，6 年后提升为总技师，1884 年晋升为总工程师。这期间他参加新泽西州斯蒂文森技术学院的业余学习班，1883 年获得机械工程学位。在米德维尔 12 年，他做了著名的科学管理实验，后来做过一个纸板制造公司的总经理，1898 年开始做管理咨询工作。在伯利恒钢铁公司做了著名的金属切削实验，发明的高速钢技术获得专利。1901 年后主要做咨询、演讲和科学管理的宣传工作。曾经担任当时名望很高的国家机械工程师协会主席。1910 年的东部铁路运费案事件，使得泰勒及其管理方法名声大振。当时铁路公司要求提高运费，但客户反对涨价，为此，州际贸易委员会举行了听证会。在听证会上，支持"泰勒制"的埃默森向大家算了一笔账，认为实行科学管理后铁路公司在不提高运费的情况下，每天也能节省 100 万美元。所以，真正要做到的事情是进行管理的改革，而不是提高运费。这些宣传，使科学管理得到迅速传播。1911 年泰勒出版其最重要著作《科学管理原理》一书。同年，泰勒受聘担任陆军军械部的顾问，在兵工厂推行其科学管理方法。泰勒的助手梅克里在沃特顿兵工厂进行工时研究时，遭到一名铸工的反对，由于在通过兵工厂领导谈话等方式后，这位工人还是不予配合，所以工厂以"不服从命令"

解雇了这位工人，由此引发工人的罢工事件，美国国会众议院组织了一个特别委员会举行听证会进行调查。泰勒在听证会上对其科学管理思想的实质进行了正面的阐述，这个“国会证词”也成为科学管理理论的重要文献。泰勒的个性被描述为：思维活跃、个性坚强、具有强烈的社会责任感、自律、严肃、正直、热情，是一个把工作当作享受的人。1915 年泰勒在 59 岁时病逝。他的墓碑上刻有：“科学管理之父：弗雷德里克·温斯洛·泰勒”。他的主要著作还有《计件工资》(1895)、《工厂管理》(1903) 等。

泰勒在当学徒和做机械工程师期间，和工人一同劳动，最了解工人的行为和思想，对工人感情深厚。但是，对于工人“磨洋工”的现象，他又不能容忍，因为他认为，这既不符合资方的利益和国家利益，也不符合工人本身的利益。泰勒生于一个清教徒家庭，这些现象与清教的积极进取与厉行节约的精神是格格不入的。泰勒在当了班组长之后，与这种现象进行了长达三年的斗争。

泰勒在工人限制产量的情况下，要工人使车床多出产品，但是工人不答应。他在车床上做示范，但工人们就是拒绝改进，拒绝加快工作进度。泰勒又找来一些聪明能干的工人，教他们如何既快又好地进行工作，这些工人虽然事先也答应学会后保证达到一个合理的工作定额，但是他们一旦学会手艺后，又与其他工人一道，反对泰勒增加工作定额。泰勒于是以他们不遵守诺言为由，采取克扣工资的办法，使这些工人达到一定的工作量，取得了斗争的胜利。但他们在按照新标准进行生产时，又故意破坏机器，试图证明机器损坏是由于增加工作量的原因。泰勒又通过让毁坏机器的工人赔偿机器损坏费用的方法，最终使工人接受了新的工作定额。在经理的支持下，泰勒取得了对工人斗争的胜利，但是泰勒认识到，虽然劳动效率提高了许多，但是没有解决根本问题，劳资矛盾仍然存在，劳动效率也还是没有根本的改善。在泰勒当上车间主任后不久，他就下决心以某种方式改变现行的管理制度，以使工人和管理者的利益达到一致，而不是对立。结果，大约三年以后，形成了一套新的管理模式。泰勒的科学管理，以科学实验为基础，包括工时和动作研究的科学实验、标准化的管理以及心理革命——摆脱旧有的错误的思维定式：劳资对立。后来，泰勒进一步认识到，心理革命，即劳资关系、劳资利益一致性的认识，是实施科学管理的前提。特别是在国会证词中，泰勒反复强调了心理革命在科学管理中的重要性，甚至直接用心理革命来称谓其科学管理，作为其科学管理的代名词。

泰勒对工人“磨洋工”的原因进行了深入的分析，没有把责任完全归结在工人身上，而是把主要原因归结于当时的错误管理。在企业中，当时普遍实行的是计件工资制。在此情况下，按道理工人应该努力工作，争取较多的工资报酬。但实际情况刚好相反，工人们还是处处“磨洋工”，限制产量。什么是“磨洋工”？泰勒打个比方说，一个运动员在球场上奋力拼搏，不遗余力，如果稍有怠慢，会被骂为“懦夫”。但回到工作岗位，就思考着如何少干活，甚至完成不到正常工作量的三分之一或一半，如果每天完成尽可能多的工作，就会遭到同事的辱骂。这种情况在美国叫“磨洋工”，在英国被叫作“怠工”。泰勒对这一不正常现象进行了分析，认为主要有三个方面的原因。第一个方面的原因是工人的认识问题。在工人的心目中，一定时期的工作总量是固定的，在固定工作总量的情况下，如果一部分工人生产多了，其他工人就会减少工作，甚至失业。对于自己来说，在一定时期内把工作做得太多，也会造成今后无事可做，因此他们采取限制产量的做法。在工人中存在一种非正式的团体，他们有一些不成文的规范，比如限制产量等，如果谁违反了，就会受到惩罚、辱骂、推一把甚至拳打脚踢。第二个方面的原因是管理上的问题。泰勒认为这是更为根本的原因。为什么在实行计件工资的情况下，工人还是会限制产量，没有动力？泰勒看到了当时的实际情况。一旦工人的产量普遍提高，不仅工人得不到与完成的工作量相应的报酬，而且资方就会增加工作定额，增加工人的工作量，客观上就造成工资率的降低。在这种情况下，工人当然就会限制产量。所以限制产量的问题主要是由管理方造成的，管理方要负主要的责任。泰勒在《科学管理原理》中，还提到了“磨洋工”的第三个方面的原因，就是旧式的单凭经验的工作方法。在这种方法下，工作定额无法准确测定，为“磨洋工”提供了土壤和条件。在泰勒看来，第二个方面是主要原因，但是只要管理方能够通过科学的方法确定工作任务和定额，制定公正的标准，工人是能够接受的。所以科学地确定工作定额，实行科学的“任务管理”，就成为泰勒后来的管理研究和实验的主要目标。泰勒后来在米德维尔和伯利恒进行了科学管理的伟大实验，提出科学管理原理，开始了20世纪西方国家特别是美国的科学管理运动和管理研究的持续的浪潮。

第二节　心理革命

泰勒的《科学管理原理》一书共有一个前言和两章正文内容，其中前言部分讲到了该书写作的目的是研究工作效率问题，试图通过科学管理的研究，来推动生产效率，并试图引起人们对效率问题的重视。第一章主要讨论了科学管理的思想基础问题。针对当时普遍存在的“磨洋工”问题、劳资矛盾突出问题，泰勒提出通过科学管理提高劳动生产率，可以实现劳资双赢，实现双方的财富最大化。而这种认识上和思想上问题的解决，这种心理革命，是科学管理得以实行的前提。

一、效率在于科学管理制度

泰勒认为，解决工作效率问题在当代的根本方法是进行科学管理，而不能指望某些所谓的“伟大人物”的出现。撰写《科学管理原理》的目的，就是对科学管理原理做出说明。

泰勒在《科学管理原理》的前言中，谈到了该书的写作目的：(1) 指出目前效率低下的原因及其危害。通过一系列简明的例证，指出由于我们几乎所有日常行为的效率低下而使全美国遭受到的巨大损失。(2) 指出解决效率低下的根本途径是依靠管理而不是“伟大人物”。试图说明根治效率低下的良药在于系统化的任务管理，即科学管理，而不在于收罗某些独特的或不寻常的人物。依靠某位领袖人物进行管理的时代已经不存在了。(3) 说明最先进的管理是科学管理，科学管理的理论基础是科学管理的原理。证明最先进的管理是真正的科学，说明其理论基础是明确定义的规律、准则和原则，并进一步表明可以把科学管理应用于几乎所有人类的活动中，从最简单的个人行为到我们那些需要紧密合作的大公司的活动，都可以找到其应用。要通过一系列实例，让读者相信，无论何时，只要正确地运用这些原理，就能立竿见影，产生令人震惊的成效。所以，泰勒在阐述了科学管理的思想基础之后，在该书第二章，主要阐述了他提出的科学管理原理。

二、双赢是可能的

泰勒非常肯定地说，科学管理坚信：雇主与雇员的真正利益是一致的；除非实现了雇员的财富最大化，否则不可能永久地实现雇主的财富最大化，反之亦然；同时满足工人的高薪酬这一最大需求和雇主的低产品工时成本这一目标是可能的。泰勒认为，管理的主要目标应该是使雇主的财富最大化，同时也使每一位雇员的财富最大化。在科学管理下，是能够实现雇主、雇员双赢的。泰勒还认识到，从广义上来说，财富最大化不仅意味着公司或其所有者能够获得更多的利润，还意味着各行各业都达到了最好的经营状况，而最好的经营状况是实现永久的社会财富最大化的前提。对于雇员来说，也是同样的道理，雇员的财富最大化不仅意味着他得到更多的薪酬，更为重要的，还意味着每位雇员都发挥了最大的潜能、天赋与聪明才智，他的劳动生产率得到了最大的提高。

泰勒认为，雇主的财富最大化及雇员的财富最大化应该是管理的两个首要目标。但毫无疑问的是，现实中，整个工业界，总体上雇主的组织与雇员的组织之间，残酷斗争多于真诚合作，以致雇主和雇员两者的相互关系不可能协调到利益完全一致的地步。所以，要实现科学管理，首先要实现劳资双方的亲密合作，要实现认识上的转变。思想革命是科学管理的前提。正因如此，所以泰勒的结论是，管理人员和工人亲密无间的、个人之间的协作，是现代科学管理或任务管理的精髓。

泰勒之所以很坚定地认为劳资双方实现双赢是可能的，不是基于简单的逻辑推理，而是基于其科学管理的方法。泰勒认为，财富最大化只是生产率最大化的结果。他说，没有人会否认，在单个人工作的情况下，只有其劳动生产率达到最高，即只有在其实现了日产出最大化时，才可实现其财富最大化。而企业整体劳动生产率的提高，又是个人能力提高的结果。科学管理最重要的目标就是进行人力资源开发，通过培训和发掘企业中每个人的技能，发挥每个人的天赋，以最快的速度和最高的劳动生产率从事对他来说最高等的工作。用科学方法代替经验的方法，将带来巨大收益。

三、工人“磨洋工”的解决之道

“磨洋工”的危害性不言自明，只有实现每天产量最大化，才能实现财富最大化的道理也非常明显。泰勒对前述工人“磨洋工”的三个方面的原因进行了分析，特别是对一些错误观念进行了分析性批评。

首先是对在工人中流行的看法进行了分析性评判。泰勒认为，目前工人中存在的错误认识，直接导致“磨洋工”现象的出现。但是对于这种思想状况以及如何根治，“至今竟无人置一言”。泰勒告诫自己说，作为与工人最接近的工程师和管理者，应该是最了解这一事实的人，因此，最应该站出来对这种错误认识进行批判和斗争，担负起对工人进行教育、使国人在该问题上明辨是非的责任。泰勒分析了工人的思维逻辑。工人普遍认为，如果自己全力以赴地工作，势必导致一部分工人失业，对于整个行业来说就是做了一件极不公平的事。泰勒认为，这里的错误在于，把一个行业的全部工作看作有限的量。但这是一个错误的假设，一种僵化的思维。实际上，一个行业的工作量也是一个可变量，生产也会影响消费，消费反过来又影响生产。泰勒指出，各行各业的历史表明，每一次革命，无论是发明一种新机器，还是引入更好的工作方法，都导致生产力的提高和产品成本的降低。而低价格的结果是要影响到消费，影响到需求的。比如生产鞋子的行业，鞋子的价格一旦降低，会刺激消费。过去，每位工人每五年才买一双鞋，大部分时间赤着脚。现在，他们每年都可以买一两双鞋，常年都可以有鞋穿了。而随着鞋子需求数量的增加，必然影响到生产，增加了就业岗位，有更多的工人从事鞋业生产。所以工人上述认识的理由是不成立的。

其次，不良的管理方式产生“磨洋工”行为。泰勒认为，这方面产生的原因是由于雇主的无知和鼠目寸光。由于无知，雇主们不知道这样的道理：各项工作在一个规定的恰当的时间内完成也是符合“磨洋工”者的利益的。许多工厂还在实行计时工资制，而计时工资制下，滋养了“懒散松懈”的思想，大家一起做工作，按照统一标准发放工资，那些本来就很好的人就会放慢工作节奏而向那些差的、效率低的人看齐，结果是大量“磨洋工”现象的出现。

泰勒把“磨洋工”分为“本性磨洋工”和“故意磨洋工”，认为前者是一种自然的行为，而后者是一种故意的行为，具有最大害处的是后者。但一般的“故意磨洋工”并不可怕，最可怕的是，工人蓄意不让雇主了解究竟多快才能完成一项工作。这种“磨洋工”非常普遍，每个人都在花大量时间去研究怎样才能慢慢腾腾，而仍能使雇主相信他们是在努力工作。这种故意“磨洋工”的做法，实际上是对错误管理方式的回应。但是泰勒也看到，“磨洋工”绝不仅仅是在计时工资制度下才有的现象，在计件工资制下，同样会出现这种现象，出现这种问题的原因是雇主规定了最高工资额，而不论是计时还是计件。工人们很清楚，“一旦雇主相信有人能完成超过他所完成的工作量，迟早会设法迫使他也完成那么多，却很少或完全不增加他的报酬”。①

影响管理者采取正确管理方式的第三个方面的原因是，传统的单凭经验的工作方法，导致工作效率低下，雇主在工人的工作定额上也处于模糊状态。雇主对工作定额的确定，也只是单凭经验，或者是通过偶然的、不系统的观察，或者是根据一些工作的记录，特别是一些完成得最快的工人的工作记录。这样，工人一旦超额完成工作定额，或迟或早，这个定额是会被雇主废除的，因为他们不确定以前的定额的真实性。雇主会重新设定更高的定额，而降低单位产品的工资率。这样每个工人从自身的利益出发，就会放慢工作速度，教会年轻人这些经验，或者给予压力。劳资双方处于对立状态，没有任何的信任，工人工作没有热情，被这种局面逼成“伪君子”。泰勒认为，管理方必须承担起管理的职责，确定科学的定额，给予相应的公正的报酬，这样，才能充分发挥工人的积极性。

关于导致“磨洋工”和生产率低下的第三个方面的问题，即单凭经验的工作方式导致工作的低效率和工作定额无法准确测定，也是可以解决的，就是用科学的工作方法代替单凭经验行事的方法。通过系统的动作研究和时间研究，消除作业中多余的动作，节约大量时间，提高产量。在新的工作方法中，管理者要承担更大的管理任务，要负担其训练、指导和教育工人的责任，要取得工人的信任，实现亲密合作。要让工人分享到提高产量的好处，并消除思想顾虑。至于经验方法导致工作定额无法确定的问题，泰勒认为，同样可以通过科学实验，从实际出发，取得“合理的工作量”这个含有深刻科学意义的标准。

泰勒认为，科学管理对于消除“磨洋工”的行为具有根本的意义。通过科学管理，制定合理定额和合理的劳动报酬，对工人进行培训和教育，使

① ［美］弗雷德里克·泰勒：《科学管理原理》，马风才译，机械工业出版社 2009 年版，第 13 页。

其发挥最大的潜力，实现劳资双赢局面，才能真正排除“磨洋工”的动因，进而消除“磨洋工”行为，比那种头痛医头、脚痛医脚的措施的意义更为持久，也更为深远。这也使得更高的工资、更短的工作时间、更优越的工作和家庭条件成为可能。

第三节　科学管理原理的内容

泰勒认为，工人消极怠工，虽然有错误认识的原因，但是这些错误认识的产生不是无中生有，其根源和主要责任在于资方的管理。所以科学管理必须改变管理方式。他提出了指导管理方式的一些基本原理，并通过科学实验加以证实。最著名的是三大实验：搬运生铁实验、铲掘实验和金属切削实验。1911 年出版的《科学管理原理》一书，花大部分篇幅结合科学管理的实验，介绍了科学管理的基本原理。泰勒认为：“科学管理就其实质而言，包含有一定的管理思想，即管理的四大基本原理。”“科学管理原理有四个基本组成要素：第一，形成一门真正的科学。第二，科学地选择工人。第三，对工人进行教育和培养。第四，管理者与工人之间亲密友好地合作。”① 泰勒认为，科学管理是一些要素的集合，而不是指单一的方法。正是各个要素的集成，而非个别要素，构成了科学管理：科学，而不是单凭经验的方法；协调，而不是分歧；合作，而不是个人主义；最大的产出，而不是有限制的产出；实现每个人的劳动生产率最大化、富裕最大化，而不是贫困。根据泰勒的论述，其基本原理可以概括为四个方面。

① ［美］弗雷德里克·泰勒：《科学管理原理》，马风才译，机械工业出版社 2009 年版，第 22 页。

一、科学作业原理

泰勒曾多次讲到科学原理的内容，均把科学作业原理作为第一原理。对于科学作业原理，泰勒在不同情况下，分别用了“形成一门真正的科学”、“科学，而不是经验的方法”、“用科学方法代替主观判断”等不同的表述。泰勒科学管理的基本精神就是用先进的科学的工作方法取代旧式的基于经验的工作方法，取得工作效率的提高。泰勒认为，“在各行各业，即使在那些微不足道的细节上，用科学的方法代替单凭经验行事的方法，也将带来巨大的收益……而这种最好的方法和工具只有通过对所有正在采用的方法和工具进行系统的科学研究和分析，同时结合准确、精密的动作和时间研究才能发现和形成”。①

泰勒这种科学作业原理，集中体现在作业研究方面，因此也称其为作业研究原理。作业研究主要包括动作研究和工时研究两个方法。这种方法的运用，具体体现在泰勒的三大实验之中，在吉尔布雷斯的砌砖实验中也得到了很好的运用。动作研究的目的是通过对工人工作时的动作进行研究，以提高效率。具体操作是对动作进行分解，然后分析动作的必要性，对于不必要的动作进行消除，留下必要的动作，把剩下的动作进行改进和重新组合，以形成标准的作业方法。工时研究是在动作研究的基础上，进一步对每个动作和整个作业过程所需要的时间进行研究，同时考虑到一些必要的满足生理需要和必要的不可避免的耽误所需的时间，然后确定某项工作的标准时间，以提高效率。通过时间研究，确定一项工作要花费多少时间，以科学地确定工人一天的生产定额。标准化是作业研究的一个目标和结果，通过作业研究，形成标准化的作业方式、工作时间、生产过程，以及其他方面，包括工作定

---

① ［美］弗雷德里克·泰勒：《科学管理原理》，马风才译，机械工业出版社 2009 年版，第 2 页。

额的标准化，环境、生产工具等方面的标准化。作业定额，是工人每天应该完成的最基本的起码的任务，也是通过作业研究后得出的合理的工作任务。

二、科学选择工人原理

关于科学挑选工人原理，泰勒的思想主要有以下两方面：

一是要根据经济人假设，用物质利益说服工人服从管理，特别是同意采用科学作业方法。对工人人性的假设，泰勒认为人是经济人，工人为了物质利益，是愿意接受更高的工作任务和接受工作培训和指导的。经济人假设是亚当·斯密等古典经济学家提出的人性假设。经济人是一个其行为追求经济的目的，具有理性计算能力的人。经济动机是人的工作行为的最主要的或唯一的动机。泰勒沿用了斯密的经济人假设，并把它作为其科学管理的人性基础。在他看来，不仅工人是经济人，资本家也是经济人，科学管理的目的在于提高经济效率，实现劳资双方利润最大化。在其生铁搬运实验中，一个荷兰籍的小伙子，为了工资的增加，接受科学管理实验，很多人也跟着接受科学管理训练和工作。泰勒也正是依据这一经济人假设，提出了差别计件工资制度，以物质刺激的方式来满足个人的工作动机，提高工作效率。差别计件工资制是物质刺激的具体制度和机制。它的主要内容是，事先规定一个工作定额，对于达到或超过规定的工作定额的工人，以高于正常工资率的方式发放工资。而对于完不成工作任务的，则在正常工资率以下发放工资。比如，如果标准定额是每天 10 件产品，生产 10 件及其以上的，按照 120% 的工资率拿工资，如果按照 100% 的正常工资率，应该拿 10 美元，那么达标后的可以拿到 12 美元。如果没有达标，比如只完成 8 件，那么就按照 80% 的工资率，也就是说，只能拿到6.4美元的工资。实际上，这种刺激工资制，是一种结合了奖励与惩罚的工资制度。

二是要根据工作的需要挑选工人。每种工作需要不同类型的工人，对工人的选择不仅要看到身体的方面，还要看历史、性格、习惯和志向等方面，要全面考察。泰勒指出："在科学管理制度下，在与工人交流时，有一个硬性规定：一次只与一个工人交谈，因为每个工人都有其特长和不足。我们要打交道的不是群体，目的在于尽可能把每个人的劳动生产率提高到最大限度。"①不同类型的工作需要不同的条件，比如在选择搬运工人的时候，身体条件、耐力，甚至个人对单调工作的忍受能力等要作为主要的考虑因素，而在检验自行车钢珠的工作中，对工人的要求是基于"敏感性"的"个人系数"。泰勒还认为，每个人在特定的岗位上都可以成为"第一流工人"，在一个岗位上不能成为第一流工人的，在另一岗位上可以成为第一流工人。

三、教育与培训原理

泰勒非常强调教育和培训在科学管理中的重要性。他认为，传统的"积极性加激励"的管理方式和科学管理的最大区别是，在传统管理中，工人是自我管理，而在科学管理中，工人得到管理者的帮助和指导。"原来的管理思路是把全部责任推给工人，而新的思路是管理者要承担大部分责任。"②在科学管理中，工人和管理者双方最重要的目标是培训和发掘企业中每个人的技能，以便每个人都能尽其天赋之所能，以最快的速度、最高的劳动生产率从事适合他的等级最高的工作。泰勒结合几个实验特别是金属切削实验说明，对工人的教育培训对于科学管理具有重要意义。在金属切削的实验中，利用一把计算尺即可算出，在研究金属切削的工艺以后，一个经过科学培训的工人，比起那些已在这台机器上工作满10—12年的优秀技工来，速度要快2.5—9倍，即使这些工人在以前从未见过这些工作，不曾操作过这台机器也是这样。这里涉及比较复杂的科学，如果没有专业人员的帮助，

---

① ［美］弗雷德里克·泰勒：《科学管理原理》，马风才译，机械工业出版社2009年版，第32页。

② ［美］弗雷德里克·泰勒：《科学管理原理》，马风才译，机械工业出版社2009年版，第48页。

任何技工都无法弄清其含义，或按照这一科学规律办事。技工在“重复工作”中根据单凭经验的做法取得的某些知识，实际上远不足以与金属切割的科学相提并论。即使是高级工，如果没有老师的帮助，也无法最好地完成其任务。通过研究，泰勒相信，很明显，即使在已知的最原始的劳动中，也存在科学问题。如果仔细地挑选了适合于从事这类工作的人，如果研究了从事这类工作的科学规律，如果对仔细挑选的人进行了培训，使其按照这一规律办事，那么，所取得的成果必然远远超过“积极性加激励”管理下所能取得的成果。泰勒通过一些实例的分析得出结论说，这些实例十分清楚地说明了原先的假想：在所有的工艺技术上，作为每个工人行为基础的科学是如此之深奥，以至于即使他胜任所从事的实际工作，由于缺乏教育或智力不够高，也理解不了这一科学。基于此，必须要对工人进行科学方法的教育与培训。

泰勒特别强调对工人的个别指导。泰勒反对实行大班组管理，因为大班组中每个人的雄心壮志没有被激发出来，而是向最低者看齐，所以不如进行个别的指导。在整个过程中，强调管理者的管理责任，要对没有能完成任务的工人派遣称职的老师给予指导，告诉他如何把工作做好。引导、帮助和鼓励，给予改进时间，而不是一次就开除或降低工资。

四、合作原理

泰勒在做工人时就已经认识到，工人消极怠工、限制产量、使用经验的方法工作，管理方不正确的认识和陈旧的管理方式，是导致生产力得不到应有发展的原因。泰勒认为，事实上，差不多一个国家所有的工人都相信工作慢些，不去取得高产量，是符合他们利益的。普通工人用不少时间来看钟，注意工作不要太快，以免他的产量会导致计件工资率的破坏，即注意保证他的工作不会对自己和同事不利。泰勒作为工长，与工人进行了三年的斗争，虽然工人暂时被压制下去了，自己由于得到公司方面的支持，表面上取得了胜利，但是劳资矛盾并未从根本上解决，整个公司以及整个国家的这类问题仍然存在。一个根本问题，就是工人和管理方有同样的误解，认为在一样大的蛋糕下，出现了零和博弈，工人和资本家是根本对立的。泰勒认为，双方的认识都是有问题的，工人和资方的矛盾在一定条件下是可以化解的，通过科学管理，提高整个的收益，把蛋糕做大，即使在分配比例不变的情况下，也会使双方实现共赢。而实行和谐管理，需要双方亲密合作。合作是前提，正像后来有些地方实行科学管理过程中遇到的问题一样，没有合作，没有合作的可能性的认识，没有这种心理革命，就没有科学管理。“通过实行科学管理，工人和管理者之间彼此和睦相处，在对待各自职责方面，精神面貌上有了彻底的改变，两者之间的职责有了新的分工，其亲密无间、友善协作的程度，在过去的管理制度下是不可能达到的。”① 所以泰勒后来越来越认识到劳资合作的重要意义，在国会证词中，甚至把科学管理定义为“心理革命”，足见合作原则在泰勒科学管理理论中的重要地位。

合作的前提是科学的职能分工，分工能够提高效率。关于分工的意义毋庸置疑，早在古希腊管理思想中就对分工进行过深入的研究，经济伦理思想家色诺芬认真研究了分工对效率的意义，柏拉图在理想国中甚至把合理分工看作正义的基础，后来古典经济学家亚当·斯密，以及英国科学管理的先驱巴贝奇也研究了分工对效率的影响。泰勒不仅继承了斯密等人的经济人假设思想，还继承了他的分工理论。泰勒主张在工人和管理方之间进行必要的分工，管理方要承担更大的管理任务。在计划职能和执行职能之间要有明确的分工，以有利于执行，有利于工人工作的顺利进行，提高效率。这一点，在铲掘实验中得到科学证明。泰勒还主张职能工长制，各职能工长负责某一

① ［美］弗雷德里克·泰勒：《科学管理原理》，马风才译，机械工业出版社 2009 年版，第 107—108 页。

个方面的指导工作，这样，工人可以从各方面得到专门的指导。职能工长对工人进行帮助指导，进行必要的操作示范，帮助工人完成任务。负有这一责任的还包括质检员、工段长、技术员、维修工长、核算员、工艺员、纪律检查员等。在泰勒的管理理论中，具有特色的一个思想是“例外原则”。例外原则是指作为公司的主要领导者，可以把日常的程序化的任务交给下属，授权给其他领导去分管，自己主要集中处理一些程序外的偶发的重要事件。这样，可以使最高管理者从杂多的事务中解脱出来，处理一些全局性的或突发性的大事，又能使整个企业工作有条不紊。

第四节　科学管理是管理哲学

由于在推行其科学管理过程中受到一些抵制，泰勒多次强调其科学管理是一种管理哲学，而不是一种管理技巧和包医百病的灵丹妙药。他指出，科学管理不是工时、动作研究，不是计件工资制……他用到了十几个“不是”，认为这些都可以看成是科学管理的附件而不能单独看作是科学管理，它们也可以是其他管理的附件。他强调科学管理是一种心理革命，表明他对以科学的方法代替落后的经验式的方法的心理转变的重要性以及对于劳资关系认知的心理转变的重要性的深刻认识。

一、科学管理是心理革命

把泰勒的科学管理看作是一种哲学、一种心理革命，而不是一种单纯的提高生产率的技能，这一点是非常重要的，泰勒也多次强调。而在实际的运用过程中，管理者往往把它等同于单纯提高工作效率的方法。在《管理思想史》中，雷恩就提到科学管理在欧洲的运用中出现的一些情况。比如在法国，管理者们只是学到了方法和技巧，却忘记了心理革命。也没有雇用经过训练的人员来进行工时研究，拒绝向工人授权，结果与工人发生冲突，在雷诺汽车厂发生了工人罢工。泰勒给法国科学家写信说，如果一个人明知故犯，拒绝听取以一种友善的、正确的方式提供的建议，那么他就活该倒霉。[①]在美国的沃特敦兵工厂应用泰勒制，受到工人抵制，最后也酿成罢工，由此引发了一桩在国会进行的费时一年多的听证案。据雷恩的描述，在听证会上，工会组织使泰勒异常痛苦，充满了恐怖的气氛，充满了尖刻与敌意。泰勒也借这次听证会的机会进一步把科学管理的实质进行了充分的阐述。他说："科学管理不是任何效率策略，不是确保效率的任何措施，也不是任何效率策略的组合。它不是一套新的成本核算制度，不是新的报酬支付方案，不是计件工资制、分红制度，不是奖金制度。它绝不是任何报酬支付方案，它不是用于实时监控、记录工人的行为，不是工时研究，不是动作研究，也不是对工人动作的分析。它不是一大堆表格的复制和制作，然后放在一组工人面前，说'这就是你的制度，拿去用吧'。它不是工长分工制或者职能工长制，不是提及科学管理时人们通常联想到的任何策略。听到'科学管理'这个词，通常人们会想到一个或几个策略，但它并不是其中的任何一个。我并不鄙视成本控制系统、工时研究、职能工长制，也不鄙视任何新改进的报酬支付方案或者效率策略，如果这些策略的确是为了提高效率而制定的。我相信这些策略，但我所强调的是，这些策略不完全是或者完全不是科学管理。它们是科学管理有用的附件，正如它们也是其他管理系统有用的附件一样。"[②]在这段话中泰勒一连用了 17 个"不是"来说明科学管理和具体的获得工作效率的方法、制度的根本区别，指出科学管理不等于这些方法或制度中的一种或几种，甚至不等于所有这些方法，这些具体方法和制度可以是科

---

① ［美］丹尼尔·雷恩：《管理思想史》，孙健敏等译，中国人民大学出版社 2009 年版，第 270 页。

② 转引自［美］丹尼尔·雷恩：《管理思想史》，孙健敏等译，中国人民大学出版社 2009 年版，第 168 页。

学管理的辅助手段，也可以是其他管理的辅助手段。泰勒同时还说道：“从本质上说，科学管理，对于在具体公司或者行业工作的工人来说，将会是一场彻底的心理革命，他们对工作的责任、对同事的责任、对雇主的责任，都是一场彻底的心理革命。同样，对于管理层——工长、主管、企业所有人和董事会——也将是一场彻底的心理革命，他们对管理层同事的责任、对工人的责任、对日常出现的问题的责任，也将是一场彻底的心理革命。如果没有双方彻底的心理革命，科学管理就无从谈起。①“在科学管理下，双方在思想态度上的巨大变革的结果是，双方都不再把盈余的分配当成最重要的事实盯着不放，他们都把注意力转向增加盈余的总量，直到这个总量大到无须为怎样分配而争吵。他们会发现，当他们不再相互较劲，而肩并肩地共同朝一个方向努力时，他们共同努力所创造出的盈余总量真是大得惊人。他们都会意识到，摒弃从前的对抗和冲突，友好合作，相互帮助，他们一起可以创造出比过去多得多的盈余。这样，工人工资会有很大的上升空间，同样，制造商的利润也会大量增加。先生们，这就是伟大心理革命的开始，这就是走向科学管理的第一步。”②在泰勒看来，心理革命，或者说用合作、互助双赢代替对抗，既是科学管理的前提，也是科学管理的内容的一部分。心理革命，就是要从过去那种既存在于工人中也存在于管理方的错误认识中解放出来，看到双方乃至各方利益的一致性。这种一致性，这种双赢的局面，当然要通过科学管理来实现，通过合作与互助来实现。

二、科学管理的两重含义

在泰勒那里，科学管理作为管理哲学，作为心理革命，有两重含义：一

① 转引自［美］丹尼尔·雷恩：《管理思想史》，孙健敏等译，中国人民大学出版社 2009 年版，第 168 页。

② 转引自［美］丹尼尔·雷恩：《管理思想史》，孙健敏等译，中国人民大学出版社 2009 年版，第 168—169 页。

是相对于传统经验管理而言的，主张依靠科学知识进行管理而不是经验知识、师傅带学徒的知识进行管理。这是科学方法的问题，相当于“先进的”。关于科学管理和旧式管理的区别，泰勒也做了描述。比如，按照传统惯例，不同工种的工人掌握他本行的工作，工人的技术不是从书本上学来的，而是从实际中——像100年前那样——学来的。学徒通过观察他人的工作来学习，模仿最好的技术工人的方法，并且通过向周围的工人请教来学习。泰勒说，目前，差不多仍然采用同中世纪时代一样的办法来学艺。泰勒还用自己和儿子刚参加工作时的情况来说明这一点。这些学徒通过这种学习，并把这种学到的本领当作最宝贵的财富，当作生存的资本。科学管理的另一种含义是相对于错误认识而言的“真实的”、“正确的”。“正确的”的含义，是符合针对限制产量、消极对抗提出来的“心理革命”，即合作双赢的思想。在前者，科学与经验方法是对立的，而在后者，科学等于真理，与错误认识是对立的。两个方面是既有区别又有联系的。心理革命是“科学方法”实施和采用的前提，否则会受到落后思想的抵制。而科学方法的采用，提高效率，又是实现心理革命的最后保证。

只有正确地理解科学管理的含义，才能发现其当代价值。我们要学的，不是一些提高效率的技巧，而是一种思想，要把这种思想和现代的具体政治、经济、文化特征相结合，才具有持久的价值。如果科学管理仅仅指工时研究和动作研究以及差别计件工资制度之类具体的制度和技巧的话，那其价值就会大打折扣，比如动作研究现代仍然在某些领域运用，像体育中跨栏、跑步等运动项目中对动作要领的研究。如果仅仅把科学管理理解成为这些具体的技巧而不是一种哲学思想，那就没有领会到泰勒的科学管理的实质和精髓。泰勒讲到科学管理的意义时说，无须花费太长时间就可找出一两种工具，尽管其比起后来将要改进的这类工具来，并不那么完善，但比起通常所用的其他一切类型的工具，还是优越的，这些工具被作为标准工具使用。使用这些工具，可立即提高每个技工的工作速度。在一个比较短的时间里，这些工具可能会被后续的工具所代替，因此，以前的工具依次为先进的工具所取代。这一工具将作为标准由工人一直使用下去，经由动作和时间研究证明有另一种工具比它更先进时，就换掉原来作为标准的工具。① 泰勒强调在对一定时期内的最先进方法进行研究，以此形成一定的标准，取代过去旧的方法。所谓科学管理，应该理解为用先进的方法代替旧有的传统经验的、习惯的方法，用科学的求真的思维方式代替错误的认识和观念。在这一意义上，科学管理对今天乃至今后的指导意义才能得到很好的理解。

就科学管理的第二个方面的含义而言，科学的管理即是正确的管理，是基于对事物的正确的认识而言的。泰勒强调对劳资关系的正确认识，人们一直认为劳资关系只是对立的，正如分蛋糕一样，你多分一点，我就必然少分一点。但是泰勒指出，我们必须看到劳资双方的共同利益根本上是一致的。因为劳动效率是一个可变量，在劳动效率提高的情况下，是能够实现双赢的目标的。而这种认识还是实施科学管理的前提，否则科学管理既得不到资方的支持，也会遭到工人的反对。这一思想，在今天也必然具有重要的现实意义。认识到组织中各方利益的一致性，如何实现双赢和多赢，也是我们今天同样会遇到的一个管理问题。

第五节　同时代对科学管理作出贡献的其他人

科学管理作为一个时代的管理思潮，不是一个人完成的，它既是时代的产物，也是诸多思想家和实际管理者共同探索的成果。无论在泰勒之前还是同时代，都有许多人对科学管理作出过重要的贡献。这些人大致可以分为

① ［美］弗雷德里克·泰勒：《科学管理原理》，马风才译，机械工业出版社 2009 年版，第 91 页。

三类：一是泰勒的同事；二是独立进行科学管理研究和管理实践的思想家和管理者；三是科学管理的传播者，包括运用、宣传科学管理和从事科学管理教育的人。通过各条途径的推进，科学管理成为时代的主旋律，对西方特别是美国的生产效率的提高作出了不可磨灭的贡献。

一、泰勒的工作伙伴

卡尔·巴斯（1860—1939）是泰勒最早、最亲密和最能干的助手，被称为泰勒的“嫡系追随者”。他的主要贡献是从数学方面对泰勒科学管理研究的支持。他在泰勒的实验，特别是金属切削实验中，显示了很高的数学才能，协助泰勒解决了切削速度和进刀量等问题。泰勒把一大堆关于机器作业的数据交给几个大学教授，他们没有得出有价值的东西。后来泰勒把它们交给巴斯，巴斯很快就得出了包含 12 个变量的著名公式，又在这些著名公式的基础上，发明了巴斯计算尺。这个计算尺和计算公式，解决了后来金属切削实验中的很多难题，对标准化管理有重要贡献。关于巴斯的计算公式，后来泰勒在其《科学管理原理》中做了专门的描述。泰勒也经常称赞巴斯，说他是“能解决那些不可能解决的问题的人”、“一夜之间设计出一种方法，使工人不必多花力气就能提高产量约 20 倍”。

亨利·甘特（1861—1919）作为泰勒的助手，最大的贡献是发明了“甘特图”。他早在 1903 年就提出一种“日平衡图”，而甘特图有了很大的发展。甘特图利用生产日期和产量图来帮助进行调控计划、生产等方面的管理，它又叫“计划进度图”、“计划线条图”。甘特图是一个坐标图，在横轴上标明时间，即小时、天数、月数，分别用不同的横线条表示任务的计划完成时间和工作任务的实际进展情况，还可以用来表示计划产量和实际产量等项目。除了工作任务计划表、进度表外，还有负荷表、机器闲置表等不同用途的表。甘特图作为帮助计划、控制的一种简明、直观的表格，对管理学的贡献很大。除了甘特图以外，甘特对科学管理的另一个贡献是对泰勒关注的劳资合作关系的深入研究和理解。首先是对劳资关系有独到的见解，提出共同富裕的思想。他在其著作《劳动、工资和利润》中说：如果世界上财富的数量是固定的，那么争夺占有财富的斗争必然会引起反抗；但是，由于财富的数量是不固定的，而且是不断增加的，因此，一个人富起来不一定意味着另一个人就得穷下去。其次，他表述了对工人和管理者的新型关系的理解，并提出通过分配制度的改变来调整工作中的人际合作关系。他主张通过奖金制度把工长从“监工”变成“帮助者”，把工长的监督工作变为指导帮助的工作。他提出的分配制度是这样的：工人如果在规定时间内完成工作任务，可以拿到超出这个时间工资的额外工资；关于工长的奖励规定是，其所管辖下的一个工人达到标准，工长可以得到一笔奖金，如果所有工人达标，则又可以得到另外的奖金。这样，就使得工长要尽力帮助落后的工人提高能力或认识水平，就把单纯的监督工作变为指导和帮助其工作。甘特还提出，如果工作定额工人不能完成，可以逐层上报，如果是定额过高，可以降低定额。这样，科学地确定工作定额，而不是一味提高定额。他主张帮助工人，而不仅仅是进行惩罚。他指出，我们做任何事情都必须符合人性，我们不能强迫人们干活。我们必须指导他们发展。这些思想，在当时是比较先进的，他的某些思想，是对泰勒的补充和发展。

二、科学管理的独立研究者

弗兰克·吉尔布雷斯（1868—1924）和莉莲·吉尔布雷斯（1878—1972）夫妇，在科学管理思想史上占有重要地位。弗兰克·吉尔布雷斯在管理思想史上被称为“动作研究之父”，他的动作研究比泰勒还要精细，手段更加先进。他在建筑工地的动作实验中，对砌砖的动作进行仔细分析研究，把原来的 18 个动作减少到 4.5 个，而把砌内墙砖的动作由 18 个减少为 2 个。他想出很多办法，用来提高效率，减少动作数量。比如，为了使砌砖工人在拿砖时不用弯腰，他设计了可调节高度的脚手架；为了加快速度，首先将灰浆调匀待用。吉尔布雷斯的动作研究的基本方法是分解整合法，首先对动作进行分解，看由哪些环节构成，然后除去不必要的动作，最后进行重新整合。比如，他对拿工具的动作进行分解，发现共有 17 个基本动作要素：寻找、选择、抓取、移动、定位、装备、使用、拆卸、检验、顶对、放手、运空、延迟、故延、休息、计划、夹持。他在动作研究中使用当时最先进的动作分析技术——电影摄影技术，将动作录下后进行放映，然后分析哪些动作是多余的、可以排除的。为了更好地观察，他设计了一种“微动计时器”，可以录下两千分之一秒的动作。吉尔布雷斯的另一重要贡献是探讨了工作、工人和工作环境之间的关系。他研究后认为，工人本身的情况和工作环境状况都会对工作效率产生影响。工人本身的情况包括的因素有骨骼、肌肉、满足程度、信仰、赚钱的能力、经验、疲劳、习惯、健康状况、生活方式、营养状况、体格、技术水平、脾气、训练程度 15 项。这里包括身体、心理、能力、精神等各方面的因素，他的研究是比较全面的。对工人工作产生影响的环境因素有器械、衣服、颜色、文娱（如读书、音乐）、供热（包括冷气、通风等）、照明、材料的质量、赏罚、移动物体本身的大小及轻重、缓解疲劳的设施、周围的条件、工具、工会的规则等 14 项。这里，既包括物质环境，也包括制度环境甚至部分的精神环境，还是比较全面的。吉尔布雷斯还对管理制度进行了研究，他认为，任何工作都应该有最佳的方法，可以将上述动作研究和工作环境研究结合起来，形成一套完整的有效的制度，制度一旦形成，必须严格遵守。他提出的这一套管理制度，叫作现场制度。在吉尔布雷斯的各项研究中，其突出的特点是非常重视人的因素，主张通过提高人的能力来达到提高生产效率的目的。

莉莲·吉尔布雷斯是心理学家和管理学家。她是美国第一个获得心理学博士的女性，加上对管理学的突出贡献，被尊为“管理第一夫人”。莉莲是一位很了不起的女性，除了抚养 12 个孩子，帮助弗兰克·吉尔布雷斯进行管理研究外，她在心理学上也有自己独立的贡献。她出版了《管理心理学》一书，在书中提出了三种管理方式的思想。三种管理方式分别是传统的方式、过渡的方式和科学方式。通过分析三种方式对个人、职能化、激励、福利等方面的影响，说明科学管理方式是最好的管理方式，因为科学管理是要培育人，而不是扼杀人。这项研究有力地支持了当时的科学管理运动。

哈林顿·埃默森（1853—1931），被丹尼尔·雷恩称为“新型‘效率工程师’的代表人物”。他的主要贡献在于提出了效率主义的原则和职能参谋制。他是一名牧师的儿子，信奉新教简朴与节约的美德。他曾经担任圣菲铁路公司的顾问，用三年时间就实现了融洽的劳资关系并降低25%的开支，每年能为公司节约150万美元。埃默森与泰勒很早就开始保持联系，一直致力于效率的研究。埃默森的第一个贡献是提出职能参谋制，建议把军队中的参谋制引入企业管理中。参谋制是对一些重大问题先由参谋专家进行研究，然后提出建议，管理人员根据建议来进行决策管理。他建议每个公司设立一个参谋长，在其下设四个主要的职能参谋小组，分别负责福利、结构工具、物资、方法条件四个方面的研究。参谋人员只是提出参谋及建议，制定标准和确定目标，不直接参与管理。这样，在管理者和工人之间存在着参谋这一层次，在工人和管理者之间也起到一个缓冲的作用，因为直线组织是在参谋人员的计划和建议下进行监督和行使职权的。埃默森的另一个重要贡献在于提出了组织效率的原则。他在《12个效率原则》一书中将提高组织效率的原则总结为12条：明确规定目标、常识、请教、纪律、公平处理、工作调度、标准和日程表、标准化条件、标准化作业、书面的作业指示、效率、奖赏。在12条原则中，不仅有方法、体制和系统方面的内容，还有几条是关于人际关系方面的。在这方面，他的思想比泰勒更全面更领先。

亨利·福特（1863—1947）是福特汽车公司的创建者，也是“大规模生产的第一位倡导者”。他于1896年制造出第一辆汽车，1903年创办公司。他提出为大众造汽车的战略思路，在1908年，建造了一款T型车，到1917

年，T 型车已经生产了 1500 万辆。他的汽车制造厂成为当时世界上最大的汽车制造厂，有超过 1.4 万名员工。1923 年福特汽车销售量达到 212 万多辆，市场份额占到 57%。他对科学管理的贡献主要是大规模生产、流水线作业、低价的商品定价。通用汽车总裁斯隆说，福特先生的汽车制造流水线、高工资和低价格是革命性创举，他也是对我们的工业文明作出最大贡献的人之一。他的基本构想——低价格、固定车型——是那时的市场，尤其是农村市场所需要的。

亚历山大·丘奇（1866—1936），是现代成本和工厂会计管理的先驱者。在《管理的科学和实践》一书中，他提出了管理的两种基本工具：分析和综合。分析内容包括成本会计、工时研究、动作研究、生产日程安排、机器布置、计划等方面。他把经营管理的职能分为五种：设计、设备、控制、比较、作业。他对如何提高工人的积极性和提升努力程度总结出了一些规律：(1) 系统积累、标准化、经验积累；(2) 运用经济观点进行管理，比如分工、协调、保存、报酬等；(3) 必须提高个人效能，通过物质条件和精神条件提高效能。

谢尔顿和福利特也通过自己的研究，支持了科学管理思想。两位管理学家的思想将在第三章做专门的介绍，这里从略。

三、科学管理的传播者

卡尔·巴斯不仅是泰勒的助手，为科学管理作出了重要贡献，而且还是泰勒科学管理的鼓吹者和教育者。他在哈佛大学教授了科学管理的课程。他以“泰勒最正统的门徒”而自豪，尽管人们带着指责贬抑的口气这样称呼他。

莫里斯·库克（1872—1960）也是泰勒的亲密合作者和早期科学管理的研究者。他对科学管理的主要贡献是对科学管理的运用，他把科学管理运用于企业以外的其他组织如学校、市政管理方面。1909 年受泰勒委托，他对高校的管理进行了调研。他发现大学管理存在大量的甚至比企业还要严重的问题，比如各系之间没有协作、教师工资与业绩无关、系主任没有管理实权、大学没有可以衡量的标准等。因此，他主张把科学管理思想运用到大学管理中，提出一些建议，比如：大学的管理应由管理专家而不是大学教授来负责，大学教授应该把主要精力放在教学科研方面，应该让助教承担一些次要的教学工作，使高级人员解放出来做一些复杂的工作。1911 年受泰勒派遣，库克到费城帮助进行市政管理改革。他担任政府的公共工程局长。在当政的四年间，他运用科学管理和效率管理方法，使费城节约垃圾清运费 100 多万美元，公共事业费用减少了 125 万美元，解雇了 1000 多名效率低下的工人，建立养老金、互助金等保障形式，为管理者和工人之间的联系开辟了渠道，同时提出许多提高效率的新方法，比如申诉处理、财务计划、人事选择、作业标准等。库克不仅仅是泰勒的科学管理的推广者，他在一些方面也有自己独到的见解，比如处理劳资关系上，就比泰勒更好。他在对待工人组织问题上，与工人联合会领导的关系很融洽，这更利于处理劳资纠纷，而泰勒是反对工人组织起来的。

第六节　科学管理的价值与局限性

泰勒是第一个对管理从科学性角度进行系统思考的管理学家，从社会结构角度来看，他分别从生产力、生产关系（其总和构成社会经济基础）和上层建筑几个层面探索了管理问题。不仅认识到了科学技术作为生产力对生产效率的影响，而且看到了生产关系对生产力的重要性，在工作中人与人的关系上、在工作定额和报酬的分配方面以及在工作分工等方面均进行了系统研究。在上层建筑的意识形态方面，泰勒看到了心理革命对科学管理的重大意义，甚至把科学管理直接界定为心理革命。泰勒的科学管理理论是全面的、系统化的，这决定了其对管理理论的开创性贡献和影响力。

当然，泰勒的管理理论也是有其时代局限性的，但却不能因此而贬低其重要性和实践价值。

泰勒管理理论的时代局限性主要有以下方面：一是"经济人"的人性假设。"经济人"假设是古典经济学的一个理论前提，泰勒借用了这一人性假设的思想，认为工人是理性经济人。工人主要为了经济利益而参加工作，也同样会因为经济利益而接受科学管理。后来科学管理在实践过程中受到的抵制，说明了经济人假设和单纯依靠经济激励的管理的局限性。二是过分强调劳资双方的区分。针对当时一些企业实行股份制和分红制度，他认为股份制和分红制不是好的激励制度。"股份制或分红制公司通过出售股票给员工或者年底给员工分红等形式来激励工人努力工作，但收效甚微，根本原因之一就是不能给予及时奖励。"①"在合伙制方案下，另一个难以克服的困难是红利均等。"工人不愿意承担或无法承担亏损，而且会出现不作为现象，所以不能由他们来分享利润和承担亏损。这还会使他们变成"懒人"。后来在西方国家出现的"职工参股"、"分红制"等激励形式，被证明为一种很好的激励职工的方式。它通过把职工利益和公司利益进行捆绑，提高了职工的主人翁责任感。而泰勒由于时代局限，看不到其积极意义。三是着眼点是资方的利益。在泰勒的工作定额与分配体系中，他一方面主张较高的定额，另一方面又不主张过高的工资。从泰勒所举的搬运铁块的例子来看，产量提高了276%，从12.5长吨增加到47长吨，但工资从1.15美元增加到1.85美元，只增加了60%，不能公平地分享利润。他甚至认为太高工资不符合工人的根本利益。泰勒的这些思想在一定程度上影响了其科学管理的传播和运用。四是否定工会组织的存在意义。泰勒因为一些工会组织在实施科学管理方面

① ［美］弗雷德里克·泰勒：《科学管理原理》，马风才译，机械工业出版社2009年版，第73页。

的消极作用，一般地否定工会组织存在的重要性，看不到其正面的积极性作用。我们在借鉴科学管理思想的时候，必须认识到其时代局限性，这样才能扬长避短，才不至于在运用中因噎废食。

泰勒在介绍了其科学管理基本思想后也曾经谦虚地说："无疑，前述一切并没有什么过去人们所不知道的新鲜事。这的确是事实。科学管理并不一定就是什么大发明，也不是发现了什么新鲜或惊人的事。科学管理是过去就存在的各种要素的'集成'，即把原来的知识收集起来，加以分析、组合并归类成规律和规则，从而形成一门科学。"① 英国管理学家厄威克也说过，泰勒所做的工作并不是发明某种全新的东西，而是把整个 19 世纪在英美两国产生、发展起来的东西加以综合，而形成一整套的思想。他使一系列无条理的首创事物和实验有了一个哲学的体系，称为科学管理。但是，不可否认的是，泰勒的科学管理在管理思想史上树立了第一座丰碑，从此管理学真正走上了科学发展的道路，也使得人们明确地认识到，管理活动已经成为生产力发展的重要因素。

泰勒的科学管理思想，在今天仍然具有重要现实价值。正如世界上第一个社会主义国家苏联的创始人列宁所说的：泰勒制"一方面是资产阶级剥削的最巧妙的残酷手段，另一方面是一系列的最丰富的科学成就，即按科学来分析人在劳动中的机械动作，省去多余的笨拙的动作，制定最精确的工作方法，实行最完善的统计和监督制等"。② 列宁还指出社会主义国家也要学习泰勒制。管理学家德鲁克说，《科学管理原理》的理论无论在哪里都很适用：生产力因之成倍增长，工人的实际收入急剧上升，工作时间减少，工人的体力、精神压力减小。同时，销售收入和利润提高了，而产品价格降低了。德鲁克甚至认为，泰勒的思想作为一种关于工人和工作的管理哲学思

---

① [美] 弗雷德里克·泰勒：《科学管理原理》，马风才译，机械工业出版社 2009 年版，第 107 页。

② 《列宁选集》第 27 卷，人民出版社 1959 年版，第 237 页。

想，可能是继联邦文献之后，美国对西方思想做出的最特殊的贡献。关于泰勒科学管理的意义，《财富》杂志评论道，泰勒的影响无处不在：他的思想决定了麦当劳餐厅对厨师翻烤汉堡包数量的期望，决定了电话公司希望接线员能接通多少个电话。泰勒主张的用先进的科学管理代替经验方法，用合作代替对抗，实现双赢的“心理革命”的管理哲学思想，其价值不会因为时代的发展而消失，由于管理问题的类似性，它必将具有深远的影响。

第二章　理性化的组织原则

在美国科学管理运动轰轰烈烈进行之际，大西洋彼岸的法国、德国等欧洲国家，也没有停止对管理的思考。近代工业革命发端于英国，很快就影响到欧洲大陆的法国和德国。但是正如韦伯考察美国时发现的那样，由于与交通、通信网络联系起来，美国已经在制造业和营销业等领域产生了大型的企业，而在德国，还只是在少数领域比如化工、冶金、机械等部门出现了大型的企业。即使在这种背景下，在法国和德国也分别出现了著名的法约尔和韦伯的组织管理理论。他们根据工业革命和大规模生产的需要，就当代大型组织管理原则分别提出了自己的见解。法约尔从总经理的位置上看大型公司的全局，提出了管理的要素和一般管理原则的思想。韦伯则从理性原则出发，提出了科层制的管理理论，把管理纳入理性化的轨道，尽量排除个人主观偏见的干扰。他们的理论或许有些超前，所以都是在几十年后，才得到人们的充分认可和广泛应用。但他们的管理理论上升到整个工业管理和一般管理的层面，比主要研究现场作业管理的科学管理更为全面，对后世影响更大。同作为欧洲大陆国家，法国在文化传统上与英国更为接近，具有更多的经验主义色彩，而德国以理性主义著名。这种区别也体现在法约尔和韦伯的管理思想之间。

第一节　法约尔的一般组织管理原则

亨利·法约尔（1841—1925），法国杰出的管理思想家。他出生于一个资产阶级家庭，1860 年毕业于法国圣艾蒂安国立矿业学院，随后进入科芒特里—福尔尚布德公司担任工程师，由于在防治地下煤矿火灾方面取得技术上的突破，很快就晋升为矿井矿长。他在这个公司 26 年，1888 年在他 47 岁时被任命为总经理。1885 年后公司已经没有分过红利，在他担任公司总经理时，公司已经濒临破产。1892 年这家公司被收购，成立新的联营公司，法约尔仍然出任总经理。他 1888 年上任后，对公司进行了大胆的改革。关闭了一个铸造厂，将生产集中在另一个铸造厂，实现了规模经济。在多处获得新的煤矿和铁矿储备，通过整合，把经营业务扩大，从采矿业推进到炼钢和推销钢和煤。后来又成立研究部门，与其他公司建立联盟，扩大公司经营范围和能力。在任期间，很快地扭转了公司的状况，并一直经营良好。在他的经营下，这家公司发展为拥有 10000 名员工的多部门大型企业。从自己的经验中，法约尔认识到管理不单纯是进行提高效率的制度设计，不是只要求具有某项技术职能，而是要对整个组织的生产、销售、会计、融资诸环节进行安排与整合。通过安排和协调，实现权责一致，任何事情任何时候都有人负责，使工作有条不紊，保证生产畅通。他多年的管理经验，使他对管理的职能和重要性有了充分的认识。他在 1908 年为矿业协会成立 50 周年而写的一篇论文中，批评管理没有得到人们的重视后，强调了管理的重要性，认为在企业成功的因素中，相对于技术而言，管理的作用更大。他提出了管理的一些原则，比如命令的统一、等级链、分权与集权等。他于 1916 年以论文形式发表《工业管理与一般管理》，1917 年以图书形式出版，系统地总结了他的管理经验，提出了管理职能与更为系统全面的一般管理原则的思想，成为后来过程管理学派的创始人。但是他的著作在当时没有受到重视，在近40年后美国人才发现了其重要意义，他的管理过程理论，成为后来标准管理学教科书的核心内容，对管理理论研究和管理教育作出了巨大贡献。

20世纪初期西方国家经历了“产业社会”取代家庭社会的过程，产业内大规模冲突出现。管理思想家们研究管理的目的，并非全是提高效率，更为重要的是保持社会组织的稳定，谋求产业社会的正常运行。研究管理，是要从杂多的组织现象中，把握事物的本质及内在联系。法约尔作为一个企业家，在企业岗位工作几十年，在公司总经理的位置上就干了30年。他的伟大在于，将一件事情进行到底。他认识到管理作为一项专门的职能的重要性，特别是对于领导者更加重要。他看到了管理教育的必要性，同时也看到了管理理论的缺乏，于是，亲自研究管理理论，撰写并发表了著作《工业管理与一般管理》。他退休后，还创办过专门的管理研究中心。他把创建管理理论，当作自己的主要追求。

在《工业管理和一般管理》一书的序言中，法约尔说：“大千世界几乎所有的领域，大的、小的、工业、商业、政治以及宗教，管理都发挥着主导作用，且充当了非常重要的角色。在此我想表述的是，到底如何让管理充分发挥其作用。”实际上，法约尔的计划是要写一部完整的著作，但只完成了一半。完成了第一部分和第二部分，第三部分和第四部分后来没有完成。第一部分是关于管理教育的必要性及可能性。第二部分是讲管理的原则和要素。第三部分计划写“个人观察和体会”。第四部分准备写“战争的教训”。这样造成了人们在理解法约尔著作时的困难，即只有理论，没有材料。1949年以前，法约尔的《工业管理与一般管理》没有在美国出版过，但许多学者是知道其主要思想的。在1937年，英国管理学家厄威克在《管理科学论文集》中，就通过法约尔的一篇论文，比较系统地介绍了法约尔的管理思想。

1955年，孔茨主编了《管理学》一书。这是一本典型的管理学教科书，其总体框架包括计划、组织、人员配置、领导和控制，基本上符合法约尔关于管理的五项要素。所以，法约尔的思想，后来成为正统管理学教科书的基本内容。

一、管理的概念及与其他职能的区别

（一）管理是经营的一项重要活动

法约尔区分了管理和经营两个概念，认为管理是经营的一个方面。他将企业内的所有经营活动分为六个方面：(1) 技术职能（生产、制造和加工)。这项职能相比较而言是最为重要的职能。几乎所有性质的产品都出自技术人员之手，我们的职业学校几乎都是单一的技术教育，所有教育都是在培养技术能力。但是这样往往淹没了其他重要的职能，即使有时其他的职能更为重要。还要注意的是，技术职能与其他职能处于相互依存和相互作用的关系中，相互独立又相互依托。(2) 商业职能（包括采购、销售和交易等)。法约尔认为，一个工商企业的成功，经常既依托于技术职能，也依托于商业职能，如果产品销售不出去，企业就会破产。商业能力或技巧，包括敏锐的眼光和决断能力。这种能力来自于对市场的深刻认识，对竞争对手的了解和对市场走向的长远预见，对协议的运用。在商业职能中，订货价格也非常重要，常常关乎企业的生存。(3) 金融职能（筹集和管理资本等)。投资是回报的前提，企业领导者必须要掌握公司的财务状况，要具有流动资金和商业信贷，否则寸步难行。必须有一定的资金用于支付员工的工资、不动产、设备、原材料、分红、修缮和储备金等，所以应该建立一种灵活的金融管理体系。(4) 安全职能（包括员工和财产的保护)。安全职能广义讲是指保护企业安全，提供给员工所需安全感的所有措施。它以保护财产和员工的安全为目标，包括预防盗窃、火灾，避免罢工，示警恐怖事件等。(5) 财务职能（包括财产清单、资产负债表、成本、统计等方面)。法约尔将财务职能比喻为企业的“视觉器官”，它让我们随时了解企业状况和发展方向。它能够精确、清晰、详细地提供公司的经济信息状况。财务职能是管理企业的强大工具，但是这项能力在学校教育中被忽略，说明人们还未认识到这项职能的价值所在。(6) 管理职能（计划、组织、指挥、协调和控制）。法约尔认为，企业有一些整体性和协调性的重要工作是前面五种职能所不能完成的，比如对企业行动的整体规划，建立公司组织结构，调配各种力量及协调各种职能行为。这些活动构成一种单独的职能，即管理职能。管理的定义就是计划、组织、指挥、协调、控制。法约尔认为管理职能与其他职能不同，不是某个负责人和企业领导的个人责任，而是一种由组织领导和组织所有成员共同行使的职能。法约尔在这里区分了领导职能和管理职能。领导是带领企业达到目标，利用企业所拥有的资源，尽可能地获取最大利益，保证以上六种基本职能的和谐运转，而管理则只是六种基本职能之一，也要由领导来保证它的运行。

（二）管理职能五要素

法约尔对管理思想的一个重大贡献，就是对管理的内容和要素进行了系统总结和分析，奠定了管理学的基础和基本框架。法约尔认为，在六种经营职能中，前面五种职能，都为人们所熟悉了，几句话就可以区分各自的活动领域，而管理方面则需要进行更多的阐述和说明。他认为管理的过程可以分析为五个要素：计划、组织、指挥、协调、控制。

1. 计划

法约尔用格言"管理就是预见"，来说明计划在管理中的重要地位。在这里，"预见"一词与计划一词具有基本相同的意思，是指预估未来和为未来做准备，管理就是向前看。所以，计划就是"远见"、"深谋远虑"，就是对未来进行决策。后来，这一思想，被决策学派的代表西蒙更为明确地表述为一个基本命题：管理就是决策。

法约尔认为，计划有多种表现方式和不同的表现场合，但其主要的表现形式是行动计划。行动计划意味着给出要达到的结果，以及给出达到结果的行动路线、要跨越的阶段及要使用的方法。法约尔特别强调计划的预见性质，认为计划是一种未来的图景，在那里，未来的事情在人们原有的概念的基础上以某种清晰度展现出来。法约尔认识到一个人无法预见到较长时间内所有的事情，但是尽量要使不确定性最小化。计划也要随着环境的变化而不断变化，计划尽可能和环境保持和谐一致。

法约尔认为，计划的制订既要涉及工作本身的性质，也要依赖于现有的条件，还要依赖于未来的各种条件的可能性。制订计划的根据有三个方面：(1) 工作的性质。计划是正在进行的工作的计划，由工作的性质决定。(2) 组织本身的资源条件。包括建筑物、工具、材料、人员、销售渠道以及组织的公共关系各方面的条件。(3) 与公司活动有关的未来的各种发展趋势。所以，在制订计划的时候，既要以现有的资源为立足点，又要考虑未来的发展趋势和未来提供的可能性。所以法约尔又说："管理的过程就是预测、计划、组织、指挥、协调、控制的过程。"说明预测是计划的前提。法约尔认为，要制订好各种计划，就要对每天、每月、每年、5 年，甚至 10 年的情况进行预测，并随着情况的变化不断改进计划。法约尔还把计划的制订和执行联系起来，制订计划时要考虑执行。所以，法约尔主张计划制订的共同参与，基层管理人员特别要参与计划的制订，因为他们是计划的执行者。

法约尔认为一个好的行动计划有如下特点：(1) 统一性。法约尔认为，一次只能执行一个计划，两个不同的计划可能导致双重领导，造成困惑，引起混乱。计划还有总体计划和具体计划之分，具体计划必须与总体计划保持一致，不能相互矛盾。(2) 连续性。既要有短期计划又要有长期计划，计划之间要保持连续性。他说，为了计划的指导作用不至于中断，应该有第二个计划无间断地接替第一个计划，第三个接第二个，以此类推。对长远计划的关注，是法约尔对管理思想的一个重要贡献。(3) 灵活性。计划要有张力，要能够应付意外情况的发生，要根据需要进行调整。(4) 精确性。在一定的条件下计划要尽量精确，尽可能适应未来的情况。但精确不是主观的，而是基于客观的分析，尽量避免主观臆测。

法约尔认为，制订一个好的行动计划并非易事，制订行动计划对所有公司来说都是最重要的，也是最困难的。它需要管理者具有一些特殊的才能和条件，主要包括：(1) 管理人的艺术。在制订计划的过程中领导人与合伙人除了具备一定的技术、商业、财务和其他方面的能力外，还必须具备一定的管理能力，知道计划的目的和规模，各部门在计划中的位置，知道如何协调各部分，遵循有效的管理原则。法约尔认为，各部门负责人一般也要参与计划的制订，而且这项工作是日常工作的补充，需要负担一定责任且没有报酬，这样，作为企业的主要领导人，就要有率先垂范的作用，他不怕艰难，不怕承担责任，能够在下属的工作热情和上级对他的肯定中得到自我肯定。(2) 积极性。制订计划要求领导人对公司的情况持续不断地予以关注。(3) 精神上的勇气。敢于担当风险，不怕批评。(4) 领导人员的稳定。一个领导人需要相当长的时期才能对公司的经营活动、下属能力、公司资源、组织整体以及未来发展的可能性进行充分的认识，然后才能制订合适的计划。所以需要领导人员的稳定。(5) 具有公司所从事领域的专业能力。(6) 处理一般事务的经验。

法约尔认为，计划要由有智慧且有经验的领导来完成。缺乏计划或计划不周是领导无能的表现。为了保证企业良好运行，克服计划问题上的缺陷，应该从以下三个方面来准备：(1) 规定计划的强制性。(2) 使良好的计划成为典范，为公众所知。通过对优秀企业成功经验的学习和讨论选出最好的典范。(3) 在教学中专门开设关于计划的培训课程。法约尔强调，为了克服领导个人的局限，要发挥集体智慧，提高组织智力。"公众意见能使事情变得清楚明白，并起到影响领导的作用，从而不必担心领导的能力不足，也不会降低有能力的领导的相对重要性。"①

① ［法］亨利·法约尔：《工业管理与一般管理》，迟力耕、张璇译，机械工业出版社 2014 年版，第 56 页。

虽然计划要由有智慧和经验的领导来完成，但是法约尔同时也认识到“参与”的重要性，并最早提出这一概念。在制订计划时，需要各部门负责人在其权限范围内作出贡献，将自己的经验贡献出来，认识到自己在执行计划时要承担的责任。

法约尔强调长期计划的重要性，这也是他的重要贡献之一。法约尔还结合当时法国的情况来说明计划制订和执行在此问题上的特点及其影响因素。法国政府的计划和预算都是以年度为基础，很少制订长期计划。当时法国政府的这种无计划性和无深谋远虑，其直接原因是政局不稳。不断地改朝换代的部长们没有足够的时间来获得专业能力、处事经验和管理能力，而这些对制订计划来说是必不可少的。政局不稳导致领导缺乏责任心，不能专心工作，不深具道德感。结果使得国家财政萎缩，首脑们也很少履行财政责任。

2. 组织

什么是组织？组织是为了完成计划，而对计划的执行任务进行的分解工作。组织工作就是为企业经营和计划完成提供各种条件，包括原料、设备、资本、人员等各种条件，也包括提供各种活动、关系和人员的招聘培训等。组织又分为物质组织和社会组织两个层面，法约尔讨论的主要是社会组织。

组织的重要性是不言而喻的。法约尔认为，组织是为了统一指挥，良好的组织结构能够使任务和责任清晰明确，对行为和共同努力进行协调，对公司进行控制。组织结构也不是固定的统一的模型，它要服务于组织目标，与目标、资源和要求保持一致。这些思想体现了他的“权变”思想。

法约尔讨论了社会组织的管理任务，他认为，社会组织具有以下管理任务：(1) 监督行动计划的准备和执行。(2) 监督组织形式是否与企业的目标和实际情况相符合。(3) 建立高效有力的统一领导。(4) 协调各方力量，行动一致。(5) 做出清楚、明确、正确的决策。(6) 做好招聘和岗位安置工作，使每个部门都有强有力的领导，每个岗位都有员工发挥最大能力。(7) 职责明确。(8) 激发创新精神，鼓励承担责任。(9) 对所做工作给予公平合适的报酬。(10) 对错误和过失给予必要的惩罚。(11) 严明纪律。(12) 强调“个人利益服从企业利益”的原则。(13) 强调统一指挥原则。(14) 遵从物质秩序和社会秩序。(15) 实行全面控制。(16) 与任何形式的规章条款泛滥、形式主义、官僚主义、文牍主义作斗争。

关于社会组织的构成，法约尔提出了金字塔式的层级制度。金字塔式的组织等级制，是由管理的职能、人数增加以及管理幅度共同决定的。职能增加是横向的，但管理幅度决定了纵向的增加。如果最基层人员实行 15 人一个管理人员的管理幅度，以上均为 4 名管理人员一个上级管理人员，那么 60 个基层人员就需要 4 个基层管理人员，而 4 个基层管理人员又需要一个共同的上级管理人员。这样，组织从上到下就形成了按照几何数字增长的一个结构。法约尔还认识到组织结构图的意义，组织图可以使我们看到整体，使组织结构的建立和监督变得更方便，有利于迅速了解整个组织及各部分的情况，可以明确任务、职责和权力界限，避免机构重叠和越权现象，避免无人负责的现象，避免双重领导。

法约尔认为，组织形式大致相同并不代表内部结构一致，也不代表组织价值相同。两个形式相同的组织，一个也许是优秀的，另一个可能是差劲的，原因在于组织中个人的才能。单纯建立一个组织并不难，重要的是应该知道组织要适应需求，要发现必要的人员并将他们放在能发挥其最大作用的位置上。针对存在的对组织理解为一台需要外部强力推动才能运转的机器的观念，法约尔主张管理机构，包括每个中间领导人，是且必须是运动和思想的制造者。在每个机构中，在每个中间管理者那里，都有一种创新的力量，如果能够善于结合这种力量，必定会显著增强企业领导人的行动能力。法约尔还把社会组织同人的大脑神经系统进行类比，说明组织顶层和基层之间的互动关系。

对于社会组织的限度问题，法约尔看到，社会组织的等级也有一个限度，正如树太高树液无法输送那么远一样，组织层级太多，管理能力也会有所不及。这时就需要通过协定、同业联盟、托拉斯以及各种联合会等形式来获得组织的发展和进一步发挥作用。

关于直线与参谋制问题。法约尔是不赞成泰勒的职能工长制的，认为它违反了统一指挥的原则，是一种危险的制度。但他同意泰勒关于参谋制的思想，主张把军队里的参谋制引用到企业组织管理中来，以弥补主要管理人员的能力不足。参谋人员由一群有实力、有能力和有时间的人组成，他们不参加具体和直接的管理工作，只是作为管理人员个人能力的延伸。主要工作是关注组织的发展、关注条件的变化和提出更好的管理方法。具体来说有以下方面：(1) 日常工作中，在如通信、接待、研究和准备材料等方面，给予领导者各种协助。(2) 联系与监控。(3) 预测未来，制订和协调各种计划。(4) 寻求改善措施。法约尔看到，前两项工作一般都能够圆满完成，但是预测未来和寻求改善这两项主要职能却经常被忽略掉。

在组织中的人员管理上，法约尔讨论了人员的招聘和培训问题。在人员的选用上，根据自己的长期经验，法约尔提出了挑选人员的标准，其中特别强调要以品质为基础。这些品质包括：体质、智力和精力、道德品质、教育的全面性、管理知识、其他职能的知识。法约尔认为，不论选择员工有多困难，它还是没有培训员工那么难。一个好的员工，具有技术的、商业的、金融的、管理的和其他方面的能力，这些能力不是天生的。在这些能力的培养中，家庭、学校、车间和国家都要参与其中。就学校方面来说，法约尔认为，当时法国的一些技术工程学校，几乎所有课程都是技术性的，没有管理、商业、金融、安全等方面的课程。这是一个严重的缺陷。法约尔还特别讨论了各种技术工程学校对数学这门学科的态度，认为这些学校过度注重数学这门学科。法约尔认为学生花太多时间学习数学是没有必要的，数学知识的学习应该以其在今后的工作中的应用为限，认为无论什么学科，过度强化都是对身心健康的损害。他说："我个人的长期经验告诉我，高等数学在公司管理中毫无用处……我们高等学校里的学生竟然长期被没用的学习束缚着，而不去了解那些真正需要学习的东西。"① 法约尔还讲到由此引发的一场争论。1900 年在矿业冶金会议上，法约尔阐述了自己的观点，但是当时的会议主席哈同·古皮耶尔在法约尔发言后作了讲话，为数学教育做了辩护，认为数学不仅在工业中有用，而且较多的数学知识的学习有利于培养学生的严密的思维能力。法约尔对此并不赞同，因为思维能力的获得，并不一定要通过高深的数学知识的学习，他用许多实例说明，人类判断力并非要通过数学学习来获得。现在学校的数学课程占据了学生很好地学习其他更为重要的课程的时间，希望减少数学课程，开设管理教育课程。

在 1900 年的矿业会议上，法约尔还曾经说到学习期限的问题。他说："我们未来的工程师在学校的板凳上坐太久了。工业企业需要年轻人有健康的体魄，能随机应变，不自命不凡，甚至可以说能够充满幻想，可是，它接受的工程师经常是疲惫不堪、身体衰弱、精神萎靡的，他们达不到人们的期望，不管是适应日常工作，还是应对变革的事物。"② 他说，我相信删去那些教学中无用的东西，使工程师尽早踏入职业生活中，他们会照样得到很好的培养。在"给未来工程师的建议"一节中，法约尔说："将来需要的素质并非完全是今天让你们名列前茅的那些东西。比如健康、行为举止、管理技巧等，这些都不是考试内容，但是都在一定程度上影响着你将来的成功。事物并非是一成不变的，所以一点都不用奇怪，为什么那些曾经名列前茅，甚至第一名的人并不一定能获得最大成功。"③ 他告诫说，未来的工程师应该学习

① ［法］亨利·法约尔：《工业管理与一般管理》，迟力耕、张璇译，机械工业出版社 2014 年版，第 90 页。

② ［法］亨利·法约尔：《工业管理与一般管理》，迟力耕、张璇译，机械工业出版社 2014 年版，第 94 页。

③ ［法］亨利·法约尔：《工业管理与一般管理》，迟力耕、张璇译，机械工业出版社 2014 年版，第 95 页。

管理知识，应该学习沟通与合作的技巧，培养其他一些优秀品质。

法约尔号召，在各级学校中包括初级教育中都要开设一些不同层次的管理学课程，企业、家庭和国家都要加入到管理知识的培养中来。

3. 指挥

指挥是一种艺术，它的主要任务是保证组织运行。这个任务被分配给企业的各级领导人，每个人承担各自的职责。对于指挥者来说，其目的是根据企业的目标和利益，使其管理部分内的员工最大限度地发挥作用，保证组织目标的实现。指挥主要考虑两个因素，一是组织的管理原则，二是下属工作人员的个性品质。要把两者结合起来，发挥职工的潜力，完成工作任务。

法约尔认为，一个好的指挥人员，应该做到以下几个方面的工作：(1) 深入了解下属。对手下的深刻了解是指挥的必要条件，根据管理幅度的设定，每个人管理的下属通常应少于6个，深入了解直接的下属是可能的。但是级别越高，职能的区别就越大，了解下属就更加困难，特别是当一个人达到职位的顶峰，接触和了解下属的机会就更少了。此外，高层的不稳定也妨碍对下属的深入了解。法约尔认为，高层对于非直接的下属的了解随着中间层级的增加而减少，但不应妨碍通过其他途径对基层发生影响，比如榜样的作用。(2) 果断、及时淘汰不胜任工作的员工。为了确保组织能够正常良好地运转，领导必须承担起淘汰或建议淘汰那些不管什么原因没有能力完成工作的人。这往往难以做到，但却是领导不可推卸的责任。为了整体利益他必须这样做，不能因为员工曾经的贡献或其他什么原因而影响了组织的淘汰机制的运用。当然为了使这项工作顺利进行，公司应该给予被淘汰的人必要的物质和精神奖励，或者另外安排一些力所能及的轻松工作。(3) 通晓协议。企业和员工之间是通过协议建立彼此之间的联系的，领导应该知晓协议的执行情况。由于人性具有许多弱点，比如少做多得、懒惰、虚荣等，导致员工个人与企业间的矛盾，危害企业利益，如果是领导者本身有这些弱点，那危害性就更大。当然也存在企业主侵犯员工利益的。所有领导者具有双重角色，一方面他要面对员工，代表企业；而另一方面又要面对企业主，代表员工。所以，领导者在这种关系中要保持公正客观，做到公平公正。由于他既是裁判员也是运动员，所以他也必须要公正廉明，不要为了家庭和朋友等的利益而损害企业利益。此外，作为领导者，还要注意协议时间的有效性，要随着经济和社会现实的变化，及时采取应对办法，以防止因为协议与现实的不符引发的可怕的冲突。（4）以身作则，发挥标杆作用。领导有权让别人服从自己，但是强制性的服从可能带来企业运行不畅。最好是采取让员工自愿服从、主动努力工作并充分发挥创造性的方法。这些方法中最有效的就是以身作则。法约尔说："当领导在出勤方面做出表率，就没有员工再敢迟到；当他积极、勇敢、忘我地工作时，人们就会效仿他。如果他对此了然于胸并付出行动，就会使工作变得令人愉快。"①（5）定期检查。一部机器要做定期检查，否则可能会引起可怕的后果、事故甚至灾难。即使日日监督，但检查浮于表面，也不能充分保证机器的良好运转。组织这部"管理机器"的定期检查也很重要。但是由于没有找到检查的模式，加上需要时间、技巧甚至毅力等诸多因素，很少人对组织进行定期检查。所以应该做出规定，强制性地在组织内部执行定期检查。法约尔还提出运用组织图表这种"一览表"的方法来帮助对组织进行定期检查，认为这是一个很直观有效的方式。（6）召开会议。利用会议和报告，解决统一领导和集中力量做好工作的问题。会议的形式不仅节省时间，而且具有可靠性和有效性。（7）关注整体。不要在细节上花费过多的时间和精力。如果高层领导花费太多时间去处理一些琐碎的事情而耽误了大事，得不偿失，是严重的错误。最好的办法是把无须由领导本人亲自处理的事情交给下属或者参谋部去做。（8）精神调动。保持团结，促进职工的积极性、主动性和创新精神。在组织中，双重领导、职责不清、不

---

① ［法］亨利·法约尔：《工业管理与一般管理》，迟力耕、张璇译，机械工业出版社 2014 年版，第 106 页。

应受到的责难等因素会导致员工之间不团结，作为企业领导，应该排除这些因素，保证组织的团结。领导还要通过使工作内容丰富化等方法来激励下属的创造性，要对作出贡献的下属及时称赞鼓励，而不要漫不经心、倨傲藐视，对于员工的建议置之不理或无限期拖延，这些做法会迅速地扼杀下属的创造性和忘我工作精神。领导要在这些工作中起积极作用。法约尔说，好的乐器还要有好的艺术家来弹奏，才能弹奏出美丽的旋律。

这里值得强调的是，法约尔在重视统一指挥的同时也指出，企业的管理问题，有一半属于人的管理问题，要通过充分沟通，通过授权加强下属的团结和主动性，“避免主动性和忠诚度的枯竭”。

4. 协调

法约尔认为，协调是指企业所有行动都相互配合，从而使企业的运行变得简单易行，有利于企业取得成功。协调是平衡和理顺关系，联合各种力量，实现各部分和各种因素相互配合，以实现组织目标。协调包括物质系统和社会系统之间的平衡，是指技术、商业、财务等职能部门对企业整体的责任，是指收入与支出、设备与生产目标、生产与销售之间保持一定的关系。协调是主次分明，在各种要素之间保持一定比例，使方法有利于目标的实现。协调包括部门之间、部门内部各部分之间、各部门计划与关联条件之间的关系。各部门和各单位的计划还要经常根据环境的变化而进行调整。法约尔总结了某些企业的不协调现象：(1) 部门之间互不了解，其工作以自身为存在的理由和目标，不关心其他部门和整体利益。(2) 部门之间、分部之间、各科室之间存在严重隔阂。每个人最关心的是将自己的个人责任置于公文、命令和通知的保护之下。(3) 没有人关心企业的整体利益，缺乏创新精神和忘我的工作态度。法约尔认为，这些情况的出现对于企业来说是灾难性的，但它不是经过事先商议故意制造的，而是缺乏协调性而逐步形成的。

关于协调的方式和途径，法约尔认为，每周例会是协调的最好方法。

召开部门领导人会议的目的是汇报公司运行情况，明确各部门之间应该提供的协助，利用各位经理出席的机会来分析解决涉及的共同利益问题。法约尔非常看重周会议在团结协作方面的重要意义，认为“如果不召开会议，这种团结是再付出十倍努力也达不到的”①。如果部门经理不能够参加周会议，就要实行联络人制度，可以通过参谋人员作为联络人员，帮助做好协调工作。管理要素的其他部分也可以实现一定的协调作用，比如组织机构和计划工作可以通过制订计划任务、制定时间表、实行目标管理等帮助实现协调。所以，在法约尔那里，协调既是一项独立的职能，也是一项依附的职能。正因为其依附性，所以，后来的许多管理过程学派的思想家，干脆不把它作为一项单独的职能。

5. 控制

“在一个企业中，控制就是要检查核实各项工作是否都已遵照被采纳的行动计划运行，是否和下达的指标一致，是否和已知的原则相符。”② 法约尔关于控制的思想包括控制的目标、内容和方法等方面。控制的目标是检查各种正在进行的工作是否与预定计划相一致，发现错误和偏离要及时纠正，避免再次发生。控制的内容不仅包括计划，还包括计划涉及的人、财、物等相关因素。控制包括管理、商业、技术、财务、安全、会计等各方面的内容。控制是一种艺术，控制要根据不同的性质和控制的对象，采取不同的灵活的方式，包括奖惩等方式。法约尔还认识到，控制也是有限度的，他反对那种轻率的、不负责任的控制，认为这种控制会对整体工作造成危害，后果非常严重。

---

① ［法］亨利·法约尔：《工业管理与一般管理》，迟力耕、张璇译，机械工业出版社 2014 年版，第 112 页。

② ［法］亨利·法约尔：《工业管理与一般管理》，迟力耕、张璇译，机械工业出版社 2014 年版，第 114 页。

二、管理能力的相对重要性与管理教育

1. 管理对各类员工的相对重要性

法约尔认为，前述五种基本职能中的每一项，都需要具备相应的基本的专业能力。这种能力又是建立在一系列素质和知识上的。这些素质和知识主要包括：(1) 生理素质：健康、精力、敏捷程度等。(2) 智力素质：理解和学习能力、判断能力、脑力、头脑的灵活性。(3) 道德素质：毅力、坚强、承担责任的勇气、创新精神、献身精神、机智、自尊。(4) 综合文化素养：具备各种非专业领域的知识。(5) 专业知识：涉及技术、商业、金融和管理等方面的专业知识。(6) 经验：人们在实践中总结的经验教训。

法约尔的一个基本观点是，构成能力的每种因素的重要性同职能的重要性和性质有关。比如在小公司和大公司，对能力的需要的程度就不一样。在小公司里，由于每样事情都由一个人承担，所以对各种能力的要求就不高，而在大公司里，由于分工明确细致，所以，员工具有的能力的专业性强，水平较高。法约尔在其著作中还用一种图表表示：大型企业里，每种不同层级的人员需要具备的各种能力的相对重要性；不同大小的企业里，领导人的各种必要能力的相对重要性。下面分而述之。

(1) 关于在大型企业里各种层级技术职能人员应具备的各种能力的相对重要性。法约尔首先区分了大型企业员工组成等级：工人、工长、车间主任、分厂厂长、部门经理、经理。如果机构更大，还可涉及总经理、部长甚至国家元首。其次他认为，不同层次的技术人员，所需要的各种能力包括管理、技术、商业、金融、安全、财务六种能力的比例是不同的。法约尔根据自己多年的经验，总结出了一个大概的用数字来表示这种能力相对重要性情况的图表。他的结论是：① 工人的主要能力是技术能力。② 随着等级地位的提高，管理能力的重要性递增，同时技术能力的重要性递减。在第三阶层或者第四阶层，即中间层级上，两者能力趋于平衡。③ 经理的主要能力是

管理能力。等级越高，对管理能力的要求越高。④ 商业、金融、安全和财务等能力在经理层面上有相对重要性，等级地位继续提高，则这些能力在总价值中的比例会趋于平衡。⑤ 从经理开始，管理能力所占比率随着其他能力比率的减少而增加，甚至达到 50%—60%，而其他各项能力最后分别只占到 10% 左右。此外，法约尔认为，从工人到企业领导人，没有一个是专门从事技术工作的，他们都或多或少需要其他的职能来协助工作。总经理应该是一个管理能手，而不是技术专家。以上考察的是技术职能人员所需要的能力情况，法约尔认为，在工业企业里其他职能的个人能力的研究中也可得出与此一致的结论，比如金融职能中的金融能力，商业职能中的商业能力等。

（2）各类工业企业领导人的必要能力的相对重要性。法约尔认为，在不同大小的企业里，各种基本能力对于领导人具有相对重要性。根据自己的经验，法约尔得出如下结论：① 小型工业企业领导人的主要能力是技术能力。② 随着企业等级的升高，管理的相对重要性增加，与此同时，技术能力相应降低。在中型企业中这两种能力达到等值。③ 大型企业领导的基本能力是管理能力，企业越大，管理能力就越起主导作用。④ 相对中低层技术人员，商业和金融能力对中小型企业领导人有更主要的作用。⑤ 随着企业规模的扩大，管理能力所占比率逐渐突出，其他能力渐趋于平衡，若各项能力总价值仍用数字 100 来表示，这时其他能力只占大约 10。此外，任何类型的企业领导人，包括最小型的，也要具备一定的商业和金融能力，技术职能的低层人员没有这方面的要求。

法约尔最后得出一个总的结论：在所有类型的企业中，下层员工的主要能力是具有企业专业特征的能力，而高层领导者的主要能力是一般的管理能力。法约尔还指出，他之所以不厌其烦地用图表来表示这种问题，目的是让公众注意到工业企业管理职能的重要性，“技术职能长久以来已经物就其位，但是它并不能保证企业顺利发展，因为它必须有其他基本职能的协作，尤其是管理职能的协作”。[①]

2. 管理教育的重要性和途径

法约尔认为，管理能力教育在当代企业中非常必要。在一个企业的完整的经营活动中，必须具备六种基本职能。如果某一项职能未能被执行，企业可能就会因此而倒闭，至少会因此而衰弱。特别是管理职能，大型公司高层员工最主要的能力就是管理能力。不仅如此，法约尔还认为，无论在商业、工业、政治、宗教、战争还是慈善事业中，都是需要管理职能的。但是，当时存在的专门的技术教育无法满足公司的一般需求。在工业学校，人们倾其所能传播和改良技术知识，而没有为未来的领导者提供商业、金融和管理等方面的职能知识，管理课程没有列入这些学校的教学计划之中。

人们并不是没有看到管理能力对于管理者的重要性，比如在管理者的挑选方面，就主要是根据管理能力而不是技术能力进行的，但有些人会认为管理能力只能在实践中获得。而法约尔认为，同技术能力一样，管理能力既可以在实践中获得，也可以在学校获得。实际上，管理教育缺乏的真正原因，法约尔认为是没有管理理论。法约尔说，理论是指“被一般经验尝试和检验过的原则、规律、方法及程序的集成”。他认为，当时在实践中存在着关于管理的一些不系统的且矛盾的见解，这使得管理学的教学和实践变得非常困难。[②]

法约尔认为，建立管理理论是困难的，但并不玄妙。与技术标准不一样，在管理领域，管理原则没有所谓的共同标准，不容易达成共识。每个人都自认为掌握了最好的方法，但缺乏公认的理论。在这一思维方式下，出现了各种矛盾重重的实际工作方法。其实，原则并不缺乏。法约尔说，谁不是

---

① ［法］亨利·法约尔：《工业管理与一般管理》，迟力耕、张璇译，机械工业出版社 2014 年版，第 14 页。

② ［法］亨利·法约尔：《工业管理与一般管理》，迟力耕、张璇译，机械工业出版社 2014 年版，第 16 页。

上百次听人们宣传权威、纪律、个别利益服从整体利益、统一领导、协调力量、计划等重要原则的必要性啊？但主要问题是，大部分高层领导没有时间也没有兴趣写作，他们经常既无学说传世，也无门徒追随，他们如此消失不留一丝痕迹。其实，建立一种理论而做的有益探索无须掌控一家大企业，也不必进行一项高深的研究。有所发现，有所创建，引发讨论，确立理论，适应管理教育的需要，法约尔认为，这正是自己撰述的目的。

法约尔认为，管理教育应该普及，在小学里学习初级知识，在中学里扩展一点，在高等教育中深入阐述。应在一切可能的范围尽量地传播管理理论。“设想初级管理教育应该是什么样就比较困难了。我试着做这一课题，并不奢望成功，我确信有老师能比我更好地提炼管理理论，并用适当的方法教给学生。”①

法约尔主张学校要开设管理教育，但是，他同时又认为，管理只有在实践中才能真正掌握。他认为，管理教育并不能让所有学生成为优秀的管理者，就像以往的技术教育，也没有把所有的学生造就成工程师。在工厂里，人们不指望他一离开学校就有能力管理一个高炉，就能管理矿井的挖掘工作或制造一台机器。

三、一般管理的 14 条基本原则

法约尔认为管理是可以学习的，但是当时的高等教育基本上是对技术的教育，完全忽略了管理的教育，所以有必要通过总结一套管理经验，作为管理教育的内容。正是在这一责任意识的支配下，法约尔根据自己长期的管理实践经验，总结出管理的 14 条原则，为人们从事管理提供了基本的指导。法约尔认为，企业中其他的职能与原材料和机器有关，而管理则只与人有

① [法] 亨利 · 法约尔：《工业管理与一般管理》，迟力耕、张璇译，机械工业出版社 2014 年版，第 18 页。

关，所以 14 条原则均是有关人的原则。这些规则是法约尔在公司管理中经常使用的规则。14 条原则分别是：

（1）劳动分工。管理思想史上对劳动分工的论述并不鲜见，早在古希腊管理思想家色诺芬和柏拉图那里就已经有了深刻的论述，近代亚当·斯密还为此进行过专门的实验。法约尔分工理论有自己新的内容。他首先肯定了劳动分工带来的好处，可以提高熟练程度和精确性，从而提高效率，在同样的付出下能够得到更多更好的产出。而且劳动分工还可以减少人们必须予以关注和付出努力的劳动对象的数目，每个人专心做一样工作，任何岗位上的工作变动都需要人们适应性的努力，这会导致生产力的降低。法约尔同样反对过度的分工，他认为，分工也是有限度的，经验和尺度告诉我们不能超过这个限度。此外，法约尔还认识到工作内容丰富化同样重要，某些任务能够得到扩展，也能够成为对员工的一种刺激。在科芒特里煤矿，把用木材支撑矿井的做法交给工作班组，而不是专业人员。法约尔在分工问题上的一个重要思想是，分工不仅适用于现场作业，而且适用于管理工作和职能权限的划分等其他的方面。劳动分工的结果是职业专业化和权力分离，它是一个普遍的原则。

（2）权力。要管理好一个组织，没有必要的权力是不行的。权力是指挥权，是要求他人服从的权力。法约尔关于权力原则的思想主要有以下几个方面：一是把权力分为正式的权力和个人或个性权力。前者是指组织制度赋予某个职位的法定权力，具有一定的强制力，而后者是指由于个人的智慧、学识、经验、道德品质和领导能力方面的原因而具有的一种让人自愿服从的权力。个人权力可以用来补充正式权力的不足。二是认为权力和责任是相对的。他指出，权力是责任的孪生物，责任是权力的当然结果和必要补充，凡有权力行使的地方就有责任的存在。三是主张为了防止人们滥用权力，不履行责任，保证贯彻权力和责任一致的原则，有必要建立一套相应的奖惩制度，以鼓励好的行为而制止不好的行为。而真正避免人们滥用权力的最有效保证则是领导者的个人价值观，尤其是道德价值观。这种品质，既和选举无关，也与财富无关。优秀的领导者，应该自觉地表现出承担责任的勇气，且能够感染他周围的人。

(3) 纪律。纪律在本质上是企业和其下属员工之间以协议的方式达成的一致服从、勤勉、行动、忍耐和尊重的表示。这种协议无论是否预先自由讨论，不管是书面的还是被默认的，也不管是各方面的意志还是纪律和准则的结果，皆不影响其效力。为了企业的良好发展，纪律是不可或缺的；没有纪律，任何企业都不能繁荣发展。纪律是有效工作所必需的人的行为规范。但纪律不是以恐吓而是以尊重为基础的。纪律规定要明确，执行要严格。纪律在组织内应该得到普遍遵守。好的纪律取决于管理者是否诚挚地执行纪律。所以法约尔说，人们能读到"纪律是军队的主要力量"的格言，如果再加一句"纪律是领导造就的"，我就毫无保留地赞许这一格言。所以，纪律的遵守，要重视领导的责任，任何一个社会组织的纪律状况都取决于领导者的才能。纪律的缺乏不要把责任仅仅归咎于团队，大多数情况下，都是领导不力的不良后果。当个人被正确领导时，他们总是会服从，甚至是竭尽全力地工作。法约尔还认为，协议本身也是影响纪律的一个重要因素。协议应该清楚明白，条理分明，尽量公平，尽可能使双方满意。法约尔认为，企业利益使得某些能杜绝或减少违反纪律的行为的惩罚不容忽视，领导人的经验和机智表现在选择惩罚方式和力度上。所以法约尔总结道，制定和维持纪律的有效条件是：① 各级优秀的领导；② 协议既清楚明了又尽可能公平；③ 合理应用惩罚。

(4) 统一指挥。与泰勒主张职能工长制不同，法约尔反对多头指挥。他认为，不管什么行动，下属都应该只听从一位领导者的命令。这就是"统一指挥"原则，它是一项普遍的、永久必要的原则。如果违反它，权力就会遭到损害，纪律就要被破坏，秩序将会混乱，稳定受到威胁。所以这是一项基本准则。一旦两位领导对一个人或一项事务行使权力，问题就出现了。如果时间持续得久，问题就更多，就好像被陌生异物折磨的动物机体一样，不胜其扰。在此情况下，要么停止双重指挥，撤销其中一位领导，让公司重新健康发展，要么组织日益衰退。法约尔认为，在任何情况下，没有哪种社会组织适合双重指挥的。然而，在现实中违背“统一指挥”原则的情况比比皆是，祸害不小，上至国家，下至家庭，加上大大小小的公司，都领教过它的苦头。而且这些双重领导还有一些冠冕堂皇的理由：为了争取时间或立即终止某项错误行为，高层领导不通知中层而直接进行指挥；为了避免分配权力不均而共同指挥，两个部门主管都可以指挥同一工作。一些合伙人相信他们感情深厚，有共同的利益，有能力预防一切争端。但这种幻觉并不长久，开始时感到拘束，继而是某种恼怒情绪，随着时间的推移，仇恨将会滋生。部门之间在职权上和联系上本身就具有的复杂性……这些都是统一指挥要避免的现象。

法约尔得出结论说，在人类社会中，举凡工业、商业、军队、家庭或国家中，双重指挥永远是冲突的源头，有时会带来十分严重的后果，这应该引起每位领导的重视。

（5）统一领导。对于具有同一目标的组织和其活动来说，只能有一个领导人和一个计划，领导并协调全体行动。这样才能统一行动、更好地调配力量，集中组织的优势。反之，如果一个组织出现了双重领导，就犹如动物界的双头怪兽，它很难存活。法约尔认为，统一领导来自于良好的组织结构。统一领导和统一指挥既有联系也有区别。统一领导是针对组织而言的，强调一个组织只能有一位领导、一个计划。而统一指挥则是针对人员而言的，强调下属只服从一位领导的命令。统一指挥要以统一领导为前提，但统一领导并不直接导致统一指挥，它还不能保证统一指挥。所以，对于统一指挥来说，统一领导只是必要条件而不是充分条件。

（6）个人利益服从整体利益。这条原则的含义是：在企业中，员工的个人利益或员工的团体利益，不能凌驾于公司利益之上；家庭利益要排在任何一位家庭成员的利益之前；国家利益高于公民个体或公民团体的利益。管理者尽量使个人利益和集体利益一致起来，但是当个人利益与集体利益冲突时，个人利益或一部分人的利益要服从整体利益。法约尔认为，似乎没有必要强调这一原则，但是无知、野心、自私、懒惰、软弱和一切企图把个人和小集团的利益置于整个组织之上的人类情感，都倾向于为了个人利益而放弃集体利益。法约尔意识到，仅仅为自己服务的员工，不仅会损害同事的利益，也会损害与公司有利害关系的其他人的利益。要使个人利益和组织利益一致，就要克服这些思想和情绪。当我们面对不同范围内的两个同样需要重视的利益时，应该寻找妥善解决它们的办法。如何才能实现这条原则？法约尔认为，解决的办法是：第一，领导者的坚定性和典范作用；第二，尽可能签订公平的协议；第三，认真地监督。

（7）人员的报酬。人员的报酬是指员工为企业所付出劳动的回报价格。在员工的报酬问题上，重要的是要坚持公平准则，让员工和公司、雇员和雇主都满意。公平是员工获得与其付出一致的报酬，如果不公平就会损害员工的积极性。而报酬率的高低，首先要根据独立于企业主意志和员工才能之外的现实情况而定，诸如生活费用的高低、人员充足或稀少、业务的一般状况、企业的经济状况等；其次再考虑员工个人的才能；最后，决定于采用的报酬模式。法约尔认为，选择什么样的报酬模式至关重要，尽管有很多模式可供选择，但至今也没有一种是绝对令人满意的。法约尔提供了通常选用报酬模式的一些标准：① 确保报酬公平。② 能激发热情，奖励有效的努力。③ 不会产生过多的超出合理范围的报酬。

法约尔还专门讨论了工人和中高层领导的报酬模式。认为，适用于工人的报酬模式可以有以下几种：① 按劳动日付酬。② 按任务付酬。③ 计件付酬。这几种模式可以混合使用，由此还可以衍生出其他一些报酬模式，如奖金、分红、食物补贴、精神嘉奖等。法约尔认为，上述三种主要的付酬模式，各有适用的场合，但都有自身的缺陷。比如，当无法计算工作效率时，就必须采用计时工资制，但它又容易出现玩忽职守的情况，所以必须认真监督。按任务付酬可以不用认真监督，但问题在于太平均化，对熟练和不熟练的工人都有负面影响。“熟练工人会不高兴，因为他们认为他们能赚更多，不太熟练的工人却发现他们的工作太繁重了。”在制造大量相同零件、可以计量的情况下，多采用计件报酬形式。计件报酬会让工资上涨，激励士气。但是，这种情况下，可能提高了产量而降低了质量，由于改进后降低工资单价，劳资冲突在所难免。一般来说，在大公司里，常常同时使用这三种报酬形式，其中有一个占主导地位。三种报酬形式，各有利弊，其有效性依环境条件和领导的灵活性而变。在分红的问题上，虽然法约尔与泰勒对于分红的态度不同，他并不反对分红的形式，但认为，分红在实际上存在很多困难，难以真正实现，至今没有找到分红的可行办法。而且法约尔认为，就工人来说，需要的是立即兑现的工资形式，而对于那种比例甚微的不能马上拿到的收入形式，也不感兴趣。而对于中层以上人员，法约尔也认为，其报酬分配也相当重要，渴望多赚钱也会激发工作热情。法约尔赞成在中层以上人员中实行分红的报酬形式。但是在当时的法国，同在工人中一样，分红制度也没有普遍在高层中实行。法约尔自己并不认为依靠分红制度就能缓和劳资矛盾。

法约尔认为，不论采取何种报酬形式，关键是它要能让所属人员满意。如果员工满意，工作更有活力、更有文化、更诚实、更稳定，那就更有利于公司的发展。所以，企业主应该不仅全心全意地关心企业利益，也应关心员工的健康、教育、道德观和稳定性。不仅要关心员工在工厂内的利益，还要关心其工厂外的生活，当然这有一个“度”的问题，既要关心又不要干涉其自由。法约尔认为，支付模式的目标是使员工变得更有价值，激发员工的工作热情。所有能改善所属人员的价值和命运、激发各种级别员工工作热情的报酬方式，都是领导应该持续关注的问题。

（8）集中。法约尔认为，如同劳动分工一样，集中也是一种自然规律。

它是指在每个动物机体和社会组织中，感觉集中于大脑或领导，从大脑或领导发出指令，使组织各部分一致行动。集中因为是一种自然规律，所以本身没有好坏之分。不会因为领导或者环境因素的改变而被采用或放弃，它总是在一定程度上存在着。这里实际上的关键问题是权力的集中与分散的限度问题，涉及的也是员工参与程度问题。集中与分散的程度没有一定的固定标准，要取决于很多因素，比如企业的规模、领导者的个人能力、工作经验以及环境特点等因素。在小型的企业里，领导者可以直接对基层下达命令，权力相对集中，而在大型企业里，还有很多中间层次，所以权力相对分散。

集中的目的是尽可能充分利用个人的才能。如果领导者的才能、威望、智慧、经验、反应能力允许他扩大领导范围，那他就可以加强权力集中，相反，如果他愿意只保留一部分管理特权，而向合作者求助经验、观点和意见，那他就可以采取广泛的分权。“使下属的作用变得更为重要的任何行动都是分权，任何削弱下属作用的行动则是集权。”领导者和下属的重要性不是一成不变的，所以集中或分权的尺度也是会经常变化的，其标准是能否使总收益最大化。选择集中还是分权，要置身于大环境中，以能够满足各方面利益为条件。

(9) 等级系列。管理幅度造成了等级系列。等级系列又称为等级链，是指从最高权力机构到最基层人员之间，形成一个有等级系列的领导层级，是传递信息和下达命令以及向上反映情况的正式传递路线。这种等级阶梯表明两个方面的作用：一是组织内的权力关系，可以通过这个阶梯，确定某个岗位的管理者对谁下达指令、对谁负责，是一条责任路线。二是表明组织内的正式信息的传递路线。整个组织的信息传递是要有一定的流程的，信息是按照这个等级阶梯来传递的。这样的等级制度，既有利于实现统一指挥的目标，也有利于信息的正常流通。这种路径的设计非常必要，它能够从根本上保证统一指挥的效果。但是正如法约尔所说的，“它并不总是快速有效的，有时，在一些大公司里，尤其是在一些政府机构中，这条路径相当漫长”。按照法约尔的设计，如果因为等级阶梯太长使得信息传递延迟或失真，可以进行横向交流，只要所有当事人协议同意和汇报各自的上级，并取得各自上级的同意。这就是著名的“法约尔桥”。它的使用，满足合法性，同时加快了联系速度，弥补了等级制本身的不足。由于等级制下，每个人各居一隅，可能看不到整体或整体感不强，每个部门倾向于自始至终只考虑自身利益，而忘记了它是整体机器的一个部分，忘记了协调行动，自我孤立，自我隔绝，除了等级路径，一无所知。这种“天桥”的设计，不仅使沟通的路径缩短，克服了一些情况下漫长的联系过程，而且还培养了下级承担责任的习惯和勇气。

法约尔看到了两种倾向的危害，一种是脱离等级路径，另一种是严格按照等级路径行事，由此引起的重大损失。法约尔认为，前者是一个错误，后者是一个更大更严重的错误。如果下属必须在这两种方法中取其一，而又无法采纳领导的意见，他应该以整体利益为采纳标准。当然这必须要有足够的勇气，要有自己的自由度。这些精神素质，应加以培养，并且领导要做出典范。

（10）秩序。法约尔认为，物质的秩序规则是：每件东西都有一个位置，每个东西都在其位置上。社会秩序规则也一样：每个人都有一个位置，每个人都在其位置上。用一句话说就是：秩序是指使人员与物料在恰当的时候处于恰当的位置。建立秩序的目的是避免损失和节约时间。秩序不等于表面上把所有的东西排列整齐，它还必须事先选择好位置，便利所有的工作程序，物尽其用，人尽其才。完美的秩序要求位置应适合员工，员工也要适合其位置。正如英谚所说“合适的人在合适的位置上”。秩序不等于表面上看起来赏心悦目，只是整齐干净地排列着。即使表面上整齐，如果结果导致浪费时间，滋生错误，实际上证明每件东西并未在其应在的位置上。所以，要真正贯彻好这项原则，就要对企业的需要和社会资源有准确的了解，保持两者之间的经常性平衡。良好的社会秩序以解决好两种最艰难的管理问题——良好的组织和良好的人员招聘为前提。良好的组织是指保证公司正常运行必需的职位设计，而良好的人员招聘是要把最适合的人才招聘进来，在最适合的岗位上，发挥最大的作用。这就是完美的社会秩序。而在贯彻这一原则的时候，要避免任人唯亲、偏爱徇私等主观因素的影响。现实中，野心、任人唯亲或幼稚无知会徒劳地增加无用的职位，或让无用的人待在必要的职位上。为了消除弊端，重新建立秩序，需要管理者有更优秀的才能、更强大的毅力和恒心。

（11）公平。公平是善意加“公道”。在法约尔那里，公平不等同于公道。法约尔说：“公道是遵守所达成的协议，但是协议不能把什么都规定到，需要经常解释和补充。”① “当一个人在履行职务时，为了鼓励他表现出顽强的意志和忘我的牺牲精神，我们应善意地对待他，公平就是公道与善意的结合。”公道是遵守已订立的协定，但是，由于在执行过程中可能发生条件的改变，公道有可能变得不公道。这时就要根据实际情况，对职工的劳动等进行善意的评价，对职工善意对待，即用善意补充公道，同时兼顾其他原则和总体利益。企业领导应竭尽所能，努力使公平感深入人心。为了达到公平，需要有理智、丰富的经验和善良的心地。

（12）人员的稳定。法约尔认为，不稳定是企业不景气的原因和结果，保持稳定对于一个企业来说非常重要。人员的稳定对于工作的正常进行和工作效率的提高是必要的。一个人适应一项工作，即使具备一定能力，也要花时间去适应和熟悉，经验的积累也需要时间。如果这项工作还未熟悉又被指派去从事其他工作，就会影响效率和效果，没有时间把工作真正做好。如果这种情形反复出现，工作永远无法被圆满完成。特别是大企业的领导，要花更长的时间来学习和适应新的工作，要有充分的时间熟悉企业的人和事，以

① ［法］亨利·法约尔：《工业管理与一般管理》，迟力耕、张璇译，机械工业出版社 2014 年版，第 40 页。

便为企业行动规划制订合理的方案，自信并使别人对其有信心。一位在中层岗位经过多年坚韧不拔的长期工作的领导，与那些能力高，但得过且过的、在位时间不长的领导比起来，他更能受到赞赏。法约尔还认识到，正如其他原则一样，稳定原则也有一个尺度问题。

（13）首创精神。关于首创精神的含义，法约尔说："构思计划并保证其成功给聪明人以极大的满足感，这也是人类活动中最让人兴奋的行为之一。""这种构思和执行的可能性就叫创新精神，建议和执行的自主性也属于创新精神。"① 所以首创精神是一种发明、建议、执行的自主性、首创性，能激发人们的工作热忱，并增强他们的行动力。这种首创性是企业发展的巨大力量，尤其是在企业处于困难时，应尽可能激发和发展这种首创性。除了领导的首创性外，还要发扬全体人员的首创性。法约尔说："假若其他能力都一样，如果哪一位领导能够做到激发下属的创新精神，那他就比其他不知道这么做的领导更高明。"②

（14）人员的团结。团结是企业生存与发展的巨大力量，不团结对企业是非常有害的。团结是集体精神的体现。员工往往由于缺乏管理能力、私心、追求个人利益而忘记了团结的重要性。领导的一个职责就是要尽量维护人员的团结，而维护团结的有效方法就是坚持统一指挥的原则。同时要避免两个风险：一是对成语"分而治之"的错误理解，二是滥用书面交流。"分而治之"，为了削弱敌人的力量而进行分裂活动是巧妙的，但是分裂自己的团队对于公司来说则是一个严重的错误。产生这种错误的原因可能是因为行政管理效率低下、对事物理解不够全面、利己主义、为了个人利益而牺牲集体利益，无论如何，这种做法都是应该受到谴责的，因为对于公司的发展非

① ［法］亨利·法约尔：《工业管理与一般管理》，迟力耕、张璇译，机械工业出版社 2014 年版，第 41 页。

② ［法］亨利·法约尔：《工业管理与一般管理》，迟力耕、张璇译，机械工业出版社 2014 年版，第 42 页。

常有害。在公司内部，应尽力避免员工的分离，要协调各种力量，激发每个人的热情，发挥所有人的能力，奖励每个人的长处，而不是相互嫉妒，破坏和谐关系。另一条是滥用书面的联系，而不是进行面对面的口头交流。法约尔指出，每当可能时，应直接联系，这样更迅速、更清楚，并且更融洽。反之，滥用书面联系会增加工作量，使事情变得复杂、缓慢，危害企业运作，同时隐藏产生敌意的危险。当然，这同样存在一个尺度的问题。

法约尔在阐述其十四条管理原则后说："对于原则的评论，我就说到这里了。不是因为原则清单已经被说尽，这个清单不可能被明确限制，而是因为我现在觉得，提出这14条原则对建立管理学说十分有益，因此应该对这些原则进行全面讨论。"① 法约尔认为，这些原则是他自己在管理中经常使用到的，是经验的结晶。法约尔希望像他这样进行探讨，建立一部真正的"管理法典"。"这部法典是必不可少的。无论商业、工业、政治、宗教、战争或慈善事业，管理无处不在。要想执行好管理职能，我们就要依赖这些原则。"②

四、原则性与灵活性相统一的管理哲学

法约尔和泰勒一样，研究管理理论的目的都是为提高效率。如前所述，法约尔和泰勒的职业生涯和从事的研究有很大的不同，泰勒主要从事现场作业研究，而法约尔则是从一个总经理的高度审视整个组织的管理。法约尔对组织管理过程各个要素的理解，对组织的结构设计，对管理基本原则的研究，特别是对管理原则的辩证思考，是泰勒无法企及的。就法约尔的管理理论来看，以下特征可以看作其思想的哲学特征。

---

① ［法］亨利·法约尔：《工业管理与一般管理》，迟力耕、张璇译，机械工业出版社2014年版，第43—44页。

② ［法］亨利·法约尔：《工业管理与一般管理》，迟力耕、张璇译，机械工业出版社2014年版，第44页。

1. 管理普遍性思想与经验主义路线

法约尔早年主要从事企业的管理工作，从工程师一直做到总经理。后期主要从事管理理论的建立、推广和管理教育普及工作。法约尔由实践到理论，研究了管理作为经营活动要素的存在性、管理一般原则的存在、管理教育的必要性，认为管理和技术一样，可以先在学校里学习，然后在车间里得到实践，甚至提出在小学就可以进行一些管理知识的学习，只是各阶段学习的深度不同而已。管理能力是各层次人员的一项共同的能力，只是需要的多少不同。管理理论在工业、商业、政治、宗教、学校等都普遍适用。这些体现了其管理普遍性的思想。法约尔的管理原理是从经验中总结出来的，是他几十年从工程师、基层管理工作者到总经理各阶段工作的经验总结，他遵循了经验主义的认识论路线。

2. 管理整体性和系统化思想

与泰勒相比，法约尔管理思想的特点是对一般管理的研究，使管理从泰勒的作业研究过渡到一般组织原则的研究。这首先是与其作为总经理的管理视野分不开的，雷恩在《管理思想的演变》中，称泰勒为来自工场的管理学家，而称法约尔为来自办公桌边的管理学家。其次这一整体性的特征，也是由其建立管理理论的目的所决定的。法约尔建立管理理论是为了管理教育的需要，必须在管理的要素和管理的原则等基本方面有系统和整体的论述。法约尔比起泰勒来，其管理思想具有整体性、系统性。所以，雷恩也把他称为战略家。其思想的整体性和系统性具体表现在：(1) 对经营活动和管理活动的区分，认为管理活动只是整个企业经营活动的一个部分。除了管理，企业还有技术、商业、财务、安全和会计等活动。(2) 在管理过程的要素分析方面，认为管理不仅是对科学技术的研究和使用，管理的完整过程，包括计划、组织、指挥、协调和控制。(3) 在管理原则的问题上，认为管理不仅包括分工、权力、纪律、指挥、集中、等级序列秩序等组织结构方面的内容，还包括公平、首创精神和团结精神等组织文化方面的内容。

正是这种一般性和整体性思想，使管理学成为一门能够在学校课堂进行教育的科学，也使得以后的管理学教科书以他的管理要素的论述顺序作为编排的顺序，把他的管理原则作为教材的基本内容。

3. 原则性与灵活性相结合

法约尔管理原则理论的一个最显著特征，就是原则性与灵活性相结合。法约尔首先看到了管理原则的重要性，把原则比喻为航行中的灯塔，但同时也强调了运用原则的灵活性。他说："没有原则，我们就要陷入黑暗和混沌；没有经验和尺度，即便有最好的原则，我们也会举步维艰。原则是为我们指明道路的灯塔：它只为知道大门在哪里的人们服务。"① 其次法约尔指出，原则性只是为人们的航行指明方向，是否会利用原则，则与人们的智识、经验有关。法约尔告诫我们说："管理方式绝不是死板和绝对的东西。它完全取决于一个'度'。"原则是灵活的，适用于任何事情，重要的是应知道如何运用它。这是一门艰辛的艺术，它苛求智慧，需要经验，要求决断力并要注意方法。经验和机智孕育了权衡评估事物的能力，它是管理者需要具备的基本素质之一。② 原则是灵活的而不是呆板的，所以把握原则运用的尺度是最关键的。社会组织的良好运行取决于某些条件，人们几乎不加区分地将它们称作原则、规律或规则。法约尔说："我更喜欢原则这个词，但要让它摆脱僵硬的概念。管理方式绝不是死板和绝对的东西，它完全是一个'度'的问题。在同样情况下，我几乎从不重复使用同一原则，这是因为应该考虑纷繁变化的情况、不同的人和其他一些易变因素。"③ 管理原则可以有很多，并无一定限制。每一种管理规律和方法，只要它能巩固社会组织，使其运行简便

① [法] 亨利·法约尔：《工业管理与一般管理》，迟力耕、张璇译，机械工业出版社 2014 年版，第 44 页。

② [法] 亨利·法约尔：《工业管理与一般管理》，迟力耕、张璇译，机械工业出版社 2014 年版，第 21 页。

③ [法] 亨利·法约尔：《工业管理与一般管理》，迟力耕、张璇译，机械工业出版社 2014 年版，第 21 页。

易行，它就是原则的一种。事态的变化决定了规则的变化，事态本身孕育了规则。

法约尔关于管理原则性与灵活性的思想，在其对原则的叙述中，处处显示出来，几乎每一条原则，都有对应的“但书”和灵活性做补充。比如等级制原则，有“法约尔桥”作为补充；比如分工原则，讲到分工的“度”的问题，分工过粗或过细，都不会有好的效果；比如在“权力与责任”原则中，强调权力与责任的相对性，责任是权力的必要补充，两者是一对孪生物，他还提出用“个人权力来补充正式权力”的问题；在讲到“个人利益服从集体利益”的原则时，认为也要同时满足个人的合理需求；在讲到“集中”原则时，认为集权与分权本身并没有对错之分，要根据不同的管理环境因素来决定采取合适的集权程度；在讲到“人员的稳定”时，也强调要把握人员流动的适当尺度。而整个十四条原则，有组织制度等硬的方面，也有组织文化等软的方面作为补充，体现了法约尔管理思想的原则性与灵活性相结合的深刻的对立统一思想，其辩证性广泛体现在关于分工与合作、集权与分权、纪律与自由、个人与集体、原则性与首创精神、责任与报酬等矛盾的对立统一关系的辩证思考中。

雷恩在《管理思想史》中认为，今天来看，很难发现法约尔思想的独创性，因为他的观点和术语已经被许许多多管理文献引用。虽然许多管理原则已经在当时的实践中反映出来，但是将它们编撰成为一个概念体系则是法约尔的贡献，而且很多思想在当时是非常新鲜并具有启发意义的。法约尔的管理思想是管理思想史上的又一座里程碑。①

---

① ［美］丹尼尔·雷恩：《管理思想史》，孙健敏等译，中国人民大学出版社 2009 年版，第 251 页。

第二节 韦伯的理想的官僚制

资本主义发展的历史进程在西方国家是不完全一致的，但又是互相影响的。德国作为后起的资本主义国家，在19世纪末到20世纪初，也很快地完成了工业革命的过程，资本主义经济出现了强劲的发展势头。工业从家庭手工业为基础的家族企业逐渐向资本主义大企业发展，同时与其他先进的资本主义国家一样，开始出现各种垄断组织，包括采煤、冶金、电气、化工等当时重要的工业部门。这些大型组织的出现，以及伴随的企业职工的流动，使得以前以血缘关系和地缘关系为基础的管理方式、师傅带学徒式的管理方式已不再适应企业的经营与发展需要，迫切要求一种稳定高效的组织结构和相应的管理理念与管理办法。韦伯根据自己对经济、政治、社会的研究，特别是通过对过去的管理形式的分类研究，提出了一种与以前的传统型和魅力型管理方式不同的新型管理方式，即“理想的官僚体制”。

马克斯·韦伯（1864—1920）是德国著名的社会学家和管理学家。1864年生于德国埃尔福特一个有着广泛社会关系的上层家庭，其父亲是法学家兼市政议员。韦伯1882年进入海德堡大学法律系学习，后又先后就读于柏林大学和哥廷根大学，1889年获得法学博士学位。他参加过军事训练和军事演习，熟悉军队的管理制度，这对他的组织理论产生了重要影响。1894年起，韦伯先后任弗莱堡大学、海德堡大学教授，讲授法律、经济学、社会学等课程，1903年辞去教职，与一名同事创办社会学刊物。他博学多才，其理论影响巨大，是卡尔·马克思之后最有影响的社会科学家。美国社会学家卡尔·罗思认为，“韦伯是唯一能同卡尔·马克思相提并论的思想家”。于1920年56岁时去世。

韦伯主要是一个社会学家，创建和解释了现代意义上的社会学，他所发明的许多概念和术语成为现代社会学的基本概念，被称为社会学的创始人。《经济与社会》是其最主要的管理学著作。由于提出了“理想的官僚体制”，对组织理论有巨大的贡献，韦伯也被称为“组织理论之父”。此外他还有《新教伦理与资本主义精神》、《社会学基本概念》、《社会科学方法论》等著作。《新教伦理与资本主义精神》一书，讨论了新教伦理和资本主义精神的内在一致性，节俭、责任这些基本观念是两者共有的。下面主要介绍韦伯的组织管理思想。

一、合法型是理想的行政组织

1. 官僚制的优点

韦伯在管理思想史上的贡献，最主要的是提出“理想的官僚体制”理论。所谓“理想的”即是“纯粹的”，在现实中没有例证的纯粹形态的组织形式。韦伯抽取出或者说构造出一种纯粹形态的官僚体制，是为了理论研究的需要，也是为了能使人们看清它和其他形态的组织形式的区别和其优越性。而在现实的管理体制里，都是以混合的体制形态出现的。这里还要注意“官僚体制”的含义，在韦伯那里，官僚体制并不是一个贬义词，不等于脱离实际的文牍主义或脱离民众的高高在上的、与民主相对立的工作作风。在韦伯看来，官僚制是一种合法、合理，严谨得像机器一样运转的高效率制度。由于它是以熟练的专业活动、明确的职责分工、严格的规章制度、金字塔式的等级服从体系为特征的管理上的一种技术体系，所以从技术角度来看，有许多优越性，比如准确性、迅捷性、明确性、简单性、连续性、严肃性、同一性、严密的服从体系、防止摩擦、人力和物力的节约等。

韦伯认为，官僚制管理体制的出现，是资本主义社会发展特别是经济发展的结果。在一个现代化国家，实际的统治形式，最合理的是这种官僚体制，资本主义市场经济的发展，要求一种严密的、严格的法制的管理方式，它要依赖于专业知识和能力，基于理性和法律，通过职位来进行管理，而非一种人治的管理方式。关于现代社会这种管理体制的普适性，他认为在现代国家都应该实行这种官僚制，而且它在一个国家的几乎所有社会生活领域都是普遍适用的，包括国家、教会、军队、政党、经济经营体、利益集团、协会、学校、行会、医院等。在现代社会，离开这种官僚体制，社会一切领域终会陷入混乱。

2. 权力的类型

韦伯认为，统治和权力是任何时候都需要的。"统治"应该叫作在一个可能标明的人的群体里，让具体的（或者：一切的）命令得到服从的机会。因此不是任何形式的对别人实施"权力"和"影响"的机会都可以称为统治。① 而权力是一个人或一些人在某一社会行动中，甚至是在不顾及其他参与这种行动的人进行抵抗的情况下，实现自己意志的可能性。韦伯对权力的社会作用和性质进行了说明。首先，韦伯认为，权力是社会的纽带。任何社会都必须有一定形式的权力基础，社会更多地是以权力而不是通常人们认为的那样以契约或者道德一致为基础的。人类社会行为的所有领域，无一例外地受到权力的规范，没有一定形式的法律，社会就会处于混乱状态，无法实现预期的社会目标。其次，韦伯认为，权力不仅仅是一种命令结构，权力要成为合法的，就必须为服从者所接受，为社会所公认。一方面，权力意味着统治者的命令为被统治者所接受、服从。另一方面，他又要乐于接受，乐于服从。一种权力之所以是合法的，就在于由于某种原因，为社会所公认，为接受命令者认为是正当的形式。

韦伯通过历史分析，将曾经存在过的权力来源分为三种基本类型，即三种形式的合法权力：魅力型权力、传统型权力和法理型权力。一般来说三种统治类型，在历史上没有任何一个真正以"纯粹"的形式出现过，这当然

① ［德］马克斯·韦伯：《经济与社会》（上下卷），林荣远译，商务印书馆 1997 年版，第 238 页。

像平常一样，并不影响以尽可能纯粹的形式来确定概念。①

第一种是魅力型权力。韦伯的定义是："魅力的性质：[建立在] 非凡的献身于一个人以及由他所默示和创立的制度的神圣性，或者英雄气概，或者楷模样板之上（魅力型的统治）。"② 这种权力的合法性来源仅仅在于对某个具有模范品德的英雄人物或某种天才人物的崇拜和热爱，依据的是对领袖人物的信仰而非一般理解的强制。因此，领袖人物往往一方面把自己装扮为救世主、预言家和英雄人物，从而得到服从者的信赖和支持；另一方面，也必须真正地通过创造奇迹和通过其英雄行为赢得更进一步的支持，使权力得到稳定。这种权力类型仅仅依据被统治者的信仰，而且这种信仰是自愿的，不能通过强制手段获得，一旦信仰破灭，权力的合法性便不再存在。一旦这种权力受到破坏，社会就缺乏稳定的基础，所以，它不能作为稳定的政治统治之基础。由此，韦伯得出一个广为人知的政治学结论：国家日常事务不能依靠领袖的感化和惊人之举，任何持久的政权都不能依靠它的公民对伟大人物的信仰去维持。这句名言也得到现代法制社会的人们的普遍认可。

第二种是传统型权力。韦伯认为："传统的性质：建立在一般的相信历来适用的传统的神圣性和由传统授命实施权威的统治者的合法性之上（传统型的统治）。"③ 传统型权力的合法性依据，是不可侵犯的古老传统和行使权力者的正统地位。对有正统地位的个人的这种不可侵犯的权力的认可，只是来自于一直沿袭下来的传统。被统治者的服从是基于传统习俗，而统治者行使权力同样要受到传统的约束，一旦沿袭的传统被违反，统治将会失去合法性。族长制和世袭制是传统型权力的两种主要形式，其中前者又是最重要的

---

① ［德］马克斯·韦伯：《经济与社会》（上下卷），林荣远译，商务印书馆 1997 年版，第 242 页。

② ［德］马克斯·韦伯：《经济与社会》（上下卷），林荣远译，商务印书馆 1997 年版，第 241 页。

③ ［德］马克斯·韦伯：《经济与社会》（上下卷），林荣远译，商务印书馆 1997 年版，第 241 页。

形式。族长制中，人们对族长的认同是基于对个人的习惯性的盲目忠诚，其约束力来自习惯而不是法律，不是以某种成文的规范或者既定程序为基础的。在世袭制下，统治者的权力具有绝对性、任意性，也没有明确的规则予以规定，被统治者必须服从，按照统治者的意旨行事。但统治者行使权力也要受到传统习俗的一定程度的约束。

第三种是法理型权力。韦伯认为："合理的性质：建立在相信统治者的章程所规定的制度和指令权利的合法性之上，他们是合法授命进行统治的(合法型的统治)。"① 法理型权力是以理性和正式制定的法规为依据，而不是基于对个人的崇拜或对传统习惯的服从。实际上只是对以法律形式建立起来的客观秩序的服从，是对法定的等级地位的服从而不是对个人的服从。其合法性来源是普遍认可的正式的法律规定，其最后根据是理性而不是非理性，这是与魅力型与传统型权力的合法性根本不同之处。而作为法理型权力代表的官员，只是法律的代表，是执法者，而不是权力的最终来源，其一切行为都必须依照法律规定，不得超越于法律之上。"官僚"只是最高权力者的仆人。但是，韦伯认为，在实际上，经过人民选举的官僚们并不总是按照应当遵循的法规办事，为了私利，常常扩大其权力，甚至试图成为所管辖部门的主人。

韦伯认为，在以上三种权力类型中，最差的是传统型的权力。传统型权力中，领导人和其管理行为方式都是沿袭传统做法，选择领导人的依据不是自身的能力，因此它是最无效率的一种形式。而魅力型权力中，选择领导人可能也依据一定的领导的个人能力，但是它只是根据感情和信仰作出抉择，具有神秘色彩，所以存在非理性的因素。而且，这种英雄人物一旦失去，社会管理的连续性和稳定性必然受到威胁，甚至陷入混乱。只有法理型

① ［德］马克斯·韦伯：《经济与社会》(上下卷)，林荣远译，商务印书馆 1997 年版，第 241 页。

的权力是最好的。因为无论其领导人的选择还是领导人的管理行为方式都是依照法律进行的，法律本身就体现了理性的精神。一方面，领导人的选择，是依据法律对职位的规定要求进行的，包括能力条件和其他条件，这样，就能够把最适合某个岗位的人才，安排到这个岗位，他是能够胜任的，是有效率的。另一方面，由于领导人的行为方式和程序，也都是有法律规定的，包括人员的薪金和职位都是有保障的，所以，他们就必须而且有可能按照法律公正办事，排除非理性的和感情的因素。所以职权权力能够保证管理的连续性和稳定性，因而是最有效率的。这就决定了只有它才能成为现代国家管理体制的基础。韦伯认为，对持久稳定、严肃紧张的和可预计性的行政管理的需要，制约着作为任何一种群众性行政管理的官僚体制的命运。资本主义创造了这种需要。任何合理的社会主义都不得不干脆把这种需要接受下来，并使之得到进一步提升。①

二、官僚体制的非人格化特征

韦伯从其理性主义理念和技术性的角度，提出了官僚制的一些主要特征，从组织结构、组织制度、管理人员和组织行为等方面进行了探讨，以制约和消除影响法制化的个人的感情的和其他非理性的因素。他认为，合法型统治是建立在下列相互关联的观念的适用之上的：

第一，组织目标和程序的规定性。组织目标是任何组织机构首先必须确定的，而且以规章制度进行明文规定，人员活动也必须遵循一定的活动规则，从制度上、程序上保证组织目标的实现。

第二，具有明确的职能分工。在古典组织理论中，几位思想家都主张劳动分工。韦伯主张对组织的活动进行专业化的职能分工，根据职能设计管

① ［德］马克斯·韦伯：《经济与社会》（上下卷），林荣远译，商务印书馆 1997 年版，第 249 页。

理职位，并详细规定各个岗位的权限和职责范围。每一个人在这个岗位上必须履行这些职责，同时享有相应的法定权利。组织工作的每个岗位和环节，都由熟悉本岗位工作的专家来负责，建立等级制的指挥链。组织管理的等级链是法约尔和韦伯的共同主张，韦伯提出等级链，是从一个最高权力中心出发，由不同等级地位的岗位组成一个金字塔式的等级系列。每个管理岗位上的人员的管理行为都要受到上级的控制监督，对上级负责。每个岗位都有必要的实现岗位目标的相应权力，以便对下级发号施令。等级制有利于命令的贯彻执行，保持组织稳定而有序地运行，提高管理效率。

第三，职权与责任的明确规定。对每一岗位的职权和职责以及各项职务的运行都要以规章制度的形式固定下来，组织的每个成员都在这些规章制度下从事职务活动。这是对每个岗位的职务行为的规范化管理，旨在排除管理人员的主观随意性，以确保组织行为的合法性、明确性、统一性、连续性、公平性。

第四，人员管理的标准化与职务保障。管理人员一般都是根据职务要求与自身条件和能力，由上级委任的。人员与组织的关系以契约为基础，不得随意免职、转职和脱离组织。薪金和养老金有法律保障，管理人员的升迁、保持、奖励以工作成绩和资历为基础，予以明文规定。韦伯认为，契约任命或自由选择，是现代官僚体制的本质。① 当然，管理人员也不实行终身制，是可以撤换的。这些具有激励性的措施，可以保障人员尽心尽力地工作，保持人员的稳定性，保障管理人员行使职权的公正性。韦伯认为，合法型统治的最纯粹类型，是那种借助官僚体制的行政管理班子进行的统治。官员管理上，有以下具体原则。(1) 个人是自由的，仅仅从事务上服从官职的义务。(2) 处于固定的职务等级制度之中。(3) 拥有固定的职务权限。

① ［德］马克斯·韦伯：《经济与社会》（上下卷），林荣远译，商务印书馆 1997 年版，第 247 页。

(4) 根据契约授命，原则上建立在自由选择之上。(5) 根据专业业务资格任命。(6) 采用固定的货币薪酬制度。与纯粹的统治类型相符合。(7) 把职务视为唯一或主要职务。(8) 上级根据年资和政绩对官员进行评价，使得其可以看清政绩与前程。(9) 工作中完全同"行政管理物资分开"。个人不得把职位占为己有。(10) 接受严格的、统一的职务纪律和监督。①

第五，管理技术的专业化。管理技术的专业化是以劳动分工为基础的。由于不同的岗位需要不同的专业技术，组织内的一切职务，均由受过专门训练的专业技术人员担任，选用、晋升也以技术能力为依据。职位的明确、合理的分工以及配备合格的专业技术人才，保障了各项工作持续高效运作。

第六，管理人员对规则的遵守与非人格化。团体的成员服从统治者，并非服从他个人，而是服从那些非个人的制度，因此仅仅在由制度赋予他的、有合理界限的事务管辖范围之内，有义务服从他。② 韦伯建立理想的官僚制的缘由之一就是避免个人因素比如感情、利益关系等对职务活动的影响，实现非人格化的管理，严格区分组织关系与私人关系，严格区分组织财产与个人财产，保证公职人员的职务行为的统一性、客观性、合法性。这样，既能提高效率，也可以避免组织内的摩擦，使组织像一部机器一样协调、准确、持续地运转。

第七，业务处理与传递的书面化。在组织内，所有的重要决定和命令都要以正式文件形式为准，即使用口头方式办理的业务，最终也要有指示、申请、通知、报告等规范的书面的形式进行处理。这样做的意义在于保持组织内工作的稳定性、连续性，不至于因为人员的更换而中断，也可以促进工作的准确性和规范性。

---

① [德] 马克斯·韦伯:《经济与社会》(上下卷)，林荣远译，商务印书馆 1997 年版，第 246 页。

② [德] 马克斯·韦伯:《经济与社会》(上下卷)，林荣远译，商务印书馆 1997 年版，第 243 页。

作为两位古典组织管理理论的创始人，韦伯与法约尔关于现代组织的管理原则和特征的思想，基本方面是相同的：提出当代大型企业如何统一有效地管理，基于理性化的管理，而不是依赖于个人的魅力。他们都强调组织规则、组织理性，但也有各自的侧重点。法约尔提倡管理教育，提出管理的职能和原则的理论，目的是为了对管理的一般原则、具有普适性的原则的概括，具有全面性特征，是管理工作的经验总结。而韦伯的思想则是把理想的官僚制度和以前的传统型与魅力型的权力模式进行对比，根据其理性主义原则和法制化原则，侧重点在于克服管理中人为的非理性不确定的因素。两者在组织文化方面有较大差别，但是两者基于相同的时代背景，要解决的问题是一致的，都是要解决工业革命后大型组织的出现对管理的要求与落后的管理方式的矛盾，目标是提高组织的效率。

三、理性主义的管理哲学

理性、理性化是韦伯思想的关键词。韦伯的毕生论题可以说就是何为理性的问题。理性化的概念是理解韦伯思想的核心线索，也是理解其管理思想的核心线索。理性是通过精确合理的计算技术，有条理地达到一个既定的管理目标。韦伯认为，欧洲的现代化过程，也就是理性化过程。理性化是现代化的重要标志，而现代化就是各方面理性化的结果，或者说现代化是理性化的现代体现。现代社会，理性化具有多方面的含义，包括经济组织、法律关系和官僚制度等方面的合理化。理性是资本主义精神的实质内涵，是韦伯管理思想追求的基本目标，现代化即是当代的理性化。所以，可以把韦伯的管理哲学归结为理性主义的管理哲学。在韦伯那里，合理化或理性化是由两个相关过程构成的：一是文化的世俗化，二是社会组织的合理化。同时韦伯也看到了理性化与官僚制自身存在的悖论。

1. 理性是资本主义精神的实质内涵

在韦伯经典著作之一的《新教伦理与资本主义精神》第一部分的开篇，

韦伯讲到一种普遍现象：在工商业界的经营者、资本所有者、高级技工中，特别是在技术和经验方面受过良好训练的人，绝大多数是新教徒。① 从对这些现象的分析中，韦伯得出了一个基本的结论，宗教伦理和资本主义精神之间有一种思想上和伦理上的契合点，这种契合点就是理性精神。

韦伯认为，新教的禁欲主义是入世的禁欲主义，它鼓励人们忠实于天职，鼓励人们追求事业的成功，鼓励追求获利的积极投资行为，因此它也反对过度的娱乐性的消费，主张通过节俭来实现资本的积累。这些正是资本主义发展所需要的理性精神，这就是入世的禁欲主义。现代资本主义要求高度理性化，尊重市场规律，断绝组织与政治、情感等非理性因素的联系，避免裙带关系的影响，实现理性的、可计算的、节俭的经济运作模式。“人们被赚钱、赢利所支配，将其视为人生的最终目的。经济赢利不再属于人类满足物质需要的手段。这种对我们应当称之为自然关系的颠倒，从朴素的观点来看是很不理性的，但它显然是资本主义的一条主导原则。”② 而这正是资本主义精神的特征。韦伯认为：“我们权且使用（现代）资本主义精神这一表述来描摹那种理性而系统的方式追逐利润的态度，我们曾用本杰明·富兰克林的例子进行了阐述。不过，历史事实证明，一方面，那种精神态度在资本主义企业中找到了最合适的表达；另一方面，企业又从资本主义精神那里获得了它最适合的动力。”③

韦伯把资本主义发展的主要动力归结为资本主义精神，而不是资本。资本主义精神又可以分为经济气质和理性主义两个方面。经济气质包括职业精神和积极的禁欲主义，即鼓励勤劳，反对奢侈，只有这样，才能荣耀上

① ［德］马克斯·韦伯：《新教伦理与资本主义精神》，李修建等译，中国社会科学出版社 2009 年版，第 16 页。

② ［德］马克斯·韦伯：《新教伦理与资本主义精神》，李修建等译，中国社会科学出版社 2009 年版，第 32 页。

③ ［德］马克斯·韦伯：《新教伦理与资本主义精神》，李修建等译，中国社会科学出版社 2009 年版，第 40 页。

帝，获得上帝的恩宠。理性主义则表现为对科学技术的应用。韦伯认为，资本主义的理性精神是一种基于严密计算的、合理化的，为了追求经济成果的事先计划，与那种只顾目前不管将来的农夫、专门依赖特权的中古行会工匠以及倾向于政治机会与不法投机的冒险资本家是根本不同的。

有一种对资本主义的误解，认为资本主义就等于贪欲。但是韦伯指出，资本主义精神不等于贪欲，正好相反，它是反对贪欲的。韦伯认为："对财富的无限贪欲绝不等同于资本主义，更不等同于资本主义精神。资本主义倒是可以等同为对这种非理性冲动的抑制，或者至少是一种理性的调和。不过，资本主义即等于通过持续的、理性的资本主义企业的经营活动去追求利润，并且永不停歇地获取新的利润的经济行为。"① "加尔文宗的领导者，全都强烈反对这种在商业上享有政治优先权的，包工制的殖民资本主义类型。与之鲜明对照，他们代之以一种个体性获利动机，这种动机是合乎理性的，也是合乎法律的，即要依靠个人能力与主动精神去获得财富。"② 理性化的资本主义精神在获利来源上不是靠投机取巧、特权和其他非理性的途径，获利方式是精确的核算，获利依赖的手段是科学技术。

韦伯同时也用理性化来分析和解决另一个问题：为何资本主义产生于西方，而不是中国、印度或其他东方国家？韦伯经过研究后认为，理性化或合理化是西方不同于东方，走上资本主义道路的关键因素。

2. 理性化是官僚制组织追求的基本目标

韦伯对理性化的官僚制推崇有加，他甚至认为，理性化或合理化是现代组织管理的基本目标。他在其著作中多次谈到理想的官僚制的优点，认为以理性化为基础的官僚制是最合理的统治形式。他说："根据全部经验，纯

---

① ［德］马克斯·韦伯：《新教伦理与资本主义精神》，李修建等译，中国社会科学出版社2009年版，第5页。

② ［德］马克斯·韦伯：《新教伦理与资本主义精神》，李修建等译，中国社会科学出版社2009年版，第147页。

粹的官僚体制的行政管理，即官僚体制集权主义的、采用档案制度的行政管理，精确、稳定、有纪律、严肃紧张和可靠，也就是说，对于统治者和有关的人员来说，言而有信，劳动效益强度大和范围广，形式上可以应用于一切任务，纯粹从技术上看可以达到最高的完善程度，在所有这些意义上是实施统治形式上最合理的形式。”①

韦伯通过理想化方法，将历史上的合法型统治形式分为三种纯粹的类型，即传统型、魅力型和法治型。首先，在他看来，世袭制和封建制有严重缺陷。这种制度是以裙带关系为基础的，在这种制度下，可能把能力低的人安排到不能胜任的工作岗位，导致人格化和低效率。而且由于裙带关系的影响，使得各种利益关系甚至党派利益卷入到行政管理中，会导致低效率和不公平的现象。而严密的专业化分工和严格的法治化管理，则避免了这种由于裙带关系和党派利益导致的现象，所以它是一种理想的形式。官僚制的核心是理性，而效率是理性化的当然结果。理性化的结果是精确性，可计算和预测，能够减少不必要的人为的内耗，从而实现高效率。其次，魅力型的统治方式也会导致弊端。魅力型的领导是人们基于对领导特殊魅力和能力的信仰和信任，而个人的魅力往往与个人的精神特质相关而不是与理性相关，所以个人的主观倾向和偏好会带入管理之中。同时个人气质是不具有连续性的，一旦有魅力的领导离开领导岗位，领导方式的连续性不存在，所以不利于组织管理与组织发展的连续性。如果依赖个人领袖气质，组织甚至会随着领导者的离任而出现混乱。而官僚制是以理性原则建立起来的，是以法制为基础的，它可以克服领导者个人的主观偏见，而且使得组织不因个人的去留发生巨大的落差，避免了组织的崩溃。韦伯认为，理性化的过程是一个通过“去魅”得以实现的过程。理性化的结果是在社会、经济和文化诸领域将神和灵

① ［德］马克斯·韦伯：《经济与社会》（上下卷），林荣远译，商务印书馆1997年版，第248页。

怪以及所代表的价值褪去和祛除的过程，使得人的理性和自由逐渐显现出来。纯粹官僚型的管理组织，“它乃是对人类实行统治的已知方式中，最为理性者”；其明确性、稳定性、纪律的严格性以及可信赖性，都比其他形式的组织更为优越，因为它具有结果的可计算性、技术性、高效性以及普遍性。① 科层制要求具有精确性、效率、持续性、统一性，在工作中严格服从命令、减少摩擦、降低物力和人力消耗，等等，从而与传统型和魅力型管理区别开来。

韦伯还论及合理性与合法性的问题。与现代官僚制相比，古代各种类型的官僚制是不具有合理性的，但是这种不具有“合理性”的官僚制为什么会在古代中国、埃及、印度和中古的欧洲等地普遍存在？韦伯的解释是，这些官僚制虽然不具有合理性，但却具有合法性。韦伯看到了合理性、理性化与合法性的区别，合法不一定合理。

3. 理性化导致“理性铁笼”悖论

韦伯在研究官僚制优点的时候，也看到了官僚制的形式理性（工具理性）与实质理性的内在矛盾。一方面，它的形式理性导致自身目标的异化，官僚制运作的结果、扩张的结果与其原本的目标会出现背离和异化，产生真正的官僚主义。另一方面，官僚制也会使人们变成“没有精神的专家”、“不懂感情的享乐者”，在理性化面前，变成完全没有精神自由的人。官僚制所依赖的苦行主义精神产生一种理性的经济秩序，“这一秩序和机器生产的技术、经济条件相结合，现在又以不可抗拒的强制力量，不仅是控制着孜孜为利之徒的生活，而是控制着所有人的生活，因为他们就出生在这一机构之中。恐怕要直到最后一吨化石完全燃烧成灰烬为止，这一秩序还要控制着他们的生活。在巴喀斯特牧师看来，信徒们对外物所操的心思，‘应该像一件

① ［德］马克斯·韦伯：《经济与历史支配的类型》，康乐等译，广西师范大学出版社 2004 年版，第 303 页。

轻轻地披在圣徒的肩膀上的单薄外套，随时可以脱下’。但是造化弄人，竟然使这件外套变成了一间像钢铁一般坚硬的牢笼”。①

“理性铁笼”悖论的表现至少有以下两个方面。一是理性化对于人类解放与自由的初衷与限制人的解放与自由的悖论。一方面，合理化意味着理性化、理智化，理性的进步和发展，意味着个人的解放和自由；但是另一方面，理性化的结果，形式理性的结果是对个人自由的限制，对人的积极性和主动精神的限制，理性化的结果是理性本身的丧失。二是效率和民主的初衷与低效与反民主的结果之间的悖论。这种异化表现在：首先，科层制使得从民族国家中分离出一个特殊阶层，由于拥有过多的职能而导致对其他阶层的侵犯，出现异化。其次，科层制作为一种自创生系统，有膨胀的自然倾向和反民主倾向，出现形式主义和功利主义，缺乏活力。

韦伯的官僚制提出后，就不断有人提出质疑。特别是20世纪六七十年代后产生的新公共管理运动，对官僚制的局限性进行了系统的思考。彼得·布劳、罗伯特·默顿以及巴恩思和斯塔克尔等人均对韦伯的官僚制面对的挑战提出了自己的看法。布劳认为韦伯的理论忽视了科层制内部的正式和非正式关系的研究，忽视了组织中的非正式的关系及其意义。美国功能主义学者默顿认为科层制的一些关键因素将对其自身的良好运转产生有害的影响即功能失调，比如严守成文的规则，可能阻碍灵活性和创造力。科层制另一个弊端是它会导致程序优先于潜在的组织目标。巴恩思和斯塔克尔则认为，韦伯的科层制只适用于传统的稳定的机械系统而不适用于变化的有机系统。

---

① ［德］马克斯·韦伯：《新教伦理与资本主义精神》，李修建等译，中国社会科学出版社2009年版，第149—150页。

第三节 古典组织理论的系统化

古典组织理论建立之后，一些管理思想家对它们进行了深入的、与时俱进的研究，进一步探索管理的职能和原则等管理学的基本问题，把组织理论进一步系统化。在这方面，英国管理史学家厄威克和美国管理学家古利特影响最大。

林德尔·厄威克（1891—1983），英国的管理史学家、教育家，有《管理备要》、《管理的要素》和《行政管理原理》等著作。1956年出版的《管理备要》一书，其副标题是“70位先驱者生平与工作的历史记录”。在书中，厄威克比较完整地介绍了1955年之前去世的对管理学有杰出贡献的70位思想家的基本观点，并且指出了学习管理学史的重要意义。他认为，不对管理学的历史和先驱思想家的工作有所了解，就难以明白管理学的内容、范围和发展的可能性。这本书得到了广泛的传播。厄威克提出了管理的八项原则，认为它可以适用于各种组织。这八项原则是：目标原则、相符原则（权力与责任相符）、职责原则（上级对下级的职责具有绝对性）、组织阶层原则、控制幅度原则（5—6人）、专业化原则、协调原则和明确性原则（职务规定的明确性）。与法约尔的14条原则相比，少了统一指挥、统一领导和公平、团结和首创精神等组织文化方面的原则。可能厄威克认为八项原则的严格执行已经能够保证统一指挥和统一领导，没有必要单独罗列。也可以看到厄威克对组织原则的确定，更强调基础的硬性的部分，更接近于韦伯的思想。他还进一步把管理的主要职能概括为三个：计划、组织、控制。与法约尔相比，少了指挥和协调。他还把管理的原则放在管理的职能下，使人们能够更加看清这些原则的适用范围以及这些原则与职能之间的关系。

卢瑟·古利特（1892—1993），曾担任哥伦比亚大学公共关系学院院长和罗斯福总统行政管理委员会成员。他的主要贡献也是对管理职能和原则进行了系统的研究。在管理职能的研究方面，他使其更加理论化和系统化，提出了管理的七项职能，分别是计划、组织、人事、指挥、协调、报告、预算。与法约尔相比，增加了人事、财务预算等内容，用具体的报告制度代替了控制，使控制的内容具体化。增加了人事和预算，是与时俱进的做法，体现了管理对人事和预算控制的日益重视。在管理原则方面，他提出了10项原则：劳动分工与专业化、工作的部门化、基于等级制度的协作关系、通过思想的协作、通过委员会的协作、分权化与控股公司的概念、统一指挥、直线参谋、授权、控制制度。与法约尔和厄威克相比，古利特的管理原则有许多新内容，比如工作部门化、协作关系、分权与控股、参谋、授权等，反映了整个管理科学的进步，同时通过思想控制等内容也反映了其对组织文化的重视。

第 二 篇
人类行为与激励

研究个体行为和团体行为的科学叫“行为科学”。“行为科学”概念的提出是在1949年的美国芝加哥的一次跨学科的国际会议上，但是作为一种思想的产生却是在20世纪30年代。经过1924—1932年的著名的霍桑实验，梅奥在1933年出版的《工业文明中的人类问题》一书中，提出了人际关系理论，标志着行为科学的诞生。1945年，梅奥出版的《工业文明中的社会问题》一书中再次对霍桑试验的成果进行了分析总结，进一步完善和发展了人际关系理论。

行为科学的产生，是西方资本主义社会经济发展和阶级矛盾尖锐化的结果，也是对当时科学管理反思的结果。从当时资本主义社会经济发展情况来看，经过1914—1918年第一次世界大战的创伤后，资本主义经济得到了一定的发展，也加强了对工人阶级的剥削程度。但正如马克思断言的那样，资本主义经济危机具有不可避免性，在1929—1933年资本主义世界又发生了世界性的大规模的经济危机。这次经济危机从美国开始，蔓延到德国、日本、英国和法国等主要资本主义国家。经济危机的结果是生产力急剧下降，工业出现大倒退现象，一些主要的重工业行业倒退了几十年，产量下降的结果，是工人失业人数的增加和生活贫困化。1932—1933年，美国失业和半失业的工人人数占总劳动人口的四分之一还多，达到1700多万人。许多工人生活水平远远低于贫困线，生活艰苦。在美国出现了多次大规模的罢工浪潮，参加人数在高潮时期曾经达到100万之多。

在这一时期，美国等西方资本主义国家，纷纷采用泰勒制进行工厂管理，在经济上提高了生产力水平，但同时也加强了对工人相对剩余价值的剥削，加大了剥削程度。比如在1913—1929年期间，加工工业的劳动生产率提高了65%，而工人的工资实际上只增长了26.1%，对工人的剥削程度达到200%。经济大发展导致贫富分化加剧，人们的生活水平并未根本改善。由于工人劳动强度的加大，剥削程度加大，工资增加缓慢，导致劳资矛盾加剧，工人消极怠工，科学管理的应用出现瓶颈，已不能进一步调动工人的劳动积极性。在此情况下，国家、企业和学者，都在思考如何进一步通过调动工人的积极性，促进生产力的进一步发展。对科学主义乃至其理论根源亚当·斯密自由主义经济理论反思的结果，是出现了"凯恩斯主义"的经济理论和管理思想上的新思潮——行为科学。凯恩斯主义主张用国家干预这只"看得见的手"来补充自由主义经济这只"看不见的手"，在管理上，行为科学主张通过对人的行为的研究，来激励人的工作积极性，认为良好的人际关系在工作中比科学管理更能够激励人们的劳动热情，对促进生产力发展的作用更大。

行为科学产生于科学管理之后，并且作为对科学管理反思的结果，注定了它在一些主要方面与科学管理有根本区别。行为科学认为感情的因素比逻辑的因素对职工的工作积极性影响更大，因而从对管理中科学因素的研究，转向对人类行为的研究。

行为科学有广义和狭义两种内涵。广义的行为科学是泛指研究人类甚至动物的行为规律的科学。美国卡·海耶尔在《管理百科全书》中将其定义为：运用自然科学的试验和观察方法，研究在自然和社会环境中的人的行为（以及低等动物的行为）的一切科学，已经确认的学科包括心理学、人类学、社会学以及具有类似观点和方法的其他学科。而狭义的行为科学概念，是指研究组织管理过程中人的行为动机、人与人之间以及人与组织之间的关系的规律，以激励人的积极性，从而更好地实现组织目标的科学。从行为科学，包括狭义的行为科学的产生看，主要是应用了心理学、人类学和社会学等科学方法。管理思想上讲的行为科学，主要是指狭义的行为科学，但也包含对广义行为科学的成果的运用。

管理学上的行为科学以梅奥 1933 年提出的“人际关系”理论为建立的标志，后来研究范围逐渐扩大和深化。行为科学的理论，主要包括个体行为理论、群体行为理论和领导行为理论。该理论从 20 世纪 30 年代到六七十年代，一直是管理思想上的显学。这一管理思想的特征，是与西方这一时期整个思想史上出现的人本主义思潮相一致的。

第三章　管理中人的因素的早期研究

正如科学管理有其思想来源和先行者一样，行为科学也有其思想来源和先行者。行为科学的特征在于对工作中的人的问题的重视，对工作中人际关系的研究。这种思想的来源与先驱，这里主要介绍泰勒和法约尔、缪斯特伯格、丹尼森、谢尔顿、福利特、巴纳德等思想家。

第一节　古典管理理论对人的因素的重视

一、泰勒对合作关系的重视

泰勒作为科学管理的创始人，在其科学管理思想中，包含了对人和人与人之间合作关系的重视。

(1) 对人的生产力的重视。泰勒在《科学管理原理》前言中指出，整个美国包括当时的罗斯福总统都认识到全国性效率问题，但是人们对效率的理解显然重点是指对资源的节约和更有效率的利用，对人的效率则普遍地没有给予足够重视。他说："每天，来自人力资源上的损失要比在物质资源上的浪费大得多，也正是认识上的问题，导致人们对前者感慨万千，对后者却无动于衷。”[①] 科学管理就是要通过科学地挑选工人、培训工人，运用科学定额等方法，通过经济报酬来激励工人，以提高效率。

（2）对人与人之间关系特别是劳资关系的重视。泰勒非常重视劳资关系的调整，特别是要通过心理革命，使劳资双方通力合作以实现双赢。泰勒在国会证词中，甚至把科学管理等同于认识劳资合作关系重要性的心理革命。泰勒对其作为基层管理者期间与工人消极怠工行为进行斗争的经验进行了总结，认为这样做（采取罚款、开除等措施）虽然也解决了问题，但是没有从根本上解决劳资矛盾，自己反而背上了“暴君”的坏名声。从那以后，泰勒再也没有使用过罚款方式。泰勒强调对工人要保持恰当的人际关系，平等对话，让其有倾吐和自由表达的机会，使他们觉得受到公正待遇，从而更加坦率、正直、真实。他还对管理者在生产中高高在上的态度进行了批评。他说，如果一个雇主在工作中还戴着羊皮手套，双手和衣服永远干干净净，说话永远像自己是救世主一样扮演出一副屈尊的样子，诸如此类，他就永远没有机会知道工人真正的想法和感受。

（3）重视从经济上对人的激励。泰勒对人性的假设借用了亚当·斯密的“经济人”，通过差别计件工资制度，通过奖励与惩罚相结合的方法，实现从经济上对工人的激励，以提高劳动积极性。

（4）认识到正式组织中的非正式组织的存在。泰勒对企业中非正式组织的存在有明确的认识，对非正式组织产生的原因、行为规范，特别是其消极作用有极其深刻的体会，这甚至成为他建立科学管理的直接原因之一。

二、法约尔对人的因素的重视

我们前面在介绍法约尔管理思想与韦伯管理思想的区别时，曾经把对

---

① ［美］弗雷德里克·泰勒：《科学管理原理》，马风才译，机械工业出版社2009年版，“前言”。

组织文化的重视作为法约尔组织管理思想的一个重要特征。法约尔在关于员工能力、管理教育和组织原则等的阐述中均包括了重视人的因素的思想。

首先，在讨论各种能力对于不同类型员工的相对价值时，就已经开始了对人的重视，这时，重视的是人的能力。他认为，每种能力都是建立在一系列素质和知识的基础上的，诸如生理素质、智力素质、道德素质、综合文化素质、专业知识和经验等。认为对于基层技术工人来说，技术是最重要的能力，对于管理能力，随着职位的提升，要求就越高。“对家庭或国家事务而言，对管理能力的需求与事务的重要性有关；对个人而言，如果其职位越高，管理能力就越重要。”①

其次，在关于管理教育的思想中，强调对管理者进行管理教育培训的可能性和重要性。认为，管理能力和技术能力一样，首先可以在学校获得，其次可以在车间内获得。认为管理能力应该普及：在小学里学习初级知识，在中学里扩展一些，在高等学府里要深入阐述。

最后，在各种组织一般原则中，强调人的作用和组织文化建设。比如，在人员的报酬原则中，强调在职工的报酬上要做到公平合理，以激发职工的积极性，还讨论了各级人员及各种报酬模式问题，不仅强调工资津贴，而且讨论了关心员工的健康、教育、道德观和员工的满意问题。在公平原则中，强调要能够激发员工全心全意为组织效力，必须善意地对待下属，认识到员工也希望公平与受到鼓励，要激发员工表现顽强的意志、忘我的牺牲精神，就应该善待员工。认为公平就是公正与善意的结合。在首创精神原则中，认为计划并保证其成功，是一种激励因素，它也能够带来职工的极大的快乐和满足。他特别强调创造精神，认为这是使公司强大的力量。能够激发下属的创造力的领导，是最高明的领导。在团结精神原则中，强调和谐与团结是组

① [法] 亨利·法约尔：《工业管理与一般管理》，迟力耕、张璇译，机械工业出版社 2014 年版，第 18 页。

织的巨大力量，要加强内部交流，特别是要重视口头的交流。

三、缪斯特伯格和丹尼森对人的因素的关注

雨果·缪斯特伯格（1863—1916），原籍德国，美国心理学家和工业心理学的创始人之一。1887 年获得海德堡大学医学博士学位，1892 年任哈佛大学心理学教授。在 1910 年就开始研究如何把心理学运用到工业中。他在《心理学和工业效率》一书中，对人的行为进行了研究，主张心理学可以运用到工业领域。在他以及其他一些工业心理学家的推动下，到 1920 年左右，工业心理学已经成为研究的热点，并成为大学教育课程。他认为心理学在工业管理中的重要作用有以下三方面：一是通过对工作和个人的考察研究，找出最适合于某种工作的人。二是能帮助确定在何种心理条件下，个人能够获得最满意的产量，即研究个人的心理状态对工作效率的影响。三是能帮助我们把握对人施加什么样的影响，才能给企业带来最大利益。他还进行了大量试验，证实上述思想。

亨利·丹尼森（1877—1952），美国企业家和管理学家，曾经担任公司总经理、战时工业委员会主席、商务部工业咨询委员会主席、国际劳工局美国雇主首席代表、联邦储备银行董事长、泰勒协会主席和美国管理协会理事等。1931 年出版《组织工程学》一书。丹尼森对管理学的贡献主要是注重人的因素，推动行为科学的发展。注重管理中人的因素主要表现在调动人的积极性因素的研究和组织设计的方式中。丹尼森把激励组织成员的因素归纳为四种：(1) 对本人及家属的福利和地位的关心；(2) 对工作本身的爱好；(3) 对组织中的一个或多个成员及其良好评价的关心，乐于与其一起工作；(4) 对组织主要目标的尊重和关心。以此理论为根据，他在其公司实行了一系列的管理措施，充分调动职工积极性。此外，还让职工拥有股权，拥有包括选举董事等决策参与权，提出使工人在工作中感到满意也是管理者的一项任务。他也认识到非正式组织的存在。在组织设计上，主张自下而上的设计

方式，重视人们之间的和谐关系在组织设计中的作用。传统的组织设计是先根据任务设计职务框架，再根据岗位特点选拔合适岗位的人员，特点在于以岗位责任为主。而丹尼森提出的自下而上的设计，则是以人为出发点，把一些志同道合的人组成小组，然后从下到上逐渐发展为整个组织。他认为，这样可以通过人与人之间的合作关系，统一动机，减少摩擦，提高组织效率。

第二节 谢尔顿：管理对人与社会的责任

奥利弗·谢尔顿（1894—1951），英国的管理学家和企业家。曾就读于牛津大学，服过兵役。1919 年后终身工作于朗特里公司，1931 年升任公司董事，还参与过公共管理工作。1923 年出版《管理哲学》一书。他对管理思想的主要贡献是强调工作中的人的因素以及企业的社会责任。谢尔顿认为，企业是由从事生产活动的人组成的，而不是物的堆积，所以必须重视管理中的人的因素，使职工朝着一个共同的目标奋斗，通过目标来激发职工的积极性，能够提高效率，满足职工的物质生活需求，又能满足其能力提高和自我发展的需要。管理就是要在“生产的物的方面”和“生产的人的方面”求得恰当的平衡。他把管理的职能分为三项：经营、管理（狭义的）、组织；而把企业的组织工作的职能界定为，把个人和集体的工作结合起来，以最积极、最系统和最有效的并相互协调的方式完成任务。关于企业的社会责任问题，谢尔顿认为，企业的首要任务就是为社会服务，满足社会的需要，因为社会公众的支持是企业生存和发展不可或缺的条件。企业伦理，就是要从社会的道德的角度考虑工资、赢利等公司的重要问题。所以必须处理好企业和社会的关系，把企业的社会责任——为社会服务——作为首要考虑的问题。谢尔顿和泰勒一样，把其管理思想称为管理哲学，认为管理的指导作用主要是一些科学原则和伦理原则，管理不是一些具体措施，管理是指管理实践的目的、路线和哲学原则等基本的方面。他所说的这些哲学原则和伦理原则中，上面涉及的对人的重视和对企业的社会责任的重视，是主要内容。

谢尔顿在《管理哲学》中，讨论了什么是管理哲学、现代社会对工业管理的影响、管理原理、工业管理的社会责任问题。谢尔顿是从科学管理到人际关系理论的一个真正过渡性的人物，他在进一步论证泰勒的科学管理的合理性的同时，又看到了企业的社会责任和人在企业管理中的重要地位，既看到科学的方面，又看到伦理的和社会良心的方面。

一、管理哲学的对象

谢尔顿在《管理哲学》中，对什么是哲学和管理哲学进行了说明。他在序言中说道，管理有各种功能和分支，而“最重要的是提供一种达到某种明确目标的方向，并且形成对那些根本原因的理解——那些根本原因从终极上可以解释管理的上述行为。正是这个原因，本书的书名才使用了‘哲学’这一术语。哲学是一种广泛追问的要求，它把日常事情的问题变为相对的无，它要求知道，我们是根据某些原则或法则来指导我们的实践，还是仅仅依赖于某些不可靠的东西。当我们忙于管理扩张的细节时，如果没有追问管理的目的和本性，那就会是致命的。我们是否已经把我们的新发展与某种根本信念联系起来，并且根据某种终极目的来审视它们？或者我们只是存在一天便消失的机会主义者——满足于今天是能够吸引我们的好日子就足够了，满足于种植一棵新树并且培育它成长，而不管它与森林有无关系？”①“本书的写作正是基于下列信念：无论从科学还是伦理的角度来看，工业方向的确定——这被看作是广义的管理的职能——主要是一种关系到原则的事情，而应用这些原则之后所产生的细节则是第二位的。因此，下面的内容不是对管理的任何分支的解释，而是作为一种努力，说明那些支配作为一个整体的管

① ［英］奥利弗·谢尔顿：《管理哲学》，刘敬鲁译，商务印书馆 2013 年版，第 4 页。

理实践的目的、成长路线和原则。”① 从上述两段论述中可见，哲学关注的不是对一些具体日常问题的研究，而是对深层次的问题进行思考。管理哲学就是对管理实践的目的、成长路线和原则的研究，这些原则最终都涉及人和人类社会的问题。

二、现代社会的特征及其对工业管理的影响

在序言一开始，谢尔顿就说：“在当今时代，工业管理的血管中有一种新的青春血液在流动，充满新的活力和热情，人们正在既从科学的角度，也从伦理的角度审视工业管理的实践。对于工业管理的业绩，人们一方面根据作为科学分析的结果所建立起来的标准进行衡量，另一方面根据已经恢复生气的社会良心所建立起来的标准进行衡量。”② 现代社会与工业及其管理相关的一些基本特征，深刻地影响着工业管理，谢尔顿指出了现代社会一般生活的四个特征，并阐述了它们对工业管理的直接或间接的影响，这些特征是：公众关注、自我发展、联合和科学。

第一个特征是公众关注。所谓公众关注，指的是公众对工业内部运转方式的广泛熟悉。谢尔顿指出，在过去半个世纪中，关于工业事务的一般知识的显著发展，是诸多重大事实之一。虽然它没有引起我们的注意，因为它太平常，但它是基础性的。不仅工业中的工人更好地了解了工业事务，工业之外各种各样的民众也是如此。现代报业对仲裁、会议、罢工、发明、立法和理论等方面的广泛报道；股东的增加；纳税人对工业复兴和减负的希望；消费者对减低价格的期望等。而战争强化了这种关注，在军需相关企业，一般公众成了股东，更为关注公司的状况。民众一般智力的提高，信息公开，工会的促进，各种力量的因素的结合，对工业和社会产生了深刻影响。工业

① ［英］奥利弗·谢尔顿：《管理哲学》，刘敬鲁译，商务印书馆 2013 年版，第 4 页。
② ［英］奥利弗·谢尔顿：《管理哲学》，刘敬鲁译，商务印书馆 2013 年版，第 3 页。

要接受来自工业内外人员的批评和监督。“今天，工业行为不再被认为是董事和经理之间的‘交易秘密’。公众正在通过议会、市政府、新闻媒体和自我教育团体，呈现出持续的恰当询问的热情。与此类似，工薪阶层也询问政策、道德、方法以及控制他们劳动力应用的那些人们的组织状况。”① “对价格的歇斯底里、牟取暴利、榨取血汗、‘消极怠工’，以及工联主义，对要求工业提供服务责任的共同体来说，根本是不适当的。”② 公众在工业方面的利益的增长和由此产生的对工业的责任，已经深刻地影响了工业管理的艺术实践。

第二个特征是自我发展。谢尔顿指出：“第二个直接影响工业的现代社会的一般特征，是人们已经增长的对在动机作用下而非在控制日常工作的规则下自我发展的要求和天性需要的意识。”③ 自我发展，指的是那种正在创造一种新的工作哲学的精神。我们正目睹着人们对工作看法的深刻变化。人们的信念正在从仅仅为了获得而工作，转移到从兴趣出发而工作。对于绝大部分人来说，虽然金钱利润的动机仍然存在，但贯穿着更加美好的高级激励因素。工业中的工人，和其他一般工人一样，不仅仅满足于挣得他们的工资，他们需要闲暇时间做一些自己感兴趣的工作。闲暇这一使自我发展成为可能的现代需求的涌现，并不单单是由于获利这一动机的失败，而且也是对娱乐的社会价值的承认。但是，谢尔顿认为，现代哲学表明了对娱乐的正当认可，这是比一般所认为的更为近期的发展。工业革命彻底消除了我们民族的大部分运动和闲暇。我们用一个世纪的时间才将平均日工作时间减少了 4 个小时。只是在最近 50 年内，娱乐才被认为是工作的必要补充。仅仅在上个 10 年中，更具进取精神的领导人才认识到一部分工作时间必须是当作娱乐性质的。但是随着历史的发展，工业管理将会被迫意识到，对它的工薪阶层

---

① ［英］奥利弗·谢尔顿：《管理哲学》，刘敬鲁译，商务印书馆 2013 年版，第 14 页。

② ［英］奥利弗·谢尔顿：《管理哲学》，刘敬鲁译，商务印书馆 2013 年版，第 14 页。

③ ［英］奥利弗·谢尔顿：《管理哲学》，刘敬鲁译，商务印书馆 2013 年版，第 15 页。

来说，就如同对整个共同体一样，用于追求非报酬工作和娱乐的闲暇时间，必须最终得到保证。而工业管理就面临着一个选择，要么限制工人的兴趣，要么给工人更多的闲暇时间，而任何一个选择都会给工业管理增添一种新的责任。

第三个特征是联合。所谓联合指的是在不同的群体中，正在促成不同类型的合作这样一种精神的发展。这种广泛传播的联合精神，“不是一种自然意义上的冲动，而是一种有意识的个体间的结合，这些个体对于许多一般事务的看法有着很大的不同，但他们拥有一两个共同观点，他们通过联合而产生出更大的力量来促进和加强这些共同观点。”① 比如工会、合作社、互助会、政治俱乐部、体育俱乐部、慈善组织和宗教协会等。团体和协会的形成，对于整个社会来说，导致了多样性而非统一性。“联合精神不是使人民大众统一起来，相反，它往往倾向于把社会划分为建立在不同观点、忠诚和兴趣之上的小群体。”② 一种联合要有活力和效率，就必须忠实地反映它的拥护者的意愿，并且成为每一个拥护者的利益的一个内在部分。这种联合精神及其带来的分散性和多样性，也给工业管理带来挑战。

第四个特征是科学。科学，不仅是指在各个特殊领域中的研究的发展，而且是指一种更为广泛扩散的批判和分析精神。科学的时代，是一个把信仰和行为建立在确定的和已证实的事实而非信仰、传统或者习惯之上的时代。把信仰和生活建立在更加坚实的真理的基础上，这种科学精神，对现代工业具有明确的影响。科学精神是一个重要的时代特征，而工业中的管理科学是我们时代的一个自然结果。这种探索精神，正在迅速地蔓延到工业中。劳方正在质疑目前工业结构的道德正当性。管理层和劳方均在质疑管理的方法。

---

① ［英］奥利弗·谢尔顿：《管理哲学》，刘敬鲁译，商务印书馆 2013 年版，第 17 页。

② ［英］奥利弗·谢尔顿：《管理哲学》，刘敬鲁译，商务印书馆 2013 年版，第 18 页。

谢尔顿认为，在研究工业管理之前，必须认真考察劳方和资方的思想状态。管理者作为第三方，必须考虑到这两方面的思想状态。他的一个总体的指导思想是，无论劳方和资方，均既要考虑工业管理的科学性方面，也要考虑道德性和伦理性的方面。劳方总体上要求一个更加平等的社会机会的分配。社会伦理学要求，根据对共同体利益所做的贡献来评估人们的价值，这正是劳方的要求。劳方不是为了物质上的平等，不是为了不择手段而获得财富，而是为了它自身的道德权利而要求一条通向自我实现的开放道路。劳方的问题是伦理上的，而不是物质上的。劳方的思想状态清楚地表现在它对自己的地位和工作条件的态度上。社会地位是一个相对的问题。如果工业管理错误地估计了劳方的这种思想状态，那么它有可能严重地误入歧途。工业管理在很大程度上是对人的管理，除非了解了他们的思想状态，否则管理将是无效的，所以对劳方的思想状态的理解是管理的初步任务。管理要实现和保持物的因素和人的因素的合理平衡。因为工业不是一种机器，而是人们联合的一种复杂形式，对它们的理解要从人的角度而不是从物的角度进行，而这种人性的管理在工业革命中是完全缺乏的。“我们可能会发现我们的理想国，也可能会导致惩罚报应。前进和混乱之间的选择摆在我们面前，我们或者将会实现一个，或者将会陷入一个，这取决于人民的智力和道德能力被引向承担建设一个有价值的工业和社会未来的伟大任务，还是被引向浪费精力于没有价值的微小琐事上。”①

三、企业的社会责任

谢尔顿的《管理哲学》出现在泰勒的科学管理之后，他在肯定科学管理和管理的科学性的基础上，最主要的任务是阐述工业企业的社会责任问题，并且专门用一章的篇幅讨论这一问题。他强调当时的社会特征对企业管

① ［英］奥利弗·谢尔顿：《管理哲学》，刘敬鲁译，商务印书馆2013年版，第36页。

理的影响，特别是对企业的社会责任的要求，但是他的社会责任理论的依据并不仅仅是当时的社会的压力，他是把其社会责任理论建立在系统思想的基础上的，建立在企业这个部分与社会整体之间的关系的基础之上的。

如前所述，谢尔顿认为，管理要在物的方面和人的方面取得平衡。他认为管理既是一门科学又是一门实践的艺术，但它主要是一门指导人的行为的艺术，科学则是补充。而管理的社会方面有两个部分，一是与共同体的关系，二是与它所指导的人们的关系。

管理主要是对人的管理，所以必须首先对人性进行研究。谢尔顿认为，管理的责任基于这样一种事实，即它所指导的工业行为是由人的因素和物的因素所构成的。而且，工业是为了满足人的需要而存在的，这一事实也加强了管理的责任。因此，管理不仅对工业中的人的因素负有责任，而且对工业所服务的人的因素负有责任。

谢尔顿认为，在第一个方面，在管理和共同体的关系方面，管理作为一个整体的工业的代表，它是一艘帆船的舵手，它要驾驶着船走向公共目的的港湾。这是管理的根本目的。工业的目标不是纯粹的商品生产，而是共同体，是从共同体的一部分或整体的角度看某种商品的价值的生产。它负责社会所需要的产品的生产。工业，特别是工业管理，在任何意义上都是从属于共同体的。这就要求把“服务于共同体”作为工业的主要动机和根本基础。只要工业的动机是服务动机，那么它就不可能完全是经济的，它也是伦理的。谢尔顿认为：人们从来也没有怀疑工业为共同体提供经济服务这一点；但新的哲学坚持认为，由这种服务所促进的共同体的善应该是决定性的因素，而金钱利润则是从属于这种服务的。他认为，把管理引向共同体目标的一个重要的因素是独立的管理的发展。“随着时代的变化，工业的精神无疑也在改变。当所有权越来越多地依赖管理，并且管理开始形成自己的实体以及划定出自己的领域和自己的成就标准时，管理就正在开始发现一种新的动机，这与它所努力争取的职业标准更加一致，以推动它自己的奋斗方向。”①

在服务共同体的动机方面，工业至少有三个具体目标，谢尔顿引用希伯姆·朗特里的话对此作了说明。第一，工业应该生产商品或提供服务，它们的种类和方式对于共同体都是有益的。第二，在财富生产的过程中，工业应该对共同体的普遍福利给予最大可能的关注，而且不得寻求有损于共同体的政策。第三，工业应该以这样的方式分配所创造的财富，即最好地服务于共同体的最高目标。这些服务的理想是要把财富的创造服务于共同体的福祉的这样一个最高目标。他认为，工业产品的价值，并不像经济学家所宣称的那样，完全是它们的经济价值。它可以有另一种价值即伦理价值，而且这种价值是不能用经济价值予以评价的，它有时候与经济价值相反。共同体精神的塑造将与产品的生产一样重要。谢尔顿分析了服务动机的三层含义：“第一，在当前的形式上，工业将既从经济的也从伦理的标准来评价它的政策和方法；第二，工业应该致力于实现这样一种结构，在其中每个个体都可以做出自己的最大贡献，并且被号召起来表现自己的个性……第三，工业应该这样指导它的事务，以至于其中的所有当事人都有机会把他们的最高能力奉献给公共的最高事业。”②

第二个方面，关于管理与它所指导的人们之间的关系，谢尔顿的一个基本思想是，服务于共同体不仅仅在于为它提供物质生存所需的物品，而且在于为它提供所需要的能够推动它前进的公民。工人不只是生产的手段，不仅是工业的附属品，而且是社会进步的一种力量。“将工人维系于工厂的纽带并不是维系他们生命的唯一纽带。还有家庭的纽带、社会的纽带、商业的纽带、民族的纽带以及宗教的纽带。没有任何理由认为经济纽带对这些纽带具有优先权。存在于工人和管理者之间的经济联系并不能取消工人的其他社

① ［英］奥利弗·谢尔顿：《管理哲学》，刘敬鲁译，商务印书馆 2013 年版，第 77 页。

② ［英］奥利弗·谢尔顿：《管理哲学》，刘敬鲁译，商务印书馆 2013 年版，第 81 页。

会联系。”① 管理不能仅仅承担对作为工人的个体的责任，而拒绝承担对作为社会单元的个体的责任，两者不可分割地交织在一起，管理的责任不可避免地延伸到工厂之外。所有的管理行为都是有教育性质的，管理在工人中所倡导的精神，必然影响到他们作为父母、投票者和公民的精神。

第三节 福利特：人的利益的整合

雷恩在《管理思想的演变》中，称福利特和巴纳德是科学管理和人际关系理论之间的过渡性人物。之所以如此说，是因为福利特和巴纳德的管理理论，既继承了泰勒的科学管理思想的基本精神，也具有人际关系理论关于“合作”思想的内容，是在新的历史条件下对科学管理思想的发展，又为人际关系理论的建立提供了思想养分。

玛丽·福利特（1868—1933）是美国的女管理学家和政治哲学家，毕业于哈佛大学并获得博士学位，主要从事工业心理学的研究。她的主要著作有：《新国家》（1920）、《创造性的经验》（1924）、《动态的管理》（1942，后人编辑出版）、《自由和协作》（1949，后人编辑出版）等。福利特受泰勒的科学管理以及德国辩证法思想的影响较大，她继承并发展了泰勒关于合作的思想，同时也吸收了德国哲学的矛盾辩证法思想和社会心理学的最新成果，结合自身参与管理的经验，特别是参与非营利组织管理的经验，提出了融合统一思想并贯穿到她的整个管理思想的各部分内容之中。在对社会冲突、组织的性质、管理以及权力的理解上都提出了令人耳目一新的革命性思想。正是由于其超前性，其管理思想在20世纪30年代产生的时候，并未被人们广泛接受，随着时间的推移，其价值才逐渐得到人们的认可。

① ［英］奥利弗·谢尔顿：《管理哲学》，刘敬鲁译，商务印书馆2013年版，第83页。

一、企业管理目标：整合的统一体

福利特把企业管理的首要目标确定为建立一个整合的统一体。她指出："在我看来，企业管理或者行业组织的第一项测试，应该看企业是否符合以下情况：它的所有部分相互协调，步调一致，紧密结合，各自的活动得到调整，从而互相锁定、互相关联，形成一个运转的整体——不是各个部分的简单堆积，而是一个功能整体或者整合的统一体。"① 福利特认为，这代表了一条深奥的哲学和心理学原则，它帮助我们从本质上找到了企业管理的实践方法。

福利特提出建立整合统一体的思想，其理论基础是其关于个体与群体、个体与社会、个体与环境之间关系的理论。在个体与群体的关系中，福利特认为，个体是群体中的个体，它离不开群体。个体与个体、个体与群体之间形成一种不可分割的联系。个体是群体内部以及群体之间相互作用的产物。只有在群体中才能得到诸如群体思想、群体意志、群体情感和一致行动的理解。在个体与社会的关系中，福利特也认为，个体也是社会的个体，个体离不开社会，社会也离不开个体。社会与个体都是在相互作用中成长的，个体与社会之间是相互作用、相互创造的，都是这一无限的循环运动过程的产物。个体的反应是对个体和社会的关系的反应，而不单纯对社会进行反应。在个体行为与环境的关系上，她的基本思想是，个体行为的过程，是内部与外部、主观与客观、主体与环境等多种矛盾因素相互作用的结果，这些因素之间形成一种相互影响的过程，福利特称其为"环形反应"。个体对环境的反应实际上是对个体和环境的联系的一种反应，你对我的反应，实际上是对你和我的关系的反应。而行为与环境在相互作用中都得到发展，形成一种相互作用的正价值。

---

① ［美］玛丽·福利特：《福利特论管理》，吴晓波等译，机械工业出版社2007年版，第2页。

正是基于以上对个体与群体、个体与社会和环境的相互关系的理解，福利特看到了企业内部部分之间、部分与整体之间的相互作用、相互影响的关系，从而提出整合统一体思想。

如何建设一个整合的统一体？福利特的思路是注重相互作用的关系，特别是注重企业职工的参与和意见，通过分权和集体责任来形成整合的统一体。福利特认为首先应该消除劳资双方、管理层和职工之间的对立态度，在认真界定分歧的基础上，在审视形势、弄清事实真相的基础上，以协商代替斗争。她不同意工会把劳资关系尖锐对立起来的做法，但是同时认为，要充分重视工人的意见。她还认为，工人代表所提出的代表工人的观点，对作为整体的工厂来说应该是最好的观点。其次，她认为，企业部分的分权是必要的，部门应该接受和实施部门责任，在此基础上，上升到企业集体责任。在工厂里，有很多责任实际上都是集体责任。强调集体责任的意义在于使得个体、部门都参与到责任中来，并使企业的不同责任相互贯通，形成一个整合的统一体。最后，要在管理者和工人之间重新分配管理责任，让工人参与到管理中来，增加工人的自尊心和自豪感，以改善工作氛围，提高效率。

二、冲突处理的最佳方法：整合

关于企业中的冲突乃至一般冲突的处理方法，福利特依据其融合统一体的思想，提出了整合的方法是最佳的方法的思想。在她的冲突处理理论中，有以下富有创建性的思想。

（一）冲突是事物的本质

福利特认为，人类社会到处充满着冲突和分歧，冲突是生活的本质，没有冲突就没有世界，所以我们要正视冲突的客观存在。实际上，冲突和矛盾是中性的东西，不好也不坏，不要带着伦理的先入之见看待冲突。冲突的好坏，要看我们如何处理它。观念的、利益的冲突并不可怕，如果处理得好，是一种经验，对于今后处理类似的冲突具有借鉴意义。所以如果我们建设性地处理了冲突，这时冲突就变成了建设性的冲突。

（二）整合是解决冲突的最佳方法

福利特认为，我们处理冲突的方法通常有三种：战胜的方法、妥协的方法和整合的方法。

（1）战胜的方法。战胜的方法，是一方战胜另一方，一方胜利一方失败。这种方法，看起来解决了问题，但是只是暂时性地解决了问题，实际上并未完全解决，因为虽然一方的利益和诉求得到实现，但另一方的诉求并未得到实现，它始终存在，一旦时机成熟，冲突会再度出现。

（2）妥协的方法。妥协的方法，就是各自退让一步，使被打断的事情能够继续进行，就如战场上，各自退让30里安营扎寨，暂时停战。但是，福利特认为，妥协的方法是双方均没有能够完全实现目标，各自都有一些东西被放弃。所以，尽管这种方法是解决冲突运用得最多的方法，也是必要的方法，但却是最不成功的方法。

（3）整合的方法。这是福利特最为推崇的方法。所谓整合的方法，就是将双方的利益在一个统一体中整合起来，大家的愿望都得到了实现，没有任何一方的利益受损，而且均得到完整的实现，没有任何一方需要作出任何的牺牲。关于整合的方法，福利特举了几个有代表性的例子。一个是她在哈佛大学图书馆遇到的是否开窗的问题："有一天，在哈佛图书馆的一间小屋子里，有人想开窗户，我想让窗户关着。最后，我们打开了隔壁房间的窗户，那里没有人在。这不是妥协，因为没有谁的要求被缩减，我们都得到了我们想要的：我并不想要一个密闭的房间，我只是不想让北风吹到我；同样，另一个当事人也不是想打开那扇特定的窗户，他只是希望房间里有更多流通的空气。"① 福利特还描述了关于工厂管理中的两个典型的例子。一个是关于

① ［美］玛丽·福利特：《福利特论管理》，吴晓波等译，机械工业出版社2007年版，第22页。

一个挤奶工联盟的例子：山上和山下的工人因为谁先卸货而发生争执，最后是通过改变空地的位置，能够同时卸货，实现了双赢。另一个是劳资协议会议的举办地的例子：工人不愿意在原来的办公大楼召开这样的会议，而管理方也不愿意把会议地点选得太远。结果在工厂的空地上修建了一个专门的员工俱乐部大楼，会议在此举行，实现了双赢。当然，福利特也认识到，冲突的种类是多样性的，并不是任何一种冲突都是可以通过整合的方法解决的，有的冲突属于非此即彼的情况。比如两个男人争夺一个女人，都想娶她为妻；又如两个儿子都要求完整地得到祖传的老屋子。这样的冲突当然在一定条件下无法整合。

（三）关于整合的思维基础与步骤

有些冲突是可以整合的，关键是我们要找到整合的方法。福利特认为，整合需要创造性，需要摒弃非此即彼的思维模式，让思维跨越互斥的边界，这才是明智之举。福利特提出了整合的步骤：第一步是将差异公开化。她说，我们知道差异在哪里，我们才有可能对它们进行整合。她分析了常见的两种与差异公开化截然相反的做法：逃避和压制。有些时候一方为了自己的利益故意将事情模糊化，逃避问题的真正合理的解决。压制是一种具有防御性的做法，不是想问题得到根本的解决，而是固执已见。福利特认为，只要我们的真实意图不是达成一致，而是控制，我们就会继续逃避或压制下去。这不利于冲突的解决，如果一个病人不是真心希望自己的病症早日痊愈，医生也是无法帮助他的。所以，整合的第一条规则是摊牌，即直面真正的问题，解开冲突，将整件事情公开化，把各方的愿望放在一起，使得人们能够清楚地审视和评价它们。这样的一个好的结果是导致“再评估”。通过再评估，使双方重新审视自己的利益，相互调适，找到各自的位置，促成统一。第二步是分解，将已经在第一步明确的真正冲突和双方的需求，按照其要素进行分解，以厘清真正的需要，而不是声称的需要。福利特说：“如果第一步是将需要整合的东西清楚地放在我们面前，那么有一些重要的事情需要我们去注意，即一种情况下最引人注目的焦点并不是对真正问题的指示……在行业分歧中，在对董事会或管理者之间政策的不一致上，发现有意义的而非戏剧性的特征，对于整合企业政策而言是很基本的。”① 福利特描述了一个分解的例子。她的一个朋友想去欧洲，但又不想支付必需的花费。我们可以试问：“去欧洲”对她意味着什么？这位朋友大学毕业后，教了许多年书，然后离开岗位，多年来过着隐居的生活。分析发现，“去欧洲”对她而言只是一种符号，并不意味着雪山、教堂或者图画，而是认识新的人，这才是她想要的。当被安排到一所由年轻男士和女士就读的暑期学校任教时，她立刻接受了，因为在那儿她会遇到一群有趣的老师和学生。第三步是对差异和冲突的预期。福利特认为，对付竞争者的一种方法——捷足先登——也可以应用于员工冲突的管理。她说，要注意的是，预期冲突并不意味着避免冲突，而是换一种方式进行这场游戏。也就是说，对不同的利益进行整合，而不必对所有现状做出变动。正如在国际象棋的比赛中一样，要对各种可能的冲突进行预期。第四步是对反应做好准备。福利特认为，我们只观察反应和预期反应，是远远不够的，应该做好积极的准备，尽量让反应方建立起一种正面的态度，正如一个好的销售员的工作一样，要重视销售员对顾客的影响，看到相互影响的事实。福利特多次讲到“循环反应”的概念，认为它揭示了“当代心理学对社会科学所做的最有趣的贡献”。反应行为是对关系的反应，我反应的对象不仅包括你，而且包括你我之间的关系。员工不仅对老板做出反应，而且对自己和老板之间的关系做出反应。循环行为作为整合的基础，赋予了我们探索建设性冲突的钥匙。

（四）关于整合的障碍

福利特认为，整合是一种创造行为，在整合过程中，有一些致命的因

① ［美］玛丽·福利特：《福利特论管理》，吴晓波等译，机械工业出版社2007年版，第28页。

素影响我们。这些因素包括：(1) 缺乏创造性。不愿意承担责任，不愿意自己采取行动，总是更喜欢去反抗和攻击别人所做的事情。(2) 习惯于控制。因为在很多人看来，整合缺乏“快感”，没有征服，没有高潮，没有人胜出，没有人为之振奋。整合的完美结局常常显得令人乏味。(3) 争论常常被理论化，而非拿出切实可行的具体建议，而思想上的一致并不带来充分的整合。(4) 语言方面的障碍。整合需要对一些思想使用恰当的语言，福利特不喜欢“申诉委员会”、“矛盾专家”、“解决争端”、“传统敌人”等这类的语言。这样的一些针锋相对的语言的使用可能是对整合的破坏。(5) 领导者给予不必要的影响，肆无忌惮地全权掌控，以及代表一个群体对另一群体提出建议。(6) 缺乏整合的相应训练，不掌握整合的技巧，不注重培养合作性思考的艺术。

三、命令客观化与权力共享

福利特根据其整合的理论对权力、命令和控制等思想提出了独到的见解，非常深刻，包括命令客观化、权力共享等非常前沿的观点。

(一) 命令客观化

福利特指出，心理学和自身的观察都告诉我们，不仅命令或劝告不能让人们心甘情愿地去做事情，甚至说理、有技巧的规劝都是不够的。人们要心甘情愿地做工作，要从内心接受该命令，就要在命令的下达和接受的循环行为中进行整合，要让人们建立一种接受命令的态度。福利特充分认识到心理学的贡献：一样的话出现在不同地点和不同场合，它常常引起不同的反应，所以必须对命令接受者的行为进行充分的研究。就像售货员与顾客的关系那样，售货员要让顾客从内心接受推销的产品，就要通过整合而非强迫让顾客产生这种态度。

如何进行整合？福利特提出了使“命令客观化”的情景管理方式。她指出：“现在我们的问题是什么？我们如何避免两种极端：在下达命令时进行过多的支配，以及根本没有下达命令？……我的方法是让命令客观化，统一一种情景中涉及到的所有人，发现该情景下的规律，并且遵守它。”① 她认为如果没有做到这一点，就不会拥有成功的企业管理。这种做法中，一个人不对另一个人发号施令，双方从情景中找到可以共同遵循的命令。这种命令不是管理者的个人意志，而是客观情势的需要，是在一定情景下，完成某项工作的客观需要。在这种情景中，管理者可以给工人下命令，反之亦然。并且福利特认为，这种观点是对科学管理最大的贡献之一。她认为，人人都希望平等，没有谁愿意受别人命令和支配。领导要善于利用形势规律或情景规律而不是人为的命令进行管理。把管理的任务看作形势的要求而不是领导的命令。在这种情况下，管理者的工作不是如何让人们遵守命令，而是找到一种可行的方法，使得我们能够最好地发现适合一项情景的命令。命令客观化，实现情景管理，一方面不再存在专横的权力，另一方面又避免了放任。

（二）权力共在共享

首先，福利特认识到了权力是人们追求的目标。她说，无论权力是“好”还是“坏”，无论人们把它当作实现目标的手段，还是只是为了得到它，大多数人通常都会设法得到权力。

其次，福利特把权力分为平等的权力和凌驾的权力，并且认为前者是发展的方向。她说：“就我所做的观察而言，尽管权力通常意味着凌驾的权力，即一些人或团体的权力高于另一些人或团体，但在我看来，平等的权力这一概念仍然可能得到发展，这是一种共同前进的权力，一种积极合作而非强迫性质的权力。”②

再次，福利特指出平等的权力即是基于整合的共在和共享的权力。她

---

① ［美］玛丽·福利特：《福利特论管理》，吴晓波等译，机械工业出版社 2007 年版，第 42 页。

② ［美］玛丽·福利特：《福利特论管理》，吴晓波等译，机械工业出版社 2007 年版，第 57 页。

认为，整合权力是基于满足需求，而对需求的满足的整合排除了凌驾的权力的必要性。如果寻找到一种方法，能够同时满足双方的需求，整合了双方的需要，凌驾的权力就不会出现。她强调循环行为在整合中的意义，认为循环行为是整合的基础，它产生合理的权力。企业中各类人员的行为的相互影响，形成互动关系，平等的权力就可能得到实现。而情景规律的发现，是更加减少凌驾的权力这一问题的核心。如果双方都遵循情景规律，没有人的权力会凌驾于另一方。她说："透过历史，一旦控制超过整合，我们可以看到它会引发毁灭性的后果。"①通过整合的权力实现了权力共在和权力共享。因为从情景出发，管理者可以指挥工人，工人也可以指挥管理者，管理方和劳方之间仅是分工的不同。权力共在是一种共同发展、协同行动的权力而不是一种强制的权力。

最后，福利特还对协调、管理者能力等问题提出了有价值的思想。她认为，管理者的能力不在于能够施加个人意愿并让其他人追随，而在于如何把不同的意愿联合起来成为群体的内在动力，他必须知道如何创造群体力量而不是施加个人力量。总经理的主要工作就是协调，协调是管理的核心，目标是整合统一体。协调的原则和要求是：直接交涉、早期、互惠、连续。她在对组织的看法上也体现了协作的社会系统思想，认为企业是一个协作的社会组织，内部是一种协作关系，同时组织对社会又有社会责任。

第四节　巴纳德：组织如何获得人的贡献

巴纳德从社会系统观点来研究管理，把管理对象——组织，作为一种

① ［美］玛丽·福利特：《福利特论管理》，吴晓波等译，机械工业出版社2007年版，第60页。

系统，一种协作的系统，由此提出了权力观、领导观以及经理人员的职能理论等重要的管理哲学思想。

美国人切斯特·巴纳德（1886—1961），是组织理论的重要代表人物之一，社会系统功能学派的主要代表。巴纳德生于马萨诸塞州，1906年进入哈佛大学学习经济学，但由于缺少一门实验科学的成绩而未获得学士学位。1909年离开学校后到了美国电报电话公司工作，先后在统计部门和商务部门从事管理工作。1926年出任公司所属的宾夕法尼亚电话公司的总经理，一年后成为美国新泽西电话公司的总裁。巴纳德对组织管理工作非常热情，除了在电报电话公司的40年工作外，还参加过其他一些组织的管理工作，曾经出任洛克菲勒基金会主席、美国国家科学基金会会长、财政部部长助理、美国科学促进委员会的委员以及许多公司的董事。他一生共获得过7个荣誉博士学位，是社会对其出色工作的嘉奖，也算是对其一生没有获得过正式学位的一种弥补。他有《经理人员的职能》(1938)、《组织与管理》(1945)等著作。其中《经理人员的职能》被称为管理思想史上的一座丰碑，对组织和管理理论提出了与以前完全不同的观点。梅奥和巴纳德都研究组织中的协作关系，两人都吸收了对方的思想，但梅奥主要研究组织中人与人的关系，而巴纳德主要考察组织中人与组织的关系。除了梅奥以外，还有许多人的思想对巴纳德产生了重要影响。《管理思想的演变》一书的作者雷恩认为，巴纳德把帕累托的社会学、韦伯的组织理论、卢因的群体动力学和怀特海的有机体哲学应用到组织的分析之中。巴纳德的组织理论，与法约尔和韦伯把组织看作一个等级制度来研究不同，他着重研究组织内的协作关系，特别是研究个人与组织的关系。他对组织的含义、组织的要素、经理人员的职能以及权威的实质等问题的研究，均有独创性贡献。

一、组织理论：组织是一个协作系统

巴纳德从社会系统论的角度出发，给出了组织的定义：“有意识地加以协调两个或两个以上的人的活动或力的系统。”这一定义，主要有以下含义：

首先，巴纳德认为，组织是人与人的关系的系统。组织不是物的系统，而是人的系统。所以组织中的人的研究是管理的出发点，研究组织理论，构建一个协作系统，要对组织的行为、管理人员的行为和其他人的行为进行研究，必须以对人的心理和行为的某种立场观点为依据。① 社会系统中的人究竟具有什么特点呢？巴纳德认为，可以从物质的、生物的和社会的三个层面来理解，人是一个物的、生物的和社会的综合性个体。（1）从个体本身的性质来说，人首先是一个特定的、个别的、物质的个体，又是属于物质宇宙的一个事物，内含一般物质宇宙的特点。（2）个人作为一个生物体，具有根据经验进行自我调节、维持身体平衡的能力，在不断变化的世界中保持生存。个人的历史是人种历史的缩影。（3）人还作为社会性存在，与其他人存在着一种相互关联和相互作用的关系。是一种以相互经验为基础，对相互间意图和意义的反应，以对这种关系的适应为特征。这种社会要素是人类独有的。每一个人，就其作为人来说，具有一般人所具有的下列属性：作为个体的人，它能够进行活动，活动的总体成为行为；人具有心理因素，心理因素是人的行为的直接原因；人具有一定的自由意志，或有限的自由选择能力。人的能力是物的、生物的和社会的因素相结合的结果，这种结合的选择的可能性本身是有限的，人的这种能力的有限性表现在，当许多机会出现时，人会感觉到无能为力；人的活动具有一定目的，人们在一定条件下行使自由意志，实现一定的目的。总之，人的行为是一个有自由意志，进行选择，也受到物质的、生物的和社会因素的制约的过程。

其次，巴纳德认为，组织是一个协作系统。所谓协作系统，是人们为达到一定的目的进行协作而形成的包括物质因素、人的生物因素、心理因素

① 参见［美］切斯特·巴纳德：《经理人员的职能》，孙耀君等译，中国社会科学出版社1997年版，第11—13页。

和社会因素在内的复合体。这个复合体的主体是人。如前所述，人是一个有选择能力但受到限制的个体。从总体上说，人们改变物质因素的能力比动物要大，人们是通过协作来突破限制，实现目的的。协作系统的根本内容是以协作的手段来实现系统的目的。协作的目的是方向、灵魂和核心，协作过程是手段，但是目的和手段之间是相互影响的。协作的性质和种类，规定了协作过程的特点，实现目的的可能性，也会影响到协作系统存在的意义。反过来，协作过程的合理性和协作方式的恰当性，是协作目的实现的前提。协作系统和协作过程受到四个方面因素的影响：物质的、个人的生物能力、心理因素和社会因素。这四个方面既是协作的条件，又是对协作的可能性的限制。心理因素在这里有着与一般的理解不同的内涵，它是各种因素包括物质、生物、社会等因素的综合的结果，在个体行为中的存在和反应主要表现为心理记忆和影响。简单地说就是过去发生的各种因素，会对人的行为发生影响。如果心理特点与现在的协作要求一致，就会起到正面的作用；否则，心理因素就会对协作起到负面影响。巴纳德最为关注的是社会因素对协作的影响。社会因素对协作过程的作用是最为丰富和深刻的，也会成为最大的限制条件。它在五个方面影响着协作过程：(1) 组织中个人之间的相互作用关系。(2) 个人与集体之间的相互作用关系。(3) 协作系统与个人之间的关系，协作关系本身会通过把个人带入协作之中以及通过协作体系对人的控制的形式对个人产生影响，反过来也对协作本身产生影响。(4) 协作系统的目的和协作效果的非个人性。通过协作实现的目的不同于个人目的，是一种社会性的目的，其效果也非个人努力所能达到，而是由整体的协作，通过协作关系决定的，超越了个人的意义。(5) 个人动机与协作效率的相互影响关系。个人动机对协作效率具有决定性的意义，协作效率的检验在于能够激励出个人参与协作的愿望。反过来，协作的效果和个人相互作用的结果也同样影响着个人动机的满足程度。

巴纳德还认为，一种协作关系能否继续下去，取决于两个方面的条件：

一个是效率（有效性，effectiveness），一个是能率（efficiency）。前者是指一个组织系统获得成功，能够实现组织的目标，它是组织存在的必要条件。后者是指系统成员个人目标的满足程度，即成员个人是否愿意作出贡献或贡献的程度。协作的能率是个人能率的综合作用的结果。能率可以通过两种方式达到：一种是改变成员个人的动机；另一种是把生产成果分配给他们，包括物质或社会成果。在这里，巴纳德看到了系统本身目的的实现和个人满足的实现两个方面一起构成系统持续存在的根本因素。

二、非正式组织及其对正式组织的意义

巴纳德对组织理论的一个重要贡献是关于非正式组织理论的研究。巴纳德分析了非正式组织的特征、作用以及对正式组织的意义。(1) 关于非正式组织的特征。巴纳德认为非正式组织不同于正式组织，没有正式的机构，没有自觉的目标，目的经常发生变化。在产生方式上，两者也有根本的区别，正式组织是有意识地形成的，而非正式组织则是在无意识的社会过程中产生的。但非正式组织与正式组织一样具有普遍性，在有正式组织的地方，一般就会有非正式组织的出现，无论是国家还是社区。(2) 关于非正式组织的作用。巴纳德认为主要有两类：一是使人们形成一定的态度、理解、习惯、道德观念、规范、理想等。这些观念和规范可能与正式组织的制度和措施发生冲突，甚至处于优势。二是它是正式组织形成的一个必要条件。一般来说，正式组织成立之前，要形成组织目标，要有协作的愿望，要有一定的交流途径，这些是通过非正式组织之间的联系得以实现的，这种联系和预备性的活动，是正式组织成立的必要条件。在一定条件下，非正式组织具有产生正式组织的趋势，在人们觉得有必要成立正式组织来实现共同的目标和需要时，就会产生正式组织。正式组织的存在反过来成为非正式组织存在的必要条件。(3) 关于非正式组织和正式组织之间的关系。巴纳德认为，它们之间具有一种动态的相互依存和相互作用的关系。非正式组织的态度、习惯、

道德观念等因素影响着正式组织，会影响到正式组织的活力。如前所述，正式组织产生于非正式组织，正式组织也会产生非正式组织，正式组织要依赖非正式组织提升组织凝聚力，扩展正式组织的沟通渠道。

巴纳德在 1938 年出版的《经理人员的职能》中提出的非正式组织的思想，受到了人际关系理论的创建者梅奥的影响，梅奥在 1933 年出版了《工业文明中的人类问题》，提出了非正式组织的思想。而梅奥 1945 年出版的另一著作《工业文明中的社会问题》，又受到了巴纳德的影响。

三、组织的条件与经理人员的职能

巴纳德根据组织是一个协作系统的认识，进一步提出，组织的存在需要具备三个条件：能够互相进行信息交流的人；这些人愿意作出贡献；实现一个共同目标。由此决定组织的三个要素：信息交流、协作意愿和共同目标。巴纳德认为，一个协作系统组织，为了协调个人的努力，必须建立一个信息沟通的中心，管理人员处于这个中心，行使管理职权，协调人们的各种努力和活动。经理人员的职能是指维持组织运转的专门化的协调工作，而不是指管理者的所有活动，比如大学校长给学生上课，公司经理亲自从事产品生产和销售，都不是他们的职能。根据组织存在的三个条件和组织的三个要素的思想，巴纳德提出了经理人员的三种基本职能：(1) 建立和维持组织的信息交流系统。把参与信息交流的职位和有相应能力的人员结合起来，把组织结构与管理人员的服务结合起来。这里有两个方面，即职位与组织结构问题和人员问题。前者是指资源的配置问题，表现为组织图表、职位说明书、分工规定等；后者指选拔忠诚而有责任心的、有管理能力的人才，给予与其工作相适应的激励。(2) 确保组织成员的协作活动。确保其成员的协作，就是要促成个人为组织提供必要的服务。这项工作又主要包括两个方面：一是促使组织外的人员与组织建立协作关系，比如通过招募使其加入组织之中。这项工作是必要的，因为组织及其人员是经常处于变动之中的。二是促使已建立协作关系的个人提供必要数量和质量的服务，其方法主要包括维持士气，维持激励体系，维持监督和控制，进行检查、教育和训练。(3) 提出和制定组织的目标。制定目标，是在一个经常变动的环境中，通过对一个组织内部物质的、生物的、社会的各种因素的平衡来保证组织的生存与发展。目标是经理人员通过决策来制定的。在目标的确定过程中，授权特别重要，因为经理人员在任何情况下都无法单独地全部执行这项职能，而只能执行与其在体系中的职位有关的那部分职能。所以必须通过授权的形式把一些职能进行分派。经理人员要把一般的目的灌输给下层人员，使他们团结起来做出一致的行动决策。同时也要使上层人员经常了解基层的具体情况和特殊决策。在决策的过程中，通常运用到分析和综合的方法。分析是寻找能够使组织目标得以实现的战略因素，综合是对系统内各要素的内在联系的把握。巴纳德认为，经理人员的三个职能是各种职能专门化的基础，但这三种职能并不是孤立存在的，它们是一个协作系统整体的有机部分，这些要素要结合在一起才能形成实际的管理过程。这一过程的关键方面是对组织整体以及环境整体的充分了解，要在整体与部分之间、在组织一般要求与职工个人特殊要求之间寻求平衡。经理工作与其说是一项技术工作，毋宁说是一项艺术工作；与其说是逻辑的，不如说是美学的。“整个组织行为的主要决策基础是整体感。”①

巴纳德认为，一个好的组织是一个协作系统，需要人员的协作，才能实现组织共同的目标。协作的意愿，意味着个人要克制自己，交出自己一部分控制权以及个人行为的非人格化；否则，个人意愿就不能统一，也就不能达到协调一致的行动和实现组织目标。巴纳德指出，组织中要建立协作关系，就要处理好各种社会关系和因素，这些因素是组织成为一个协作系统

① [美] 切斯特·巴纳德：《经理人员的职能》，孙耀君等译，中国社会科学出版社 1997 年版，第 184 页。

的基本条件。这些因素包括五个方面：(1) 协作体系中个人与个人的相互作用；(2) 个人和集体的相互作用；(3) 作为协作体系中的个人；(4) 社会目的和协作的有效性；(5) 个人动机和协作的能率。

四、领导能力与道德责任

由于现代组织的复杂性，协调因素的差异性，对经理人员的领导能力是一个重要的要求。在现代组织中，物质的环境和个人的生物能力的制约、人们对目的的理解上存在的差异性、信息交流的脆弱性、个人动机的复杂性和不稳定性、个人的分散倾向、获得权威的必要性、永远无休止的决策负担，使得领导者的能力显得十分重要。领导能力是通过树立各种信念以鼓舞人们做出协作决定的能力。这些信念包括共同理解的信念、成功的信念、个人动机满足的信念、客观权威的信念、共同目的优先于个人目的的信念等。这些信念的内涵主要是道德方面的。巴纳德认为经理人员的领导能力主要包括两个方面的素质：个人客观方面的智力等条件和责任心等主观方面。个人的客观素质方面包括个人体力、技巧、技术和智力等个别的、特殊的和短暂的方面。这一方面是可以很容易通过培养、训练和教育得到发展的。而个人主观方面的素质，包括决断力、不屈精神、耐久力、勇气等，这个方面即所讲的责任心方面。它是更为重要的方面，对组织行动的质量、领导行为的可靠性以及目的的预见性和理想性均有决定性的影响。与个人智力等方面的素质相反，这些品质是难以通过教育培训得到的。

作为组织的领导者，经理人员的道德责任心对组织十分重要，经理人员要承担的最重要的责任就是道德责任。责任心是一个人在自己的负面的强烈愿望或冲动出现时控制自己行为的特殊的个人道德准则的力量，是一个人所秉持的道德原则变为现实行为的那种品质。这种责任心表现在对道德责任的承担中。关于经理人员道德责任的内容，巴纳德认为重要的有以下几个方面：(1) 遵守组织准则的责任。除了承担与职位无关的个人道德责任外，还要遵守与组织有关的各级组织准则，比如政府准则（包括法律、特许令等）、公司内部准则以及组织内外活动的非正式的准则要求。职位越高，所承担的道德准则的复杂性程度就越高。(2) 解决道德冲突的责任。道德冲突是普遍存在的组织现象，职位越高，所面临的组织道德冲突就越复杂。解决道德冲突的途径主要是通过环境分析和战略分析，找到一种不违背任何一种道德准则的正确行为，或者找到一种符合各种一般目的的新的目的。(3) 创造道德准则的责任。创造是领导的本质，所以创造道德准则是领导人员的最高道德责任，包括对组织成员灌输道德观点和基本态度，培养其对组织和权威体系的认同感，使其自觉地让个人准则和利益服从组织的准则和利益。这就要求经理人员自身要具有诚实与公正的品质，能够坚守个人和组织准则的一致性，并把这种信念传达到其他成员甚至非正式组织中去。

五、权威在于接受

巴纳德还认为，权威在于同意和接受。与以往的等级制下的权威概念不同，巴纳德认为，权威由作为下级的个人来决定。如果经理人员的指示得到执行，就体现了权威，否则就说明下级否定了这种权威。他说："权威是正式组织中沟通（命令）的一种特征，得到了组织贡献者或组织成员的接受，并支配着他们的贡献行为，即支配或决定什么是应该为组织从事的活动、什么是不应该为组织从事的活动。"① 巴纳德把权威分为两种：地位权威和领袖权威。前者是基于其在组织中的位置，后者是基于对领导者个人的尊重和信任。管理者应该把两者结合起来，用领袖权威来补充正式的职位权威。只有在符合以下四个方面时，个人才会认为上级的命令是有权威并可接受的：(1) 个人理解所传达的命令。(2) 认为这个命令是与组织目标一致的。

---

① [美] 切斯特·巴纳德：《经理人员的职能》，王永贵译，机械工业出版社 2013 年版，第 120 页。

（3）认为从整体上说，这个命令与其个人的利益是一致的。（4）在精神和体力上能够执行。

六、组织平衡理论

组织维持与发展的基本条件就是平衡。平衡有内部平衡与外部平衡。开始是内部的，最终是外部的。内部平衡是指“诱因”和“牺牲”之间的平衡，即组织为人们提供的诱因和人们为组织做出的牺牲保持平衡。自我保存和自我满足的利己动机是激发个人意愿的重要力量，组织要长期存在，必须满足这些动机。而诱因是满足这些动机的基本要素，诱因不当，会导致组织解体、目的异化或协作失败。

巴纳德对组织的构成提出了与以前不同的观点。他认为组织不仅包括为组织交出时间和劳动的雇员，还包括为组织交出金钱和物资的投资者、供货者和顾客。对两类成员提供的诱因是不一样的。前者主要靠提供薪水、职位和升迁机会等，后者靠服务、给予投资者与供货者赢利、实现吸引外界成员的社会目标等。

七、巴纳德组织理论的辩证性质

（1）系统性和整体性思想。巴纳德在一些基本问题上坚持了整体系统观，比如：社会系统思想、组织是一个协作系统的思想，认为组织是由物质的、生物的和社会的方面及其相互作用构成；正式组织和非正式组织具有相互依存关系；领导者品质方面，既包括智力等客观的方面，也包括责任感等主观的方面。

（2）矛盾对立统一思想。一是其系统思想中包括了对立统一思想；二是从对立面理解权威，从被接受方面而不是从发出命令的一方来理解；三是看到了个人的需求和组织目标之间的矛盾，提出管理者的基本任务就是要处理这种矛盾，将二者统一起来，获得个人的贡献，并把这种冲突扩展到整个人类的基本价值观的对立，即个人主义和集体主义的对立，看到了对立的实质；四是看到了正式组织与非正式组织的对立统一，既看到了在成立方式等方面的区别，也看到了其联系和依赖性，正式组织产生于非正式组织，正式组织又影响着非正式组织。

第四章　人际关系理论及其情感逻辑

管理学中很早就开始了对人的问题的重视，但是系统地从心理学等科学理论的角度进行研究，并以科学实验的方法对人性进行研究是从霍桑实验开始的。霍桑实验的初衷是对科学管理思想做进一步的研究，目的是考察哪些环境因素对工人的生产率产生影响，后来演化成对人性和非正式组织的研究。对于霍桑实验初期的结果，并没有得出一致的、令人信服的结论。梅奥指导了后期的实验，并提出人际关系理论。梅奥从事工业心理学和临床病理学研究，在前面已经有费城纺织工人的离职率问题的研究经验，所以对霍桑实验的结果进行了令人信服的系统总结，并提出了人际关系理论，开启了管理学研究的新时代，对行为科学的产生与发展作出奠基性的贡献。

第一节　梅奥与霍桑实验

梅奥（1880—1949），原籍澳大利亚，美国管理学家，人际关系学说的创始人。早年在澳大利亚的阿得雷德大学获得逻辑和哲学硕士学位。曾在昆士兰大学任教，是澳大利亚心理疗法的创始人，第一次世界大战期间，曾用心理疗法治疗被炸弹炸伤的士兵。后在苏格兰爱丁堡大学研究医学，任精神病理学的副研究员。得到美国洛克菲勒基金会资助，1922 年移居美国，1923—1926 年在宾夕法尼亚大学进行工业研究，1926 年开始任哈佛大学工商管理研究院工业研究室副教授，曾经担任研究室主任，1929 年任工业研究室无限期教授。美国艺术与科学院院士。梅奥在霍桑实验结束后，1933 年总结出版《工业文明中的人类问题》一书，提出了人际关系理论，在 12 年后的 1945 年又出版《工业文明中的社会问题》，进一步总结了霍桑实验的成果，深入地论述了其人际关系理论。

一、霍桑实验前关于单调、疲劳和离职率问题的研究

正如在泰勒的研究之前并非没有科学管理研究一样，在霍桑实验之前也并非没有关于人的研究。在《工业文明的人类问题》一书中，梅奥总结了霍桑实验之前的英美两国对工业中疲劳和单调问题的研究以及哈佛大学工业研究室 1923 年对费城一家纺织厂的纺纱车间的研究和实验，认为此时已经认识到疲劳和单调问题不是一种单纯的生理现象，特别是单调问题，可能更是一种心理现象。当时工业心理学已经得到普遍的研究。

在《工业文明的人类问题》中，梅奥以当时工业研究中的热点问题即疲劳与单调问题的讨论为切入点。泰勒制虽然使生产力大幅度提高，但进一步加大了工人的劳动强度，使得工人变得紧张、疲劳、工作单调，由此引起怠工、罢工、离职等问题普遍发生，劳资矛盾普遍存在，工人与管理方关系紧张。科学管理声称要解决劳资矛盾，但是与人们的期望相去甚远，工业中的工人与管理方的矛盾并未解决，工人的劳动积极性并未得到应有的提高，疲劳和单调对整个生产效率的影响普遍存在。所以梅奥首先讨论了疲劳和单调问题并由此引出对工业中人的问题的研究。

在欧美尤其是在英美两国，在疲劳与单调问题上，当时进行了许多研究，人们逐渐认识到单调和疲劳问题不是单纯的生理问题，而可能更多的是心理问题。在开始的研究中，把疲劳作为一种实体性的东西，认为疲劳与某

种化学物质的产生有关，比如肌乳酸、“疲劳毒素”等。但是也有一些学者如卡斯科特等认为，疲劳“不能被定义为一个单一的有限实体”。美国韩德森等人也认识到，疲劳现象不是某种单纯的生理现象，导致疲劳也不是某种单一的因素，而是一种综合的因素，提出对其以间接的方式，即通过结合个体自身和环境因素进行综合的关系性质的研究。后来的研究者，甚至不直接研究疲劳，而是探究劳动时间和休息暂停、通风条件、视力和照明、职位选择、姿态和体格等。这种方法和概念的价值并不限于生理学，在工业中发生的干扰和妨碍，其性质并不都是危害机体的。对于单调性的问题，工人也会自动采取应对措施，比如故意从工作中抽身休息，做些杂务或其他工作等。怀亚特（英国工业疲劳研究所研究员）在《工作单调的影响》中说：“现代工业中的客观情况是，工作单调的趋势日益严重。这主要归因于劳动分工的进一步细化、批量生产日益加剧……尽管这些客观情况推动了工作单调性的增强，但是，单调性的程度，恐怕更要看作业者自己对工作的态度。”（转引自《工业文明中的人类问题》）有些人认为单调，有些人则感到相对愉快，宁愿做这种单调的工作。根据弗农和怀亚特的研究，单调会导致产量下降，但通过工间休息，可以在一定程度上避免下降……产量的增加不仅是在休息之后，而且在休息之前也会发生。这说明工间休息具有心理作用，这种心理作用也是影响产量的重要因素。1928 年，弗农在对工作时间的影响的研究中说：“工间休息的心理作用可能比生理影响更大，尤其是，在单调重复的作业活动下……对工间休息的心理效应，不可能直接测量出来。”但可以得到一些间接的证据。劳动力流动率最小的工厂，存在一些普遍性的情况，有 15 分钟的工间休息，可以到小卖部走走，下午有免费茶点的供应。流动率处于中等的工厂，工人不能离开工作岗位，但有 3 分钟的休息空隙，提供茶水。在流动率较高的工厂，根本没有任何休息时间，还禁止工人私下喝水进食。①1929

① 参见［美］乔治·梅奥：《工业文明的人类问题》，陆小斌译，电子工业出版社 2013 年版，第 25—26 页。

年怀亚特和弗雷泽合作研究了单调问题。他们认为，单调会导致对工作的厌倦，从而导致工作节奏的放慢，而对工作是否感到厌倦、厌倦强弱又主要取决于个人的特点和癖好。而且智力高的人更容易厌倦。怀亚特还有两个意义重大的观点：一种观点是，厌倦的程度与劳作的机械化程度有一定的关系。在半自动化下工作容易产生厌倦，那里要求足够的注意力，但又不是高度集中，不足以达到全神贯注。另一种观点是，感觉到的厌倦程度与工作条件有一定关系。在条件发生一定变化下，或者根据产量付酬，或者形成独立任务，或者小群体劳作以及实施工间休息等情况下，不容易产生厌倦感。

卡斯科特在1928年出版的著作《工业中的人的因素》中指出：单调问题跟个人情况有关，个体情况差异很大。同一个职位可能对于某些人是完全单调的，只能引起痛恨和厌恶，而对于另一个人，可能觉得舒服自在和得心应手。或者今天感觉单调，明天就不那样了。英国工业心理学家梅·史密斯女士和英国心理学家卡尔平，对单调问题也有深入的研究。1924年，史密斯发表论文《调查研究者面对的一般心理学问题》，认为，任何给定时点的全部反应，都是对综合环境的反应，而综合环境本身也是不断变化的。对综合环境条件中的一个或其他要素的认识和觉悟，因人而异，甚至同一个人也因时而异。承认人体差异性对单调的感觉的影响。她认为，在同样的重复性劳动中，一个人如果情感世界丰富，与上下级和同事关系好，得到他人的同情和支持，有倾听者，当这些事情发生时，问题的重点将从工作的单调转向情感的爆发。“活儿还是那些活儿，只是总体环境和个人情感的差别而已。”他们认为，掌握研究对象的足够明晰的个人观点，来洞察他所做的工作与他对生活的一般态度之间的关系，已经被证明是可能的。认识到个人主观方面的差异对单调感等方面的影响。

梅奥总结认为，很清楚，在我们能够顺利洞察“单调”为何物，及其在工业中起何种决定性作用之前，需要充分考虑以下几个因素：(1) 外部劳动环境；(2) 相关人员的社会和个人条件；(3) 个体能力和性格差异。①

梅奥认为，工业中人的因素，在过去50年里发生了很大变化，这些变化的性质和范围，仍有一些不为我们所知的地方，但是，其重要性已经无须争辩了。直到最近我们才认识到，我们需要更多地了解工业中的人的因素和人的作用。无疑，这是战后的一个进展。梅奥在《工业文明中的人类问题》一书中，在分析霍桑实验之前，对当时工业研究中的焦点问题——疲劳和单调问题的研究进行了总结和评论，认为疲劳和单调的概念不是指向一个实体，而是包含一种与环境的关系和心理感觉的东西。梅奥对欧洲和美国的一些最新的研究成果进行了分析，认为美国的一些研究结论与欧洲特别是英国的结论不谋而合，都认为单调和疲劳问题不仅是一个生理学的问题，更是一个心理感受问题，它们与个人的社会关系、与个人的个性品质有着密切的关系。

梅奥还谈到英国心理学家卡尔平和工业心理学家史密斯女士的访谈研究方法，“经常发生的是，一旦开始访谈，受试者将会倾诉自己的个人情况，此时，调查研究者不要用提问来干扰他”。这段文字是史密斯、卡尔平和法默在英国工业疲劳委员会的一个研究报告《电报员痉挛的研究》一文中提出的。梅奥谈到在费城纺纱工实验中，一位具有专家级的访谈艺术的护士与工人的交谈方式，与卡尔平和史密斯的方法如出一辙。梅奥后来在霍桑实验中很好地运用了这一方法。

梅奥在讨论了疲劳与单调的研究进展后，接着谈到1923年在费城进行的调查。他说，1923年9月，我们中的一些人被要求对费城附近一家纺织厂的纺纱车间进行调查研究，目的是找到措施以降低高得离谱的劳动力流动率。这个厂的组织工作一流，管理非常人性化，有很多激励措施。其他车间

① 参见［美］乔治·梅奥：《工业文明的人类问题》，陆小斌译，电子工业出版社2013年版，第33页。

运转良好，士气和产量令人满意，流动率在5%—6%，这是很正常的水平。但是纺纱车间的流动率达到250%，就是说，要保证40个工人在岗，工厂每年要招聘100个工人。

这个车间的特点是工人在长长的机器“胡同”中进行工作，两边都是运转着的纺纱机机头，所有这些纺纱机的运转都要由分工负责的“看纱工”和“接头工”密切监视，并及时处置发生的故障。机头走廊两端距离约为35码。工作千篇一律，纺纱工只能沿着走廊来回走动，而且要高度警觉，不停运转。这种情况，梅奥认为，完全符合怀亚特等英国研究者所说的“半自动过程”的情况。它需要足够的注意力，但又不是全神贯注。而且这里的工作条件与怀亚特所描述的减少工作厌烦感的条件完全相反：持续而不改变操作行为，计时工资，没有过奖金，单独劳作，无休止的劳作以及没有工间休息。

在实验中，梅奥等人与宾夕法尼亚大学医学研究学院合作，在工厂设立一个小医务室，由一位有资格证书的护士负责。这位护士除了有医学资格外，还是一个专家级的“访谈者”。她发现，来看病的人大多数都愿意“大倒一番关于个人情况的苦水”，这时她就耐心倾听，不提问打断她。这与英国史密斯女士的做法是一致的。她还到车间与工人交流，从不向外人泄露谈话内容，工人都非常信任她。她同时发现工人中的悲观失望情绪。在研究了实际情况和可采取的措施后，经管理层同意，实验小组对这些接头工小组进行了工间休息的实验，结果取得很好的效果。梅奥说：“令人不解的是，此种士气上的改进，甚至也发生在那些没有包括在实验对象内的部门的工人身上。”① 前期的实验，由于没有计量，还缺少客观证据。在1923年10月，又将实验扩展到纺纱车间的全体人员，这样解决了以前某些数据统计上的困

① ［美］乔治·梅奥：《工业文明的人类问题》，陆小斌译，电子工业出版社2013年版，第40页。

难，使得数据变得具有真正的意义。实验内容包括：工间休息，甚至让工人在休息时间躺下休息；规定工作量基数，将工作量与奖金挂钩；几个工人一组，通过交替休息法，让工人们自主安排休息等。实验结果显示，工作时间减少了，但是产量却增加了，明显地提高了劳动生产率。工人也不感到像过去那样疲劳和难受，也不像过去那样悲观失望和感到有压力。而且工时缩短，还可以拿到一定的奖金，工人之间以及和管理者之间的关系大为改善。流动率从 250% 降低到了 5%，降低到与其他部门一样的正常比例。实际上，在实验期间，根本就没有劳动力流动，只有因为一些客观原因比如家庭迁移地址或者因为解雇而离开车间。梅奥还介绍了其间出现的波动：在实验进行半年后，某位管理者自作主张，取消了工间休息制度，结果引起士气低落，导致产量回到实验前的水平。这对于实验结果来说，也是一种反面的证明，形成了一种差异法的对比。

美国费城纺纱工实验取得重大突破，消除了纺纱工人的工作单调感，增加了工人的自主性，扭转了工人流动率高的局面。在这个实验中，不仅实验车间的效率提高了，而且对其他未参加实验的工人也具有鼓舞作用，表现出几乎同样的进步。这一事实说明，工人不是单纯的“经济人”，社会关系的改善，对工人的变化起到更为重要的作用。

二、霍桑实验及其解释难题

1924 年开始的在美国西部电气公司的霍桑工厂进行的霍桑实验，最初的实验中出现了反常的结果。本来的目的是验证科学管理，考察环境和物质条件的改变对工人积极性的影响，结果在实验期间，无论物质条件如何改变，产量总是在上升的，即使取消了原来的物质待遇，产量也没有下降，不管是在实验组还是在参照组，都是一样。这一实验就是著名的照明实验和福利实验。后来又经过访谈实验和群体实验，实验人员逐渐认识到职工不是单纯的经济人，他们有更高的社会需求。特别是梅奥参与后期实验，并进行了令人信服的总结。

1. 照明实验

照明实验从1924年11月开始，到1927年5月结束，是在美国国家科学委员会的赞助下进行的。在实验期间，西部电气公司与国家研究理事会合作，试图对工人及其工作环境、照明的效果进行评估。调查的第一阶段，他们挑选两组绕线工人，一组是实验组，一组是参照组。在实验组进行实验，开始不断增加照明强度，从24到46到76烛光逐渐增强，观察统计生产效率的变化。但实验结果显示，不仅实验组的产量提高了，而且参照组在没有改变照明度的情况下，产量同样提高了。后来实验又反方向进行，即把照明逐渐减弱，并把实验组的女工安排在单独的房间里劳动，照明从10烛光到3烛光等连续下降，直到0.06烛光，即接近月光亮度的时候，产量才开始下降。报告显示，这次实验的参照组和实验组的产量增加的数量几乎相等。对于这样的反常结果，当时工厂的检查部主任潘诺克提出了一个假设性结论，即可能是由于在实验期间职工认为他们受到了重视，从而提高了士气。但是由于没有理论的支撑，这种解释并不为人们普遍接受。于是，不少人主张放弃实验。这时，潘诺克在一次有关人事管理的培训中，把自己的想法告诉了当时的报告人哈佛大学的工业研究室主任梅奥，并邀请梅奥参与实验的指导工作。梅奥由于其具有的专业工业心理学知识，加上后来直接指导下进行的实验，最后很好地解释了这种现象。

虽然照明实验没有得出什么确定的结论，但并非毫无意义，因为正是由于受到失败的刺激，才进行了进一步的实验。工业化条件下出现的一些现象，比如单调、疲劳等究竟起了什么作用？管理者的管理方式究竟只是依据习惯和实用呢，还是依据智慧？有没有客观的标准？诸如此类种种考虑，导致了1927年4月开展第二次调查，或者说是一系列的调查。

梅奥到霍桑工厂后，听取了前阶段的实验结果，初步认为实验结果的秘密在于“小组精神状态的一种巨大的变化”。由于工人参与实验，他们感到实验人员的关心而精神振奋，导致效率提高。后来，为了进一步证实这种解释，在梅奥的指导下除继续进行福利实验（继电器装配实验）以外，还进一步进行了访谈实验和群体实验。

2. 福利实验或继电器装配实验

该实验的主要实验时间是从 1927 年 5 月到 1929 年 6 月。继电器装配，其中的业务操作是组装用于电话机的继电器，包括“将一个线圈、动铁芯、接触弹簧和绝缘子，组装成一个设备，用四个机用螺钉固定在适当位置”。工作顺利时，每个继电器的安装时间约 1 分钟。工作中使用的组装工人为女工。挑选的 6 名女工中，5 人在装配台上工作，1 人为装配台上的工作人员配送部件。她们都是熟练工人。在实验中，通过实验的环境设计等方面的措施，尽量体现综合观察的目标，特别是注意变动之外的非预期变化。原来只是设计相对较短时间的监测观察，实际上最后实验超过了 5 年，即从 1927 年 5 月到 1932 年年中，由于经济大萧条才完全停止下来。

继电器装配实验的目的是研究更有效地控制影响职工积极性的因素，具体是研究福利待遇的变化对生产效率的影响。具体做法是：让挑选出来的 6 名女工单独在一个房间做装配继电器的工作。在实验中不断变换福利措施。先是不断增加福利待遇，比如缩短工时、延长工间休息时间、供应免费茶点等。这些措施使得产量明显增加。后来又逐渐取消这些福利措施，实验者原来预计产量会随着这些措施的取消而降低，但实际情况却完全相反，不仅没有降低，反而在增加。究竟是什么原因导致了这种情况的发生？在第二阶段实验中，吸取第一阶段实验的教训（实验中的变量太多，无法确定引起结果变化的因素），在对实验结果进行归纳后，提出几点假设，然后采用排除法，最后确定引起变化的真正因素。他们假设了五个因素作为导致产量增加的可能因素：(1) 在实验中改进物质条件和工作方法，可导致产量增加。(2) 安排工间休息和缩短工作日时间，可以解除或减轻疲劳。(3) 工间休息可以减少工作的单调性。(4) 个人计件工资可促进产量增加。(5) 改变监督与控制的方法可以改善人际关系，改善工人的工作态度，从而促进产量的增加。通过结合实验情况进行对比分析，排除了其他四种可能的原因。照明实验中有意识地使工作条件恶化，以及在第二次实验中取消了休息和缩短工作日的福利措施后，产量并未降低，可以否定第一个和第二个假设。第三个假设也不成立，因为单调性是一种心理感受，增加工间休息不能很好地说明减少了工作的单调性。在增加休息的实验中，工人态度的改变，最可能是认为被选中参加实验并受到重视的结果。为了证明第四个假设，实验人员选择了继电器和云母片剥离两个小组进行实验。继电器小组的实验结果是，当将实验之前的集体计件工资制改为个人计件工资制后，产量确实上升到了原来产量的 112.6%，后来恢复到集体计件工资制后，下降到实验前的 96.2%。但在云母片剥离小组实验中，工资制度并未改变，只是把工作场所安排在一间特别的观察室，产量也增加了 15%。这样的结果说明，工资制度的变化与产量提高没有直接的关联性。最后，研究人员认为，是实验过程中管理方式的变化引起了士气的提高和人际关系的改善，导致了产量的增加。因为在实验中，在特殊的工作环境下，由研究人员直接担任管理者，实现了比较民主的管理方式，有了自由的工作环境。研究人员在各种实验中只是为了工人更好地工作提出建议，并征询工人的意见，没有采用传统的控制和命令方法。可以自由发表意见，工人们的意见也得到倾听，身体和精神状态得到关心，这些管理方式和人际关系的改变，使得工人有了轻松的工作环境，感到被重视，因而士气大为提高，导致产量显著增加。这正好印证了第五个假设。

梅奥指出了这次实验在方法上的转变。实施第二次调查的时候，全面吸收了第一次调查的经验教训。一组工人被隔离开来，以观察各种工作条件变动的影响。不再试图“检测单一变量的影响”。因为只要涉及人的因素，就不可能只改变一个条件，而又不在无意间变动另一个条件，至少照明实验说明了这一点。实验只对 6 名工人进行，因为受试者人数较少才能更好地进行数据的测量，而只有精确的数据，才是最好的证据。因为人的诸多因素的变化不能精确测量，所以，必须用实际的产量变化来显示人的因素变化的影响。他们假定，产量的变化确实可以有效地显示出影响实验小组的所有因素的“组合效应”。弗农和怀亚特的著作也支持这样一种观点，即产量曲线可以真实显示出个人或群组的相对平衡或不平衡。实验中对几位工人进行了编号，在这5年中，这个实验组成员基本上是稳定的。其中在第一年1、2号操作员退出了，立即补充了2名技术一流的工人，仍沿用1、2号的编号。5号工人短期离开过岗位，但很快就回到了岗位。所以，这次实验虽然时间长，但却很好地记录了5名工人的工作产量。在实验中采用特别的纸带打孔的记录方式对工人完成每个继电器的时间进行了记录。由于可以精确地测量和记录，实验人员在工作报酬分配和工间休息等方面又进行了进一步实验。实验者首先对工酬的分配方式进行改革。原来的以100人为单位的分配制度改为以5个人为一组的分配方式，把工作与报酬更加紧密地结合起来。其次是实行了工间休息的实验，在休息期间提供茶点。有人担心工间休息时间无法弥补回来。但是实验的结果显示，正如实施计件工资之后总产量显著上升一样，在实行工间休息后，产量又一次确定无疑地增长了。后来又实行了缩短工作日的方法。这些做法都起到了提高产量的效果。在整个实验阶段，甚至有的阶段取消了上述优惠条件，产量基本上是继续上升的，直到最后保持到一个限度。

梅奥讲到，在这些实验的一个报告中对以上情况进行了总结，认识到：产量的持续上升，并不依赖于工间休息制度的变化。这种上升趋势的持续时间如此之长，因而，不能归因于一个特定研究开始阶段的新奇感所产生的最初刺激。肌肉疲劳减轻，不是产量逐步提高的主要原因。在实验中，工人的自我满足感显著上升，缺勤率大幅下降。在实验期间，工人们保持健康，甚至有所改善，她们也是在自己的能力范围内劳动。工作条件的改变，使工人产生了对工作的渴望。形成良好的精神状态和工作享受心态的重要因素，是更多的自由、更宽松的监管，以及有机会离开固定位置而不受工头的呵斥。

她们的感觉是，更高的产量，或多或少与显然更愉快、更自由和更幸福的工作条件有关。所以，对最低阶层的受雇者实行更多的人性化措施，企业将大获其益。①

西部电气公司的普特南在 1929 年 11 月一次会议上宣读的一篇论文中说道："测试室的资料显示，不管研究过程中实施了哪些（实验）工作条件变化的措施，工人操作员们的成绩持续提高。人们还注意到，她们对待自己的工作和工作环境的态度也持续改善。这种思想态度和工作绩效的同时改善表明，两者之间可能有确定的关联。换句话说，更为合理的是，可以将工作效率的提高归因于士气高涨，而不是因为实验过程中实施的其他任何改变。我们的结论是，同样的关联性，或许也存在于整个工厂，而提高士气最好的办法，是改进管理。"在同一个会上，潘诺克也说道："在这些姑娘当中，发展出的信任和友谊达到如此强烈的程度，以致实际上不需要监督了。不做任何驱使和激励，都可以信赖她们会做到最好。她们说，与过去的工作条件下相比，自己并没有感觉到现在工作得更快一些。"②

由于监督性质的改变，引起工人的感觉的不同使得研究者提出了两个问题：第一，在实验测试室以外的工厂的其他地方，监督实际上是何种性质的？第二，在工人眼中，日常工作的环境条件是何种性质的？那里的环境条件，是像测试室发生的事情所提示的那样，很少自由、快乐吗？对此，哈佛大学工业研究部着手进行了另外两项调查，即"云母室"实验（1928 年 8 月—1930 年）和访谈计划（1928 年 9 月—1930 年 9 月）。

"云母室"实验是为了重复继电器装配实验的方法，进一步验证工间休息的效果。拆剥云母，就是用一把尖头工具将厚块云母分拆成标准厚度的薄

① 参见［美］乔治·梅奥：《工业文明的人类问题》，陆小斌译，电子工业出版社 2013 年版，第 54—55 页。

② 参见［美］乔治·梅奥：《工业文明的人类问题》，陆小斌译，电子工业出版社 2013 年版，第 62 页。

块（几千分之一英寸）。然后，拆剥下来的薄片在自动卡尺中测量，确定其是不是在允许的标准厚度误差范围之内。这项工作要求动作精准，注意力高度集中。实验从 1928 年 8 月开始，首先在自然条件下对 5 名熟练操作工的产量进行测定，不让工人知道在进行这项实验。从 1928 年 10 月开始，5 位操作工转移到一个照明条件良好的小型测试工作间内，是一个从常规车间里隔离出来的单独区域。整个实验持续至 1930 年。这项工间休息实验的结果验证了以前实验的结论。实验期间产量持续增加。“人们不得不又一次得出结论，工间休息的创新，只是工业生产模式更广泛地改变的一部分，或者是从属于这种广泛变化的。”① 研究部与女工们面谈，女工们表示，她们之所以喜欢实验室的工作环境，主要是因为在这里与过去不同，“没有指手画脚的行政管理和令人讨厌的监工”。因为这里完全是由研究人员进行监督管理。在操作工人看来，在实验测试室里，工作流程不被打断，工作时周围没有“害群之马”，没有发号施令让人做这做那的“工头”，没有“笼子”，即束缚，不逼迫工人捡起掉地上的工件，等等。

3. 访谈实验

这项实验的时间是从 1928 年 9 月至 1930 年 9 月，是基于第二阶段实验的初步设想，即管理方式和士气对劳动效率有直接的影响。实验的内容主要是通过对职工的访问，了解现有管理方式上存在的问题。在两年的时间里，实验人员对 20000 名左右的工人进行了访问和交谈。在访谈的开始阶段，访谈者以正规的访谈方式进行，用事先准备好的题目向工人提问，希望得到答案。内容主要是关于规划、管理政策、工作条件、报酬晋升以及对领导的看法等方面。但实验过程中发现，工人对这些事先拟定的内容根本不感兴趣，而是对一些题外话感兴趣。他们所认为并关心的重大事项与研究人员

① ［美］乔治·梅奥：《工业文明的人类问题》，陆小斌译，电子工业出版社 2013 年版，第 65 页。

认为的重大事项是不一致的。在这种情况下，研究人员改变了原来的访谈方式，即由原来的确定访谈内容和方式改为不确定内容和具体方式，只是和受访者自由交谈，可以就任何一个他们感兴趣的话题谈话，而且给予更多的时间，即由原来的半小时增加到一个或一个半小时。研究结果显示，在两年左右的访谈实验时间里，工人的产量大幅提高。研究人员对这项实验工作进行了总结，得出了与前面两项实验基本一致的结论。工人们对工厂管理确实存在许多意见和怨言，但以前没有地方倾诉和发泄。这项实验正好提供了工人发表意见甚至通过发泄的方式来得到释放的机会。当工人们把心中的郁闷说出来之后，普遍感到非常轻松，并心情舒畅地投入工作。而且在访谈期间，被访谈工人觉得自己的意见得到倾听，受到了重视，与访谈者的关系也非常融洽，没有其他顾虑，所以有了更高的工作热情。这些才是产量增加的真正原因。

梅奥非常重视这次访谈实验，分别在《工业文明的人类问题》和《工业文明的社会问题》中对这次调查的情况进行了描述和总结。他说，访谈实验另辟蹊径，试图扩展调查，延伸研究。因为前两个实验在车间里的一般工作条件与常规车间相比有很大差异，这种差异可能主要表现在监督管理的方式，以及令人厌恶的约束限制上。那么工人如何看待其工作环境的？目前的管理方式是否合适？这些问题就是访谈计划想要弄清的问题。第一次访谈是在质检统计部门进行的。一份官方文件说："我们认为，如果对所有的雇员都可以做面谈，并且获得他们诚实可信的意见，那么，将会得出监督管理工作的，以及工人对此类工作的期望的全面景象。"① 这次访谈计划有如下目的：(1) 了解雇员喜欢做什么、不喜欢做什么。(2) 为监管人员培训、为更好地……加强工作条件管理、优化人员配置和提高工作效率，提供更为准确

① ［美］乔治·梅奥：《工业文明的人类问题》，陆小斌译，电子工业出版社 2013 年版，第 66 页。

和可靠的根据。(3) 补充和核实从正在进行的小规模工作组测试研究中所得出的结论。访谈计划中有一些规定，访谈人员不得访谈自己熟悉的人，对访谈的内容承诺保密，访谈时不问及雇员的姓名和工号等。所有可能涉及雇员身份和工作岗位的材料都不做记录。对于这次访谈，哈佛大学工业研究室在1931年给出了实验报告，认为这次访谈实验获得了有助于研究目标的丰富材料。雇员们提出的意见，在许多方面与测试室中所发现的如出一辙。在访谈过程中，管理工作也得到改善。因为管理方法有新的重要意义，管理人员受此激励，管理工作随之改善。发现雇员们乐于接受访问，乐于表达自己的意见，并且主动要求接受访谈。

1929年初在工厂的另一部门——操作部门——人员进行访谈并对这个机构的管理人员进行培训。工业研究室被赋予以下任务：(1) 每年面谈所有雇员，以了解他们对工作岗位的喜好和不满。(2) 研究雇员的表扬和批判意见。对于批判性意见提出修改意见，对于表扬性意见则分析其积极意义并提出加以运用的手段和方法。(3) 使用访谈所获得的资料，用于所有管理人员参加的培训。(4) 对雇员关系、疲劳和效率等问题，进行测试性研究。1930年将调查扩展到霍桑工厂的所有部门。对所需的大量访谈人员也进行了培训。

在访谈的初期阶段，访谈人员心里装着一个访谈清单，诸如被访谈者对自己的工作、对工作条件和对管理人员的正面或反面的意见等。虽然访谈者被要求不能一开始就把这些问题抛向工人，而是要诱导被访谈者开口说话，再引导谈话走向适当的主题。但是在谈话中发现，被访谈者总是对清单上的问题不感兴趣。当访谈者“老练地将他拉回到要点问题”时，经常是“雇员再一次回到他自己选择的话题上”。如果不让这样做，访谈可能就此终结。只要话题转到他们感兴趣的点子上，一个平时特别沉默寡言的人也会变得喋喋不休起来。所以后来访谈实验在方法上做了很大改进。这种改进与英国史密斯和卡尔平的方法不谋而合，即在访谈过程中，被访谈者开口说话后就不要去打断他，让他对任何感兴趣的话题发表意见，访谈人员不要做任何改变话题的事情。因为一般而言，员工选择话题是根据自己对其重要性认识的顺序进行的。

在访谈中，访谈者也有一个新的发现，员工们每个人自己最为关心的问题，实际上并不是公司管理上的真正的问题，他们关心某件事情或某方面的事情，许多情况下是基于自己特殊的经历和个体的原因。一位雇员不喜欢一位监工，竟是因为这位监工的相貌长得酷似她最憎恶的一位亲属。诸如此类对于被访谈者很想表达的话题，访谈者要用心听取，不要打断，也绝对不要向被访谈者提出建议和帮助。访谈者只是要从谈话对象那里对以下几个问题得到最清楚的概念：(1) 什么是他要说的；(2) 什么是他不要说的；(3) 什么是他得不到帮助就说不出来的。对于第三个问题，可以进行一定的引导，只是让他把他想说的表达出来。梅奥认为，这种访谈的实际成果受到普遍赞扬，管理人员和雇员都表现出极大的热情，认为“这是公司里所做的最好的事情”、“公司早就应该这么做了”。通过访谈实验，使调查者也认识到，思想不是独立存在的，工人对某一问题的所思所想，反映出他自己是个什么样的人，他的思想和观念必须与他的个人环境结合起来观察才有意义。管理方和研究人员均希望，通过这种访谈，缓和他们的情绪，帮助他们调整自己过于个人化的观点。通过调查数据的整理发现，在访谈时所提的意见中，赞扬的意见更加集中或具有群体性，而批评的意见则比较个人性和私人性。也验证了这样一个结论，即访谈计划在试图提供一条宣泄员工怨言的渠道上是成功的。这些怨言说出来比闷在心里要强。但是通过调查，使得访谈人员颇为不安的是，工厂里的人们的状况并不是那么令人满意，而且这些人的问题的解决也不像物质问题的解决那样直接可行。

关于这次访谈实验，梅奥引述了法籍瑞士心理学家皮亚杰的一段话说明其方法的恰当性。皮亚杰说：“临床访谈者的交谈艺术，并不在于使研究对象回答问题，而是引导他们无拘无束地说话，展现他们无意识的倾向，而不是对其强加限制（即限于一个问题的范围内）。它是将每一种表现状态置于一种精神语境之中，而不是将其从此种语境中抽象出来。”①

在访谈计划中，规定了一些大致的规则作为指导规范。这些规则是：(1) 全神贯注地关注受访谈的人，并且要明确表示你是怎样注意他的。(2) 倾听——不要讲话。(3) 绝不争论，也绝不出主意。(4) 倾听时要关注：1) 他想要说什么。2) 他不想说什么。3) 哪些是没有帮助他说不出来的。(5) 在你倾听时，要摸索出在你面前展现的模式，并在今后予以修改。把听到的弄清楚，但不要添枝加叶或任意歪曲。(6) 对受访对象所说的任何一句话都要严格保密，不对任何人泄露。②

梅奥最后总结了访谈计划具有实用性意义的发现：(1) 早期的发现是，访谈工作可以帮助人们摒弃没有用的感情上的包袱，实现“情感放松”。(2) 有利于帮助受访者同其他日常接触的人，包括伙伴和管埋员，更轻松地和惬意地相处。(3) 不但帮助工人与自己的群体相处融洽，而且发展了工人同管理方相处得很好的愿望和能力。(4) 访谈工作对于培训将要应对美洲和世界面临的艰难未来的行政管理者意义重大。(5) 访谈是对管理方具有重大客观价值的情报的来源。这里表明管理方在过去的管理工作中只关注科学技术和组织系统本身的问题，而没有关注人际关系和团队合作问题，正是这些没有料到的地方，频频发生罢工或其他难题。霍桑的调查至少将这些最重要的工业问题明确地提了出来，并在开发诊断的方法和特定案例的处理方面采取了实验性举措。③

① 转引自［美］乔治·梅奥：《工业文明的人类问题》，陆小斌译，电子工业出版社 2013 年版，第 77—78 页。

② 参见皮亚杰：《儿童关于世界的概念》；参见［美］乔治·梅奥：《工业文明的社会问题》，张爱民、唐晓华译，电子工业出版社 2013 年版，第 87—88 页。

③ 参见［美］乔治·梅奥：《工业文明的社会问题》，张爱民、唐晓华译，电子工业出版社 2013 年版，第 99—102 页。

4. 群体实验

此实验目的是进一步证实组织中的非正式组织（群体）的存在，其行为规范及其对工人工作态度的影响。实验时间从1931年11月至1932年5月。这次实验是在电话线圈装配工中进行的。实验共选择了14名男工在一间单独的工作间进行，其中绕线工9名，焊接工3名，检验工2名。9名绕线工分为3个小组，3名焊接工和2名检验工要分担3个小组的工作。

这项实验结果表明了非正式组织的存在性，而且可以跨越正式组织本身的限定。不同的非正式组织的目标和兴趣不完全相同。在实验中，研究者发现，3个小组共产生了两个派别的非正式组织，而有个别人没有参加任何一派。非正式组织的形成与工人的工作位置有关，相邻近的容易结成一个非正式组织，这两个团体在兴趣上有差别，非正式组织成员之间有互相帮助的行为。

非正式组织有自己的规范和制裁措施，其制裁措施不同于正式组织。研究者在实验中告诉每位成员，他们可以尽量去做，因为实行的是计件工资制。按照研究人员的设想，这样一定会大幅度提高产量。但结果却出乎意料，工人的工作量始终保持在中等水平，而且差别不大。即使有时有充裕的时间，只要完成一定的工作量，他们就会自动停止工作。研究人员了解到工人们限制产量的理由主要是两个方面：一是如果一部分人努力工作，就会造成同伴的失业；二是认为如果干得太多，管理方就可能提高工作定额。这里观察的结果与泰勒面对的消极怠工的情况是一样的。在非正式组织内部，还形成了如下一些行为规范，比如：谁也不能干得太多，也不能干得太少，以免影响大家；谁也不能向管理当局告密，做有损于大家的事情；任何人都不得自高自大，打官腔，远离大家，甚至自吹自擂，想领导大家，即使是检验员也不能做得像个检查员的样子。从这些规范中我们可以看到，非正式组织的存在是作为正式组织的补充形式，特别是个人情感归属、利益保护、对领导方式不满的表达等在正式组织中很少得到满足的个人的必要需求，可以在非正式组织中得到满足。非正式组织还有一套自己的奖惩措施，这些措施也是与正式组织不同的。如果谁违反规则，通常采取挖苦、嘲笑、排斥于团体之外等措施，有时甚至用一些比较激进的方式如辱骂、谩骂、拳打脚踢等方式。

梅奥还引述了哈佛研究小组的其他人如罗特利斯伯格等人的相关研究成果，主要是关于工厂的缺勤和转业的情况的调查研究。梅奥发现，在工人中间存在的团队有自己的团队规则和团队精神，这种团队精神从他们的相互协助上可以看出来。比如在实行操作“三班倒”的作业中，任何一班在下班之前都不会放松工作，而是要尽量为下一班提供方便。在实行每人每周轮流休息一天的团队里，每个人都不会打乱已经设计好的安排，这可以看作一种团体压力。梅奥最后进行了自己的总结，认为这些研究有如下一些启示：(1) 在工业以及其他人事环境里，行政管理者应对的是一些组织紧密的人群，而不是一群乌合之众。如果没有形成这样一些群体，其直接的表征就是缺勤和转业。合作的愿望即使不是最突出的，也是一种很突出的人类特征。(2) 那种认为工厂内的工人的行为在其就业以前就可以依据技术能力和其他能力的测试所进行的考察来加以预测的观念，即使不完全，也基本上是错误的。(3) 如果管理人员改变视被管理者为一群乌合之众的观念，直接依据认真研究所得出的情况去应对，这样做的效果会是惊人的。(4) 我们可以根据人类有谋求合作的愿望这一假设，利用行政管理来实现这种愿望，所以工业文明为我们提出的难题的解决之道是向我们敞开的。

梅奥认为，在现代大规模工业里，在管理方面一直存在着三个问题：(1) 将科学和处理技术的能力用于某些物质产品上。(2) 工序安排系统化。(3) 组织团队，即进行持久合作。梅奥说，第一个问题享有很高的声誉和兴趣，一直是实验科目。第二个问题在实践中得到了很好的发展。第三个问题则几乎完全被忽略掉了。但第三个问题一旦失去平衡，该组织总体必然不会取得成功。机构的规模越复杂，就越依赖于群体内成员之间的通力合作。①

对于上面几个著名的实验，一些思想家特别是直接参加实验的人员做了很好的总结，其中著名的有梅奥和罗特利斯伯格。罗特利斯伯格在《管理与士气》等书中的如下几段名言被学者们广为引用："一个人是不是全心全意地为组织提供他的服务，在很大程度上取决于他对他的工作、对他工作上的同伴和他的上级的感觉。""被社会所承认，在社会上重要性的明显证明，安全的感觉，这种感觉更多地是来自成为一个组织的公认的成员，而不是来自银行中的存款的金额。"当然，对霍桑实验做了最好的总结的是这项实验的后期主持人梅奥自己，他在1933年出版的《工业文明中的人类问题》一书中，对该项实验进行了比较全面的总结，提出了人际关系理论，引发了一场管理思维方式的革命，开辟了管理学研究的新方向。

在《工业文明的人类问题》一书出版12年之后，梅奥又出版了《工业文明的社会问题》，着重从社会群体研究的角度对霍桑实验等调查的结果进行了总结。当时哈佛大学政治学教授华莱士·多纳姆为《工业文明的社会问题》一书写了序言。多纳姆认为，25年来这场工业现场研究的目的是要努力获得对人与人关系——这个题目遭到最严重的忽视——更好且更根本的理解，并设法去改变这种关系。梅奥在从事这项研究之前，就在工业心理学方面有很深的造诣。所以多纳姆认为，梅奥在这项研究中有三个方面的优势：(1) 对事物亲密无间、习以为常和发自直觉的熟悉感。(2) 对事物拥有系统的知识。(3) 卓有成效的思考事物的方法。当时梅奥的同事亨德森认为，这些是在新领域从事客观的现场研究工作的必备条件。

多纳姆认为，梅奥的第一部著作《工业文明的人类问题》一书，主要研究了个别工人与他们从事的工业工作的关系，在更深刻的理解的方法方

---

① 参见［美］乔治·梅奥：《工业文明的社会问题》，张爱民、唐晓华译，北京理工大学出版社2013年版，第83页。

面，在促进工人们安于自己所从事工作的幸福感的途径方面，都进行了开创性的工作。怀特海德通过统计学分析，有力地说明了影响这个实验的群体的社会因素的意义。罗特利斯伯格和迪克森的著作说明了社会因素的重要性，但是梅奥早期的研究，以及当时其他同事的研究都主要是强调如何调动个人因素。

梅奥在后来的著作中，强调的重点发生了根本的转变：从未排除个人，但重点讲到群体的重要意义和理解群体行为的方法；这些群体既包括组织起来的并为管理部门所认可的正式组织，也包括自发的、非正式的组织；指出了在基本工业活动层面确保群体合作的重要意义；指出了快速的科技进步和工人们工作过程中人事关系的频繁变化使这个问题的重要性不断增加，管理部门却未加以注意。梅奥列举的一些实例说明，有些地方的行政管理者已经成功地使得工厂群体在其群体合作的态度上获得了如此的稳定性，以至于群体中的成员明确承认，对他们而言，工厂俨然成为寻求美好生活的稳定力量。如果这种就业稳定，就可能使工业不仅仅是一种谋生的手段，更是一种在社会生活方面令人满意的生活方式。这里描述的情况似乎与劳资纠纷的现实相去甚远，但是，只要我们在复杂的工业文明中恢复我们的某种类似相互理解的能力，使我们的文明与不断变革的事实相适应，就能成为国内乃至国际上的维护和平的力量。

在《工业文明的社会问题》一书的“导论”中，梅奥指出，当时他和其同事们都强烈地感觉到对人类行为和人类关系研究的重要性，而且认为，从与生物学或人的因素相关的临床医学所证实的假设出发，比从其他假设出发、比直接研究劳工关系效果更好。梅奥相信，霍桑实验的研究成果的总结，“对于我们这个遭受战争蹂躏的世界而言，这种启示意义非凡”。自从1925年这项工作开始以来，人类经历了一次大灾难，那些自命不凡的人们相信一个繁荣的稳定的社会一定会建立起来，一些人估计联盟组织也必定会起到维持和平的作用。但是没有人会料到战争的威胁，没有人会想到这次对文明的基础发动的野蛮攻击。对于这次攻击，人们完全没有准备。“如果必要，原子弹此时会跳出来提醒我们，要同时对我们取得的成就和遭遇的挫折给予关注。我们已经学会了怎样在转瞬之间令千万生灵灰飞烟灭；却不知道如何按部就班地着手指引各种不同的群体和国家在创造文明的事业方面进行合作。”“摧毁文明的并非原子弹。但文明社会却会毁灭自己——最后，毫无疑问地要用到炸弹——如果它不能理解合作，又不能控制对合作的援助和阻碍。”①

第二节　人际关系理论的主要观点

在《工业文明中的社会问题》一书中，梅奥指出，霍桑实验只是哈佛大学商学院工业研究部进行的工业实验之一，除此之外，工业研究部进行了许多著名实验。而对于这些实验的成果的总结，也不只是梅奥和罗特利斯伯格两人。在《工业文明中的社会问题》一书的一个附录“哈佛大学商业管理研究所工业研究部1926年到1945年的研究工作”中，对这些成果进行了总结。他把工业研究部的研究分为三个阶段。早期探索研究阶段：1926—1932年。新假设的形成和实验阶段：1932—1936年。传达观点阶段：1936—1945年。工业研究部的研究内容主要包括以下方面：(1) 工作场所里关于生理的、个人的和社会的因素的探索。(2) 多方面的社会生活同工作场所的关系。(3) 学生的个人适应问题研究。该项研究进一步证实了西方电气公司的研究结论。(4) 西方电气公司的研究。(5)“杨基城”研究。研究了现代社区中决定合作的因素，得出结论：社会有一个基本结构，

① [美] 乔治·梅奥：《工业文明的社会问题》，张爱民、唐晓华译，北京理工大学出版社2013年版，“导论”第12页。

是一群相互影响的个人组成的群体。(6) 美国南部社区情况研究。研究了美国南部偏远地区的社会制度。(7) 对基本未实现工业化的社区内的人事和社会问题的研究。(8) 诺福克犯人聚居地的研究。研究了犯罪分类及原因等问题。(9) 与医院门诊部合作进行的个人社会协调性扩展研究。(10) 失业问题研究。(11) 大型公司的指挥机构的组织同制造部门或工场的组织间的关系研究。(12) 一个萧条的煤矿区重建社区的研究。(13) 行政赔偿研究。(14) 百货公司的经营管理、女售货员和顾客关系研究。(15) 技术变革引发的失业问题对工业社区造成的严重影响。(16) 在仲裁程序中所体现的管理、工会、社区关系研究。(17) 战争初期工业极速扩张过程中经营管理同工人的关系问题研究。(18) 战时工业里的缺勤问题研究。(19) 劳工转业问题研究。

在这期间工业研究部成员出版的有关这些研究的成果中，梅奥列举的书籍和公报有 13 部（篇），论文共 70 余篇，其中很大一部分发表在著名的商业研究杂志《哈佛商业评论》上。作者除了上述两人外还有怀特海德、西累克曼、福克斯、霍曼斯、迪克森、隆巴德、洛夫金等学者。

对霍桑实验的总结最主要的文献有：梅奥的主要著作《工业文明的人类问题》、《工业文明的社会问题》、《工业中的团体压力》(1945)，罗特利斯伯格的《管理和工人》(1939，合著)、《走向统一的管理理论》(1941)、《管理和士气》(1942)、《员工的生产率中的人的因素》(1950)、《组织中的人：罗特利斯伯格论文集》(著于 1928，1968 年出版)。梅奥对霍桑实验和其他相关实验的总结成果，全面地阐述了他的人际关系理论，提出了人际关系理论的三个主要的观点：(1) 职工是“社会人”。(2) 正式组织中存在着非正式组织。(3) 新型领导者的能力在于提高职工的满意度。

一、职工是“社会人”

管理思想史上，泰勒秉承亚当·斯密等古典经济学家的人性假设思想，在管理中把工人作为“经济人”。“经济人”在工作中的唯一的或主要的工作动机来源于经济利益。“经济人”还是理性的，是有计算能力的人，他总是在盘算通过最少的努力换来最大的效益。泰勒在科学管理的实验中，以提高工人的劳动报酬的方式，来换取工人听从实验人员的科学指导，并实行差别计件工资制，从经济上进行奖励和处罚，从而调动了工人的积极性，提高了劳动效率，实现了劳资双赢。霍桑实验在研究工作的物质条件与工人积极性的关系时，出现了意外的情况，工作产量的变化与物质条件的改变没有直接关系或关系不大，反而是一些社会关系方面的因素导致产量的增加。比如，工人感觉到受到重视，身体和精神上得到关心，工人与管理方的融洽的关系，甚至工人能够畅所欲言，发泄心中的怨气，也能提高工人士气，从而导致生产量的增加。梅奥发现，社会关系方面的因素比物质方面的因素更能激励工人的工作热情，感情的因素比理性、逻辑的因素所起的作用更大。工人主要是“社会人”，而不是“经济人”。所以管理者就要通过改善企业内的各种社会关系，使工人的社会关系需求得到满足，从社会心理方面鼓励工人提高劳动生产率。梅奥在《工业文明的社会问题》中指出：“人类居然被经济学理论不恰当地描述为一群个人，每个人都被自我利益所驱使，每个人都为了争夺稀缺的生活资源而同其邻居展开斗争。”① “我们所进行的第一个调查（指 1923 年的费城调查）一下子就碰到了个人自我利益是实现其作用的充分动力这个假设所不能解释清楚的实例。”② 因为费城附近纺织厂的实验说明，和谐的关系、畅所欲言和工作中的自主性才是生产率提高的真正原因。

二、企业中存在着非正式组织

非正式组织的存在也是工人对社会关系需求的表现。非正式组织的内

---

① ［美］乔治·梅奥：《工业文明的社会问题》，张爱民、唐晓华译，北京理工大学出版社 2013 年版，第 70 页。

② ［美］乔治·梅奥：《工业文明的社会问题》，张爱民、唐晓华译，北京理工大学出版社 2013 年版，第 70 页。

容和联系的纽带是感情因素。关于非正式组织，泰勒等思想家已经明确地认识到其存在，梅奥的主要贡献在于运用科学实验的方法，验证了非正式组织在正式组织中的产生、特点及其行为规范，并对其积极意义、消极意义以及对待它的正确态度进行了比较完整的研究。

梅奥在群体实验中，发现了非正式组织的存在，及非正式组织有限制产量的不成文规则。在另一个例子中，一个大型工业企业里，厂方要提拔两名女工，但这两名女工不愿意离开原来的岗位，因为在这里她们已经成为一个非正式组织的成员。她们喜欢原来的群体，她们认为自己要去适应新的群体、新的环境会很吃力。但这种适应力的困难消除后，就会有效地帮助她们重新组建新的团队。① 还有一次访谈中，一名 18 岁的女孩说她的母亲总是鼓动她向其管理员提出提升的要求，而她自己不愿离开朝夕相处的同事，因此感到很大的压力。访谈过后，她能够与母亲进行心平气和的沟通了，母亲也理解了女儿，不再施压，这样女孩就可以有效工作了。梅奥认为，研究得出的结论是，在一个经营一直很顺畅的工厂里，管理都不是与单个工人相联系，而是与工作群体联系在一起的。在持续运转的每个部门，工人们——不论他们是否觉察——自己已经形成了一个个群体。每个群体都有自己的风俗习惯、责任和循规蹈矩的生活，甚至还有各种仪式。梅奥在《工人文明的社会问题》中，还提到一个关于中国工人的例子。由史国衡撰写的《中国进入机器时代》一书中讲到，第二次世界大战时，工业不得不从上海和中国沿海地区转移到内陆的昆明，工业的运作很大程度上要依赖一起内迁的熟练工人。他们非常清楚自己对于工厂的重要性，并从中获得了很高的声誉。但是他们中间还是存在不满情绪，经常故意在食堂摔饭碗，对提供的伙食质量表示不满，实际上，这里供应的伙食很不错。在访谈时，工人们直接承认这些

① ［美］乔治·梅奥：《工业文明的社会问题》，张爱民、唐晓华译，北京理工大学出版社 2013 年版，第 95—96 页。

事实，认为以此为由实在不大合适。即使如此他们还要那样做，是因为熟练工人作为一个群体，他们与行政管理人员和管理员的关系很糟糕，因为这些在美国培训过的工程学和经济学专业的管理者认定，凡是不完全受经济动机驱动的工人都是捣乱分子或讨厌的家伙，而工人就以摔饭碗这样的方式来对付这种教条。所以在研究的后期阶段，管理方面的一个重要问题是如何组织工作团队的问题，即如何发展和保持合作的问题。①

关于非正式组织的积极意义，梅奥列举了以下一些方面：积极支持企业管理当局的政策和目标；使个人有表达思想的机会；提高士气，降低离职率；以社会报酬的形式对职工进行补偿；改善信息交流工作；使职工在一个不重视个人特点的组织内有维持个人特点的机会；提高职工的自信心并减轻他们的紧张状态；对指定任务的完成给予支持；在工作环境中提供人与人之间的温暖；提高个人之间的协作程度；减少个人对工作和环境的厌烦感。梅奥同时也指出，如果非正式组织与正式组织的关系处理不好，也会产生如下消极作用：抵制企业管理当局的政策和目标；限制职工的个人自由，强迫一致；可能共谋组成同管理当局敌对的工会；反对革新和改变；限制产量。所以，作为企业领导人，一定要处理好这种关系。梅奥提出正确对待这种非正式组织的态度：一是要正视和重视非正式组织的存在；二是应对非正式组织及其成员的行为进行引导，注意在正式组织的效率逻辑同非正式组织的感情逻辑之间保持平衡，以便管理人员同工人之间、工人相互之间能互相协作，充分发挥每个人的作用，提高效率，使之有利于正式组织目标的实现。

三、新型的领导能力在于提高职工的满意度

泰勒的科学管理理论持“经济人”假设，主张用科学管理方法和经济

① 参见［美］乔治·梅奥：《工业文明的社会问题》，张爱民、唐晓华译，北京理工大学出版社 2013 年版，第 99 页。

激励措施激发工人的劳动积极性。在泰勒的科学管理原理中，强调作业方法、工作条件和工资制度的作用。梅奥的“社会人”假设的实验证明，工人不是单纯的“经济人”，主要是“社会人”。梅奥虽然没有否定物质刺激对工人的激励作用，但认为主要的激励作用来自于社会关系方面。首要因素是工人的士气，而个人的士气又同满意度相关。满意度是指职工的安全和归属感等社会需求方面的满意度。梅奥指出决定工作满意度的有六个因素：报酬、工作本身、提升、管理、友好与合作的工作组织、工作条件。所以梅奥认为，新型的领导能力更主要的是要分析职工的需要，了解其心理态度，并满足这种需要，才能激励工人，提高劳动效率。

梅奥认为，工人在工作中表现不好，工作有起伏，思想上有问题，并不都是由于公司本身的管理问题或者工作条件的问题。就西部电气公司来说，与同行相比，公司的工作时间较短、工资较高。厂内在饮食、医务等方面条件良好，人事部门在引导工人就业方面做得极为成功。二十多年来，从未发生过罢工或严重不满，员工士气高昂，公司在员工中很有威望。公司还为员工制订了储蓄、投资计划，实行休假制度，最大限度地实行人性化管理。从访谈计划执行顺利就可以看出员工对公司有信心，访谈工作刚开始时，还要向员工做出保密的声明，到后来员工干脆就要求直接进行访谈，而不需要再做出这些保密的声明了。“工人希望甩开这一套，立即开始谈话。”工人们对某些上级管理人员满腹牢骚，但是并不归咎于公司，并且相信自己的情况如果被反映上去，公司会向自己提供帮助。而公司确实也没有辜负员工们的信任。正是公正和人道地对待自己的员工，那里的士气普遍高涨，才使得访谈计划顺利进行，其结果才具有重要的意义。

在实验过程中，研究人员逐渐认识到，工人们对工厂物质条件的批评性意见是相当一致并可信的，对于个人的意见却并非如此。在这其中个体差异很大，所以必须努力研究人的个性以及人与人之间的关系。“访谈必须被看作个人性格的暴露，如被访谈者的经历、思想、态度、优缺点。但是，如何才能不仅仅暴露思想，而是深入下去，从对一个人的泛泛了解，到形成对这个人及相应的管理方法的深入认识，这些问题，急需回答。”① 梅奥认为，在继电器装配和“云母室”实验中，正是把个人状况与产量联系起来进行研究，才从产量记录中分析得出很有意义的观察结果。云母测试工作室的观察情况显示，在 5 个工人中，1 号和 5 号工人产量呈现明显的不规律性，而且她们从一开始就显得“神经兮兮的”。而其他 3 个工人则很正常。原来造成这种状况的原因是个人家庭环境状况。1 号工人是有两个孩子的寡妇，非常关心福利问题，朋友很少，对孩子极为上心，她非常“焦虑”自己的处境，具有强迫症性质。而 5 号工人是一名只有 18 岁的未婚少女，受到来自家庭的严格约束，特别是母亲（来自东南欧）的严格管教，导致她心事重重，怨恨父母，不愿与人交朋友。这两个人都是在沉重的阴影下从事工作，其产量显示出明显的波动特征，与另外 3 人相比，可以说是深陷个人特殊情况之中。研究者发现，那位年长的母亲 1 号工人的个人状况很难改变，从而排除了使用简单方法来补救的可能性。而 5 号年轻女工的状况则要容易改变得多。后来经过对母女关系进行认识上的疏导，离开家庭，独立生活，与其他女工合住宿舍，与其他工人交朋友，消除了隔阂，彻底改变了自己的处境，也使得她能够在平等的基础上与亲属交流，这直接导致她后期产量的逐步提高。这些调查结论说明，产量的提高不可能全部是由实施工间休息和人际关系氛围的改善带来的，在一定程度上，是人与人的同志式情谊和相互交流的结果，而且还是个人生活方式改变的结果。研究发现，有这类强迫症的人，比起那些正常的人，更不善于对付压力。由于家庭的境遇，如果公司有什么不顺心的事，会引起工人的联想，把家庭和公司的事联系起来，做出自己总是倒霉的推论，甚至形成心理上的恶性循环，任何事情都增强了自己遭遇厄

① ［美］乔治·梅奥：《工业文明的人类问题》，陆小斌译，电子工业出版社 2013 年版，第 80 页。

运和受到欺凌的信念。梅奥还引用法国心理学家让内和奥地利精神分析学派的弗洛伊德关于强迫症或强迫性神经症的理论来说明这种情况的存在，并认为这种病症实际上不是机体本身出了问题，不是器质性疾病，而是一种心理疾病，通过教育和心理分析的方法，是可以医治的。当然梅奥也清醒地看到，这里描述的病例只是极少数，在访谈的两万多名员工中也只有十几个人。但是此项调查的目的，不是去发现精神错乱的人，而是要回答正常人，当其意见中存在夸大和扭曲的倾向时，根源何在。梅奥认为，让内关于个人能力丧失造成精神错乱的思想，为更好地理解在霍桑实验的许多访谈中所得到的关于人的扭曲问题提供了一个可能的线索。研究部根据让内的思路提出了两个重要问题：(1) 那些可能被看作带来个人卑微感的经历，是在工业组织中普遍发生的吗？(2) 现代工业城市里的生活，是不是以某种未被察觉的途径，预先决定了工人的强迫症反应？这是两个对现代工业社会的管理来说最为重要的基本问题。如果这些问题是由工业社会本身带来的普遍问题，那么，在工业社会管理中如何能够减轻或消除，以保证工业社会的工作效率？

前一个问题，最先引起研究人员的注意，研究人员发现，正是一些个人经历和个人问题，导致了对公司政策和管理的不满。同时，这些发现也倾向于证明，工作环境以某种方式阻碍而不是推动使人满意的个人调整。对于第二个问题，研究人员也发现，组成一个工作单位的个人不仅仅是个人，他们形成在这个群体中一种相互之间对管理者、对工作，以及对工厂政策的关系的惯例规则。在特定群组内经常发生所谓的“人际关系失调”，可能意味着对工作的关系和对人与人的关系的管理规则的失调，而不仅仅是个人的非理性行为。人只能在特定的工作中才会出现失调和错乱的问题，所以错乱是特定的能力和特定的工作环境相结合的产物，而不仅仅是个人状况的产物。这种意义上，这项研究对工业管理来说才有实质性的意义。正是基于这样的认识，所以访谈计划后期的注意力就从个人性格和经历转回到工业环境条件本身上来了。这样就能很好地把研究发现的情况和实验室发生的情况联系起来，寻找这两者对公司政策的意义所在。针对以前那种大规模单纯与工人访谈的原初做法，后期访谈工作进行了方法上的创新：安排一个或两个访谈者持续面谈某个部门中的个人，一天又一天，一周又一周，并布置研究人员通过直接的观察适当地了解特定情况下一个群体整体的内部关系和活动。这样做的结果是，不仅能够显示特定情况下的不满意和批判意见，而且能够显示出这些意见本身的合理与不合理性。要在工人和他的工作之间建立有效的联系，梅奥得出结论说："人类在工作中的合作，不管是在原始社会，还是在发达社会，要想行得通，总是要依赖于非逻辑的社会规约的演进，它规范个人之间的关系，以及个人相互之间的态度。执着于生产活动的简单经济逻辑，去干扰这些规约的发展，结果就会在群体中造成人类的失落感。"①

第三节　进一步反思：工业文明对社会管理的挑战

梅奥对工业文明带来的管理问题的思考，不限于企业之中，而是涉及整个社会的管理。他认为：科技和工业文明带来了诸多的社会问题，由此引起的人性思考上的"群氓"假设及绝对国家的理论是错误的，加强对人性问题的研究，找到合作的基础，才是正道。

一、现代文明转型所带来的解组与失范

梅奥在《工业文明的人类问题》中引用了芝加哥大学的罗伯特·帕克

① ［美］乔治·梅奥：《工业文明的人类问题》，陆小斌译，电子工业出版社 2013 年版，第 96 页。

教授及其同事对芝加哥社区犯罪的研究成果来证明工业文明导致的社会问题。工业文明导致社会解组和个人解组，导致社会失范和个人失范，导致工业社区的犯罪率增加。违法犯罪的增加，是社会控制崩溃的症状。社会解组是指一个群体对成员丧失了习俗的控制。个人解组是指，当社会组织瓦解了，个人丧失了传统风俗习惯的约束，人们也不能形成新的思想观念和行为习俗。人们不能生活在一个整体性的社会背景中，甚至在工作中也找不到任何价值。梅奥还提到法国社会学家迪尔·凯姆关于自杀的研究成果，认为迪尔研究的主要目的是要阐明，处于快速发展进程中的工业文明，一般总要遭受社会病痛的折磨，他称为“失范”。而弗洛伊德的研究也表明，强迫症是社会性失调所致，其能力的缺陷也不是个人问题而是社会问题。任何出现大规模解组现象的社会环境，其中个体成员也会发生比正常群体更多的强迫症患者。梅奥认为，这些研究涉及的是强迫症的病例，而正常人的强迫性思维是更为紧迫的问题。当然，梅奥也客观地指出，认定工业和其他方面是社会解组的唯一责任是不合适的。还有一些次要的重大因素，比如劳动力的高度流动、移民及移民居住区、教育体系的缺失以及政治、经济学说的偏离，也对社会失范起到某种决定性的作用。① 但是，梅奥指出，此时对人和人类行为的研究还非常欠缺，应该加强对人类行为的研究。

梅奥认为，政府对经济的自由放任，对工业中出现的问题缺乏研究，有两个方面的原因：一是“历史误判”。历史误判是受到自由经济思想的影响，看不到政府干预的重要性。二是对社会懵懂无知和全无控制，即对社会变迁的无知和失控。科学技术引起工业社会的出现，工业社会导致社会解组，导致失序状态的出现。人类合作的信念正在消失，失去能力的个人不能很好地融入群体，个人显得非常渺小，也没有社会责任感。梅奥认为，目前

---

① ［美］乔治·梅奥：《工业文明的人类问题》，陆小斌译，电子工业出版社 2013 年版，第 116 页。

国家和社会没有认识到合作问题的重要性，自工业革命以来，在管理层和劳动群体之间从来没有形成全心全意的有效合作。这些延续了一个世纪的问题，一直是用经济学的概念来描述的，按照经济学的逻辑来分析的，而忽视了社会和人的因素，忽视了对人类合作的研究。“一个世纪的科学进步，社会解组发展到相当严重的程度，再加上教育的某些影响，使我们忘记了，原始社会中非逻辑性的社会行为对于在生活中有所成就和心满意足是多么重要。”① “工业大踏步进步，对人类学研究和知识却一无所知，使得相互合作和共同努力的最后机会化为泡影，强加于工人头上的，是排除了社会参与和社会职能的低水平人类组织。”② 梅奥说，维多利亚时代的人们对于他们所取得的成就信心满满。19 世纪 90 年代出版的一本名叫《十九世纪》的学生读本，曾经自豪地讲述了一个世纪里人们征服环境的成就，并暗示人类终于要成为命运的主人了。而在 50 年之后，为我们呈现的却是具备希腊悲剧全部特征的厄运。其良苦的用心、崇高的计划在这 50 年间已经演变成一场混乱，摩天大楼毁灭成为一堆瓦砾。这一切都是拜人类自己所赐，本来应该给人类带来完美的科技进步，最终变成了毁灭、荒芜与悲壮。③ 对这种科学的负面效应，很多人包括艺术家、观察家、工程师曾经严正指出过，但被人们漠视。人类早已开始怀疑科学进步的意义，它虽然带来物质的享受，但同时也带来精神文明的破坏、信念的丧失，带来人类的相互仇视和战争。正如一位英国首相和艺术家所预言的：在艺术遭到遗忘、商业消失、文学成了碎片、人口下降的氛围中，欧洲人却在讨论进步，因为奇妙地应用了某些科学成就，他得以建设一种错把安逸享乐误认为文明的社会。但是这些警告，并

① ［美］乔治·梅奥：《工业文明的人类问题》，陆小斌译，电子工业出版社 2013 年版，第 147 页。

② ［美］乔治·梅奥：《工业文明的人类问题》，陆小斌译，电子工业出版社 2013 年版，第 149 页。

③ ［美］乔治·梅奥：《工业文明的社会问题》，张爱民、唐晓华译，北京理工大学出版社 2013 年版，第 2 页。

未引起人们的重视，只有一场大灾难，才能使我们去关注人类所处的现实场景。

二、“群氓”假设及其后果——绝对国家

梅奥揭露了“经济人”假设的虚假性及“胡萝卜加大棒”的管理方式的危害性。以前的工业组织是小企业、小作坊，一个企业的破产不会导致社会问题。这是“经济人”假设和自由经济存在的前提。梅奥在《工业文明的社会问题》中讲到经济学中重农学派的代表魁奈，他在《经济图标》一书中，主张自由经济，认为要按照自然规律行事，政府最好不要干涉经济的自由发展。人们之间的关系会根据自然交往而自发地形成。李嘉图则在《政治经济学及赋税原理》一书中提出“群氓”假设。其主要观点是：(1) 自然社会由一群没有组织的个人组成。(2) 每个人都按照自我保存或自我利益的想法去行动。(3) 每个人都尽其所能地为了这个目的进行逻辑思考。梅奥认为，如今的企业动辄几万人，如果出现工厂发展不良问题，企业破产或萧条，工人失业，就会出现很大的社会问题。所以国家必须干预，使企业得到维持。所有这一切表明，19 世纪经济学理论的基本假设已经站不住脚了。在 100 年前，可能还易于相信，追求个人利益是经济组织的基础这一原则是恰当的，但商业和政治实践现在已经建立在完全不同的人类社会概念之上。

在霍桑开展的第一套实验的最后一部分，称作班克·威林观察室。在这里，个人的工资是按照团体增产奖励计划支付的，但是这个计划完全失去了效用。工人们所做的工作是按照这个团体所认为的一天应该做多少工作为基准来进行的。其中只有一个人所做的工作超过了这个标准，而此人却被大家所嫌恶。产量也不是按照某种测验确定的个人能力来规定的。罗特利斯伯格在《管理与工人》中说：“在这个观察室里，产量最低的人在智力水平上名列前茅，技术水平位居第三名；产量最多的人在技术上排名第七，而其智

力则是最低的。”[①] 这里说的是非正式组织的存在。至少明显的是，经济学家关于个人自我保存作为一种动机，逻辑思考作为一种手段的假设，并不是常见的工业事实的特征。和同事们搞好关系的渴望，即与人交往的人类本性，轻而易举地就会超过个人利益和逻辑推理，而那么多虚假的管理原则都是建立在这种个人利益和逻辑推理假设的基础上的。对于经济理论来说不幸的是，它主要适用于社会关系中处于常态之上而非常态之下的人。可以说，经济理论适用于一种理想的状态。按照梅奥的说法，当社会联系抛弃他们的时候，他们会回归到自我利益中去。所以可以说经济学是在一种病态下而不是常态下适用的理论。[②] 人类是生活在组织社会里，那种把社会看作由一群乌合之众组成的说法，看作由自我利益所驱使的且没有组织的人的说法，是经受不住认真考察的。

好几个世纪以来，这个社会是由一群乌合之众组成的假说以这样或那样的形式令我们关于涉及法律、政府或者经济学的所有事情陷入混乱。该理论又引申出需要一个利维坦、一个强有力的国家的信念。这种国家行使独一无二的权威，把秩序强加于这群“乌合之众”头上。因此，在这些日子里，我们的许多自由主义者和律师们所阐述的信念很难与希特勒或墨索里尼发表的声明区分开来。[③] 所以我们不要从某种既定的理论出发，而要从对现实的考察出发。这样我们就会发现社会不是由一群乌合之众构成的，而是由个人、家庭、俱乐部、工会、学院和各种职业的群体等各种因素构成的。

---

① 转引自［美］乔治·梅奥：《工业文明的社会问题》，张爱民、唐晓华译，北京理工大学出版社 2013 年版，第 50 页。

② 参见［美］乔治·梅奥：《工业文明的社会问题》，张爱民、唐晓华译，北京理工大学出版社 2013 年版，第 51 页。

③ 参见［美］乔治·梅奥：《工业文明的社会问题》，张爱民、唐晓华译，北京理工大学出版社 2013 年版，第 53 页。

三、加强人际关系与合作问题研究是解决工业问题的关键

梅奥指出，一些社会学研究成果显示，在古代社会，社会秩序是稳定的，个人从小就被灌输一种关于个人与集体关系的信念，个人是集体所需要的，个人能够在集体中找到自己的价值。而到了19世纪，科学和工业的快速发展，终结了个体与其群体的一致感，以及对工作的满足感。个人对其所生活的地方以及生活其中的人们不再有难以割舍的休戚相关的情感，社会纽带遭到破坏。人类所得到的物质享受付出的代价过高了，随着我们的经济不断进步，大部分公民活着的个人意义也逐步遭到毁灭。快速的、工业的、机械的进步，其进步速度之快，直至将历史上形成的所有社会的和私人的关系都破坏掉了。补偿性的组织还未发展起来，甚至缺乏对实际的、社会的以及私人的关系问题的研究。一些早期的研究成果倾向于回归传统。梅奥认为，这是一条我们不能再走的路，对于我们来说，轻而易举地回归简单的生活已经不可能了。“从一个成型社会发展到一个应具有适应力的社会是我们的必由之路。我们已经握住了耕犁，就不能再转回去。”梅奥认为，不论文化水平如何，社会群体必须在如下两个问题上有明确的态度：一是在物质和经济方面的要求得到满足，二是保持整个组织内自发的合作。但是我们的行政管理方法都指向了物质保障，而没有在保持合作方面有所作为。梅奥指出，在我们的工业社会里，合作问题要比在其他任何单一的或者原始的社会里更难于解决。

梅奥提到1938年巴纳德出版的《经理人员的职能》与罗特利斯伯格出版的《管理与士气》两本书，两者都主张工业社会以至更大的社会乃是一个合作体系。但是发生的从乡村或者小城镇型的社会经济到城市或者工业中心型的社会经济的变革并未引起理智的管理当局的关注。走向合作的人类能力不断地迅速地走向退化，以致本国内甚至国家之间的关系朝着混乱和无政府的方向发展。梅奥还引述了历史学家弗里斯托弗·道森在《政治之外》一书

中的观点。该书中说："现代机械文明变得日益复杂，特别是在工业化程度更高的国家，相应地需要更高程度的组织。这种组织不能局限于复杂形势下物质要素层面的追求，而应当不可避免地延展至社会本身，并通过社会延伸至个人的道德和心理层面。因此，历史的趋势已经从政治学转向社会学。"① 梅奥认为，在定型社会里，人际关系从小得到灌输，而且在师傅带学徒的时代，人们在其一生从事的职业和行业里当学徒，同时获得处理技术的能力，并掌握与伙伴们沟通的技巧。这两个方面对于成功的生活方式都很重要。但是现代大学里往往过分偏重于开发处理技术的能力以及维系这些技术所需要的科学基础，而没有教给学生处理人事的能力。我们没有同样努力地去发展处理人事的能力或人与人进行合作的能力，以补偿或者平衡技术的发展速度。②

梅奥也认识到，目前大学里的教育，即使是社会学的教育，也只是立足于象牙塔里的理论研究，对古老的公式的考究，进行学位方面的训练，而不是对社会问题，对人与人关系问题的这些社会事实的研究，那些在大学里名列前茅、成绩卓著的毕业生们并没有学到让混乱的社会回归的本领。他们已经养成了处理复杂的逻辑的能力，但在处理复杂的事实能力方面一无所获。一个研究社会的学生受到鼓舞去发展玄妙的社会哲学，而忽视了其对处理人事能力的需要。他们更喜欢漫无边际地无拘无束地推理而非观察。而耐心的观察，掌握逻辑工具的观察，却是这个世界最需要的。处理技术的能力和处理人事的能力在大学里甚至被看作相互对立的，一方取得的成就是以另一方的牺牲为代价的。大学和其他地方更加普遍的情形，是人们处理事物的能力获得了充分的发展，而处理人事的能力实际上则是空白。梅奥认为：

① 转引自［美］乔治·梅奥：《工业文明的社会问题》，张爱民、唐晓华译，北京理工大学出版社 2013 年版，第 12 页。

② 参见［美］乔治·梅奥：《工业文明的社会问题》，张爱民、唐晓华译，北京理工大学出版社 2013 年版，第 15 页。

“处理技术的能力和处理人事的能力之间不均衡发展的后果是灾难性的。如果我们处理人事的能力能够逐步赶上处理技术的能力的发展步伐，就不会又一次爆发欧洲战争了——这是我反复提出的观点。”① 梅奥回顾了其年轻时候在澳洲的情况——存在的狂热与敌对。有些人的态度与身世与希特勒的情形太相像了。梅奥也描述了在学校里学生因为不会沟通而存在的“恐慌”。目前，显而易见的是，在这些日子里，我们的高层行政管理者已经担负起了培训工人掌握新的处理技术的能力的责任；同样清楚的是，没有人承担起培训工人掌握新的处理人事的（适应）能力。在过去的一个世纪里，物理学、化学和医学已经取得了辉煌的成就，但正是因为这些巨大的成就才使社会失去了平衡。我们得一直等到社会学和心理学能够虚心地、脚踏实地地在处理人事能力方面取得进展，开始去了解人的需求的时候，才能不再看到技术进步所引起的社会混乱和无政府状态。②

梅奥认为，“爱国主义是不够的，我们必须摒弃对人的仇恨与不满”。科学技术的发展被狭隘的民族主义所利用，带来人类的灾难。必须进行人类合作的研究和教育，发展处理人类事务的能力，摒弃对人的恐惧和仇恨，代之以合作和进步。民主国家在技术方面的成就已经达到了很高水平，并值得为其科学的成就感到骄傲。但是，这些科学在社会的毁灭里扮演了重要的角色。所以，对人际关系的研究，对处理人际关系能力的教育成为一个时代最急迫的共同任务。

---

① ［美］乔治·梅奥：《工业文明的社会问题》，张爱民、唐晓华译，北京理工大学出版社2013年版，第27页。

② 转引自［美］乔治·梅奥：《工业文明的社会问题》，张爱民、唐晓华译，北京理工大学出版社2013年版，第39页。

第四节　科学人本主义的管理哲学

对梅奥的人际关系管理理论和哲学思想的深入研究的必要性，是基于对人际关系理论的理解和管理实践上的双重误区。理论上，由于梅奥人际关系理论是作为科学管理的对立面出现的，所以人们只看到其人本主义一面，甚至把两者完全对立起来，没有很好地理解梅奥人际关系理论的科学主义性质。“科学的人本主义”这个看似矛盾的概念，其实就是梅奥管理哲学的基本特征。实践上，把人本主义管理又往往等同于福利主义，甚至等同于管理者对职工送温暖活动。对真正科学的人本主义管理方式不理解，没有对职工的真正的人性需求以及工作动机进行深入细致的研究，不知道如何真正地激励员工。在当今西方哲学乃至整个西方文化中出现了科学主义和人本主义走向融合的趋势。梅奥的管理理论本身就是科学主义和人本主义的有机结合，是效率逻辑和感情逻辑的有机结合，它追求的是两种逻辑实现平衡。

一、梅奥管理思想的人本主义特征

在现代西方管理思想史上，科学主义路径和人本主义路径是两条基本线索。梅奥作为人际关系理论的建立者，其人本主义的管理哲学思想在科学管理之后，通过行为科学的发展，形成声势浩大、旷日持久的管理学的研究与实践运动，对人类管理思想的影响也必将延续下去。

梅奥人际关系理论的实践基础主要是霍桑实验。梅奥在霍桑实验之前，就在费城进行了工业心理学方面的调查和研究。1923 年 9 月，他对费城附近一家纺织厂的纺纱车间进行了降低高得离谱的劳动力流动率的实验。研究人员发现，纺纱车间的总体情况是工作单调，工人只能在狭长通道里来回走动，没有交流。针对这种情况，实验采取了实行工间休息、缩短工时、奖金制度，甚至工间休息提供茶点等福利措施，后来还让工人们自己合理安排工间休息时间，实行轮休。在整个实验过程中，研究人员对参与实验的工人表现出诚挚的关心。这些措施，消除了纺纱工人的工作单调感，增加了工人的自主性。实验的结果使工人的流动率降低到5%，达到与其他车间同样的水平。这一事实说明，工人不是单纯的“经济人”，社会关系的改善，对工人的变化起到更为重要的作用。

霍桑实验从1924年开始，到1932年结束，分为前后两个阶段。第一阶段主要是进一步研究工作环境和物质条件对工人生产率的影响。在照明实验和福利实验中，出现了一些反常的现象。比如照明实验中开始提高照明度，生产率得到提高，但后来逐渐降低照明度，生产率还在提高。在福利实验中，实行提供午餐、工间休息、缩短工作日等措施，产量得以提高，后来逐渐取消这些措施，产量也没有下降。研究人员认识到，是工人与管理者即研究人员之间以及工人相互之间的融洽关系，提高了他们的士气。在访谈实验中，工人对有固定题目的访谈不感兴趣，后来改为不确定访谈内容，与工人就他们感兴趣的话题自由交谈，工人在把心中的苦闷说出来后，也能够更愉快地投入工作。后来又进行了证明非正式组织存在及其特征的“群体实验”，证明了工人会在新的正式组织里建立非正式组织，而非正式组织主要是以情感为纽带的。

对于费城和霍桑的实验，一些思想家特别是直接参加实验的研究人员做了很好的总结。对霍桑实验做了最好的总结的是霍桑实验的后期主持人梅奥，他在1933年和1945年分别出版《工业文明的人类问题》和《工业文明的社会问题》两本著作，对该项实验进行了比较全面深入的探讨，提出了人际关系理论。其主要思想包括：(1) 职工是“社会人”；(2) 正式组织中存在着非正式组织；(3) 新型领导能力在于提高职工的满意度。梅奥这里的“社会人”假设，是相对于泰勒科学管理中的“经济人”假设而言的。“社会人”的主要特征是关注社会关系，主张社会关系的融洽是提高工人士气的关键因素。职工的情感因素对其工作积极性的影响比起经济因素来要更大。而在非正式组织中，职工的关系更是以情感为纽带。提高职工满意程度，这里主要是指职工对人际关系和社会需求的满意度，也主要是指情感因素的满足而非经济因素的满足。强调人际关系和情感因素对职工的生产率的影响，主张通过满足这种社会关系，对职工非理性情感的关注，来提高职工的士气和满足程度。

梅奥的管理哲学不同于科学管理中的科学主义。关于科学主义的基本思想，科学管理创始人泰勒说过："在各行各业，即使在那些微不足道的细节上，用科学的方法代替单凭经验行事的方法，也将带来巨大的收益……而这种最好的方法和工具只有通过对所有正在采用的方法和工具进行系统的科学研究和分析，同时结合准确、精密的动作和时间研究才能发现和形成。"①相对于科学管理以科学方法代替经验工作方法的科学主义而言，梅奥的管理哲学注重人的方面，是一种人本主义管理哲学。

二、梅奥管理思想的科学主义特征

梅奥的管理哲学是人本主义的，但是它与旧管理学人本主义有重大区别。它在实践基础、理论来源和指导思想上均体现了科学主义精神，所以科学主义是梅奥管理哲学的又一基本特征。

1. 以科学实验为实践基础

费城和霍桑实验均以科学管理思想为实验背景，以科学的方法进行。这种科学实验方法，通过改变工作中的某些条件，观察其对工人工作效率的影响，与泰勒的科学方法本质上是相同的，甚至实验的目的也是相同的。梅奥在谈到人际关系研究的科学态度时指出过："没有什么'主义'可以帮助

---

① ［美］弗雷德里克·泰勒：《科学管理原理》，马风才译，机械工业出版社2009年版，第2页。

我们解决这个问题；我们必须心甘情愿地回到耐心地、脚踏实地地进行工作的轨道上来。”① 这种脚踏实地的工作就是耐心的科学实验。

如果说泰勒对科学管理的贡献主要不在于提出具体的管理措施，而在于把这些措施建立在科学实验的基础上，并上升到一定的哲学理论高度的话，那么我们也可以说，梅奥对人际关系的贡献也并不在于提出了人际关系的几个主要观点，诸如职工是“社会人”、正式组织中存在非正式组织、新型领导者的任务是要提高职工的满意度等，这些思想之前都或明或隐地有思想家提出过，他的最主要的贡献在于其理论是以科学实验为基础的，并以心理学、社会学等科学为理论指导的。

2. 以科学管理为思想来源

管理史学家雷恩在《管理思想史》中讲到人际关系理论的来源时认为，人事管理领域有两个思想来源，即双重继承。这种双重继承来自于：(1) 将人事管理作为“福利”或“工业改良”的观念；(2) 科学管理。人事问题上，福利工作在20世纪初期逐步衰退，取而代之的是科学的人事管理，比起福利工作来说人事管理更加系统化和专业化。梅奥引用了两位人事管理先驱的话来说明人事管理相对于福利工作的优越性。两位先驱分别是迈耶·布卢姆菲尔德和玛丽·B. 吉尔森。前者认为“人事管理”要优于“福利工作”，因为“福利工作……往往缺乏分析、自我批评和对人性的真知灼见。另外，福利工作带来的好处往往被情感因素（如果不是自欺欺人的话）所损害”②。吉尔森也指出，那些从事福利工作的人“相信福利工作能够缓和产业界的动荡局面……但是，通过更为基本的测量可以加强民主的基础，它的作用超乎我们想象。我之所以得出这样的结论，是因为我观察了科学管理的实

① ［美］乔治·梅奥：《工业文明的社会问题》，张爱民、唐晓华译，北京理工大学出版社2013年版，第11页。

② ［美］丹尼尔·雷恩：《管理思想史》，孙健敏等译，中国人民大学出版社2009年版，第215页。

施”①。这种系统化和专业化的人事管理是科学管理的一部分。人事管理在20世纪20年代走上了科学化这样一条共同的道路。可以说，人事工作只有走上科学的道路，才能实现它的真正的价值。人事工作的系统化、科学化，为人际关系理论的产生准备了条件。

3. 以科学理论为指导思想

在霍桑实验的过程中和实验之后，对实验中的现象有很多人做过尝试性的解释，但是最后梅奥的解释和提出的理论得到人们的普遍认可和接受。雷恩在《管理思想史》中对这一情况进行了分析说明。他认为，这种现象的出现，体现了人们的科学倾向。因为梅奥不仅有哈佛大学研究团队的光环，而且他本人长期从事工业心理学的研究，临床心理分析的专业知识使他的总结更为科学和可信。

雷恩认为，冯特的心理自我以及弗洛伊德的心理分析，引发了人类本能的研究。但由于这种理论的肤浅性简单性，逐渐被抛弃，研究者注意到人的可变性，以及人的个体差异性。雷恩认为：“人类行为的研究必须研究个体，而正是在这里，心理学家发现他们与科学管理可以携手共行。”② 梅奥本人也认识到心理学等科学理论对工业中人类行为研究的重要性，认为从与心理因素相关的临床研究开始，比直接研究劳工关系会更好。当然，梅奥这里讲的心理学是改良的心理学。实际上在霍桑实验之前，社会福音派的主要代表之一、克利夫兰水压公司的副总裁怀廷·威廉姆斯就对工业社会学作出了很大贡献。他认为，对工人来说，在群体中共同思考、共同感受和共同工作是非常重要的。雷恩认为，威廉姆斯对工业社会学作出了开创性的贡献，但是由于其非专业身份，他的努力总体上说来没有得到认可。此外，在继电器

---

① ［美］丹尼尔·雷恩：《管理思想史》，孙健敏等译，中国人民大学出版社2009年版，第215页。

② ［美］丹尼尔·雷恩：《管理思想史》，孙健敏等译，中国人民大学出版社2009年版，第220页。

装配实验期间，潘诺克找到麻省理工学院生物与公共健康专家特纳，特纳认为，心理态度比其他任何因素更能解释工作绩效的提高。按照重要性顺序，特纳将产量增长的原因归结为：(1) 小规模群体；(2) 监督的类型；(3) 更高的收入；(4) 对实验的新鲜感；(5) 公司管理者和其他调查者对这些操作工人的关注。他已经认识到工作中的监督关系和对工人的关注是产量提高的重要因素，但是特纳的思想也没有为当时的人们普遍接受。而来自哈佛大学团队的解释，特别是梅奥的解释，由于其专业性和学术声望，得到普遍认可。这也可以说是一种“马太效应”。

以上这样一些事实，说明科学研究机构、科学家、科学理论在人们接受某种理论中的重要性，这也从另一个方面体现了梅奥管理理论的科学性质。

三、梅奥管理哲学的两个超越

梅奥的管理哲学在当时来说是一种管理思想的革命，这突出地表现在它对管理学科学主义和管理学旧人本主义的超越性上。

1. 对管理学科学主义的超越

管理学科学主义源远流长，在泰勒之前已风生水起。泰勒及其追随者将科学主义运动推向高潮，一时管理学科学主义思潮席卷欧美乃至整个世界。

但是在科学主义盛行之时，也有不同甚至对抗的声音。科学主义过分关心效率的问题，对人的非理性、非经济因素的忽视，使得科学管理的推行受到很大的阻力，也为其实际效果大打折扣。这种对抗的声音不仅得到管理实践的支持，也得到心理学、社会学等人文学科的支持，使得行为科学这种注重人的非理性和非逻辑部分的研究成为时尚，开辟了一个管理实践和管理研究的新方向。

尽管泰勒已经初步认识到单纯经济因素激励的局限性，主张劳资双方的亲密合作，但主要是指双方在认识上的心理革命。他也提出过管理者要下到基层，对工人的态度要和蔼。但是，梅奥真正打响了关注人的第一枪。梅奥的人际关系理论实现的超越，不仅是管理方式的改变，更是管理思想、管理哲学的改变，是从“经济人”到“社会人”的转变。它不仅注意到经济激励的意义，而且更重要的是看到了人的社会需求等更多的人类需求，认识到人是一个复杂的主体而不是被动的经济动物。梅奥的管理学人本主义是对管理学科学主义的全面超越。

2. 对管理学旧人本主义的超越

近代西方人本主义作为新兴的资产阶级反抗中世纪教会僧侣统治和世俗封建贵族统治的旗帜，它的主要目标是把人从奴役下解放出来，思考问题以人为出发点，把人放在主要的地位。在近代管理思想中，出现了管理学人本主义的思潮，主张把人放在管理的中心至少是突出的地位，把着力点放在提高职工福利方面。英国早期工业管理先驱罗伯特·欧文作为一名成功的企业主，认识到资本主义的缺陷，和其他早期空想社会主义者一样，主张建立一种新的社会和道德秩序。欧文曾经在美国印第安纳州购买土地，实施其社会改革，将这块土地命名为“新和谐”。这个新道德社会的改革目标，主要是为其成员提供福利。在这里，没有劳动分工，每个人接受一种综合性教育，可以按照意愿选择工作，保证言论自由，女性与男性具有同等权利。其中一些人具有欧文式的信仰，但也不乏投机分子，一些人是因为听说这里干很少工作或者不干工作也可以享受很好的待遇，比如提供食物、衣物和住房，才来到这里。经过几个月的兴奋之后，新鲜感以及士气逐渐低落，工厂成为摆设，只有几十位农民供养着近千人的生活。欧文对公社几次重组失败，最终于 1927 年放弃。欧文的人本主义的失败，主要是对人性研究不够，实施福利制度并没有真正获得劳动者的生产力。在人们的思想境界没有达到一定高度的情况下，实行平均主义，结果只有失败。欧文的失败告诉我们，没有生产力的福利制度最终会导致失败，因为它不能保证组织的持久性。只有科学主义的人本管理、有效率的人本管理才是有效的管理。梅奥的基于人性分析的、有效率的管理超越了欧文的福利人本主义的管理。

管理学福利主义的做法在其他一些工厂也得到实施。福利计划作为工业改良的一项基本方式，在19世纪末20世纪初得到普遍的重视，一些工厂纷纷建立福利工作部门。如前所述，这种福利制度后来逐渐被科学化系统化的人事管理所代替。梅奥的人际关系理论的新人本主义对于这种福利主义的人本主义的超越在于，它以对人的需求的实验为基础，用科学的方法，包括科学实验和心理学、社会学等科学理论，分析、解释了人类的真正需求，把管理建立在对人性的正确的分析和科学的假设基础上。这种科学性，是梅奥的人本主义和旧管理学人本主义的根本区别。

第五节　个人成长背景对管理思想创建和特质的影响

从早期西方管理思想家的生涯和思想来看，个人背景包括家庭环境、家庭教育、学校教育和工作经历以及个人所处的时代环境和理论传统，对其管理思想的创建和特征的影响具有重要的甚至决定性的意义。比如，泰勒被称为“来自车间的管理学家”，法约尔被称为“来自办公桌边的管理学家”；又如，泰勒和法约尔早期工作中没有领工资或工资很少，但他们在工作中都很注意对企业生产经营状况的关心和思考；再如，对霍桑实验早期的试验之一的照明实验的结果，开始参与的专家没有能作出恰当的解释，而梅奥比较好地作出了说明。

一、家庭环境及文化背景对管理思想建立的影响

1. 富裕的家庭条件为其理论研究免除了后顾之忧

法国管理思想家、一般管理理论创始人法约尔（1841—1925）和美国

思想家、科学管理之父泰勒（1856—1915）都曾经做过工厂一线的工作，没有工资或工资很少，但他们与其他一线员工不一样，他们自觉地思考现存管理制度问题，而不是思考怎样赚钱谋生，也不在乎工资的多少。他们之所以能如此，正是基于他们有良好的家庭环境，没有生活的后顾之忧。

泰勒生于美国费城杰曼顿一个富有的家庭，父亲是一个律师。泰勒开始在费城的恩特普里斯水压工厂当模具工和机工学徒。他是带着学习的目的参加工作的，最初四年的学徒期工厂没有给泰勒发工资，1878 年学徒期结束后才拿到每周三美元的工资。可是，泰勒在这里作为普通工人对工人的工作和生活有深入的了解，看到了“恶劣的工业条件”、工人产量的限制、糟糕的管理和工人与管理者之间的紧张关系，并思考解决这些问题的办法。①法约尔出生于土耳其伊斯坦布尔，其父亲是一名工程师，早年负责监督根据法国和土耳其之间的一项协议而兴建的各种建筑工程，回国后在勒普赞和勒泰伊的钢铁厂担任主管。富裕的家庭条件使得法约尔能顺利进入瓦伦司的一家工艺学校——皇家高等学校学习，17 岁进入圣艾蒂安国立矿业学校学习，毕业后被科芒特煤矿雇用，成为一名采矿工程师。由于经济上无顾虑，所以法约尔从工作一开始就对工作投入了极大的热情，并认真思考管理问题，也使他能在管理岗位上青云直上，很快就当上了总经理。正是优越的家庭环境为他日后对管理实践和管理思想的潜心钻研准备了条件。

社会学奠基人、组织理论之父、德国思想家马克斯·韦伯（1864—1920）和人际关系学说的创始人、澳大利亚出生的美国管理思想家梅奥（1880—1949）同样来自于富裕家庭。韦伯出生于德国的一个经济宽裕且拥有广泛社会关系和政治关系的家庭，父亲曾经担任普鲁士下院议员、帝国议会议员，这使得韦伯有条件从小就受到良好教育，1891 年韦伯获得博士学

① ［美］丹尼尔·雷恩：《管理思想史》，孙健敏等译，中国人民大学出版社 2009 年版，第 142 页。

位。梅奥原籍是澳大利亚，同样出生于中产阶级的富裕家庭，这让他能够拓宽研究视野，较积极客观地思考问题。梅奥在澳大利亚阿得雷德大学获得硕士学位，并曾在大学任教，1922 年移居美国。

2. 家庭文化氛围与思维方式

泰勒出生在一个有良好文化环境的家庭，其父亲曾经试图让他子承父业，对他从小进行了严格的文化教育训练，他的母亲是一个具有优良品德的人。泰勒的性格很像母亲，个性坚强，活跃好奇，为人正直，富有同情心，生活作风严谨，具有强烈的社会责任感，这为其艰苦的、充满挑战性的工作打下良好基础。泰勒是一个清教徒，清教的一些思想对他产生了很大的影响，比如好奇、坚强、有极强的社会责任感、为人严谨但不失幽默风趣，等等。泰勒孩提时代就曾经喜欢科学调查和实验研究，对缺乏优良的方法充满了不满，希望能按照事实改革事物，并且发明了一些精巧的器具，这些都对他后来的科学管理思想的创造产生了深刻的影响。严谨的家庭环境使泰勒养成了严格的思维和行为习惯，这也影响了其科学管理思想的特色。法约尔来自一个文化氛围浓厚的家庭，父亲作为一名担任过重要任务的工程师，具有熟练的技术经验和丰富的管理经验。法约尔受到父亲影响，从小就勤学好问、刻苦钻研、善于思考，拥有一个睿智的头脑，具有领导的才能和品质。韦伯的父亲是知名政治家，家庭充满了政治氛围，许多学者和公众人物经常造访，这对韦伯产生了重要影响，使他养成了关注现实、热爱生活、兴趣广泛的品质，一生积极参与政治研究，致力于思考如何使德国成为现代国家。梅奥从小生活在和谐的家庭氛围中，拥有舒适的文化环境，他从小就善于思考，并一直热心于科学研究。

3. 教育背景的影响

泰勒接受的早期教育相当自由，除了阅读古典著作，学习法语和德语，还不时到欧洲旅行。父母把他送进菲利普斯・埃克塞特中学，那里的竞争非常激烈，常常一连学习几个小时甚至学到深夜，这导致他视力下降并且经常头痛。虽然他以优异的成绩通过了哈佛大学的入学考试，戴上眼镜之后也没有了视力和头痛的问题，但泰勒还是决定离开哈佛法学院。泰勒在实际工作中积累了许多管理经验和工作技能，从一个普通技术工人升为总技师，后又升为总工程师。在工作期间，他深深遗憾自己没有受到过系统的高等教育，于是参加了新泽西州的斯蒂文斯技术学院的业余学习班，获得机械工程学位。这些机械工程实践经验和专业技术学习，为他的科学管理实验研究——工时和动作研究提供了专业知识基础。

在接受教育方面，法约尔是名副其实的专业出身，矿业学校毕业后就作为工程师在煤矿工作，以后一直在该煤矿所在的公司工作，时间长达 26 年。由于他一开始就作为工程师、管理者进入公司，所以后来被称为“办公桌边的管理学家”。因为法约尔比较早地进入领导高层，而且在高层管理岗位上工作时间长，其眼界比泰勒要宽，这也是他能建立工业管理理论甚至一般管理理论的重要原因。

韦伯除了在具有复杂社会关系的家庭受到熏陶外，还受过正规的高等教育。他 1882 年进入海德堡大学攻读经济和法律，随后就读于柏林大学、哥廷根大学，1891 年以《中世纪贸易公司史》的论文获得博士学位。他受到过三次军事训练，也曾经在部队服役，对军队的组织制度非常了解，为以后的官僚行政管理思想的研究提供了实践基础。

作为人际关系理论建立者的梅奥，早年在澳大利亚接受逻辑学和哲学的教育，并研究过心理疗法，在苏格兰从事过精神病理学研究，以后在美国大学里主要从事工业研究，这对其人际关系理论的建立有直接影响。梅奥与韦伯一样，比泰勒和法约尔接受了更多的高等教育，使得他们能以理论研究和大学教育为职业，并使其管理思想有更多的理论色彩。

二、工作背景对管理思想特征的决定性影响

无论是泰勒、法约尔、韦伯还是梅奥，其管理思想均是以实践为基础

的。他们亲身参加社会实践特别是管理工作实践，或者积极参加科学实验，对管理经验进行总结。由于他们参加的社会实践上的差别，也导致了他们的管理思想的不同。如果说，泰勒等几位管理思想家的家庭背景对其管理思想具有间接影响的话，那么他们的工作性质则直接影响了其管理思想的特征。

泰勒从哈佛大学退学后到费城恩特普里斯水压工厂做模型工和机工学徒。他同情工人，但也对“不好的工业状况”感到忧虑，其中包括工人“磨洋工”、管理低劣以及劳资之间缺乏融洽气氛等。1878 年泰勒转到费城的米德维尔钢铁厂当一名普通工人，后升为职员、机工、机工班长、车间工长、总技师、总工程师。1881 年，25 岁的泰勒就开始进行劳动时间和工作方法的研究，他仔细观察每一个工人，减少他们在工作中浪费的时间和多余的动作，以提高劳动效率。实际上他在米德维尔的 12 年都在从事管理试验，这为他工厂管理制度的思想和后来的金属切削实验奠定了基础。泰勒对生产率不高、工人“磨洋工”的情况进行了分析，区分了“无意的磨洋工”和“有意的磨洋工”，并对后者的原因进行了分析，认为主要责任在管理者。在此期间，为提高生产率泰勒进行了管理方面的尝试。1890 年泰勒离开米德维尔钢铁厂，转到制造业投资公司任总经理，但由于不满于金融家们只知道“迅速挣钱”而“对制造业完全没有自豪感”而辞职，后来做起了管理咨询工作。泰勒参与的最富有挑战性和最富有争议的咨询项目是在伯利恒钢铁公司进行的搬运生铁实验和铲掘实验等几项著名实验。这些实验实施了他的一些新的管理方式，取得许多宝贵的管理经验。

泰勒在早期的工作中，作为一线工人和工长，对当时工人的生产状况和思想情感方面都有深刻的理解和同情，在后来的管理改革中遇到的阻力也使泰勒认识到，科学管理要想实施，必须得到工人的支持，同时也要得到雇主方面的支持。认识到科学管理中劳资双方的合作既是前提和基础，也是科学管理的首要目标，所以他非常强调劳资合作在科学管理中的地位，他在《科学管理原理》一书的开篇就指出：“科学管理坚信：雇主与雇员的真正利益是一致的；除非实现了雇员的财富最大化，否则不可能永久地实现雇主的财富最大化，反之亦然；同时满足工人的高薪酬这一最大需求和雇主的低产品工时成本这一目标是可能的。”① 泰勒是一线工人出身，做过工长、机械工程师，主要关注的是一线工作，所以非常关注工时和工作动作的研究，被称为“来自车间的管理学家”。这一说法，也体现了其管理思想的特点。

法约尔受父亲影响，17 岁进入圣艾蒂安国立矿业学院学习，1860 年 19 岁时毕业，成为一名采矿工程师，受雇于科芒特里煤矿。由于在防治地下煤矿火灾方面取得显著进步，25 岁时晋升矿长，31 岁时成为一个煤矿群的经理，在公司陷入财务困难时，1888 年被任命为总经理，开始对公司实行改革。他通过关闭部分工厂，实现规模经济效益；建立与其他公司的联盟，收购公司，扩展公司地盘；成立研究部门，充分利用公司的各类专家在研究、制造和销售方面的能力，对公司进行准确定位，并进军新领域，如特种钢领域，获得竞争优势。他按照自己的管理思想对公司进行了系列的改革和整顿，克服了困难，把公司整顿得欣欣向荣。

法约尔在早期的著述中曾经提到对组织工作的管理能力的重要性。他认为，管理能力可以通过教育获得，非常强调管理教育的必要性和可能性。他认为，由于大公司和其他组织日益增长，今后的领导必须接受管理方面的训练，而不是墨守以往的技术教育、商业教育的成规，不只是按自己的想法和经验行事。他认为，在我们专业的学校中，缺乏管理教育的真正原因是教育理论本身的缺乏，没有理论，就不可能有教育。然而，我们还没有一个经过大众探讨从而被确立和认可的管理理论。个人管理思想并不缺乏，我们缺少的是众所认可的理论。② 方法并不缺乏，它们不计其数。但是由于缺乏管

① ［美］丹尼尔·雷恩：《管理思想的演变》，李柱流等译，中国社会科学出版社 1997 年版，第 2 页。

② 参见［法］亨利·法约尔：《工业管理和一般管理》，迟力耕、张璇译，机械工业出版社 2007 年版，第 16 页。

理理论，在家庭、车间或国家事务中，好的和坏的方法鱼龙混杂，公众无法判别这些管理行为。他认为当时法国缺少管理教育是由于没有管理理论，因此他着力于这方面的研究，对管理的职能和一般原则进行了总结，形成了一般管理理论，他的理论对后来的管理学教育产生了深刻的影响。法约尔正是因为作为总经理，对其下属各级组织和管理都较为了解，所以提出了不同大小的组织和组织的不同管理层对技术和管理能力有不同需要的思想。对管理和其他经营活动作了区分，提出了管理过程和要素理论，认为管理就是计划、组织、指挥、协调、控制，还提出了管理的一般原则。

法约尔和泰勒的管理思想有很大的区别，这种区别正是他们工作经历差别的反映。泰勒从最底层做起，首先在工场实施他的方法，然后从中归纳出一般性的结论；而法约尔从经理的角度创立他的一般管理理论体系，然后将其应用到各级组织机构中。

从工作经历看，韦伯自 1892 年起至 1920 年逝世，先后在柏林大学、弗莱堡大学、海德堡大学、维也纳大学和慕尼黑大学执教，讲授过法律、政治经济学、社会学等课程，对社会学、宗教、经济学和政治学都有着广泛的兴趣，他还创办过《社会科学和社会政治文献》杂志。在韦伯专注于研究经济和社会问题时，科学管理已经跨越了大西洋，泰勒的著作已经被翻译了过来。韦伯感受到了为大型组织和大规模企业管理建立合理基础的需要（这些组织不管是政治组织、宗教组织、工业组织，还是其他什么组织）。认识到问题在于如何使任何一个大型组织都可以更为系统化地发挥作用。对于韦伯来说，答案是官僚集权制。官僚集权的意思是通过官职或职位而不是个人魅力或“世袭”权力来进行管理。为什么韦伯要研究大型组织管理问题？因为当时资本主义的发展正从小型企业、小型组织向大型企业、大型组织转变，为大型组织管理建立合理基础成为必要。韦伯认为理想的官僚行政体制是最合理的管理手段，“在精确性、稳定性、严格的纪律性和可靠性等方面，它比任何其他形式都要优越”①。韦伯被称为德国的亚当·斯密，斯密摧毁阻碍英国资本主义发展的重商主义，而韦伯试图以用知识和技术能力进行的管理代替旧传统的政治控制，为大企业的发展开辟道路。

人际关系学说是以霍桑实验为实践基础的，霍桑实验本来是在西方电气公司研究工作场所照明条件对工人的生产率会起什么影响，结果发现产量的上下浮动与照明度没有直接的关系。但究竟是什么原因使得在照明度很差的情况下产量仍然持续上升，当时没有得出确切的结论。梅奥参加指导了后期访谈计划，改变了访谈方式，将访谈改为非指导性的、较长时间的自由交谈。后来又进行了群体实验。雷恩认为：“当梅奥开始解释他的社会哲学时，他赢得了广泛的听众，而克莱尔·特纳虽然也曾投身于这些实验并且对其作出了极大的贡献，但是影响力却开始减少。因此麻省的明星陨落了，哈佛的明星正在升起。正如勒特利斯贝格尔回忆道：‘梅奥是思想领域的探险者……（霍桑的）数据不是他的；结果也不是他的；但是对其结果意义的解释以及从中引发出的新问题和假设却是他的。’”②“梅奥所接受的教育和他的经验，使他能够作出对工业中人们行为的这种新的解释。梅奥曾经有一个短时期研究医学。他虽然从未得到过医学方面的学位，却培养出了一种对‘精神病理学’即对精神上的不正常现象进行科学研究的兴趣。”③梅奥的看法是，工人不能找到满意的渠道来表达他们在人际关系问题以及在工作生活中的不满。这种阻塞导致了潜在方式的“悲观主义的出现”和在人际关系上的偏见，而明显的方式则表现为对权威的反感、产量的限制以及其他降低士气和产量的各种行为方式。梅奥等人正是从对工业生活的这种心理病态分析出

① 参见［美］丹尼尔·雷恩：《管理思想的演变》，李柱流等译，中国社会科学出版社 1997 年版，第 257 页。

② ［美］丹尼尔·雷恩：《管理思想的演变》，李柱流等译，中国社会科学出版社 1997 年版，第 324—325 页。

③ ［美］丹尼尔·雷恩：《管理思想的演变》，李柱流等译，中国社会科学出版社 1997 年版，第 325 页。

发，形成了人际关系运动的哲学原理。

三、时代背景及时代精神对管理思想特征的重要影响

总体上来说，无论是泰勒的科学管理理论还是梅奥的人际关系学说，应该都属于科学管理的范畴。人际关系学说正是在运用科学管理思想进行工业研究时创立的。为了实现提高生产力的目的，科学管理和人际关系理论都通过科学实验的方法而不是单凭经验的方法进行有关管理研究，当时以实证主义为代表的科学哲学思潮对两种管理理论都有重要影响。

但是，泰勒和梅奥所处的具体时代上有一定区别，这种区别影响了两位管理思想家的思想特点，他们强调的重点是不一样的，甚至可以说是大异其趣。

从大的时代背景来看，泰勒、法约尔和韦伯大体处于同一时代，创立管理理论的时代背景基本相同。在 20 世纪初期，工业革命的结果导致了大机器生产和大工业时代的出现，欧美国家进入了大规模生产时代，大工厂涌现，市场竞争激烈。企业要生存和发展，首先要解决的问题是如何降低成本，提高劳动生产率。但由于当时的企业在管理制度方面存在严重的问题，劳资矛盾尖锐，致使工人工作积极性不高，甚至限制产量，即使是被认为具有激励作用的计件工资制也得不到充分的运用，因为在执行过程中，雇主看到工人产量提高，就降低单位产品的工资率，严重挫伤了工人的劳动积极性。在此情况下，从基层工人做起的泰勒提出通过进行工时研究、动作研究，通过科学管理的方法提高劳动生产率；而一开始就处于领导地位的法约尔则提出工业管理和一般管理的理论；韦伯更是提出了组织制度建设的理论，提出了理想的行政组织制度，因为当时资本主义的发展正从小型企业、小型组织向大型组织转变，为大型组织管理建立合理基础成为必要。

而作为人际关系学派创始人的梅奥所处的时代则要晚一些。科学管理的应用，虽然在很大程度上提高了劳动生产率，但在企业管理中仍然存在许

多问题，企业中又出现了新的矛盾冲突，比如劳资纠纷、人的积极性、人际关系问题等，这就需要从社会学、心理学等角度对企业中存在的这些问题进行研究，以进一步提高劳动生产率。因此，人际关系理论应运而生。

从上面的分析中我们可以看出，管理思想家们的个人背景深刻地影响了他们的管理思想的特点，雷恩在《管理思想的演变》一书中对泰勒和法约尔作了比较分析。四位思想家的管理思想的特点深受其个人经历的影响，结合雷恩的总结，这种影响可以分别用一句话来概括：

泰勒——来自车间的管理学家。

法约尔——来自办公桌边的管理学家。

韦伯——受军事制度影响的管理学家。

梅奥——以精神病理学为旨趣的管理学家。

从管理思想家们的个人背景对其管理思想创建和管理思想特征的影响分析，我们可以得到如下几点启示，这几个方面对今天的管理思想工作者的成长来说，仍然是至关重要的。

第一，要积极投身于管理实践。实践是认识的来源和基础，是认识的目的，也是检验认识真理性的标准，实践出真知。早期的几位管理思想家的实践基础是他们创建管理思想的宝贵财富。如果泰勒没有作为一线工人的实践，对工人“磨洋工”的情况了解得一清二楚，也就不可能进行系列的管理实验，不会进行工时研究和动作研究，从而也不可能有他的科学管理思想。法约尔如果没有管理经历，不可能创立工业管理和一般管理理论。我们应积极投身于管理的实际工作，进行管理的实践，从中总结经验，才能形成正确的真正有用的理论。

第二，要善于思考工作中存在的问题。由于泰勒等几位管理思想家的家庭背景较好，他们工作的目的主要不是谋生，而是在于锻炼、学习经验或进行理论研究，所以他们的注意力不是放在赚钱上面，而是对生产中、社会发展中存在的问题和解决办法进行积极的思考。如泰勒发现工人与管理人员或雇主的矛盾的积极思考及提出解决方法；法约尔对企业管理问题的认识和解决；韦伯在军队中对军事管理制度的认识等。这种思考是他们进行管理思想创造的前提。

第三，善于用所学专业知识从不同角度分析问题，得到深刻和独到的见解。泰勒由于出身于机械工程师，当过一线工人，做过车间管理员和工长，对车间、工场管理最为熟悉，所以着重于工时研究和动作研究；而法约尔很早就进入了高层管理，所以眼界较宽，导致了一般管理理论的创立；人际关系理论的创立更是如此，对于霍桑实验结果，最初除了在生产率连续提高与照明没有直接关系这一点有共识外，对于产量提高的真正原因的看法上可谓仁者见仁、智者见智，而梅奥则从自已熟悉的精神病理学理论出发对照明实验作出了独特的解释，这在当时就被认为是最好的解释。

第五章　人性假设的具体性回归

人际关系理论开启了对人类需求和人性假设的深入研究，以及管理新方向的研究，形成了行为科学思潮。行为科学有广义和狭义两种理解，广义的行为科学，包括所有对人的行为进行研究的理论，诸如社会学、心理学等，狭义的理解指的是管理学上的组织行为学。关于企业中人的行为的研究，在工业心理学等学科中已经开始。霍桑实验和人际关系理论的研究，使行为科学特别是狭义的行为科学的研究掀起了第一次高潮。行为科学的后续发展，拓宽了研究的范围，不仅个体行为研究得到进一步深化，出现了人类需求理论、人性理论和激励理论，还出现了群体行为的研究和领导行为的研究。群体行为理论研究群体中人们之间的关系及组织的内聚力问题，领导行为理论则研究领导者品质与领导方式问题。人类行为的后续研究，一方面是研究内容的扩展，从个体行为研究到群体行为和领导行为研究；另一方面，在个人人性假设方面，出现了从抽象的“经济人”、“社会人”到具体的“复杂人”的转变，即从抽象到具体的转变。

第一节　个体需求多样化与激励

个体行为研究，是继“社会人”假设理论之后对人的需求、人性和组织中如何激励人的问题进行的深入研究。在人的需求和人性假设理论方面，这里主要介绍马斯洛的人类需求理论，奥尔德弗的生存、关系、成长理论（E. R. G 理论），麦克利兰的成就需求理论，赫茨伯格的双因素理论，麦格雷戈的 X—Y 理论，沙因的“复杂人”理论以及莫尔斯和洛尔施的超 Y 理论；在激励理论方面，主要有弗鲁姆的期望理论、劳勒与波特的综合激励理论、斯金纳的强化理论、亚当斯的公平理论等。

一、人性需求的多样化

1. 马斯洛：人类需求五层次论与自我实现人

亚伯拉罕・哈罗德・马斯洛（1908—1970），美国著名的心理学家，人本主义心理学的主要创建者之一。马斯洛出生于美国纽约市的一个犹太人家庭，先后获得心理学学士、硕士和博士学位，后来在布兰代斯等大学教授心理学，曾担任心理学系主任。1961 年创办了人本主义心理学期刊，第二年正式成立美国人本主义心理学学会。1967 年，马斯洛当选美国心理学会主席。1970 年去世。主要著作有《人类动机理论》、《动机和人格》、《冲突、挫折和威胁理论》、《反常心理学原理》等。马斯洛在人类动机理论研究方面有着重大的影响，提出了需求层次理论，是人本主义心理学的主要创建者之一。

人本主义心理学是 20 世纪五六十年代兴起于美国的一种心理学思潮，是继行为主义心理学和精神分析心理学之后的第三大心理学流派。主要代表人物是马斯洛和卡尔・罗杰斯。人本主义心理学的主题是人的本性及其与社会生活的关系，强调人的尊严和价值，反对心理学中出现的人性兽化和机械化的倾向，主张心理学要研究对个人和社会进步富有意义的问题。

马斯洛发表于 1943 年的《人类动机理论》，提出了他著名的人类需求层次理论，1954 年的《动机和人格》一书中，进一步阐述了他的这一理论。马斯洛的需求层次理论，影响深远而广泛，对后来的动机理论研究者均有重大影响，比如麦格雷戈、赫茨伯格和阿尔德弗等。可以说，当代几乎所有关于人的学科都要涉及马斯洛的人类需求层次论。

马斯洛发展了亨利·默里在 1938 年把人的需求分为 20 种的分析研究，提出了人类需求等级论，即需求层次论，把人的需求层次按高低划分为五个等级。

(1) 基本需要的五个层次。

马斯洛认为，人的基本需要可以分为五个层次，当低一级的层次需要被满足，高一级的层面的需要就会出现。人类工作的动力是为了自己的需要得到满足。人类需求从低到高分别是：生理需要、安全需要、情感和归属需要、地位和尊重需要、自我实现需要。

第一级，生理需要。维持生存和繁衍后代的各种物质上的需要，包括衣食住行和性。这是最基本的、推动力最强大的需要。马斯洛认为，一个缺少食物、安全、爱情和尊重的人，他需要食物以解决饥饿比其他的需要更加强烈。一般来说，只有这一级需要得到满足后，更高的需要才会发生作用。

第二级，安全需要。即有关免除威胁和危险的需要。主要包括：人身安全，如防止意外事故等伤害的威胁，防病和养老；劳动安全，如防止工作事故发生，防止环境对人的侵害等；职业安全，如防止资方的无理解雇、储蓄和各种形式的保险；心理安全，不被监督威胁，避免不公正待遇等。

第三级，情感和归属需要。也即社会交往的需要。是指和家属、朋友、同事、上司等保持友好的关系，得到别人帮助并能够有助于人；自己在一定关系或团体中有所归属，成为某个团体的公认成员。情感与归属，是一种非常重要的需求，对于一些人来说，是一种很强烈的需求，如果得不到满足，容易导致精神不健康。

第四级，地位或尊重的需要。指具有一定的地位并得到人们的承认和尊重，包括自尊心、自信心、能力、知识、成就和名誉地位等。因为这些方面从内容和深度上说都是无止境的，所以很少有人得到完全的满足。

第五级，自我实现的需要。指一个人能够做自己最喜欢的工作，发挥自己最大潜力，实现自己的理想，能够不断地自我创造和发展。马斯洛认为，这是一种“想要变得越来越像人的本来样子，实现人的全部潜力的欲望”。这是最高的需要，由于条件限制，也是最不容易实现的需要。

有的心理学教材在第五层次前或后面加上理解需要和审美需要，共七个层次。但大多数学者认为，这两者已经不属于基本需求的范围。也有学者认为，它们属于基本需要，但不是作为一种独立的需要，而是作为一种渗透性的需要，因为在其他的需求层次都需要认知和审美。

（2）基本需要之间关系的一般规律。

马斯洛还对这五种基本需要的一些特征和它们之间的关系做了进一步的研究，得出以下基本结论：1）已经满足的需要不再驱动人们的行为。2）每个时期总有一种或几种需要处于主导地位。他认为，各种需要之间具有交叉性。至于说到一个新的需要在优势需要满足后出现这一观念，这种出现并不是突然的、跳跃的现象，而是缓慢地从无逐渐到有。例如，如果优势需要 A 仅满足了 10%，那么需要 B 可能还渺无踪影。然而，当需要 A 得到 25% 的满足时，需要 B 可能显露出 5%，当需要 A 满足了 75% 时，需要 B 也许显露出 50%，等等。3）基本需要的固定程度，具有顺序性，也具有可变性。4）相对满足程度。绝大多数人的基本需要只能得到相对的即部分的满足。现代社会中，第一级需要满足率达到 85%，第二级达到 70%，第三级 50%，第四级 40%，第五级 10%。5）各种需要在文化上的特异性和普遍性，差异并不否定普遍。如果人类的这些基本目标受到阻抑或可能受到阻抑，或者保护这些目标的防御物遭到危险，或者构成它们的基础条件遭到危险，这就是心理的威胁。除了少数例外情况，所有的心理病态都可以部分地追溯到这种心理威胁的根源。

（3）自我实现人的特征。

自我实现指的是，人都需要发挥自己的潜力，表现自己的才能，只有人的潜力充分发挥出来，人的才能充分表现出来，人才会感到最大的满足，人们有一种想充分运用自己的各种能力，发挥自身潜力的欲望。

马斯洛在《动机与人格》一书中，花了大量篇幅研究自我实现人的特征，这些特征主要有：对现实的感知辨别能力强，能辨别新颖、具体和独特的东西；接受性强，能接受自己和外部事物；没有防御性和伪装；自动自发性，行为特征是坦率自然，而不做作；思想集中于问题、超然独处，自主性强，可以离群独处而不伤害自己或感到不适，不易受外界的干扰，自治，不死板，同别人打成一片；有高峰体验（一种强烈的、狂喜的、骚动的、超越的神秘感受，有高峰体验的人更可能成为诗人、作曲家、哲学家和献身宗教的人）；具有非恶意的幽默感，有创造性（勇敢、勇气、自由、自发性、清楚明了、整合性和自我接受），现实主义，无偏见，不盲从，同少数人关系亲密等。

2. 生存、关系、成长（E. R. G）需要理论

生存、关系、成长（E. R. G）需要理论是美国耶鲁大学的克莱顿·奥尔德弗于 1973 年提出的一种关于需求和激励的新的人本主义理论，是对马斯洛理论的一种修正。该理论认为人的基本需求是以下三种，不是马斯洛所讲的五种，即生存（Existence）—关系（Relatedness）—成长（Grouth），简称为 E. R. G 理论。第一，生存需要。包括人的衣食住行等生理和物质需要，也包括在组织中对工资福利和工作的物质条件的保障。生存需要是基本的需要，只有基本需要满足后，才能谈其他的需要。第二，关系需要。人不能孤立存在，在一定的社会关系下，要与他人进行各种交流包括情感的交流。关

系需要是指与其他人和睦相处、建立友谊和有所归属的需要。第三，成长的需要。指个人在事业、能力等方面的成长和发展的需要。人们在工作中要求不断地发展自己，提高自己，获得能力和经验，并因能够在工作中取得成绩而得到满足。奥尔德弗认为，人的需要不是与生俱来的，而是后天学习得来的。各种需求之间可以越级出现，人的基本需求达到后可以直接进入成长的要求，而一旦成长的需求得不到满足，就会下降到基本生存的需求和人际关系的需求，而且会更加强烈，称为“受挫—回归”。奥尔德弗的 E.R.G 理论的三个层次与马斯洛的五个层次有一种基本对应关系。生存需求相当于马斯洛的生理需求和安全需求，关系需求相当于马斯洛的情感归属需求，而成长需求相当于马斯洛的受人尊重的地位需求和自我实现需求。

3. 权力、社交与自我成就需求理论

美国行为科学家戴维·麦克利兰（1917—1998），1941 年获得耶鲁大学心理学哲学博士学位，后任哈佛、波士顿等大学教授，社会心理学家、“素质研究之父”。1966 年在《促使取得成就的事物》一书中提出成就需求理论。此外他还有《取得成就的社会》、《权力：内省经验》、《成就动机是可以培养的》、《权力的两面性》等著作。

（1）三种需求：权力、社交与自我实现。

麦克利兰认为，人们的需求和动机决定人们的行为，正是由于人们的需求和动机不同，其行为选择上才与他人不同。比如在选择工作伙伴的时候，有的选择专业技术水平高的人，有的选择合得来的人，有的选择愿意接受自己支配的人，这些选择行为正是基于人们不同的动机，有的人追求权力，有的人追求友情，有的人追求成就。

所以麦克利兰把人的核心需求分为三种，认为每个人主要追求的目标是不一样的。三种需求即权力需求、社交需求和自我实现的需求。1）权力的需求——希望能够控制他人，影响他人的行为或者对他人负责。具有较大权力欲的人，对施加影响表现出极大的关切。在麦克利兰看来，权利欲是一个中性的概念，权力需求对人也是一种激励，因为他们会关心组织目标，善于帮助人们确定方向，并善于在前进中增强力量和竞争的信念。具有权力需求的人具有追求领导者的地位、好辩论、健谈、直率、头脑冷静、有能力并善于提出要求、喜欢演讲等优秀的个人品质。麦克利兰还认为，具有权力需求的人在组织中还有一些与权力相关的优点，比如相信制度比个人更为重要，能细化工作和坚守工作纪律，能为了组织利益而牺牲个人利益，能坚持公正性等。2）社交的需求——希望和他人建立并保持一种亲密友好的关系。有社交需求的人常从友爱中得到快乐，并因被某个社会团体拒绝而感到痛苦，关心并愿意保持融洽的社会关系，可以与人亲密无间、互相谅解，能助人为乐。麦克利兰在一次实验中的重要发现也证实了他关于需求和行为选择之间关系的理论。实验中，让一个人去完成某项工作，事先告诉他可以选择一位工作伙伴，也可以选择一位亲密好友，也可以选择一位素不相识的该领域的专家。结果显示，那种“情谊需求高”的人，往往选择自己亲密的朋友，而具有成就需要的人则刚好相反，他们会选择专家，即使他们素不相识。麦克利兰还发现，一般来说，非常注重情谊的人，往往愿意做普通的一员，而不愿做领导。许多成功的管理者可以在工作中得到自我满足，而对于社交或情谊的需求并不高，而且这种情况会随着职位的升高变得越来越明显。3）成就的需求——希望更好地做事或更迅速地解决问题，或掌握更复杂的技能。麦克利兰认为，急需成就的人，对成功有一种强烈的要求，他们十分担心失败。他还总结出这样一条规律，大企业家一般具有高成就需要和权力欲，大公司的总经理也具有权力欲并且社交劲头较大，小型企业的经理则有较大成就需要，这可能由环境及其在组织中的地位所决定。

(2)“A 型动机”的人及其特征。

麦克利兰在《促使取得成就的事物》一文中指出，我们可以将绝大多数人从心理上分为两大类：小部分愿意寻求机遇和挑战，愿意努力工作取得令人满意的成就；其余大部分人则对此抱无所谓的态度，对取得成就没有那么强烈和迫切。前者称为具有 A 型动机的人。具有 A 型动机者或具有高成就需要的人具有三种性格特点：1）喜欢自己设定具有挑战性的目标。这种人喜欢设定现实的目标，而又不好高骛远，喜欢挑战，但又不自不量力。2）喜欢通过自己的努力解决问题，而不是依赖于偶然的机遇或者坐享成功。喜欢用理性的方法，自己解决问题。3）要求努力立即得到反馈信息，弄清工作结果。麦克利兰还认为，这种成就需求不是天生的，而是后天培养的，不是生理性的而是社会性的，环境、经历和教育在成就需求的养成中起到主要作用。时代、社会、文化背景还影响到人的需求的内容和自我实现的标准。

（3）成就需求的培养。

麦克利兰提出著名的“冰山模型”。认为人的素质就像一座冰山，分为水上和水下两个部分。水上部分作为表象特征，指人的知识和技能之类容易被感知和测量的特征；而水下部分作为潜在的特质，更为基本，主要包括社会角色、自我概念、潜在特质和动机等方面，其中成就动机、人际理解等因素从根本上影响着个人的绩效。

麦克利兰认为，重视成就的人往往比不重视的人更容易取得成就，也提升得更快。而成就需求是可以培养的，实际上与国家的导向有关，所以一个国家也要注重成就需求的培养。他以英国为例，说明国家成就导向与经济成就之间有正相关关系。1925 年前后，英国在儿童读物的成就感内容方面列为被考察的 25 个国家中的第 5 位，当时它的经济状况确实相当不错。而到了 1950 年，英国在该指标方面下降为所考察的 39 个国家中的第 27 位，创业精神衰退所造成的经济后果也开始显现。麦克利兰还提出了成就需要培养的途径，对儿童而言，他认为主要是培养自主意识和独立意识。对孩子管束越多，孩子的成就感越弱，对孩子的保护越多，孩子的依赖性越强，将来的独立性和竞争力越差。他甚至认为，古代雅典之所以走向衰落，很可能是把孩子交给奴隶抚养造成的，因为奴隶缺乏自主性。对成人也可以进行成就感的培养。以麦克利兰为首的一批心理学家在哈佛大学进行了针对企业经理的“全压”训练班的系列实验，获得成功，并在多个国家进行推广实验。具体步骤是：1）教会实验参加者如何像具有较高成就感的人那样思考、谈吐及行事；2）让参加者为自己的今后两年设置出更高的、计划周密的现实工作目标，每六个月检查一次，主要检查实现程度和差距；3）让参加者了解自己，并开诚布公，向集体解释自己的行为，一起分析这一行为的动机，从而破除旧有的习惯和思维，重新审视自己的成就目标；4）在一种理想的远离日常生活的环境中，通过沟通生活和经历，彼此之间了解对方的期望与担忧、成功与失败，自然地创造出群体的团结精神和集体意识。

4. 保健与激励：“双因素”理论

美国心理学家、行为科学家弗雷德里克·赫茨伯格（1923—2000）1966年在《工作和人性》一书中首次提出激励因素—保健因素的“双因素”理论。他的其他著作有《工作中的激励因素》、《管理选择：效率还是人性》、《再论如何激励员工》等。

20世纪50年代末，赫茨伯格和他的同事带着一个假设——“人类在工作中有两类不同的需求，即作为动物避开和免除痛苦的需求，以及作为人类在精神上不断发展、成长的需求”，在“世界钢都”匹茨堡选取了9个组织的203个样本进行调查，主要调查对象为来自各行各业的工程师和会计师。他们的询问主要围绕以下话题：在过去的工作中，哪些事情是使你感到最满意的？哪些是让你特别不愉快的？为什么会感到满意或不快？这种满意或不快是否影响了你的工作状况？是否影响了你与他人的关系？是否影响了自己的幸福？调查结果显示：使员工感到满意的，都是属于工作本身或工作内容方面的；使员工感到不满的，都是属于工作环境或工作关系方面的。他把前者叫激励因素，把后者叫保健因素，从而形成了他的“双因素”理论。

赫茨伯格认为，对人们的行为起引导作用的因素可以分为满意因素和不满意因素。（1）满意（激励）因素：使人得到满足，它属于激励因素，只有激励因素能够充分有效和持续地调动人们的工作积极性。这是适合人的心理成长的因素，如成就、赞赏、工作内容本身、责任感等。赫茨伯格认为，满意因素不满足，并不一定带来不满意，因为满意的对立面是“没有满意”而不是“不满意”。(2) 不满意（保健）因素：缺乏这些因素时易产生不满和消极的情绪，压制和挫伤人们的工作积极性，但是如果这些因素得到满足，也不见得会使人们产生多大的工作积极性。赫茨伯格认为，不满意因素的消除不等于满意，因为保健因素的对立面是“没有不满意”而不是“满意”。包括金钱、监督、个人生活、地位、安全、工作环境、政策、人际关系等。但是，保健因素和激励因素之间并不是截然划分的，各种保健因素在不同的程度上也起到激励的作用，而激励因素也在一定程度上是保健因素。双因素理论和马斯洛的需求层次理论之间有一种基本的映射关系，马斯洛的基本需求的前三项即生理需要、安全需要和情感与人际关系的需要，大体上可以归结为赫茨伯格的保健因素，而地位与受尊重的需要和自我实现的需要则属于赫茨伯格的激励因素。

只有激励因素能够给人们带来满意感，而保健因素只能消除人们的不满，但不会带来满意感。赫茨伯格提出“心理缺陷”和“心理健康”的概念。他认为，具有心理缺陷的人，往往只看到自己和环境的关系，在寻求满意时，主要考虑的是由客观现实、其他人和文化所构成的种种限制。在工作环境中，这些限制包括公司政策、管理制度、人际关系等因素。他们渴望心理健康，但却是保护性的。他们把注意力集中于过去的挫折、孩提时的创伤、令人苦恼的人际关系、恶劣的工作环境等。这种理论在实践上是有指导意义的，赫茨伯格认为，它启发我们在选择员工时，要考察应聘者是属于追求保健因素的人还是追求激励因素的人。最好不要选择追求保健因素的人，因为追求保健因素的人具有一些会给组织带来负面影响的共性。首先，他们的重心在不满意因素，而不满意因素一般来说不会完全满足的，即使条件很好，对于这样的人也很难满足。其次，追求保健因素的人，一般很少关心工作，也很少有工作上的创新，他们把追求舒适的环境作为主要目标。最后，这些追求保健因素的人，往往是极端个人主义或者极端保守主义者。赫茨伯格这一理论的意义在于，突破了过去那种单纯依靠高工资就能带来高效率的传统思维方法和激励方法，因为工资等不满意因素的对立面并不是满意，不能代替满意因素的激励作用，这些思想对后来的管理思想特别是工作激励理论产生了重要影响。

赫茨伯格的双因素理论，自从产生以来，就有人对其意义和可靠性提出质疑。一是认为赫茨伯格没有证明工作的满意感与劳动生产率之间的必然关系，工作满意不意味生产率会提高，反之，不意味着生产率会降低，这影响其理论的价值。二是认为赫茨伯格的调查的范围主要是部分专业技术人才，包括会计师和工程师，所以其普适性值得怀疑。但是据美国全国民意研究中心在1973—1974年进行的一个更全面的调查，过半数的男工都认为，工作的首要条件是提供成就感，其中把做有意义的工作列为首位的人数比把缩短工作时间列为首位的人数要多出七倍。这说明赫茨伯格的双因素理论把与工作成就相关因素作为激励因素的思想，是有普遍性的。以双因素理论为依据，赫茨伯格还提出了工作内容丰富化等思想，自觉运用与工作有关的因素来对员工进行激励。在《再谈如何激励员工》一书中，赫茨伯格认为实现工作内容丰富化的条件主要包括：增加员工责任、赋予员工一定的工作自主权和自由度、给员工自我表现的机会、把员工的工作绩效及时反馈给员工、考核与奖励、培训、提高工作成就感。

5.“X—Y”人性假设及其管理

道格拉斯·麦格雷戈（1906—1964）于1957年在《管理评论》杂志上发表《企业中人的方面》的论文，1960年又以书的形式出版该论文，提出了著名的人性假设理论——“X—Y”理论。

麦格雷戈认为，传统理论是以对人性的错误看法为基础的，这种理论把人看作天性厌恶工作、逃避责任、不诚实和愚蠢等。因此，为了提高劳动生产效率，就必须采取强制、监督、惩罚的方法。麦格雷戈把这种理论称为“X”理论。他认为，泰勒主义是强硬的X理论，梅奥主义则是温和的X理论。与之相对的是“Y”理论，其基本观点是：人并不是被动的，人的行为受动机支配，只要创造一定的条件，他们会视工作为一种得到满足的因素，能主动把工作干好。因此，对工作过程中存在的问题，应从管理上找原因，排除职工积极性发挥的障碍。麦格雷戈认为X理论是一种过时的理论，只有Y理论才能保证管理的成功。

(1) X理论对人性的假设及管理要点。

人性假设：1）好逸恶劳，逃避工作；2）不求上进，不愿负责；3）自我中心，漠视组织需要；4）习惯保守，反对改革；5）多数人不具有解决组织问题所需要的想象力和创造力；6）缺乏理性，易于受骗和被煽动。

基于X理论的管理要点：1）管理者对员工的工作要加以指导，控制并纠正其不适当的行为。2）“经济人”假设，把金钱当作主要激励因素。3）强调制度和法规在管理上的意义，强调领导权威和严密的控制。4）采取“胡萝卜+大棒”的管理方式。

(2) Y理论的人性假设及管理要点。

人性假设：1）人并非天生就对组织目标采取消极或抵制的态度。2）人并非天性懒惰和厌恶工作。3）适当的条件下，人们不但能接受而且能承担责任。4）多数人具有相当高的解决组织问题的想象力、创造性。

基于Y理论的企业管理的基本任务是：做好组织方面的和作业方面的管理，充分发挥员工的潜能，把组织和个人的目标结合起来，职工在实现个人目标的同时也实现了组织目标。管理的基本要点：1）实行分权与授权，让职工参与管理。2）给人们安排具有吸引力、富有意义的工作，把个人需要和组织目标统一起来。3）让人们参与个人目标和组织目标的制定，授予责任，相信他们能够完成。4）用信任、启发和自我评价代替外部的控制、操纵、说服、奖惩等管理方式，充分调动职工的积极性。

将X理论和Y理论进行对照，我们可以看到，两者在人性假设方面，前者主要是持“经济人”和“社会人”的观点，甚至把人看作天性好逸恶劳的、没有辨识能力的、没有管理能力的容易被煽动的人，类似于大卫·李嘉图的“群氓”假设。“社会人”虽然不同于“经济人”，但是也是没有自我管理能力的。而Y理论的人性假设，把人作为自我实现人。自我实现人把劳动视为实现自我价值的必要条件，他们具有自我管理能力，只要组织提供必要条件，他们是能实现自我管理的，愿意主动地完成组织目标，把个人目标和组织目标结合起来。由于人性假设上的区别，使得X理论和Y理论采取的管理方式是完全不同的。前者主张一种严格监督式的管理，或者强调对员工的关心和提供指导；后者强调自我管理，给予员工更大的自由空间和参与管理的权利。

6.“复杂人”：具体复杂性还原

美国行为科学家沙因（1928—　）1965年出版《组织心理学》，将人性假说分为四类，即“经济人”、“社会人”、“自我实现人”、“复杂人”。他自己提出并主张“复杂人”假说。他认为，先前的几种人性的假设都是在某种条件下提出来的，适合于某种特定场合和某些人，而实际上，人作为一个复杂的整体，它既不是单纯的“经济人”，也不是单纯的“社会人”或者“自我实现人”。人们参加工作的动机是复杂的而不是单一的，不能把人的动机归结为一两种，而应该看作因时、因地、因不同情况采取适当反应的“复杂人”。

沙因的“复杂人”理论认识到，人的需求不是单一的而是复杂的，具有如下复杂性特征：(1）需要的多样性与可变性。人的需要不是像以前的人性假设理论所说的那样是单一的，而是复杂多样的。这些需要也不是一成不变的，而是时刻变化着的。人的动机也不是单一的，而是由各种不同层次的动机所构成的，它们在相互作用中构成一个复杂的动机整体。(2）需要的互动性。人的各种需要和动机不是孤立的，而是发生着相互作用的，一种需求和动机的满足或不满足，会影响到其他需要和动机的程度。(3) 需要的更替性。人的工作和生活条件也不是一成不变的，工作与生活条件的改变，必然产生新的需要和新的动机，在组织中一定的动机模式是他原来的动机与现在的组织经验相互作用的一个函数。(4) 不同组织中的差异性。组织的特点会影响到人们的需求和动机模式，一个在正式组织中很内向而社会需求得不到满足的人，在非正式组织中可能会获得社会需求和自我实现的需要。(5) 影响因素的复杂性。决定一个人的满足感和他能否及在多大程度上为组织效力的因素不是单一的，而是复合的，不仅取决于自身的动机模式，还取决于其他因素，包括动机强弱、能力大小、水平高低、工作性质、与同事之间的关系等诸多方面。(6) 管理方式选择与需要的相关性。人的需要不同，对不同的管理方式会产生不同的反应。

7. 超 Y 理论及权变论

约翰·莫尔斯和杰伊·洛尔施，美国心理学家。他们受到前人对 X—Y 理论与效率之间关系的实证研究的启发，把麦格雷戈提出的 X 理论和 Y 理论分别运用于两个工厂和两个研究所，结果发现，用 X 理论进行管理的工厂效率高而研究所效率低，用 Y 理论管理的工厂效率低而研究所效率高，因此得出结论，并非在任何情况下 Y 理论都优于 X 理论。据此，他们在 1970 年《哈佛商业评论》发表《超 Y 理论》一文，1974 年出版《组织及其成员：权变法》一书，提出超 Y 理论。

该理论认为，没有什么一成不变的、普遍适用的所谓的“最佳”管理方式，要根据组织内外部环境和管理技术等因素的函数关系，采取相应的管理方式。管理方式要考虑工作性质和成员素质等因素，实现工作、组织、个人和环境等因素的最佳配合。该理论还认为，不同的人都是怀着不同的需要加入组织的，有的人需要正规化的组织结构，有的人需要更多的自主空间和决策参与权，因此，不同的人就需要不同的管理方式。他们还研究了职工的工作胜任感问题，认为实现胜任感是员工的首要需求，这种胜任感可以帮助员工理解任务和组织特点之间的适合，从而激励员工在工作中取得突出的绩效。胜任感不仅受外部环境的影响，也受到本人的权力、地位、自由等因素的影响，任务的性质与组织结构吻合的时候，胜任感最容易实现，胜任感可以持续地被激励。根据这一思想，管理人员应该针对不同人的具体需求采取相应的管理方式，帮助员工认识和实现工作的胜任感，从而激励职工去完成更高的目标。超Y理论的特征是强调主体需要、组织方式、控制程度的差异性和职工目标确立的递进性。

超Y理论对西方管理理论的影响很大，美国组织学习理论家阿吉瑞斯的不成熟—成熟理论就受到该理论的启发。超Y理论主张领导者要帮助员工实现胜任感，阿吉瑞斯认为，员工从不成熟到成熟的转变过程中，良好的管理是重要条件。使员工走向成熟的方法是：工作内容丰富化、参与式管理、增加员工责任、依靠员工、实行自我控制等。

二、基于人性的激励理论

1. 期望理论：激励力取决于效价与期望值

期望理论的创始人是维克多·弗鲁姆（1919—　）。弗鲁姆生于加拿大，先后在加拿大乔治·威廉姆斯学院和麦吉尔大学接受教育，1955年受蒙特利尔国际心理学大会专家的影响，辗转至美国密歇根大学攻读心理学博士学位，并进行项目研究工作，受到学习动机理论、群体动力学、社会心理学等方面多位著名学者，如阿特金森、卡特赖特、纽科姆的影响。1960年赴宾夕法尼亚大学任教，从事动机方面的教学和研究工作。1964年出版《工作与激励》一书，提出其期望理论的基本观点。他的期望理论的基本思想可以用一个公式来表达：M=V×E。基本内容是：人们在工作中的积极性或努力程度（激励力）是效价和期望值的乘积。其中，M表示激发的力量，指被激励的工作动机的强度，也即调动人的积极性的强度；V表示效价，是指一个人对某项工作及其成果能够给自己带来满足程度的评价，即对工作目标有用性或价值的自我评价；E 表示期望值，指对实现可能性的估计。期望值是人们根据自己的一般经验，结合自己的能力条件等因素，对自己的行为能否达到所期望的工作绩效和奖酬形成的一种主观概率。这种概率还会受到人的个性、情感、动机等其他方面的影响，对同样的事情会有不同的估计，有的会趋于保守，有的则喜欢冒险。

根据期望理论，在考虑是否做某事或者做某事的投入程度时，人们常常会综合考虑效价和期望值两个基本因素，如果两者都很高，那么就有很高的激励作用，而如果其中一项为零，则不具有激励作用。两种因素均可以分为高、中、低三个层次，由此其结合可以归结为四个等级的激励类型，即高激励、中激励、弱激励和无激励。弗鲁姆也认识到，这种分析还只是抽象出“效价”和“期望值”两个变量，就此进行的一种理想方法的分析，而在现实中，具体影响激励力量的因素还有很多，诸如个人努力程度与成就、成就与奖惩的关联性等也影响激励水平。比如对于效价，就可以分为两个层次或阶段，或者说可以分为“效”和“价”两种结果。第一个阶段的结果为绩效，第二个阶段的结果为工资、提升、肯定等。第一个阶段的结果——绩效，可以说只是努力的行为与最终的价值的一个中间环节。而在第二个阶段即绩效和最终价值之间也还存在着一些影响因素，其间的关系也是很复杂的。因为行为者本身的特定时期的需求上的差异，以及客观因素的影响使得同样的绩效可能产生不同程度的最终报酬。这些都会影响到绩效的最终效价。在这里实际上的关联性及其认知对行为者有重大影响，所以作为管理者，在激励人们努力做好工作的时候，应该做好三项工作：第一是要明确说明工作给予什么报酬，在工作与报酬之间建立关联性。第二是要使人们确信工作绩效与报酬之间的关联性，相信做出绩效会得到合理的报酬。第三是要使人相信只要努力工作就能提高绩效，得到一种理想的期望值。

从理论源流上来说，弗鲁姆继承了许多学者的思想，特别是勒温的思想，其理论的一些基本概念如“力”的概念和“效价”的概念就来源于勒温的理论。勒温把人的行为的选择看作是个性和环境相互作用的结果，弗鲁姆继承了这种思想，将人的行为选择也看成是由各种力组成的力场中各因素相互作用的结果，力场中的每一项元素都有自己的方向和大小。弗鲁姆又把勒温的“生活空间区域效价”中的“效价”抽取出来，看作是行为结果的后承，它也影响个人行为动机。期望理论不把人的行为看作纯粹由个人的特征所决定，而认为它是由个人和环境因素共同决定的，其中要涉及很多关系，比如努力和绩效、绩效和奖励、奖励和个人需要等，这些都是管理者所要考虑的问题。管理者的任务是要建立一种正相关关系，把职工当作理性人，把组织目标和个人需求结合起来，调动职工的积极性。

2. 多因素影响下的综合激励模型

综合激励理论和激励模型是两位美国心理学家、行为学家、人力资源管理专家爱德华·劳勒和莱曼·波特教授建立的。前者曾经在耶鲁大学和密歇根大学从事教学和研究，后者在加州大学伯克利分校和耶鲁大学任教和研究。他们 1967 年 7 月以论文形式发表于《工业关系》杂志，并于 1968 年以著作形式出版的作品《工作绩效对工作满意度的影响》，提出了著名的波特—劳勒综合激励模型。其他著作还有《以前关于有效管理成绩的看法》、《管理态度和成绩》等。他们总结运用以前的各种激励理论的研究成果，比较系统地研究了人类行为的激励过程，形成了较为系统的综合激励理论。

20 世纪 30—50 年代，行为科学在个体行为的研究中，对“工作满意度”（工作态度）与“工作绩效”之间的关系进行了许多探讨，行为科学家们从基本相同的一些材料中得出了不同的结论。其中最具代表性的有两种观点。一是布雷菲尔德和克罗克特在 1955 年提出的这样一种观点：在可靠的文献中，几乎没有什么事实能够表明员工的工作态度与工作绩效有任何简单的明显的联系。另一种观点以赫茨伯格为代表，他们得出较为乐观的结论：经常可以发现积极的工作态度适于提高生产率，这种关系当然不是绝对的，但是现有的数据应当足以使研究人员对此引起重视，即工作态度是改善员工工作绩效的因素之一。劳勒与波特对这两种理论进行了对比研究，发现他们之间观点上差异的出现，可能与参考的文献不完全重叠有关。但是两种理论之间有一个共同点，即都认为，工作满意度和工作绩效之间的关联性并不像早期行为学家所说的那样具有令人信服的强相关关系。期望理论的建立者弗鲁姆在 1964 年出版的著作中，也认为两者只具有方向上的弱相关关系，而且认为，工作满意度和工作绩效并不是由同样的原因引起的。工作满意度主要取决于员工从中得到的奖酬的量，而工作绩效的水平主要取决于获得奖酬的概率。劳勒和波特研究了在工作满意度和工作绩效之间的关系中，究竟还有哪些因素在起作用。他们研究发现，在二者之间还有一个重要因素，即奖酬。他们看到，奖酬能够带来工作满意度，而在一定程度上奖酬又是由工作绩效决定的。所以我们可以通过奖酬把工作绩效和工作满意度连接起来。工作绩效通过奖酬带来工作满意度，而不是像以前的理论所说的是工作满意度决定工作绩效。他们在 5 家企业对 148 名中下层经理进行了调研，证实了这样的思想。

以此基本观点为指引，劳勒和波特对复杂的激励过程进行了研究，发现在工作绩效和满意度之间以及从激励到工作绩效之间都存在诸多影响因素，于是建立了自己的综合激励模型。他们的基本结论是：效价和期望值影响一个人的努力程度，努力程度加上能力和素质、工作条件和角色认知等因素一起决定工作绩效。总体来说工作绩效影响满足感，但在工作绩效与满足感之间，还有奖酬的类型和公平感等因素的影响。工作绩效通过内在奖酬和外在奖酬影响满足感，而内在奖酬才是满足感的主要来源。在这个过程中，还有公平感的影响。波特和劳勒的这个综合模型，综合了激励内容和激励过程，也是对期望理论、需求层次理论和公平理论的综合运用。

先来看一下在工作绩效和工作满足感之间的影响因素。首先是奖酬的类型的影响。波特和劳勒把奖酬分为外在奖酬和内在奖酬。外在奖酬主要指由组织所控制的奖酬，包括工资、提升、职位身份、安全等，这些奖酬属于低层次的需求，他们发现这些外在奖酬和工作绩效之间的相关性较弱。内在奖酬是指所有满足自我实现需要或者其他较高层次成长需要的奖酬，比如对社会的贡献、对自我能力的认可、对自身存在意义的肯定等。内在奖酬更取决于自己良好的工作绩效，所以这种奖酬与工作绩效有更直接的关系。其次是公正性的影响。劳勒和波特认为，内在奖酬和外在奖酬并不直接和工作满意度相关，因为它们之间还存在着“期望的或自己所理解的公正奖酬”的因素的影响。“期望的公正奖酬”是指一个人感到的他所完成的工作绩效所应得到的奖酬，奖酬的公正性不是一个简单的数量问题。他们认为奖酬与其期望值符合，就感到满足，对他就具有激励性。

再来看在激励和工作绩效之间存在的影响因素：(1) 能力和素质。工作能力是完成任务必不可少的条件。(2) 工作条件。是工作所必需的条件和资源。(3) 角色认知。是职工对自己在组织中的角色的定位和认识。了解该角色、岗位和他的任务的具体要求，把握好自己工作的目标和要求对取得优异成绩是必要的。

波特、劳勒的综合激励模型对管理的意义在于，使我们认识到激励问题并非如某些理论所说的那么简单，在其中存在着诸多因素的影响。对于一个组织的管理来说，必须充分考虑到激励过程中的各种因素，比如工作绩效和工作满意度之间，存在着奖酬类型和公正性的影响，组织管理要认识到职工的需要，特别是要注意到内在奖酬的需要，不能只关注职工的低层次需求，要把职工看作自我实现人，看到他们高层次的需要。激励不仅取决于奖酬的绝对数量，更取决于奖酬的相对数量即公正性，所以在制订激励计划时必须综合考虑这一问题。在激励与工作绩效之间，同样存在着许多的影响因素，比如能力、工作条件和角色的自我认知。所以，组织管理中必须考虑能力的培训、工作条件的改善以及帮助职工改进工作角色的认知等工作，以保证在激励和工作绩效之间建立实际的关联性。整个的激励过程是一个“激励（努力）—绩效—奖酬—满足感—激励”的循环的过程，所以在管理中要注意各种影响因素，在这些环节上建立真正的正相关关系，实现一种良性的循环。

3. 行为结果的强化激励

强化理论是美国新行为主义的代表、哈佛大学心理学教授弗里德里克·斯金纳（1904—1990）等人在20世纪30年代末提出的一种行为修正激励理论。行为修正理论是研究通过修正和转化人的行为，使消极行为向积极行为转化的一种行为主义心理学理论。管理学上作为一种激励理论，它是通过对于组织目标的有利或不利的行为以肯定或否定的方式加以强化，使之朝着有利于符合组织目标的方向发展。行为修正理论的其他代表人物还有同样来自美国的行为科学家赫西、布兰查德等人。

（1）强化理论的理论渊源及产生。

强化理论属于行为主义心理学范畴。行为主义心理学主要研究人的行为的动机和心理因素，认为人的行为是受动机支配的，而人的需要又决定人的动机。因此在行为、动机和需要之间就建立起一种逻辑关系，其顺序为：需要—动机—行为。但是行为与动机之间是一个相互作用的和不断循环的过程，不仅动机对行为发生着影响，行为及其结果反过来也会对人的动机产生影响。强化理论正是以此为出发点建立起来的。强化理论的主要内容正是研究如何利用行为结果的影响来强化人和动物的某些动机，通过增强某种刺激与有机体某种反应之间的联系，以达到增强或减少某种行为甚至使之消失的结果。

强化理论的理论基础是著名的苏联生理学家巴甫洛夫的条件反射理论。该理论的基本观点是，通过设置一定的刺激条件，可以引起生物体的一定反应。巴甫洛夫研究了对狗喂食的过程中一定条件对狗产生的影响。他把生物体的反应分为无条件反射和条件反射。比如在狗面前放上一块肉，狗看见肉就开始流唾液，这是由事物本身直接引起的反应，称为“无条件反射”。后来在实验中，在每次给狗喂食的过程中都伴随着一种铃声，在经过若干次后，狗一听到铃声，即使眼前没有看到肉，也会分泌或增加唾液。在这里铃声就成为一个间接的条件，这就是“条件反射”。条件反射是通过设置一定的条件达成的，是后天的而不是先天的，是经过人的训练后习得的。巴甫洛夫的这种“刺激—反应”理论也称为“S—R”理论，其中“S (stimulate)”为刺激，“R (react)”为反应。

斯金纳继承了巴甫洛夫的条件反射思想，进一步发展出了“操作条件反射”理论。在研究动物心理过程中，他发现动物的某些行为的结果反过来会影响其重复这种行为的动机。有代表性的实验就是其著名的“白鼠实验”。他把白鼠放在一个特别设计的箱子内，箱内装有一个小杠杆，杠杆与传递食物丸的一个机械装置相连接，一旦压动杠杆，就会有食物丸经过装置滚进食物盘内。当白鼠踏上杠杆时就有食物丸落在食物盘里，白鼠就可以吃到食物丸。白鼠经过多次这样的动作后就会形成一种条件反射，刺激它的动机和后续行为，白鼠压杠杆的动作和动机得到了强化。这里的过程是行为反应在前，刺激（得到食物）在后，是一个“R—S”的过程。在这种操作条件反射中，行为本身成为获得进一步强化的手段，斯金纳称其为工具条件反射。动物通过行为的结果，实现了对下一次行为动机的强化，这种反复的过程中，强化是一个关键变量。我们可以通过改变行为的结果，直接控制强化物，来实现对动物行为本身的控制。强化物就是能够增加反应强度的刺激，强化物成为修正和改造人的行为的有效工具。正是基于这一实验，斯金纳建立了其行为强化理论。

（2）强化理论中的强化类型。

由于刺激物不同会导致对生物体行为的不同影响，所以针对不同的需要，可以运用不同刺激物，形成不同的强化类型。强化可以分为三种类型：1）正强化。在管理上正强化可以用奖励、晋升、赞许、认可、改善工作条件、安排挑战性的工作给予需要和成长的机会等正面的物质或精神手段来对人的某种行为和其结果予以肯定，使其需要得到满足，加强这种行为动机，保持其重复出现。正强化也叫积极强化。正强化还包括减少和消除行为者某些不快和厌恶的东西，如降低噪声、严寒等，行为者也会继续该行为。2）负强化。负强化分为两种做法，即先行告知和惩罚。前者是指，为了强化某种正面行为，对与之不符合的行为或不良绩效所引起的后果先行告知，从而引起人们按照要求行事而避免不良行为，免除或减轻不良行为带来的不愉快后果，结果是使希望的行为得到强化。第二种做法是惩罚。惩罚是指当一种不希望发生的行为发生之后，采取批评、罚款、降薪、降职、开除或者取消原有的令人满意或愉快的条件，以示对某种行为的否定态度，消除这种行为重复发生的动机。3）自然消退。对于某种行为，如果长期得不到强化，就可能自然消退。为了消除某些不希望发生的行为，可以采取不理睬的方式，不进行正强化也不进行负强化，这种行为由于得不到承认，就会逐渐消失。比如对于加班行为，由于对职工的身体健康有影响，一些单位采取不予鼓励的态度，让其自然消退。

上述三种强化，着重点是不一样的，每种强化措施各有其独特的作用。正强化适用于对希望发生的行为的肯定，而后面两种侧重于对不希望发生行为的否定，但是希望发生的行为与不希望发生的行为往往是相对的，所以一般情况下，会结合几种措施。在不同的文化背景下，重点类型会有所不同。不过斯金纳还是主张正强化有优先性。此外，还要注意强化物效用的大小与其接受者直接相关。强化是否起到强化作用，取决于强化物被接受者接受，所以在运用强化理论的时候，要考虑到接受者自身的特征及其需要。

4. 公平也是一种激励

公平理论由美国行为科学家约翰·亚当斯（1925—　）于1965年提出。他在20世纪60年代早期连续出版了《工人关于工资不公平的内心冲突同其生产率的关系》（1962，与罗森鲍姆合著）、《工资不公平对工作质量的影响》（1964，与雅各布森合著）、《社会交换中的不公平》（1965）等著作。亚当斯综合了分配公平性和认知失调理论，主要研究工资报酬等方面的分配公平性及其对人的激励问题以及认知失衡，在感觉不公平的情况下，会采取的应对行为。该理论认为，人们在工作的收入分配问题上，总存在着一种公平感或不公平感。这种公平感不仅取决于自己的绝对收入和付出的绝对额的情况，更取决于把自己的投入和收入与别人的情况进行对比的结果。这里的付出和收入都要做广义的理解，付出包括受教育程度、努力程度、工作量、付出的精力等因素，收入情况包括工资、奖金、福利、赏识、认可等因素。亚当斯认为，人们对于自己的付出，不仅会关注绝对的量，而且会关注相对的量。如果职工感觉到自己收入与付出比率大于或等于他人的收入与付出的比率，他就会感到公平，否则就会感到不公平。这里的公平感不等于实际上的比值，而是对这种比值的一种个人感觉，与自己的认知状况有关。公平理论还认为，这种对比不仅会在自己和他人之间进行，也会在自己现在和过去的情况之间进行。即不仅会进行横向比较，还会进行纵向比较。如果自己现在的收入与付出的比率大于或至少等于过去的情况，就会感到公平，否则会感到不公平。这种公平感和不公平感会影响到个人的满足感，进而产生不同的激励程度，对积极性产生影响。

亚当斯在调查中还发现，不公平感大多是因为感觉自己付出多而收入少，主要归因于报酬和奖金制度上的不合理。当然也有少数人认为自己付出少而得到的多。两种情况都会带来情绪的不安。但是减少第一种不公平感是研究的重点，因为这种不公平感对职工满足感和工作积极性影响大。亚当斯还研究了感觉不公平的人会采取的应对措施：(1) 自我安慰。即通过自我解释造成一种主观上的公平假象。(2) 另择标准。比如选择另外的参照对象，以重新获得一种主观上的公平感。(3) 改变他人收支比。采取措施通过降低别人的报酬或增加别人的投入，重新达到公平。(4) 改变自己的收支比。采取主动的办法达到增加自己的报酬或者降低投入，减少完成工作的数量或降低质量。(5) 发泄行为。比如发牢骚，讲怪话，制造矛盾。(6) 另谋他就。

公平理论提醒我们要清醒地认识到公平感问题的下列特征：第一，公平感与个人的主观判断有关，无论是投入还是收入都会出现主观臆断的可能性，特别是容易把自己的付出看得过高而低估别人的投入。第二，公平与否还与个人的公平标准有关。是按照贡献率、需要量还是平均分配，每个人有自己的标准。第三，与绩效评定的标准有关，是按照工作的质量和数量，还是按照努力程度，每个人的情况不同，所持的观点会有所不同。第四，与评定人有关。是由领导还是群众来评定，可能会得出不同的结果。公平理论在管理上的启发在于：一方面尽量创造一种实际上的公平，排除造成不公平的因素，因为这是公平感的客观基础；另一方面要对职工的公平观和公平的标准进行引导，使之能够树立正确的公平观和评价标准。

第二节　群体动力来自何处

个人的激励力前面已经做过介绍。群体的动力或凝聚力又来自何处呢？群体动力学在非正式组织理论的基础上，进一步对群体的动力问题、影响凝聚力的因素进行了研究，为管理者营造组织凝聚力提供了指南。

早在科学管理时代包括泰勒都已经注意到了非正式组织的存在及其作用，泰勒对非正式组织的作用是持否定态度的。梅奥在霍桑实验的“群体实验”中，证明了非正式组织的存在和产生过程，梅奥看到了非正式组织正反两个方面的作用。之后，对群体行为的研究越来越多，很多人已经认识到非正式组织存在的意义，管理思想家们把群体当作个人生存的条件。群体行为的研究，到了20世纪的四五十年代达到一个新的水平，研究成果逐渐增多。但是这些研究内容琐碎，缺乏系统性、理论性。在这些研究中，最著名的是勒温的“群体动力学”。

群体动力学的理论来源是完型心理学。完型心理学又叫格式塔心理学，是西方现代心理学的主要流派之一，兴起于20世纪初的德国。格式塔是德文（Gestalt）“整体”的音译，中文也译为“完型”，英译为“configuration”。所以，在我国，格式塔心理学又译为完型心理学。格式塔心理学由马科斯·韦特墨（1880—1943）、沃尔夫冈·苛勒（1887—1967）和科特·考夫卡（1886—1941）三位德国心理学家创立。格式塔这个术语起始于视觉领域的研究，但它又不限于视觉领域，甚至不限于整个感觉领域，其应用范围远远超过感觉经验的限度。根据这个概念的功能定义，它可以包括学习、回忆、志向、情绪、思维、运动等过程。广义地说，格式塔心理学家们用格式塔这个术语研究心理学的整个领域。格式塔心理学强调经验和行为的整体性，反对当时流行的构造主义元素学说和行为主义“刺激—反应”公式，认为整体不等于部分之和，意识不等于感觉元素的集合。

一、群体动力学

群体动力学（group dynamics）亦称“团体动力学”，是试图通过对群体现象的动态分析发现其一般规律的理论。最早在文献中使用群体动力学这一术语的，是其创始人勒温。库尔特·勒温（1890—1947），德国人，1933年在柏林大学研究心理学，受到完型心理学的影响，提出人的行为的“场论”，被称为当代实验社会心理学之父。早在1917年，勒温就写过一篇名为《战场景象》的论文。在文章中，他研究了人的心理承受能力和行为的动机问题。他描述了一个从后方安全的地方来到战争前线的人的处境及心理的改变，人在新的“生活空间”的行为，是其个性与场景相互影响的结果。甚至在特定场景下，如在战争场景中，人性和良心都需要重新定义，人的个性和个人的善恶都不起作用了。每个人都依环境而改变和定性。最后会达成这样一种状态，好坏的标准完全由敌我地位来决定，人的个性和品质也被这种好坏所取代。1938年勒温更明确地提出，人的行为是他的个性和他所理解的环境之间的函数，可以用一个公式来表达：B = f (P.E)。其中，B：Behavior，代表行为；P：Person，代表个人；E：Environment，代表环境；

f：function，代表函数。此公式的含义是，个人的一切行为（包括心理活动）是随其本身与所处环境条件及其相互关系的变化而改变的。1944 年勒温首先用“群体动力学”的概念来描述群体中人与人相互接触、影响所形成的社会关系，并在麻省理工学院建立群体动力学研究中心，对群体行为的研究产生了巨大影响。他认为，个体的行为是个性特征和场（指环境的影响）相互作用的结果。这种“场”理论，被称为心理学中的相对论。应用“场”理论研究群体、群体活动的过程、群体行为的动力，就叫群体动力学。群体动力学方法论上注重实验与调查等实证方法，注重群体生活中的行为的相关性，注重各学科方法的综合运用以及成果的社会运用。

勒温的团体（群体）动力学理论可以概括为以下几个方面：

（1）关于团体动力学的研究对象。团体（群体）动力学以群体的性质、群体发展的规律、群体和个人的关系、群体和群体的关系等作为研究对象。主要研究群体的凝聚力及其影响因素、群体压力和社会规范及其特征、群体目标及其影响、成员的动机差别及其影响等问题。

（2）关于团体的含义和特征。这里的团体是指一种有目标和规范的由各种力相互作用所构成的力场，一种非正式组织。具体含义和特征如下：1）团体动力学研究的团体指非正式组织。2）团体是一个处于均衡状态的各种力的“力场”，在此人们结成团体，它是一个相互作用、不断变动的过程。3）团体作为非正式组织有自己的与正式组织目标不同的组织目标，它主要通过交流来实现这种目标。4）非正式组织的团体有自己的特殊结构，这种结构是非正式的、较难辨认的。这个结构中包含正式成员、非正式成员、领导成员和孤立者，他们相互影响着。5）这种非正式组织的团体也有三种领导方式：专制的、民主的和自由放任的。虽然有人主张民主式的方式是最好的，但也有人认为要根据不同的情况进行领导方式的选择。6）团体中参与者的参与程度与其中的人数有关，参与程度与人数呈反比关系，而人数又与管理方式有关。7）团体的规模一般不要太大，否则不利于参与。8）团体有自己的特殊规范，实施规范的方式即压力的方式也与正式组织不同。团体的规范与组织的性质有关，比如泰勒发现工人小团体中有限制产量的规范。

(3) 团体内聚力的途径及其与士气的关系。勒温首先研究了内聚力的含义及其测定方法，认为团体的内聚力是团体对成员的吸引力，包括团体对个人和个人对个人，可以根据社会关系计量学进行团体内聚力的测定。成员之间的选择标准是个人之间的吸引力和归属感。团体内聚力是成员相互之间选择的数目与团体中可能选择的数目之比。其次，关于影响团体内聚力的因素，勒温认为主要有：1）团体的领导方式。2）团体与外界的关系。与外界隔绝的内聚力较强，在受到挑战时或威胁时内聚力就较强。3）团体规模小时内聚力强。4）稳定的团体内聚力强。5）团体内部的奖励方式和目标结构影响内聚力。公正性会影响团体的凝聚力。所谓公正，是为组织和每个人，不公正的情况，只是为了某些人。最后，关于凝聚力、士气与生产率的关系，勒温认为，一般而言，士气高的情况下，生产率就高，而一般情况下，内聚力强，士气高。但这种关系不一定成正比，内聚力与生产率甚至还有反向的关系，如果这种内聚力与组织是对抗的。

二、成熟个体与组织之间的冲突与协调

另一个对组织行为进行卓有成效研究的管理学家是阿吉瑞斯（1923—　）。阿吉瑞斯生于1923年，是美国著名心理学家，组织心理学的先驱与行为科学的创始人之一，也是组织学习理论的早期主要代表人物。出生于美国新泽西州，在堪萨斯大学和康奈尔大学获心理学和经济学硕士学位和组织行为学博士学位，后分别在耶鲁大学和哈佛大学任教，主要讲授教育学和组织行为学，同时为许多大公司提供管理咨询。阿吉瑞斯的主要著作有《个性与组织》、《理解组织行为》、《个人与组织的结合》、《组织研究》、《个人与组织：互相协调的几个问题》等。

在科学管理之后，行为科学把“人”的问题特别是组织中的人作为主

要的研究内容。但是早期的行为科学对人的研究还没有跳出个体研究的范围，没有结合组织来进行研究，没有对个人和组织的真正关系进行自觉考究。阿吉瑞斯对人与组织关系进行了长期的卓有成效的研究，并于20世纪50年代公布了自己的研究成果。阿吉瑞斯的理论主要反映在1957年出版的《个人与组织》一书中。该书讨论的内容，包括人类个性的某些特征、正式组织的基本性质、正式组织与成熟个性间的矛盾和协调等，其中最有创见性的主要理论是“不成熟—成熟”理论。

1. 人类个性的某些特征

阿吉瑞斯的“不成熟—成熟”理论认为，组织中的个人不可避免地有一个不断成长的过程，从婴儿长大成人，每个人都要经历从不成熟到成熟的过程。在这个成长过程中，一般会发生以下几个方面的转变：(1) 被动到主动。即从婴儿的被动性，发展为成人的主动性。(2) 从依赖性到独立性。从婴儿的依赖性，发展为成人的相对独立性。所谓相对独立性，是指既要与他人保持必要的联系，同时也有自立的能力。(3) 从行为方式的有限性到多样性。从婴儿只具有少数有限的几种行为方式，发展为成人多种不同的行为方式。(4) 从偶然短暂到持久专注。从婴儿肤浅、偶然、短暂的兴趣，发展为成人比较持久而又专注的兴趣。(5) 从只顾眼前到注重长远。从婴儿时期只顾及眼前的事情，发展为成人时期的深谋远虑。(6) 从从属到独立。从婴儿时期在家庭中或社会上处于从属地位，发展为成年人与周围的人处于基本平等的地位，甚至更高的支配地位。(7) 从自发到自觉。从婴儿时期缺乏自觉性，发展为成人时期的自我意识和自我控制。

阿吉瑞斯认为，从被动到主动，从依赖到独立，从缺乏自主到自觉自为，就是一个在多方面表现出来的成熟的过程。阿吉瑞斯把成熟与个体的自我认识和发展联系起来，强调一个人真正成熟的标志是能够正确分析估价自己，规划好自己的奋斗目标，并为了实现自己的目标而自觉承担与别人一样的或更重要的责任。成熟与个人发展之间联系紧密，个人成熟是有各种发展的可能性的前提条件，因为只有具有成熟的个性，具有强烈的进取心、迎接各种挑战和接受失败的心智能力，才能使自己的潜力得到充分的发挥，使各种发展的潜在可能性成为一种现实的可能性。

2. 正式组织与成熟个体的冲突

正视矛盾的存在是解决矛盾的前提。阿吉瑞斯通过研究发现，正式组织与个体的成熟度之间存在着冲突和矛盾，这是由成熟个性的特点和组织对个体的要求之间的差异引起的。

阿吉瑞斯首先对“正式组织”的概念进行了界定，认为正式组织是这样一种组织体系，在其中，为了顺利实现共同组织目标而规定成员的职责范围和成员之间的关系，正式组织的组织结构、成员的权利义务等基本的方面，也由管理部门规定，必须严格遵守执行。

阿吉瑞斯看到了正式组织的要求与成熟个性特别是职工作为一个现代人全面发展需要之间的矛盾。一方面，正式组织有自己的组织目标，要完成组织目标就必须实行统一集中管理，需要员工在专业领域作出贡献。另一方面，组织所面对的是成熟的个体，这些个体在性格以及追求等方面均有较大差异甚至对立，这样在正式组织和成熟个体之间必然会存在矛盾冲突。具体说来这些矛盾包括：(1) 专业化与全面发展的矛盾。组织任务是由各个部分和环节通过分工协作完成的，但是这种专业化的分工，不仅与个人的全面发展相冲突，而且专业化的标准化还与个体的独特个性发展相冲突。实际上，这种冲突在管理思想史上早已为人们所认识，所以人们在论及分工的益处时，也论及过度分工的危害及其限度。标准化也限制了人们的个性的自由发挥和创造性、想象力的作用。(2) 等级制与参与性的矛盾。在当代大型组织条件下，严格的等级制是组织管理和实现组织目标的基础框架和条件，是必不可少的。但是在这种基于管理幅度的严格的多层次的等级制度下，员工参与特别是基层员工的参与会受到很大的限制。而且在这种等级制度下，员工始终处于受管制的从属地位和被动状态，这是与他们作为成熟个体要求的平等、自主、主动精神相违背的。这种严格的等级制度，也使员工各自处于狭隘的专业领域，不知道组织的整体性和发展趋势，无法预见组织和个人的未来，工作也始终处于被动状态，影响了其工作的主动性和创造性。(3) 集中管理与自我设计的矛盾。在现代大型的专业化分工的组织中，由于分工和复杂化导致统一领导统一指挥的需要，而作为成熟个体的职工又要对自我发展负责，要对自己的发展进行自我设计，统一和集中与自主发展之间在一定程度上或者在某些方面必然会产生冲突，甚至使职工产生无力感和挫败感。(4) 层级制与全面发展的矛盾。在严格的层级制度下，职工处于严密的控制之中，职工特别是基层人员自己控制的范围是有限的，影响了自己的全面发展，也会形成一种无助感。

3. 正式组织与成熟个体的协调

正式组织和职工成熟个性之间的这种冲突在当代社会是普遍存在的，特别是随着知识工作者的出现，员工的自我实现需要与组织控制之间的矛盾会越加凸显。这种矛盾的后果有两个方面。一是使职工处于无力的地位，无法达成自我实现的意愿。二是会影响到其在组织中的工作积极性和任务的完成，导致组织混乱，影响到整个组织目标的完成。如何缓解这种矛盾，使组织管理和员工的成熟个体的要求在一定程度上达成一致？基本措施有：(1) 工作内容丰富化。员工的工作内容丰富化，扩大工作范围，使之在某些工作上实现自我管理和自我控制，增加其成就感，能够充分发挥其积极性和主动精神，使其才能得到充分的发挥。(2) 参与式管理。通过增加职工参与的程度和范围，使之在一定程度上实现对集体事务的控制权，减少依附感，在一定程度上达成自我实现。(3) 工作多样化。从事多种工作，甚至工作的轮换，使之积累更多的知识和技术，扩展眼见，有利于更好地发展。(4) 增加工作责任。增加工作责任是一种信任的表现，满足其责任心，增加责任感，提高主动性。(5) 减少直接监管。相信职工的认知能力和自我管理能力，使其自我指挥和自我管理。

阿吉瑞斯在20世纪50年代提出“不成熟—成熟”理论之后，在60—70年代又用行为科学来研究组织变革问题，到80年代，重点研究组织学习理论。他建立的学习理论成为彼得·圣吉的学习型组织理论的直接思想来源。有评论家恰当地比喻道，如果把彼得·圣吉的《第五项修炼》看作一部有关学习型组织的大片，那么，阿吉瑞斯就是这种理论的原作者。

三、其他学者的思想

除了以上两位管理思想家对组织行为理论作出重要贡献外，还有其他一些思想家的研究成果也值得关注。比如阿希的群体压力与规范理论、布雷德福的敏感性训练理论和莱维特的意见沟通理论。

美国心理学家阿希（1907—1996）研究了群体动力与规范问题。阿希认为个人在组织中的行为会受到群体行为和他人行为的影响。特别是当其意见与群体意见不一致时，基于群体压力，会表现出顺从的行为，特别是那些智力差、信心不足和平时有依赖感的人，就更会有顺从的倾向。但表面上的顺从并不等于真正的顺从，这里有四种可能：表面顺从，内心顺从；表面顺从，内心不顺从；表面不顺从，内心顺从；表面和内心均不顺从。另外，群体也有自己的规范，可能是正式的，也可能是非正式的。关于规范和顺从的关系，按照阿希的思想，一方面顺从是规范压力和遵从规范的结果，另一方面由于对群体压力的顺从，会达成群体在行为、情绪、态度等方面的一致，彼此接近和趋同，进一步形成或巩固规范。

敏感性训练理论是美国心理学和行为科学家利兰·布雷德福（1905—1981）提出来的。1947年在美国缅因州贝瑟尔成立了一个叫“敏感性训练”的实验室，目的是通过这种训练法提高组织成员对于组织关系主要是人与人关系的敏感性。通过受训者在共同的学习环境中的相互影响，提高受训者对诸如自己的情感情绪、在组织中的角色、自己与他人的相互影响关系等方面的敏感性，并通过训练，改变个人和团体的某些行为，最终实现提高工作效率和满足个人需要的管理目标。从训练的实际操作过程来看，训练是在近似于自然的工作环境中在相关专家的指导下进行的。完整的训练过程包括三个阶段，主要是实现对人际关系态度的转变。第一阶段：解冻旧态度。这一阶段要花几天时间，要彻底改变过去那种把传统领导方式和权力观念视为当然的态度，从旧观念下解放出来，打破旧的思维定式。这是解放思想的阶段或者说是“破”的阶段。第二阶段：加强敏感性。在实际的交往中开始建立新型的组织中的人际关系，树立新的人际关系态度。第三阶段：巩固新态度。对已经新建立起来的人际关系模式和新态度加以巩固，长期坚持下去。敏感性训练注重对待人际关系的态度的根本性转变，并注重角色互换，增加相互理解，换位思考，通过自身修养，成为别人愿意接受的和亲近的人，也懂得如何接受和亲近别人，最终有利于人际关系的改善和个人及组织目标的实现。

意见沟通理论是美国心理学家和行为科学家莱维特于 1972 年在《管理心理学》一书中提出来的。他认为，一个组织中个人与组织以及各部门之间的信息交流和思想传达的方式对组织和个人均会发生影响。组织在做出决策的时候一般来说要征求人们的同意，但是也有不同意的和不顺从的，那么如何对这些不顺从者施加压力，是一个必须面对的问题。莱维特认识到，一般在不同的阶段会采取不同的压力方式，四种方式依次为：合理辩论、劝诱、攻击、断绝往来。从心理学角度来说，不顺从者除非要离开组织，一般最后会接受劝诱和顺从。对于管理者来说也要注意沟通的方式，尽量采用容易接受的方式。要注意意见沟通方式的建设。他还进一步提出了一些具体的沟通建议，比如传达信息要明确、传达的信息要筛选和核实、组织机构本身要职权明确、组织管理幅度要有利于沟通等。

第三节 领导者品质与领导方式

领导行为理论研究的是领导者的品质、领导方式和行为及其对组织效率的影响，是管理学理论研究的热点之一。影响领导有效性的因素以及如何提高领导的有效性是领导理论研究的核心。领导行为理论集中研究领导的工作作风、行为对领导有效性的影响，突出表现在领导工作内容和方式上增加或强调了对人的重视，强调人际关系和协调能力的重要性。领导行为理论主要包括领导者品质理论和领导的管理方式理论。领导者品质理论这里主要介绍美国行为科学家亨利和鲍莫尔的观点。领导方式理论主要介绍连续统一体理论、二维领导模式和利克特的支持关系理论、豪斯和米切尔的目标—途径理论、科特的领导艺术理论等。

一、领导者需要什么样的品质

1. 亨利的领导者品质理论

美国行为科学家亨利 1949 年在经过调查研究之后，提出自己的领导者品质理论。他认为一个成功的领导者应该具备 12 种品质：(1) 有强烈的成就需求，把取得工作成就看成是人生最大的乐趣，置于物质报酬和职位晋升之上。(2) 在工作中积极努力，干劲大，并希望能够承担富有挑战性的新工作。(3) 在对待与上级的关系方面，持一种积极的态度，相信上级水平高于自己、经验丰富并能够帮助自己成长，因而尊重上级并保持良好的关系。(4) 有很强的组织能力，能把事务组织得有条理，能够从资讯中获得所需要的信息，预见未来。(5) 有较强的决断力，对于各种可能方案在短时间里能够进行评价和比较并做出正确的选择。(6) 对自己的能力有信心，毫不怀疑。(7) 思维敏捷并具有进取精神。(8) 养成成功的习惯，努力避免失败，勇往直前。(9) 注重实际，一切从实际情况出发，不费太多时间去关心不确定的未来。(10) 对下级同样亲近。(11) 相对独立于父母，而且一般不同父母住在一起。(12) 忠诚于组织，坚守本职。

2. 鲍莫尔的领导者条件理论

美国行为学家威廉·鲍莫尔（1922—　）总结了美国企业界的实际情况，提出企业领导者要具备 10 项条件：(1) 具有合作精神，并善于采用感化和说服的方法取得一致。(2) 决策能力强，总览全局，能根据实际做出决策。(3) 善于抓主要工作，尽量授权。(4) 组织能力强，善于调动人的积极性，把人财物结合起来实现组织目标。(5) 有较强的应变能力，不生硬僵化。(6) 敢于负责，能以身作则。(7) 勇于创新，对新生事物敏感。(8) 有冒险精神并勇担风险。(9) 具有谦虚品质，能够平等对待他人。(10) 自持严格，具有良好的品德。

与早期的理论从心理学甚至生理学上把领导者所需要的品质归结为某些独特、奇异和不可模仿性的特征不同，这时的领导者品质理论把领导者的品质归结为某些可以经过系统的学习和培养得来的品质，特别是人际关系处理能力、创造精神、工作责任心和成就感、冒险精神、决策行动的果敢性等。后来管理大师德鲁克在此问题上也持相同看法。

二、领导方式的选择及其影响因素

1. 专制到民主的连续统一体

美国行为科学家坦南鲍姆和施密特提出可选择领导模式理论，该理论认为领导方式并没有一成不变和适用于一切环境的标准模型，而是要根据领导与被领导者所处的具体情况来确定和选择。这些影响因素主要包括环境、任务性质、职权观、团体动力等方面。领导决策方式的基本变量是经理专断程度与下属享有的参与度之间的一个比例。这一比例的变化从前到后形成一个从最专制到最民主的连续统一体：经理做决策并直接宣布；经理推销自已做出的决策；经理提出计划并征求其他人的意见；经理提出暂时性的计划，允许下属进行修改，让下属发挥一定的作用；经理提出问题，征求意见，然后再做决策；经理确定范围和界限，让团队做决策；经理容许下属在其规定的范围内行使职权，独立决策。

2.“主动”与“体谅”结构二维领导模式

二维领导模式是由斯托格蒂和沙特尔提出来的。这是二人在俄亥俄州立大学的领导下，于1945年对领导行为研究的结果。他们把领导的方式分为两个基本要素的变量，一个是对工作的关心——主动结构，一个是对人际关系的重视——体谅结构，并将两个变量根据强弱不同，组合成为四个管理方式的类型，形成四个方格：第一种是高度关心工作，低度关心人际关系，即高结构低体谅型；第二种是低度关心工作与低度重视人际关系，即低结构低体谅型；第三种是低度关心工作和高度重视人际关系，即低结构高体谅型；第四种是高度关心工作和高度重视人际关系，即高结构高体谅型。他们认为，一个成功的领导者要结合组织与个人目标，综合考虑工作因素和人际关系因素，对各种因素进行有效调节，找到最佳的领导方式。

还有一种管理方格理论为美国管理学家布莱克（1918—2004）和穆顿（1930—1987）提出。他们于1964年设计了一个巧妙的管理方格图，这种图的横坐标表示对工作的关心程度，纵坐标表示对人的关心程度，均划分为9格，横纵坐标结合共形成81个方格，每个方格表示一个“关心生产”和“关心人”这两个基本因素以不同程度相结合的领导方式，比如1.1型方式：表示对工作和人都极不关心；9.1型方式：表示对工作极为关心，但忽略对人的关心；1.9型方式：表示对工作不关心，对人极为关心；5.5型方式：两者兼顾；9.9型方式：表示对工作和对人都极为关心。

3. 利克特的支持关系理论

支持关系理论主张领导和员工之间形成一种相互支持的关系。该理论是由美国著名心理学家和行为科学家伦西斯·利克特（1903—1981）与其同事经过30年的研究提出来的。利克特先后在密执安大学和哥伦比亚大学获得硕士和博士学位，后执教于哥伦比亚大学，主要从事行为科学研究，特别是人事管理和企业领导模式的研究。其主要著作有《管理的新模式》(1961)、《人群组织：管理和价值》(1967) 等。他在企业领导方式的研究中提出了支持关系理论，其主要思想是：管理归根结底是对人的管理，作为领导者必须面向下属，注意人际关系的沟通，打造一种团结一致的局面。领导者要关心下属的需要，体谅下属的处境，支持他们实现自己的个人目标和人生价值。这样最终也会形成职工对领导者的信任，采取合作态度，反过来支持领导，从而形成一种领导者与被领导者良性互动的融洽关系。

利克特把已有的领导方式和体制分为四种基本类型：(1) 剥削式的集权领导或称“专制—权威式”领导体制。由于领导和下属之间没有信任，这种专制型领导方式在决策方式上，由上层做出决策，并以命令方式强制下属执行，下属没有任何的自由与自主。这种体制的一个结果是，职工为了满足自身的某些社会情感方面的需要而结成非正式组织，这种非正式组织在某种程度上是对抗正式组织的。(2) 仁慈式的集权领导或称“开明—权威式”领导体制。这种体制基于领导者与下属之间一定的信任关系，让下层人员在一定程度上参与决策。与第一种体制相比，有一定的民主性，但它仍然是一种集中型的体制。在这种体制下，仍然容易产生非正式组织，但是其与正式组织不一定是对抗性的。(3) 洽商式的民主领导或称“协商式”领导体制。这种体制基于领导与下属之间的相当程度的信任关系。虽然全局性的决策权仍然在高层，但是高层把低层次的一些决策权转移到下属。这时产生的非正式组织基本上是支持正式组织的目标的。(4) 参与式的民主领导或称“群体参与式”领导体制。基于一种非常高的信任关系，决策权不再高度集中，比较分散，职工普遍参与。由于职工有决策权，加上充分的沟通，上下级之间形成一种友好的支持关系。利克特还认为，前三种都属于集权主义的领导体制，领导以权力为基础，只有最后一种才是真正民主型的领导方式，是基于相互理解的一种支持关系，它是最有效率的。

4. 豪斯和米切尔的“目标—途径”理论

“目标—途径”理论是由管理学家豪斯和米切尔提出的。罗伯特·豪斯（1936— ），加拿大管理学家，在美国底特律大学和俄亥俄州立大学获得管理学硕士学位和哲学博士学位，后任教于纽约市立大学的伯纳德·巴鲁克学院、密歇根大学、俄亥俄州立大学和加拿大多伦多大学。特伦斯·米切尔，美国管理学家，先后在杜克大学、伊利诺伊大学获得学士、硕士和博士学位，后任华盛顿大学的管理学和心理学教授。他们于 1974 年发表共同论文《关于领导方式的目标—途径理论》，提出了基于目标—途径的管理方式理论。

（1）理论渊源。主要的理论来源是弗鲁姆的期望理论。期望理论告诉我们，有两个因素决定着员工努力工作的动机，一是行为结果的效价，一是对结果的期望值。所以，我们要激发员工努力的动机就要在两件事情上做工作：一是激励和帮助员工努力工作以实现组织要求的绩效，在努力和组织绩效之间建立关联性。二是要使员工相信，实现了组织绩效，同时也能够满足个人需求，得到自己需要的报偿，即在组织绩效与个人效价之间建立关联性。管理学家伊文思则在此基础上明确地加上了领导在激励中的作用，研究了领导、报偿和目标之间的关系。他认为，领导的作用首先在于使员工相信努力能够得到报偿，并在报偿和工作目标之间建立关联，清楚地指明工作目标以及实现目标的具体途径。豪斯与米切尔在此基础上，比较系统地研究了目标—途径理论，并把它们上升到领导者的主要领导方式的高度。

（2）基本观点。该理论有两个观点：第一个观点是有关“目标”的。认为领导工作是帮助员工达到目标，并提供必要的指导和支持以确保员工各自的目标和组织总体目标保持一致。第二个观点是关于“途径”的。主张有效的领导要通过向职工指明实现工作目标的途径，帮助员工排除实现目标过程的各种障碍，使其顺利实现目标。

(3) 四种领导方式。豪斯和米切尔经过研究，将领导方式分为四种类型，即指示型、支持型、参与型、成就导向型。1) 指示型。这种领导方式适合于员工对工作任务和岗位职责不明确的情况。主要是由领导下达具体任务，规定岗位职责，甚至进度和标准，要求员工严格遵照执行。这种领导方式，容易使员工感受到被控制，没有自主性，满足感容易受到伤害。2) 支持型。与指示型重点从工作上加以指导不同，支持型主要从对员工的关心和支持的角度来理解领导角色，对职工态度和蔼，理解并关心职工的真正需求，职工与领导之间是一种支持与被支持的关系。3) 参与型。领导要求下属直接参与决策的制定，征求员工的意见，协商一致。优点在于可以让员工更好地了解目标、途径，也满足其参与的需要，达到激发其主动精神和主人翁责任感的目标。4) 成就导向型。鼓励下属将工作做到较高的水平，树立挑战性的目标，并激励和帮助员工提高工作能力，增加其信心，在目标和途径之间形成一种良性互动关系。

"目标—途径"理论还认为，关于一个组织采取什么样的领导方式，不是一成不变的，即使是同一个领导者，在不同时期和不同的情况下，也可能采取不同的领导方式。这主要取决于被领导的对象的个性特征以及职工面对的环境等因素。

豪斯并未在提出"目标—途径"理论后止步，而是对领导方式理论进行了进一步的研究，提出了以价值为基础的领导方式。主要思想是，领导要把自己的价值观注入组织，并形成为组织的价值观，使得员工接受并成为共同的价值观，职工发生共鸣，唤起被领导者对集体目标和组织共同愿景的认同，也把这种价值观内化为自己的价值观，在共同的价值观基础上，提高领导行为的有效性。

5. 科特：什么是"成功的领导者"

科特的领导艺术理论是以调查研究为基础的。约翰·科特（1947—　），美国哈佛大学商学院的著名管理学家。他花 20 年时间对曾经在哈佛商学院学习过MPA专业的企业家们进行跟踪调查，研究了各类经理人员和负责人，在40家企业与150名经理人员进行面对面交谈，也利用领导资源调查表进行调查，还对15家企业培养高级管理人才的措施进行了调查研究。1988年出版《现代企业的领导艺术》一书，该书对20世纪80年代后的管理实践产生重要影响。此外他还有《总经理》(1982)、《变革的力量》(1990)等著作。他对领导者的职责、好的领导者的标准、领导者如何激励员工以及领导者的素质及培养问题都做过系统研究。

(1) 领导的含义和好的领导的标准。科特对什么是领导进行了研究，他是从领导与管理的区别的角度来理解领导的含义的。他认为，领导和管理的主要区别在于是否会导致企业方向的根本性变革。管理只是涉及计划、预算过程的确定和详细的日程安排，调拨资源来实行计划；而领导则是企业的引路人，与企业根本方向的确定有关。领导要确定经营方向，确立将来的远景目标，并为实现远期目标制定进行变革的战略。在当代，企业特别需要"成功的领导"，这是由时代特征与公司特征决定的，一是竞争加剧，二是公司结构的复杂化。科特认为，一个"成功的领导"是好的引路人。好的领导能够鼓励人们朝着真正能够给他们带来长期最大利益的方向努力，而不会把人们引入歧途，甚至引向绝境。好的领导珍惜而不会浪费他们的稀缺资源，也不会造就人性的阴暗面。成功的领导有一些基本的共性：有把事情做好的基本设想，同时照顾到所有相关人员的合法权利，根据企业的内外环境对上述两个方面做出战略性安排。

(2) 成功的领导如何激励员工。如何激励员工问题的研究由来已久，人们认为激励方式要与人性和人的需求相一致。科特提出了自己关于激励员工的方法，其中也体现了他对人性的基本假设。他认为人是有多种需要的自我实现人，对人的激励最基本的是要把其努力与满足感和目标联系起来。领导的基本激励方法是：1) 让相关人员清楚地知道管理目标对他的重要性。2) 让其积极参与目标的制定。这样便于目标的执行，同时也满足其操纵感。

3）积极支持员工实现其目标。包括业务技术能力方面的指导帮助和心理、情感、自尊上的鼓励和启发。4）认可与奖励。通过对结果的认可与奖励，使其具有成就感和归属感。

（3）成功领导者的基本素质及其培养。科特认为，成功的领导者要具备一些基本素质，包括行业与企业知识方面、人际关系方面、信誉与工作记录、能力技能方面、个人价值观方面、进取精神方面等。这些素质，既有关于企业知识方面的，又有能力和品质方面的。这些个性品质与成长的家庭环境密切相关，但也是可以培养的。关于如何造就非凡管理队伍的问题，科特强调要给领导者提供挑战的机会，要善于发现领导者好的素质，要有计划地加以培养。

第三篇

走向领导科学

西方国家的管理学在经历了科学管理阶段和人本管理阶段之后，来到知识管理阶段。在科学管理和人本管理阶段，管理学家把生产过程中积累的经验知识和一定的简单的科学知识运用于生产过程，并把管理理论奠定在科学实验的基础上。行为科学的研究到20世纪60年代也达到一个新的高潮。同样是在这一时期，管理学的研究走入学校和研究机构，也进入学校的课堂。思想家和科学家们从不同的视角进行管理学的研究，特别是从系统论和借助数学、计算机等科学方法进行研究。继而由于科学知识在生产力中的主导作用，管理学开启了以知识和其生产者——知识工作者的生产力为对象的研究，形成了知识管理阶段。德鲁克认为，在整个20世纪，影响世界最大的事件不是两次世界大战的发生，也不是战后日本的迅速崛起，而是生产力革命，即体力劳动逐渐被脑力劳动所代替，体力劳动者逐渐被脑力劳动者所代替。20世纪体力劳动者生产率提高了50倍，而知识工作者的生产率基本上没有得到提高。知识经济时代管理最大的挑战是激励知识工作者的工作积极性，充分发挥知识工作者的创造性。

托夫勒在1980年出版的《第三次浪潮》一书中认为，现代科技改变着人类社会的结构和生活形态。他指出，人类发展中出现的三次浪潮是：农业文明、工业文明和信息文明（社会）。在第三次浪潮的冲击下，公司的结构、目标和责任将发生根本改变。公司要受到各种社会因素的影响。这些因素包括：物质世界的改变，企业会对环境具有更多的社会责任；“相同利益”的社会力量的改变，企业的影响会更大，影响到更多的组织；信息角色的改变、政府组织的改变，政府组织与工商组织之间的相互影响更加激烈；道德观念的改变，企业的伦理观和价值观与大众社会观念联系更加紧密。这些趋势在20世纪80年代初期还是萌芽状态，但现在很多已经变为现实。托夫勒是一个真正的预言家。比如他关于“朝九晚五”的工作方式将会消亡的结论，今天正在变为现实。这种工作方式是工业社会的产物，今天信息社会中，“弹性工作时间”与“在家工作”变为现实。随着科技革命的出现，信息经济或知识经济的兴起，科技成为第一生产力。科技含量增加以及产品周期加快，使得加工业内部的竞争加剧。随着知识经济时代的到来，知识工作者逐渐取代体力劳动者成为时代的主流，知识工作者以及其工作的特殊性，使得对知识工作者的管理也成为一个新的管理学主题。德鲁克在《21世纪管理的新挑战》一书中明确地认识到，对知识和知识工作者的管理成为管理的新挑战。对于企业来说，由于科技发展和知识的更新加快，组织的学习和知识创造成为保持组织竞争力的关键，也成为企业生存和发展的必由之路。在新的条件下，人们开始对学习型组织、知识创造型企业进行研究。

自20世纪80年代以来，资本主义国家的产业结构发生了深刻的变化，随着科技的发展、知识经济的到来以及国际化趋势与文化价值观的相互影响，企业面临内外的新的环境因素的影响。这一时期需要企业战略的调整，出现了战略管理思想。

在当代，人本主义思潮的管理学并未灰飞烟灭，而是以新的形式在继续。工作中对人的激励已经从个人激励发展到组织文化激励阶段。因为组织文化是一种更可以信赖的激励因素。特别是战后日本经济的迅速崛起，使得美国管理学家们感到惊奇，并且迅速开展认真的研究，在 80 年代就兴起了组织文化研究热潮，并很快出版了被称为“组织文化四重奏的”的四部研究著作。之后，对组织文化的研究被称为新时代的新管理学标志。

第六章　领导者的系统思维与管理

第二次世界大战期间及战后一段时期，管理学家们和其他领域的思想家一样，更加重视人的问题，特别是通过各种途径对组织中的员工进行激励，成为管理学研究的重点。第二次世界大战后，世界局势趋于稳定，各国经济得到复苏和发展，企业规模进一步扩大。在科学方法论上出现了“老三论”和“新三论”的系统理论，以原子能和计算机等新技术的发展为标志的科技发展日新月异。管理科学得到普遍承认，各领域的学者们从自己的领域出发，用自己熟悉的科学方法来研究管理学，形成了不同的管理思想流派。以系统科学和数量管理科学为代表的诸多管理学派应运而生，形成了如管理史学家孔茨命名的“管理理论丛林”。从前的一两条主线作战的研究方式，被雨后春笋般的管理学派所代替。孔茨（1908—1984）1961 年 12 月在美国《管理学杂志》上发表题为《论管理理论的丛林》的文章，把当时存在的管理思想分为六个主要流派：管理过程学派、经验学派、人类行为学派、社会系统学派、决策理论学派和数学学派。孔茨还对造成当时流派纷呈局面的原因进行了分析，认为主要有以下四个方面：一是概念用法不统一，出现语义上的混乱，甚至对一些管理学的基本概念比如“管理”、“组织”、“领导”、“人际关系”等词都没有形成一致的看法，这种语义上的不一致，成为各学派自说自话的重要原因。二是对管理、管理学含义和范围的界定没有统一，造成各自不同的研究范围和重点。三是曲解和抛弃前人的管理经验和管理原则。泰勒、法约尔、古利特等管理思想家对管理的原则提出的一些基本思想，被视为“万能论者”的先验假设、老生常谈而抛之脑后，试图用“新”的原则取而代之。四是各领域的管理学家之间存在隔阂，互相之间不了解，甚至矛盾和对抗，造成管理理论界的混乱状态。孔茨在 1964 年又发表《走向统一的管理学》，认为当时的权变学派最有希望使管理学结束分离状态而走向统一。但到了 20 世纪 70 年代，管理学依然是丛林状态，而且分离趋势越来越严重。1980 年他又在美国《管理学会评论》杂志上发表《再论管理理论的丛林》一文，指出当时的管理学派已经从原来的 6 个发展到了 11 个：经验学派、人际关系学派、群体行为学派、社会协作系统学派、社会技术系统学派、决策理论学派、系统学派、数学（管理科学）学派、权变理论学派、经理角色学派、经营管理（管理过程、管理职能）学派。

不过这一阶段最主要的流派几乎都与系统论思想有关，甚至可以用系统管理的名称来称呼这一阶段的管理理论。而系统管理以一般系统论为方法论基础。19 世纪三四十年代，系统理论开始形成。贝塔朗菲（1901—1972）1937 年在美国芝加哥的一个国际会议上首次提出“一般系统理论”的概念，1950 年在《科学》杂志上发表《物理学与生物学的开放系统》的论文，论述了一般系统论的主要观点。1955 年贝塔朗菲的专著《一般系统论》成为该领域的奠基性著作。20 世纪六七十年代系统论更是受到人们的普遍重视。1968 年贝塔朗菲出版《一般系统理论的基础、发展和应用》，全面阐述了动态开放系统的理论，成为一般系统论的经典著作。在贝塔朗菲看来，任何有机体都是一个由相互联系的各个部分按照等级层次组织起来的开放系统，系统与环境之间有相互作用的关系。美国数学家诺伯特·维纳（1894—1964）在系统论的基础上提出控制论的思想。1948 年出版《控制论：关于在动物和机器中控制和通讯的科学》一书，提出系统可以通过设计由通信线路对自己进行控制，这种控制可以通过反馈和自我调节来实现，系统可以通过自我调节以适应环境等的变化。美国数学家、通信工程师申农（1916—2001）在1948年建立信息论，特别是研究了信息论在通信过程和自动化控制中的作用。后来随着计算机的运用，信息论的价值日益凸显。肯尼迪·博尔丁发展了贝塔朗菲早期的系统论思想，并将其与控制论和信息论集合起来，1956年发表《一般系统论：一种科学的框架》一文，系统阐述了一般系统论的基本概念，给出了系统论的基本框架，并对整个世界的各种现象进行了层次划分。20世纪60年代后，出现了“新三论”——普里高津的耗散结构理论、哈肯的协同学理论、托姆的突变论，对系统论思想进行了更深入的研究，提出了自组织理论、非线性复杂系统等思想。

一般系统论认为，系统是一个由内部相互联系的各个部分组合而成，又与外部有着广泛联系的一个层级整体。在系统论看来，系统的主要特征有：(1) 整体性。所有有机体均可以看作一个系统整体，它不是部分子系统的简单之和，而是由各部分相互作用形成的整体，整体的性质是部分不具有的。(2) 动态性。系统内部各部分之间、部分与整体之间以及系统与外部环境之间的关系在发生变化，处于运动之中。(3) 层次性。系统是分层次的，系统内部各部分是一个子系统，系统又属于一个更大的系统，整个世界形成一个不同等级的系统体系。(4) 开放性。系统具有开放性，是指一个系统不能单独存在，要与外部环境之间进行能量和信息的交换，系统与环境相互作用、相互影响。(5) 目标性。每个系统均有自身的目的，系统的目的与各子系统的目的是不同的，各子系统通过协调完成一个更大系统的整体目标。(6) 反馈性。系统在各种相互作用中存在和发展，通过作用的反馈，进行自我调节，实现有机体的整体平衡和整体目标。

在这一时期，许多管理学流派都与系统思想有关，从不同的角度和在不同的方面比较系统地运用系统论思想和方法研究管理问题，把组织看作一个系统，把整个社会看作一个大系统，组织内部由相互联系和作用的要素构成，组织也同外部环境发生联系。从系统论的一些基本观点来看待管理问题，形成各种不同的系统管理思想相关流派，包括管理过程学派、社会系统学派、系统管理学派、权变管理学派、经验主义学派、经理角色学派等。由于社会系统学派主要代表巴纳德的思想在第二篇中已做介绍，这里不再重复。

第一节　管理过程的要素与原则

对管理过程中的要素与原则进行研究的管理学派称为管理过程学派，又叫管理职能学派、经营管理学派。这个学派在西方是继古典管理理论学派和行为科学学派之后影响最大、历史最久的一个学派，也是当代管理理论的主要流派之一。它主要致力于研究和说明“管理人员做些什么和如何做好这些工作”，侧重说明管理工作实务的主要内容。因为这个学派研究一般管理过程及其要素，包括管理的要素、管理原则、管理教育等问题，他们的管理思想成为管理学教科书的主要内容，所以这个学派可以看作管理学中的正统学派。管理过程学派的创始人是法约尔，他将管理的要素分为计划、组织、指挥、协调和控制，并将管理原则总结为 14 条。管理过程学派最著名的代表人物是哈罗德·孔茨。这个学派的主要代表人物及其著作有：法约尔：《工业管理与一般管理》，穆尼：《组织原理》，孔茨、奥唐奈：《管理学原理》，纽曼：《管理过程：思想、行为和实务》，戴维斯：《工业组织和管理》，丘奇：《管理的科学和实务》。

一、穆尼的组织效率三原理

美国管理思想家詹姆斯·穆尼（1884—1957）对组织和组织效率原则进行了深入的研究。他在《组织原理》中提出组织效率的三原理，即协调原理、阶层原理和职能原理。协调原理是指在某种权威下，人们为了实现一个共同目标，需要采取协调一致的行动。阶层原理是指组织成员分为不同的阶层，这种划分是以工作职责为根据的。职能原理是在组织内对不同职能进行区别与划分。这些原理主要的思想特征和贡献：一是对组织协调的基础的研究，认为组织和协调的基础是共同目标或利益。对协调原则涉及的权威、集中、纪律和民主等问题有辩证的理解，认为权威可以是专制的也可以是民主的，协调也包括纪律，包括当局者的自律。二是在阶层原理中，坚持了组织中的阶层原则，同时强调实现组织目标，使被管理阶层实现任务的根本途径是授权，并认为，授权技巧是对管理者的管理能力的最大考验。三是在职能原理中，认为职能可以分为决定性职能、应用性职能和解释性职能，但这三种职能常常集中于一个人身上。穆尼对组织冲突理论有独到的见解，认为冲突既有破坏性的也有建设性的，对矛盾和冲突不要掩盖，而是要给予一种方式（安全阀）使其宣泄出来。领导可以创设一定条件和环境，使不满情绪以特定方式得到发泄，从而保持组织的稳定。

二、孔茨的管理过程五要素

哈罗德·孔茨，是美国著名的管理学家，过程管理学派的主要代表人物。1935 年在耶鲁大学获得博士学位，随后在加利福尼亚大学洛杉矶分校做管理学教授，1963 年起担任美国管理科学院院长、行政管理研究所所长，1965—1971 年兼任行政管理研究公司的总裁，1965—1972 年兼任捷尼斯科董事会主席，还在美国、荷兰和日本等国的大公司中担任管理咨询工作。有著作《管理学原理》（1955）、《管理理论的丛林》（1961）、《再论管理理论的丛林》（1980）、《走向统一的管理学》（1964）等。

作为管理史学家，孔茨对管理思想史有系统的研究，同时对管理的实质和要素理论也进行了卓有成效的研究。他对管理的定义是：“通过别人使事情做成的各项职能。”与法约尔不同，他把管理的职能分为计划、组织、人事、指挥和控制。认为计划是最基本的职能，其他职能必须反映计划职能的要求。他根据变化的情况把人事管理和领导纳入管理的基本要素，而把指挥和协调职能放在领导职能之中。

（1）计划职能。孔茨认为计划职能是对目标和手段的一种选择，所以是方向性的，是五种职能中最为基本的。一个完整的计划活动要包括以下步骤：机会和目标可能性的基本估计；计划工作本身要达到的目标的设定；就计划的关键因素和前提征求相关人员同意并进行广泛宣传；提出可供选择的各种方案；评价和选择方案；制订派生计划以支持基本计划；通过预算等方式使计划具体化和数字化。这里孔茨认识到，计划的制订要对影响计划的环境即机会有清醒的认识，计划的制订要就关键因素和前提与相关人员取得一致意见，这些思想是与时俱进的。

（2）组织职能。孔茨把组织活动界定为设计出一个有一定目标的权责机构。他认为，有效的组织必须具备三个特点：一是目标明确。组织目标明确、有操作性。二是职责清晰。主要职责、业务活动清晰。三是职权明确。工作人员的职权范围明确。孔茨认为，健全的组织工作的基本原则包括：目标一致、效率、管理幅度、分级、授权、职责绝对性、权力与责任对等、统一指挥、职权—管理层次、分工、职能明确性、检查部门与业务部门分设、平衡、灵活性、便于领导。组织目标的实现要全体员工共同完成，这就要对下级授权，授权是组织的一种最普遍的行为。在孔茨的组织原则中与授权相关的包括七条：授权、分级、职能—管理层次、分工与自主决策、统一指挥、权责一致、职责绝对性。最后一条原则是指，由于职责分工，某种职责要授予特定对象，上级对下级的工作授权与任务委派负有绝对责任。虽然在孔茨关于组织要素的内容中没有协调，但是协调工作本身是存在的，而且在他关于与授权有关的七项组织原则的论述中，可见他对协调原则的重视。

（3）人事职能。人事职能的提出与行为科学的发展及其对人的因素的重视有关。孔茨对人事工作职能的内容和员工选拔标准进行了研究，强调要岗位和人员匹配。他认为，人事职能包括选择、雇佣、考评、储备、培养等多方面的工作。强调人岗匹配，根据工作岗位来配备人员，在主管和基层监管岗位更是如此，要做到人事工作常态化和规范化。关于员工特别是管理人员的选拔与评价问题，认为要将员工个人品质和工作特征的要求两个方面结合起来，而个人品质方面要把技术能力和综合能力结合起来，综合能力包括管理、决策规划、分析与解决问题等多方面的能力。

（4）领导职能。孔茨把领导界定为引导下级人员理解和有效地完成组织目标。领导要善于把各种积极因素有效地组织起来，特别是要把组织目标与人的因素结合起来以实现组织目标。这就要求要对人性有一个基本的认识，根据人性进行管理。孔茨综合了人性假设理论，提出自己的类似于沙因“复杂人”的人性假设思想。1）人有自利性。人们主要关心自己的个人事务。2）人是理性人。如果利益超越代价，个人会为之努力工作。3）人是愿意接受别人领导的。领导者可以通过很多的方法去说服人们接受领导。4）关联性与独立性并存。人们既有一起工作的愿望也有独立性要求。5）个人需要产生组织。组织的产生是由于个人无法单独满足自己的需要才出现的。6）人与人之间甚至同一个人在不同时间都有根本的性质上的差别。7）个人的能力是可以开发的。特定环境下个人能够完成平时不能完成的任务。

孔茨还指出，领导工作有三项重要原则：指明目标原则、协调目标原则和统一指挥原则。孔茨认识到了授权、激励和信息沟通对于领导工作的特殊意义，认为领导的作用在于其影响力，领导要能够激励员工为组织目标而努力工作。关于信息交流，孔茨认为不能忽视非正式组织的作用。这些思想与巴纳德关于经理人员的职能的思想有近似之处。

（5）控制职能。控制职能就是对计划执行进行监控和反馈，以计划的要求对照执行过程中的阶段性目标完成情况，找原因，纠正偏差，以实现良性循环，最终实现组织目标。

三、其他思想家的管理职能理论

除了法约尔、穆尼和孔茨的管理过程理论外，还有一些管理思想家对管理过程特别是管理的职能进行了研究。(1) 奥德福的管理权限模式理论认为，一个企业权限等级和发展要受领导层级权限的影响，比如最高领导层领导能力和权限要比整个企业高一个等级，才能领导企业向前发展，否则只能故步自封，起不到引领作用。(2) 美国管理学家拉尔夫·戴维斯的有机职能论认为，组织管理原则和职能具有普适性，但同时也要注意其灵活性和对未来的适应性。有机的职能就是要随着环境的变化而具有适应性，要能够进行自我调整。反对泰勒的职能工长制，认为在职能工长制下，一个员工要向多个上级请示，会用一个上级来反对另一个上级，可能对组织造成破坏。与法约尔不同，戴维斯认为组织职能包括计划、组织、控制三项。(3) 丘奇先于法约尔提出管理职能理论，他认为管理职能有设计、设备、控制、比较和作业五项，但是不如法约尔明确完整。(4) 布朗在《工业组织》中提出管理过程理论，认为管理过程可分为三阶段：计划、实行、监督，强调自我协调和授权。(5) 马丁德尔在 1950 年发表的《对管理的科学评价》中提出管理评价的十条标准，突出强调人事管理和研究发展，这是一种综合评价理论。(6) 威廉·纽曼在计划职能方面提出专门计划和长远计划的概念，把协调置于指挥之下。(7) 特里把管理职能分为计划、组织、指挥、协调、控制和领导人们的努力六项。后来又把指挥与领导人们的努力合并为“激励”职能。再后来取消协调，放在其他职能中，最后归结为计划、组织、激励、控制四项。把管理原则定义为“为行为提供指导的基本陈述”，认为管理原则不是严格意义上的法则，而是灯塔，与法约尔一样具有原则性与灵活性相统一的思想。

第二节 作为系统的组织

把系统论思想运用于管理领域，早在巴纳德、福利特等思想家那里就已经开始成为一种自觉的行为。巴纳德用系统论思想分析组织，把组织界定为由人所构成的一种协作系统，并对组织系统中的各种关系的协调问题进行了研究，认为经理人员的基本职能就是做好各种协调工作，主要是组织目标与个人愿望的协调工作，获得职工对组织的贡献，以实现组织目标。但是巴纳德研究的主要是组织内部的关系，而不是组织和环境的关系。另一位美国思想家福利特把社会看作一个由各种群体组成的复杂的统一体，每一个组织也是一个由不同的相互联系的人组成的一个统一体。在统一体内，个体离不开统一体，没有离开统一体的个体。个体与组织、个体与社会也是相互作用的关系。人们的行为和心理活动，是人们与外部环境相互联系和相互作用的结果，人们的任何行为反应都是对一种联系的反应，而不是对单纯的外界事物的反应。组织目标是建立一个融合的统一体。决策理论学派的代表人物西蒙在其决策理论中，把企业作为一个同周围环境相互影响的、开放的、有机动态系统，强调内外信息的收集对决策的重要意义。在 20 世纪五六十年代，系统论思想逐渐成熟，一些学者开始把一般系统论的基本思想自觉和广泛地应用于工商企业管理，形成系统管理学派，主要代表是弗里蒙特·卡斯特、詹姆斯·罗森茨韦克、理查德·约翰逊、米勒、萨洛维奇等。卡斯特、约翰逊和罗森茨韦克三人在 1963 年合作出版《系统理论与管理》一书，较全面地阐述了系统管理的思想，到 1970 年，卡斯特和罗森茨韦克二人又合作出版《组织与管理——系统方法与权变方法》一书，充实和扩展了他们的系统管理理论。他们的理论，提出了系统管理的基本框架，提出了系统管理学派的基本观点。他们用一般系统理论的观点来分析管理实践问题，形成了系统观点、系统分析和系统管理三个层面思想的完整理论。这三个层面具有一种递进的关系，是一条从理论到实践、从抽象到具体的进路。系统观点是概念的、思考的、战略的，其任务是把组织同根据结合起来；系统分析的特点是优化的、建立模型、作业层面的，其任务是有效利用资源并实现目标；系统管理的特点是实践的、综合的、协调的，其任务主要是把组织内部各项活动结合起来。

一、系统观点

这里讲的系统观点，是指用一般系统论的思想来思考管理问题而形成的对管理的一般看法。系统观点认为一个工商企业就是一个系统，它是两个或两个以上的个人通过联系而构成的一个整体。整体的各个部分相互联系和相互作用，具有特定的组织结构和整体功能，分系统要服从整体系统，分系统的功能由其在整体中的位置而确定。整个系统与外部环境之间也是相互影响和作用的。系统观点主要有两个方面的核心思想即开放性和整体性。

（1）开放性。认为组织是一个开放的系统。与传统的组织理论把组织当作一个封闭的系统，主要研究组织内的结构、工作关系与人际关系不同，系统管理理论把组织看作开放系统，组织系统与顾客、竞争者、市场、政府、社会甚至国际环境等外部因素之间都有着动态的相互作用关系，它是一个通过人财物和信息等方面的不断投入—转换—产出的方式构成的持续的循环过程。系统的开放性给管理者的启发在于，要注意组织内外之间的相互影响的关系，组织结构和组织决策要随外部环境的改变而做与时俱进的调整。同时也要关注组织系统在更大范围、系统中的地位和作用。

（2）整体性。认为组织是一个由各部分相互联系而形成的整体，整体的性质和功能不是部分的简单相加。整体性给管理的启示在于，管理人员不要只关注子系统的特殊职能而忽略了组织的整体目标。一个完整的组织系统，包含以下几个方面的子系统：1）目标与价值子系统。包括系统整体战略目标和各子系统的策略目标以及个人目标、组织文化和价值观等方面。2）技术子系统。包括企业组织在生产和管理过程中使用的各种工具、设备、技术程序和方法以及所积累的经验、知识和技能等。3）社会心理子系统。包括企业组织成员的行为动机、思想和需求、组织与个人之间的相互关系等方面。4）组织结构子系统。包括组织的职位设置、职位说明、组织规章和各部门之间的工作协调等方面。5）管理子系统。是把各部门子系统结合起来，把系统与外界环境联系起来，进行计划、决策、组织和协调等职能活动。

在上述五个子系统中，系统管理学的研究者特别重视管理子系统的意义，认为管理子系统在组织中起着核心与纽带作用。以前的一些管理学派，重视其中的某些子系统的作用而忽视其他子系统的作用，比如韦伯等人的组织理论只注重组织结构子系统的作用，梅奥等人的行为科学只注重社会心理子系统的作用，泰勒的科学管理只注重技术子系统的作用。但是系统管理学派更重视各个子系统之间的协调关系，注重系统整体的功能和优化问题，这些正是管理的内容，与之前的那些只注重某个或几个方面的子系统是不同的。

系统管理理论是以一般系统论的观点为基础的，它首先是一种思维方法，体现了管理思想的改变，正如系统管理学派的代表人物之一的卡斯特所说："它是关于管理工作的一种思维方法……它提供了把内部和外部环境的各种因素看作一个有机整体的一种框架的思路。"

二、系统分析

什么是系统分析。对系统内的基本问题，用逻辑推理和科学分析方法在确定或不确定的条件下，找出各种可行的备选方案，加以分析比较，进而选出最优方案，就是系统分析。系统分析一般采用模型分析法，即通过模型的类比研究和分析，看清问题和有效地解决问题。

系统分析的关键要素。系统分析是对目标和实施方案的设计，涉及目标、方案、分析技术模型、费用、效果及评价标准等几个重要的方面和要素。(1) 目标。目标是系统分析的首要要素和前提，没有目标就不用做系统分析。系统分析的目标必须明确，而且必须有可行性。可行性分析又是基于政治的、经济的和技术的等各方面的具体条件的。(2) 方案。分析的直接结果就是要提出供选方案，供进一步的选择和实施。(3) 模型。在系统管理理论中，模型分析方法是系统分析的基本技术，通过模型来表示某种方案，它是方案制订和选择的基本工具。(4) 费用。费用是任何方案实施所必需的重要因素，是制定和选择方案时必须考虑的因素。当然费用是多方面的概念，不仅表现为货币的支出。(5) 效果。效果是分析中基本评价标准之一。(6) 标准。要具备明确的可以计算的评价标准。

系统分析的基本原则。根据一般系统论的思维方法，系统管理理论提出了如下的系统分析的基本原则：(1) 日的性原则。分析和确定方案时，必须围绕分析的目标进行，否则就没有方向性。(2) 个体服从整体原则。要结合内外因素制订行动方案，既要考虑局部利益，更要以整体利益为重，个体的局部的利益要服从整体的利益。(3) 当前利益与长远利益相结合原则。制订方案既要考虑眼前利益，更要考虑长远利益。要注意一定条件下当前利益和长远利益的冲突性质，有时有利于眼前利益的方案最终是有害于长远利益的。(4) 分析技术综合性原则。要集合使用定性分析和定量分析的方法。(5) 抓关键原则。要抓住关键和重点环节，防止只关注细枝末节而忽视整体和关键。

系统分析的一般步骤。系统分析的步骤与系统分析的要素是一致的，是一个从目标的确定到信息收集，再到备选方案的提出、比较、选择以及实施的过程。(1) 确定分析要达到的目标。(2) 根据目标收集情报和制订供选择的行动方案。(3) 选择和运用分析模型对目标和方案进行质量和数量的综合分析。(4) 通过对比分析，选择其中的最佳方案。(5) 实施方案和反馈信息。

三、系统管理

什么是系统管理。系统管理就是采用系统论的观点和方法，把企业作为一个系统来进行管理和经营的管理方式。在系统管理中，要坚持以整体为中心和以目标为中心，而不是以部分为中心。要综合考虑、统筹兼顾。要优先考虑整体的目标，以整体目标为出发点来进行管理，确保整体目标的实现。

系统管理原则。由于组织系统具有目的性、整体性和层次性等特征，所以系统管理原则要反映这些特征。系统管理原则主要有：统一指挥原则，有利于实现整体效应；分权与授权原则，有利于沟通和参与；等级秩序原则；分工协作原则；整体效应原则，关注整体目标；信息反馈原则。这里既强调分工、等级秩序和统一指挥等传统管理原则，更强调通过协作、授权、沟通、参与、反馈等管理学的新技术来实现这种整体性效应。

系统管理的过程。从系统论角度看，管理的过程可分为四个相互联系的阶段：第一步，创建一个组织系统；第二步，设计系统，把组织系统按照一定关系和规则组织起来；第三步，运行和控制系统；第四步，检查与评估，即检查并反馈系统运行的效果。以上四个步骤中，每一步都有资源和信息的投入问题，本身又是一个设计和决策的过程。

四、系统动态学

系统动态学是美国的弗瑞斯特及其追随者罗伯茨等人创立的。杰伊·弗瑞斯特（1918—　）是麻省理工学院教授、电子计算机专家。他于 20 世纪 50 年代提出工业动态学并在麻省理工学院建立专门的研究机构。1961 年出版论著《工业动态学》，奠定了该理论的基础。

系统动态学是对卡斯特系统管理学的进一步发展。它利用数学模型和计算机技术对复杂系统特别是工业系统的行为进行模拟和研究，主要研究系统结构、管理政策和时间延误之间的相互作用如何影响系统的动态特征、有关的系统性预测定量化和实践问题。后来弗瑞斯特把这种工业系统结构分析方法运用到其他领域，比如社会系统和经济系统，发展成为系统动态学。弗瑞斯特的系统动态学成为后来彼得·圣吉的学习型组织理论的重要理论依据。

五、管理信息系统

管理信息系统在当代已经成为各类管理的基本工具。其思想来源和最早实践是在 20 世纪的六七十年代。管理信息系统是采集数据并将其转换成为管理者可用的信息的一个集成系统，是用系统思维的方法，以电子计算机和通信技术为基本信息处理手段和传输工具，为管理决策提供信息服务的人机系统。管理信息系统的功能主要是数据处理、预测、计划、控制和决策优化。管理信息系统的方法和思想，对于信息论、控制论和权变理论的发展产生了积极的影响，尤其是对动态系统的建立和运用，对研究系统性的社会问题和全球化问题有重要的方法论意义。

第三节　系统动态性与权变管理

20 世纪 60 年代末 70 年代初，在系统理论、经验主义和行为科学理论的基础上，发展出一个新的管理学流派——权变管理学派。这个学派认为，没有所谓的一成不变的和放之四海而皆准的管理理论和方法，管理原则和方法要随着组织环境的变化而改变，要因地制宜、权宜应变。他们的信条是“没有最好的，只有适合的”。权变管理学派以系统论为基础，看到了系统的动态性质，强调系统内部各要素之间关系的变化以及系统外部环境的变化对管理的影响。他们把管理看作是各种关系的一个变量。权变理论不是一种单纯的从系统论观点出发的一个理论推论，它继承了经验主义的基本方法和思想，特别是德鲁克的实用主义权变思想，也非常注重经验的研究。权变理论还继承了行为科学对人性的研究成果，特别是复杂人理论和超Y理论的成果。美国管理学家卢桑斯在其《权变管理理论：走出丛林的道路》一文中认为，权变管理理论是走出管理理论丛林的最有希望的道路。但由于其自身的局限性，最后也没有使管理理论走向统一。

一、权变管理的理论基础和核心观点

权变管理思想的理论基础主要来自两个方面：一个是人性假设上的超Y理论，另一个是系统理论的系统动态性思想。超Y理论由洛尔施、莫尔斯提出，主要观点是，人的需求是不同的，不同的人和人在不同时期会有不同的需要，人们是怀着不同的需求加入组织的，不同的需求对管理方式的要求不同，所以组织设计和领导方式要根据组织目标和组织性质以及组织成员的具体情况来确定。系统论中的系统动态性思想认为，系统具有开放性和动态性，系统受到内外因素的变化的影响，也在不断地发生变化。

权变理论的核心观点是由权变学派的主要代表人物弗雷德·卢桑斯（1939—　）提出来的，他于1973年6月在《工商业界》上发表《权变管理理论：走出丛林的道路》一文，1976年又出版了《管理导论：一种权变学说》一书，渐次系统地介绍了权变理论的思想。

卢桑斯的一个基本的观点是，管理的方式和技术要随企业内外环境的变化而变化。在这里，经营环境是自变量，企业的经营管理是因变量，两者之间形成一种函数关系。这种函数关系可用公式表示为：Y = F（X），其中X是环境自变量，Y是管理方式因变量，F是函数，管理方式是管理环境的一个函数，管理方式要随着管理环境的变化而变化。卢桑斯还对环境变数和管理变数进行了具体分析，把环境变数分为外部环境和内部环境。外部环境又分为一般环境和特定环境。一般外部环境包括社会、科技、经济、政治、法律等经营环境，特定的外部环境指供应商、顾客和竞争对手等直接相关者。

内部环境是指系统内的组织结构、决策、控制、科技等内部因素。一般外部环境不直接对管理变数发生影响，特定外部环境则直接发生影响。内部环境相对于外部环境来说也是因变量，它要受到外部环境的直接影响。而管理环境都是因变量。权变管理理论就是要通过这种函数关系的分析，找到自变量和因变量的一致性。但要注意的是，这种关系还要受到其他许多因素的影响，这种影响关系具有复杂性。这个学派兴起后受到人们的热捧，研究者众多。他们把权变思想运用于管理的不同要素的研究，在计划制订、组织结构设计和领导方式等管理的几个基本方面得出了许多令人耳目一新的思想。

二、权变管理思想的主要内容

1. 计划制订的权变

权变理论学派在计划问题上的基本观点，是认为组织计划的制订要考虑到组织内外的环境的影响，根据不同环境，采取不同的计划类型。所以，权变管理学派在计划制订上，重点关注三个方面的问题：

（1）计划的决定因素。

战略管理学派的重要代表人物肯尼斯·安德鲁斯在《公司战略的概念》（1971）中指出，在制订组织的计划之前，必须分析四个方面的内外因素，这些因素决定组织能够做什么和应该做什么。这四个方面的因素是：1）环境中的机会——组织可能做些什么；2）组织拥有的能力和资源——组织实际能做些什么；3）经营管理上的兴趣和愿望——组织要做些什么；4）对社会的责任——组织应该做什么。在制订计划时要综合考虑上述四个方面的问题，确定组织需要做什么和实际能够做什么，制订组织所需要的而又切实可行的计划。

（2）计划类型。

权变理论代表迈克尔·麦凯西 1974 年 6 月在《计划的权变观点：有目标的计划和无目标的计划》中指出，在制订计划时，要依据不同情况，分别制订不同类型的计划，根据环境条件的不同，是开放性的系统或者封闭性的系统，他认为应该考虑制订两种类型的计划，即有具体目标的计划和指导性计划。前者是有明确目标的，适用于机械的、封闭的和稳定的组织，后者适用于没有明确的目标或者没有目标的情况，适用于开放的有机的组织。在一种开放的系统中，有时制订具体的量化的计划不能适应环境的变化要求，组织反而被这种计划束缚了手脚，最终会导致失败。

(3) 计划的模糊性和灵活性。

计划的模糊性和灵活性问题是与前面两个问题即决定计划的环境问题和计划类型问题直接相关的。因为对于有机开放的组织来说，在制订计划时，必须考虑到组织目标、资源和能力等方面的内部要素和环境、社会责任等外部条件的具体情况及其变化，所以计划要保留一定的模糊性和灵活性，要留有余力根据实际情况进行修改和调整。而指令性计划和指导性计划对于模糊性和灵活性的要求也是不一样的。当然，权变理论学派在这一问题上，也不是一味主张计划的模糊性，它们主张明确性和模糊性都有其适用的条件，因为明确性也是计划制订的一条基本要求，它们的主张是要把明确性和模糊性结合起来。

2. 组织结构的权变

组织结构的权变论主要讨论环境因素的差异对组织结构的影响。根据系统论的观点，组织是一个开放的系统，组织与内外部环境之间有一种相互影响和相互作用的关系，企业的外部环境和内部环境及其变化对企业的组织结构的形式产生重要的甚至决定性的影响。由于对环境的理解的侧重点不同，对组织结构的分类也不同，形成了不同的组织结构权变思想。下面的几种组织权变理论，从内部性的技术环境和外部环境两个角度来讨论组织结构的设计问题。

(1) 琼·伍德沃德：基于工艺技术环境的组织权变论。

英国女管理学家琼·伍德沃德（1916—1971）从组织内部工艺技术水

平高低的角度对环境进行分类，认为在不同的工艺技术环境下，应采取不同的组织结构模式。她基于对英国一百多家公司的调研于 1965 年出版《工业组织：理论与实际》一书，提出了她的组织权变思想。她依据复杂性程度对企业的工艺技术进行了分类，认为有三种基本形式：小批量生产、大批量生产、流水作业生产。分析了三种情况下，企业在管理层次、管理幅度、管理人员的比例以及组织结构等方面的差异。认为，在小批量生产和流水作业下，一般采取“职能式”或“直线式”的组织结构，而大批量生产情况下，采取“直线—参谋”式结构。伍德沃德总结道，成功企业都具有与其技术特点相适应的组织结构特点。

（2）劳伦斯和洛尔斯：基于外部环境稳定性的组织权变论。

这种组织权变理论认为外部环境的稳定性会影响企业的组织结构形式。它是由美国管理学家保罗·劳伦斯和杰伊·洛尔斯在 20 世纪 60 年代提出来的。两位管理学家对 10 家企业进行了研究，其中 6 家是在高度动态的环境中进行经营的，2 家是在比较稳定的环境中经营的，2 家是介于两者之间的。他们的研究成果发表在 1967 年的《组织和环境》、《复杂组织的分化和整体化》等文章中。在这些文章里，他们提出了外部环境制约组织结构的思想，认为企业要根据不同的外部环境设计相应的组织结构。

这里的外部环境，包括企业产品的市场情况，企业外部的经济、政治等情况，社会和技术条件等。他们认为，企业外部环境的稳定性的决定因素包括三个方面：1）外部条件的变化速度；2）企业组织获得信息的可靠程度；3）企业决策实施后反馈的时间间隔长短。如果外部条件变化速度快、企业获得信息的可靠性程度低、决策实施后反馈时间间隔长，则说明环境是不稳定的，反之就是稳定的。在环境稳定性和企业组织设计之间存在着一种关联性。环境不稳定，则企业的组织结构就应该进行分化与灵活的设计，反之，则要进行整体性和稳定的设计。所以，没有所谓的一成不变的组织结构，组织结构和其他方面，比如领导方式和管理手段，都要随着环境因素的变化而变化。这种组织理论比起法约尔和韦伯的传统的统一的组织理论来有很大的发展。

（3）赫里格尔和斯洛坎姆：基于技术与环境的组织权变论。

这种组织权变理论，将内部技术的复杂性程度和外部环境的稳定性两个方面作为决定组织结构的两个主要变量。这是由美国管理学家唐·赫里格尔和约翰·斯洛坎姆在1973年4月发表于《工商企业》杂志上的《组织设计：一种权变研究方法》一文中提出来的。他们认为，外部环境和工艺技术是影响组织结构的主要变量。在不同的内外因素的影响下，形成四种组织结构类型：1）事业部制，如美国通用公司。适合于外部环境变化快，工艺复杂程度高的情况。2）矩阵模式，比如美国休斯飞机公司。它是将直线式的职能部门和项目任务结合起来，形成一种行列交叉的组织结构，直线是稳定的，项目是临时的。完成项目任务后，临时的由多部门组合的项目小组解散。适合于外部环境变化较快，工艺复杂程度较高的情况。3）直线职能式，如美国大陆包装品公司。适合于外部环境较为稳定，工艺较为简单的情况。4）集权形式，如美国麦当劳公司。适合于外部环境十分稳定，工艺非常简单的情况。所以一个企业的组织结构也要随着外部环境和内部环境的变化而变化。

3. 领导方式的权变

领导方式权变理论认为，没有任何一种领导方式是普遍有效的，或者所谓的“最好的”，一切领导方式都有其特定的环境条件，其中特别是企业的任务、成员的行为特性以及领导者本身和员工之间的关系性质对领导方式的选择影响最大。下面介绍几种有代表性的思想。

（1）菲德勒：“领导情景”与领导方式的匹配。

弗雷德·菲德勒（1922— ）是美国著名的心理学家和管理学家。早年在芝加哥大学获得博士学位后留校任教，1951年担任伊利诺伊大学心理学教授和群体效能研究中心主任，从事管理心理学研究，提出权变领导理论。1969 年开始在华盛顿大学从事心理学和管理学教学，还兼任荷兰阿姆斯特丹大学和比利时卢汶大学客座教授。主要代表作有《一种有效的领导原理》(1967)、《让工作适应管理者》(1965)、《权变模型：领导效用的新方向》(1974) 等。其领导权变理论是在《一种有效的领导原理》中提出的。

菲德勒认为，没有什么绝对好或绝对坏的领导方式，领导方式取决于"领导情景"，与领导情景相适应的领导方式就是好的领导方式。他把影响领导方式的情景因素分为三种：一是领导者和被领导者的关系，包括被领导者对领导者的信任和领导者对被领导者的吸引力两个方面。二是工作任务的结构，即不同组织成员担任工作任务的明确程度。三是领导者所处职位的固有权力，即已有职位本身的正式职权以及从组织和上级获得的支持效力。他还根据这些因素的综合情况，将这种领导情景分为从最有利到最不利的一个连续体，共有八个类型。他通过长期研究后，总结出如下两个基本规律：(1)"以任务为导向"的指令性领导方式适用于两个极端的情景，即最有利和最不利的情况，而"以人际关系为导向"的宽容型的领导方式则适用于两个极端之间的中间状态的情景。(2) 通过寻求领导方式和领导情景之间的匹配来提升领导效率。

(2) 弗鲁姆和耶顿：环境影响领导决策模型。

美国管理学家维克多・弗鲁姆和菲利普・耶顿于 1973 年出版合著《领导与决策》，在书中提出了其领导规范模型理论，研究了领导效率和环境因素的关系。他们认为，领导效率受到各种环境因素的影响，领导行为也要跟随特定环境的变化而改变。他们以员工参与程度与领导个人决策程度为两个变量，将决策方式分为三种类型五种方式。五种方式之间形成一个连续统一体。第一种类型：独裁专制型。又包括两种方式：1) 由领导者根据现有的资料，自己做出决策；2) 由领导者向下属取得必要资料，然后自己做出决策。第二种类型：协商型。也包括两种方式：1) 听取个别下属的意见和建议，然后领导者做出决策；2) 由下属集体提出意见和建议，然后由领导者做出决策。第三种类型：群体决策型。主要是让下属集体讨论，共同提出并选择方案达成解决问题的一致意见。他们认为，没有固定的“最好”决策模式，最好的决策模式就是根据各种变量因时制宜而选择的模式。他们的理论与坦南鲍姆和施密特提出的连续统一体的领导模型理论有类似之处。

(3) 卡曼：适应环境的领导生命周期理论。

该理论用生命周期的概念来说明领导方式也有一种随着各种环境因素的变化而显示出的周期性特征。该理论由美国管理学家卡曼最先提出，后由保尔·赫西和布兰查德发展补充。该理论吸取了斯托格蒂和沙特尔等人的双因素模式（即由主动结构和体谅结构组合成的二维领导模式）和阿吉里斯的不成熟—成熟理论的思想。卡曼认为，有效的领导方式主要由工作行为、关系行为和下属的成熟度等几个变量确定。其中，“工作行为”是指领导对工作的重视程度，“关系行为”是指领导对人际关系的重视程度，“下属成熟度”是指下属在成就感、责任能力、愿望、个人知识与经验等方面的成熟程度。根据三个变量的情况组合，特别是随着下属成熟程度的变化，可以大体构成四种有序的领导模式，并形成一个生命周期。四种模式分别是：1）高工作、低关系；2）高工作、高关系；3）低工作、高关系；4）低工作、低关系。关于下属成熟度和领导方式之间的关系，有以下规律：下属成熟度增高，领导方式相应地要发生改变，逐渐从以重视工作为主向以重视关系为主转变，最后达到充分运用下属的自主性。成熟度被分为三个区间：平均以上、平均、平均以下，然后从最低的成熟水平向上逐渐提高，领导方式逐渐改变，与上述四种模式相匹配。1）高工作、低关系。成熟度平均以下实行高工作、低关系模式，也即命令式领导方式。多注重工作行为，明确规定任务并加强对工作过程的指导。2）高工作、高关系。成熟度平均以下与平均之间，实行高工作、高关系模式，即说服式领导模式。既重视工作任务的完成，也重视说服下属加强自我控制以完成工作任务。3）低工作、高关系。当成熟度过渡到平均和平均以上之间，实行低工作、高关系模式，即参与式的领导方式。这时下属在独立性、技能和责任心等方面得到增强，领导者可以降低控制为主的工作行为，而强化关系行为。4）低工作、低关系。成熟度达到平均以上，实行低工作、低关系模式。这时由于下属具备了相当的独立性和能力，采取授权式的领导模式。

（4）豪斯：个人与环境决定管理模式。

“目标—途径”理论的基本思想在行为科学的“领导行为”一节已经做过介绍，它先由多伦多大学的伊文斯教授提出。在 1971 年，罗伯特·豪斯（1936—　）发表《优选领导效率的一种目标——途径理论》一文，引进了权变思想，认为领导方式没有固定不变的公式，应该根据环境途径的权变因素进行适时的选择。他把影响领导有效性的环境因素分为下属成员个性和环境两个方面。前者包括受教育程度、领悟能力、独立性和工作责任感等，后者包括工作性质和权力结构等。根据两个变量，形成四种领导模式：1）指示型。由领导进行计划、组织、协调和控制等工作，下属不参与。这种模式一般是在工作任务不明确、下属人员能力和独立性差的情况下采用。2）支持型。领导通过人际关系获得下属的支持。3）成就型。领导提出具有挑战性的目标并相信下属有能力完成目标。4）参与型。领导通过沟通的方式，让下属人员参与决策和管理。

第四节　管理中的社会生态学

这里主要介绍经验主义学派的管理思想，特别是德鲁克的早期管理哲学思想。经验主义学派是从管理人员的实践经验中，总结提炼出管理中带有规律性的结论和经验，为以后的管理实践提供借鉴的实用性管理理论。德鲁克说：“管理是一种实践，其本质不在于‘知’而在于‘行’；其验证不在于逻辑，而在于成果；其唯一的权威就是成就。”① 经验主义学派的代表人物基本上都是企业管理者和企业顾问，他们将成功的经验系统化、理论化，使其成为可以学习的经验原则，为管理实践提供参考。德鲁克等经验主义者不仅重视管理经验，也重视根据时代变化进行管理创新。他们在管理的性质任务、管理者的素质要求、组织设计、管理技术等方面均有独特的贡献。主要代表人物有德鲁克、戴尔、斯隆。

一、德鲁克的管理实践论

被尊为“现代管理学之父”的彼得·德鲁克（1909—2005），这位管理学“大师中的大师”曾经发誓：“如果我能活到 80 岁，我要写到 80 岁。”他最终实现了自己的诺言，从 1939 年第一部著作《经济人的末日》出版后的六十多年，笔耕不辍，经典频现。他一生保持生命不息、奋斗不止的顽强精神，具有高度的人类责任感、忧患意识和自觉自律性。他为了站在时代前沿、保持思想的先进性，始终保持与当代管理实践、管理一线工作者的密切关系，甚至每隔两三年，就要学一门新学科。他活到了 95 岁，94 岁还有新书问世，塑造了一个值得推崇的经典人生。

德鲁克著作等身，经典著作有三十多部：1939 年 30 岁，出版《经济人的末日》；40 年代 30 多岁出版《工业人的未来》、《公司的概念》；50 年代 40 多岁有《管理实践》；60 年代 50 多岁有《成果管理》、《卓有成效的管理者》、《断层管理》；70 年代 60 多岁有《管理：任务、责任和实践》（管理学百科全书）；80 年代 70 多岁有《动乱年代的管理》、《管理新领域》；90 年代后 80—90 岁出版《非营利组织的管理》、《未来管理》、《21 世纪管理的挑战》（1999，90 岁）；21 世纪 90 多岁时还有新作问世。此外，在《哈佛商业评论》

① ［美］彼得·德鲁克：《管理：任务、责任和实践》，孙耀君译，中国社会科学出版社 1987 年版，第 7 页。

发表文章 30 余篇。

2002 年 6 月 20 日，美国总统乔治·布什宣布彼得·德鲁克成为当年的“总统自由勋章”的获得者，这是美国公民所能获得的最高荣誉。德鲁克的著作，被翻译成三十多种文字，传播到一百三十多个国家。他在管理学上一直是一个创新者，将管理学开创成为一门学科，提出目标管理与自我控制是管理哲学、组织的目的是创造和满足顾客、企业的基本功能是行销与创新、高层管理者在企业策略中的角色、成效比效率更重要、分权化、民营化、知识工作者的兴起、知识社会管理等创新性思想和理论。

在德鲁克的人生中，有许多方面值得学习和借鉴，但最令人敬佩的莫过于其持续的管理理论创新能力。《21 世纪的管理挑战》“推荐序二”认为“现代管理学之父彼得·德鲁克以他 90 岁高龄献给读者的这本著作，高瞻远瞩地分析了社会的进步、企业的发展以及管理者在 21 世纪所面临的挑战，充分体现了德鲁克管理思想的前瞻性、科学性和实用性”①。而美国《哈佛商业评论》在谈到德鲁克这本书时说，本书极具“前瞻性和超前思维”。德鲁克以他“广博的知识，丰富的实践经验，敏锐的洞察力，深入浅出的分析”，使读者茅塞顿开，是又一部管理学“里程碑”式的著作。作为德鲁克职业生涯顶点的《管理：任务、责任和实践》，是德鲁克在 64 岁时出版的。据统计，在他的 39 本著作中，有三分之二是在 65 岁以后写成的。

德鲁克出生于维也纳，1929 年成为英国伦敦一家银行的报纸通讯员，1931 年在德国法兰克福大学获得法学博士学位，1937 年移居美国，曾经担任一些企业集团的顾问，比如通用汽车公司、克莱斯勒汽车公司等，后来成为纽约大学等高校的教授，1945 年创办德鲁克管理咨询公司并亲任董事长。其最主要的管理思想代表作是：《公司的概念》、《管理实践》、《卓有成效的

① ［美］彼得·德鲁克：《21 世纪的管理挑战》，朱雁斌译，机械工业出版社 2014 年版，“推荐序二”。

管理者》、《管理：任务、责任和实践》。一般把德鲁克作为经验主义学派的主要代表。德鲁克一生立足于管理实践，也正是其《管理实践》一书，奠定了其管理学大师的地位。他长期总结大公司的管理实践经验，创造了许多管理学概念和管理原则，使管理学真正成为一门科学，因此也被称为“管理学的创始人”。德鲁克自称“社会生态学家”。他把社会看作一个生态系统，认为企业组织是这个社会生态系统的一部分，由此提出了企业具有社会责任等重要思想。德鲁克的管理思想基本上可以分为前后两个时期：一是理论创立时期，从30—70年代，主要研究大企业管理的一些基本问题，比如企业与社会的关系、企业的使命、企业的责任、企业的战略、企业和人员的管理等。二是理论扩展时期，时间为80年代之后，主要讨论知识管理、创新管理和非营利组织的管理等问题。在这里我们主要讨论他关于管理目标与责任、管理的性质和任务、自我管理和非营利组织的管理等思想。在“创建学习与创造型组织”一章再讨论其知识工作者管理思想。

1. 管理目标与社会责任：自由的功能性社会

德鲁克自称是“社会生态学家”，他主要关注的是社会管理问题，包括社会构建的基础、社会创新、社会组织等根本问题。德国社会学家费迪南德·滕尼斯的经典著作《社区与社会》对德鲁克的社会管理思想产生了重要的影响。德鲁克认为，在社区中，个人拥有自己的身份，在社会里每个人有自己的功能。社区的特征是以价值观和信念为基础的一种联合体和服从权威，而社会是由制度促成的，是理性、契约的表现。工厂社区中，企业具有社会责任。这些思想对其整个管理思想特别是其后期的关于非营利组织管理、后资本主义社会管理思想有重要影响。德鲁克的自由的功能性社会是现实和理想的结合体，在《功能社会》、《社会的管理》、《下一个社会的管理》等著作中，均对这种功能性社会做过论述。功能性社会的含义是把社会作为一个具有不同功能的社会有机体。多维度的社会是由不同功能的个体构成的，每个人都有明确的社会地位，拥有正当的社会权力和按照自己的身份发挥作用，实现自己的个人目标以及社会功能。有社会身份、有社会功能是个体成员发挥其功能性作用的先决条件。个体成员的目标和理想只有与社会的目标理想一致和统一，才是一个功能性社会，才可能是一个运行良好的社会。

在自由的功能性社会里，企业要承担社会责任。德鲁克的企业管理的社会责任思想体现在《管理：使命、责任和实践》等著作中。德鲁克也像许多思想家一样，认为责任是与自由一致的，自由就是选择，而责任是以选择为前提的。德鲁克将责任伦理的概念应用到经济组织和非营利组织中，并看到了社会责任对管理的意义，认为责任是组织取得合法性的基础。

关于企业的社会责任的具体内容，德鲁克认为，真正负责任的公司是以社会需求为自己发展方向的公司。解决社会重大问题与企业的绩效是一致的，也是企业自身可持续发展的问题，所以，大众与社会是企业发展的源泉。德鲁克关于企业的社会责任的内容中，既包括自身的经济责任，也包括其他的社会和政治责任，企业对社会的物质与社会环境都要承担相应的责任。德鲁克认为，在企业中，管理者承担着重要的角色。管理者必须对企业的经济绩效、员工的成就、创新和社会的发展承担责任。这种责任既有经济方面的，又有社会效益、社会影响方面的。管理者首先要对企业的绩效负责。德鲁克认为，任何组织都必须是有绩效的，任何一个组织机构都是为了某种特殊的目的、使命和某种特殊的社会职能而存在的。① 在功能社会中，每个组织对社会完成自己的功能，构成一个有差异的功能性社会。绩效是衡量组织的唯一标准。其绩效观体现了其社会生态学和功能性社会的基本观点。组织绩效管理的意义在于发挥每个人的绩效，但是不限于此，组织绩效也大于个人绩效的简单相加。这就是管理的意义所在。德鲁克还认为，管理

---

① 参见［美］彼得·德鲁克：《德鲁克管理思想精要》，李维安译，机械工业出版社2007年版，第13页。

者和医生、律师等其他专业工作者一样，要有专业的伦理责任，不做明知有害的行为。德鲁克在《卓有成效的管理者》等著作中，对卓有成效的管理者的自我管理方法进行了归纳，认为应该做到以下几个方面：管理好时间、发挥长处、注重贡献、要事优先、有效决策。

德鲁克也反对企业的无限制责任，主张企业的社会责任是有限度的，这个限度即特定的边界。这个边界就是与其功能相关。其社会责任是在其执行职能的过程中实现的，专注于特定工作而又满足社会需求时，便是负责任的。所以德鲁克认为，企业的首要职能是经济职能。这是社会分工的结果。企业的本质，即决定企业性质的最重要的原则，是经济绩效。经济绩效是企业的目的及其存在的理由。①

德鲁克在企业的社会责任问题上，与斯隆、弗里德曼等人有过争论。通用公司董事长斯隆主张严格的责权一致，认为企业仅仅是一个营利机构，而德鲁克主张企业要承担“公众责任”。自由主义经济学家米尔顿·弗里德曼也不主张企业在经济绩效之外的“社会责任”。在《资本主义与自由》一书中，他认为企业的社会责任思想会对古典自由市场的基础造成破坏，它可能导致极权主义。这种思维深受亚当·斯密的影响。历史发展到 21 世纪，国际社会包括联合国普遍认识到企业的社会责任。美国在 1997 年 8 月制定了企业社会责任的国际标准，欧盟在 2002 年启动了“企业社会责任”计划。在很多国家，企业的社会责任已经成为强制性的责任。

2. 管理的性质与任务

管理是一门独立的学科，而且是一门实践性的学科。德鲁克指出：“管理是一种实践，其本质不在于‘知’而在于‘行’；其验证不在于逻辑，而在于成果；其唯一权威就是成就。”他认为，管理是一门学科，这首先意味

---

① 参见［美］彼得·德鲁克：《新社会——对工业社会的剖析》，沈国华译，上海人民出版社 2002 年版，第 60 页。

着，管理人员付诸实践的是管理学而不是经济学，不是计量方法，不是行为科学。无论经济学、计量方法还是行为科学都只是管理人员的工具。这样，德鲁克把管理学和其他一些技术工具区别开来，经济学、计量方法和行为科学最终要通过管理才能得到应用。管理是直接面对人的管理，是把这些工具运用于人，把人和这些工具结合起来，把个人朝着某个特定的组织目标进行引导，以最少的资源实现组织目标。管理学不是纯理论学科，管理是一种实践性学科。德鲁克还认为管理不仅是一门学科，还是一门综合性运用的艺术。他说，管理被人们称为一门综合性艺术，所谓综合，是因为管理涉及基本原理、自我认知、智慧和领导力；而所谓艺术，是因为管理是实践和应用。

作为“社会生态学家”，德鲁克认为管理对象和管理活动都是存在于社会这个大生态环境中，所以它不是完全独立的，管理是服务于机构和社会的手段。在《管理的实践》一书中，德鲁克提出了企业管理的三大任务。(1) 经济上取得绩效。他认为经济上取得绩效是企业的天职，是检验企业成果的唯一有效的标准。企业在决策时首先要考虑的应该是经济上的绩效和成就，没有经济上的成就，也就无法完成其社会责任。也就是说，企业的社会责任从根本上说就是通过经济成就实现的。(2) 实现职工在工作中的满意感。充分利用各种资源获得经济绩效这是管理的基本任务，但是在资本、时间和人力当中，最主要的是“人”。德鲁克坚持了古典经济学的劳动价值论的基本观点，认为人的劳动是利润的唯一因素。因此管理者应该通过有效的人力资源管理，让职工在工作中获得“成就感”，从而提高积极性和主动性，把员工的个人目标和企业的整体目标有机地结合起来，通过有生产性的工作获得成就，实现个人目标的同时也很好地实现了组织的目标。(3) 企业应该承担社会责任。企业是社会的重要的有机部分，部分离不开整体，企业的评价不能来自自身而是来自社会，企业存在的目的也不是自身而是满足社会的需要，企业应该承担必要的社会责任，为社会提供优质的产品与服务，对社会产生积极的影响。

关于这三项任务的关系，德鲁克认为，它们是在同一时间和同一管理行为中执行和实现的，三项职能不能说谁更重要或优先，或者说哪项任务需要更大的能力。

3. 目标管理思想

(1) 什么是目标管理。

目标管理是德鲁克在《管理的实践》一书中首先提出的。他说："凡是工作状况和成果直接地、严重地影响着企业的生存和繁荣发展的部门，目标管理都是必须的。"目标管理 20 世纪 50 年代在美国出现过后，逐渐发展成为一个系统的理论，也是当代管理思想中的重要内容。目标管理以 Y 理论的人性假设为基础，把职工看作有知识有管理能力的人，是自我实现人，他们为了他们认为有价值的工作，是很愿意付出最大努力的。目标管理以目标和成果为中心，就一个企业的目标管理来说，就是先确定一定时期内企业要达到什么总的目标，然后把目标进行分解，由各部门和全体员工根据总体的目标再确定分目标，通过自我管理和自我控制，最终实现总体目标。

目标管理的一些重要特征：首先它是一种自我控制。它以自我实现人为人性假设前提，相信职工是有能力进行自我管理的。其次它是一种参与式管理，在目标的制定和决策过程中，各级员工包括最基层员工都要参与，共同确定管理目标，职工的参与也便于决策的执行和目标的实现。再次是要下放权力，实现分权。目标管理强调自我控制，自我管理，必然要求职工承担一部分责任，对自己的成果负责。同时也要求具有实现目标所必需的自主权，这就需要改变原来的权力结构，促使权力下放。最后是坚持成果第一的方针。对于企业来说，最重要的是要职工工作的成果，而不是过程。所以要把成果的获得放在第一位，而对过程不做过多的规定和限制，以便职工能够在实现目标的方式、过程上有所创造，有所作为，充分发挥其主动性和创造性。

目标管理成功的一些先决条件：1）高层人员参加管理。2）下级人员必须积极参加目标的制定和实现。3）制定目标要有充分的情报资料。4）对实现目标的手段有控制权。5）对由于实行目标管理而带来的风险要予以激励。6）对职工要有信心。以Y理论的人性假设看待职工。

（2）目标管理实施的三个阶段。

第一阶段：目标制定。企业制定一年或一个时期的战略目标，各级管理部门制定本部门的策略目标，每位职工制定自己的个人目标，形成一个目标体系。这样的过程又可以分为下列步骤：1）准备。对各级人员提供目标的性质和利益等情报，让职工知道自己的利益和职能。2）企业高层制定比较宽泛的战略目标。3）各级管理阶层制定试探性的策略目标。4）各级管理人员提出各种建议，互相讨论并修改。5）对各项目标和评价标准达成协议，形成一定的目标和评价标准。

第二阶段：目标实施或实现。这个阶段与传统控制型管理不同，主要进行自我管理、自我控制，激发职工的主动性和创造性，上级只要支持和诱导、鼓励。当职工实现自己的个人利益时，也实现了整个企业的战略目标。

第三阶段：成果检验和评价。进行自我总结、评价与奖励，将原来制定的目标与现已取得的成果进行对照，并通过奖惩促进职工总结经验教训，并将经验运用于新的管理过程。因为目标管理是一个循环往复的过程。

（3）目标管理是管理哲学。

美国前总统布什在2002年授予德鲁克“总统自由勋章”时，提到他的三大贡献之一就是目标管理。德鲁克把自己的目标管理称为管理哲学。美国南方卫理工会大学商学院的理查德·巴斯柯克指出，目标管理这一概念具有哥白尼“日心说”般的突破性效应。首先，目标管理以自我实现人作为人性假设，人性假设是与X理论不同的Y理论。自我实现人的假设体现了德鲁克的自由主义思想。对于自我实现人来说，他们具有自我管理能力，所以他反对程序化的、严格监督的管理。他的目标管理是对管理观念的颠覆，特别是在他关于知识工作者的管理思想中，更是体现了他的这一思想。其次，在组织结构上主张扁平化的便于参与的组织结构，组织结构由金字塔式向扁平化转变。现代社会，信息革命和劳动力结构决定了这种转变，它便于参与。分权式的管理方式，在他的早期著作《公司的概念》中已经成为他所推崇的组织结构形式。最后，在管理方式上主张从监督式管理转向自我管理。按照德鲁克的观点，目标管理一方面强调管理的目标导向，另一方面强调内部控制，即管理方面的员工自我控制。在自我控制的管理中，实现了由过程管理到绩效管理的转变。把提高工作效率和实现个人价值有机地结合起来。他说："目标管理的主要贡献之一，就是它使得我们能够运用自我控制式管理来代替由别人统治的管理。"① "我们无法对知识工作者进行严密和细致的督导，我们只能协助他们。知识工作者本人必须自己管理自己，自觉地完成任务，自觉地做出贡献，自觉地追求工作效益。"②

4. 非营利性组织的管理

德鲁克在《非营利组织的管理》一书中认为，非营利组织与营利组织的管理不同，其中一个主要的区别在于，它不是营利性的，它的发展不能依靠自己的营利活动准备资金，它主要靠社会的捐赠来维系发展，所以它的管理上的难度应该大于营利性组织。但并不是说，非营利性组织就不能像营利性组织那样蓬勃发展，相反，它只要管理得当，同样可以创造辉煌的成就。那么，非营利性组织的管理究竟有什么特征，有什么成功的诀窍？德鲁克给我们做了很好的回答。德鲁克关于非营利组织管理的基本观点是：(1) 非营利组织也需要管理，更需要管理。(2) 非营利组织也需要有绩效，其绩效是改造人类和社会，使之趋于完善。(3) 非营利组织管理的激励方式不是经济

① ［美］彼得·德鲁克：《管理：使命、责任和实务》（实务篇），王永贵译，机械工业出版社2006年版，第65页。

② ［美］彼得·德鲁克：《卓有成效的管理者》，许是祥译，机械工业出版社2005年版，第4页。

利益，而是社会责任感。(4) 在管理方式上有所不同。

(1) 非营利组织的使命。

德鲁克认为非营利组织主要不是提供物质方面的贡献，而是提供社会精神层面的贡献。德鲁克是目标管理的主倡者，他非常注重组织的使命、责任和绩效考核问题。他认为，组织是社会的器官，要实现其生产力，来满足社会的需求。组织也是个人发展的平台，满足个人的情感和发展需要。在物质方面，商业机构发挥着作用，为人们提供了生存和生活方面的需求。而非营利组织以它志存高远的使命和责任服务于社会，为人们创造价值，实现整个社会关爱、自由、健康、幸福、安全、公平和公正的目的。从《非营利组织的管理》一书的主要内容和结构来看，它从使命开始，告诉我们组织存在的目的，然后引入绩效表现，再由绩效的衡量引到结果的评价。还指出作为组织领导如何发掘所有内部和外部的资源，如何发挥自己的潜能。

关于组织使命对组织绩效、对人员的激励作用，德鲁克列举了美国女童子军的例子加以说明。世界上最大的专门服务于女孩的组织——美国女童子军，是 1912 年由佐治亚州萨文那的朱莉娅·歌顿创立的，至今已在一百多个国家拥有几百万女孩会员和几十万成人志愿者。这个组织从成立之日起就有明确的服务人群，为年少的女孩在人生成长的重要阶段提供帮助：帮助女孩们充分发掘个人潜力，对她们给予鼓励和肯定；增长理解与尊重他人的社交能力；树立指导她们行动和思考决定的价值观；帮助她们在为世界作出贡献的过程中发挥才干、领导技能和协作精神。这个组织能够不断发展壮大，是因为有创新的动机、鲜明的使命、有效的管理及自身运行的模式。它不但得到了它所服务的对象的认同，而且赢得了社会的支持。所以对非营利组织而言，除自身必备良好的动机外，明确的使命、清晰的目标、正确的策略和卓有成效的管理方式都为其持续发展提供了保证。德鲁克最后 20 年，除了写作外，主要从事的工作就是帮助非营利组织和培养非营利组织的领袖，帮助组织建立以专注成果、目标导向和实践为主的管理精神。

(2) 非营利组织管理的几个成功要素。

德鲁克认为，组织的任务、使命，规定了组织发展的方向，但组织目标和理想的实现，即德鲁克所讲的“从使命到成果”的转换，还有许多条件，包括计划、营销、人才和资金。

1) 计划。德鲁克认为，一个非营利组织的使命，应该是为社会服务，所以，领导者应该从组织外部寻求发展的机会，寻找社会需求。他认为，使命总是长远的，需要短期努力和一连串的短期成果的积累，然而所着眼的是长期目标。他转引了一位17世纪伟大的诗人和宗教哲学家的一句名言：“永恒不是从明天开始的，永恒也不是小步所能达成的。”因此，他认为，我们必须建立长期的目标，然后再回过头来问：“今天我们应该做些什么？”德鲁克还通过列举日本和美国在目标问题上的差异，认为日本的计划更胜一筹。美国企业开始做计划时考虑的是：什么是本季度的目标底线，而日本则是先做长期目标，然后再回过头来做短期计划。

德鲁克认为，一个组织的计划包括长期计划和短期计划。长期计划在一定意义上即是战略计划。一个战略的制定，主要包括目标和实现目标的手段、程序。德鲁克认为，“制定战略，首先要确定使命，然后再形成工作计划，最后还需要运用正确的方法即一系列工具材料来加以支持”。战略的实质是采取行动——把使命、目标和市场整合成一个有机的行动——以及把握适当的时机。德鲁克认为，决策是重要的，有效决策甚至决定组织的成败。管理者的大多数事情，其他人是可以代替的，唯有决策是不能代替的，决策一定是管理者自己的事情。管理者有效的决策是对重要问题的决策，而不是任何事情都需要领导者的决策。决策需要解决冲突，需要对冲突的化解。

2) 营销。营销这个概念，来自经济组织的产品营销和服务营销。有的人认为对于非营利组织来说，不存在营销。德鲁克认为，非营利性组织也是存在着营销的任务的。并且，为非营利性组织的服务项目设计合适的营销策略是首要的基本的战略任务。他认为，非营利性组织需要市场知识，需要制订一个长期和短期目标都明确的营销计划，需要承担起营销责任，需要严肃认真地满足客户需求。

3）人才战略。人才战略包括人才需求、人才选拔、人才运用和人才培训考核评价机制。人才选拔标准要根据人才的需要即组织使命和组织目标实现的需要。对人才的要求，不是看有无缺点，而是主要看有什么样的优点，以及能否把优点和工作结合起来，实现组织目标。德鲁克把人才选拔具体分为五个方面的要求：一是从任务出发；二是扩大选拔范围；三是注重过去的绩效；四是注重专长及有用性；五是要对其进行更大范围的访问等考察。对于选拔人才，人们往往注重直觉和印象，德鲁克强调的是要经过严格的程序，认为这才是可靠的。对于人员的绩效评估，德鲁克也有精辟的思想。他认为，非营利组织的绩效评估虽然难有营利性组织的“财务底线”这么准确的标准，但并不意味着不能进行绩效评估，而且必须进行评估，树立一定的标准，否则，美好的愿望将是一种空想。美好的愿望、合理的政策和准确的决策都必须转化为有效的行动，而行动必须有具体的绩效考核标准。他举学校教学评估为例，他说，教学成果应该从三个方面来进行考核评估：一是知识的传授，二是培养在政治活动中积极参与的公民意识和在经济活动中卓越表现的能力，三是促进个人成长和参与社会文化生活，而不是简单地理解为对学校规章制度的遵守和仅仅对教学过程的考核。考核的重点是成果和服务对象，是外部效果而不是内部效果。德鲁克还认为，人员是需要激励的，他们是自我实现人，所以在实现组织目标时，同时也要实现个人的目标，才能合法地得到他们的贡献。德鲁克认为组织要尊重个人价值观，个人必须对自己的价值观负责，要自己规划自己的人生职业发展，要问自己：我希望别人记住我什么，做重要和有意义的事情。

4）资金筹集。德鲁克认为，资金的筹集要依赖于和通过服务的营销，而营销的好坏又依赖于效果即组织使命的实现。但是非营利性组织营销与筹集资金要服从组织使命。如果某一非营利组织只讲资金筹集，则意味着会陷入严重的困境和定位危机。筹集资金的战略目的恰恰在于使非营利组织能够致力于使命，而不是本末倒置，让使命屈从于资金的筹措。所以，非营利组织的领导者常常把基金筹集称为基金发展。

在《非营利组织的管理》一书中，关于非营利组织管理思想充满着创新。德鲁克关于非营利组织的使命、战略制定、人力资源管理的思想以及非营利组织的营销等，改变了对非营利组织的一些传统看法。

二、其他经验主义者

1. 欧内斯特·戴尔：伟大的组织者

戴尔（1917—1996），美国管理学家，经验主义学派的主要代表人物之一，曾经在美国等国家的一些大公司担任管理顾问，在一些国际性公司任董事。主要管理学代表作有《伟大的组织者》（1960）、《企业管理：理论和实践》、《组织中的参谋工作》等。戴尔作为经验主义的代表之一，主张用比较的方法对大公司及其领导者的管理经验进行总结研究，发现不同组织结构和不同的管理者的相同之处，把这些相同之处加以理论化和系统化，从而形成一般的管理理论，为其他类似情况下的管理提供借鉴和指导。他在《伟大的组织者》中指出：没有人能够掌握企业管理的全部规律和规则，管理者的真正知识在于一些大公司的“伟大的组织者”的工作经验。他对美国的杜邦公司、通用汽车公司、国民钢铁公司和威斯丁豪斯公司当时的四家著名公司的管理经验进行了研究，发现了两个方面的共同点：第一方面，这些公司是由公司所有者管理的，至少在一定程度上如此。这样能够把管理工作与管理者个人利益直接联系起来，使得管理者注重经营成果。第二方面，管理任务实行分权化，把一部分任务和权力分派给下属部门，让其具有一定的独立性，发挥主动性。

2. 艾尔弗雷德·斯隆：通用岁月

斯隆（1875—1966）曾经担任美国通用汽车公司的总经理和董事长，

在管理上的重大贡献是首创事业部制。通用汽车公司在20世纪20年代初期，合并收购了许多中小公司，企业规模急剧扩大，产品种类和经营项目繁多，内部管理难以理顺各种关系。当时斯隆作为公司的副总裁，1924年在公司实行了事业部制。改革获得巨大成功，公司业绩显著，企业成为事业部制的典型，斯隆也因此享誉企业界和管理学界。他在《我在通用的岁月》（1963）一书中，对自己和公司的管理经验进行了介绍。事业部制是为了提高部门的积极性和主动精神，在集权与分权之间达到平衡，实行“政策制定与管理职能相分离”原则。事业部制是一种分权式的组织结构模式，它是以某类产量、某个地区或某个顾客群体为依据，将与其相关的研究、技术开发、采购、生产、销售等部门结合而成为一个相对独立的单位。可根据情况设立多个事业部，各事业部拥有独立的产品和市场，有完全的经营自主权，独立经营、独立核算，在设计、生产和销售活动上有完整的领导权，总部只是在宏观上进行政策性的指导。

第五节　数学模型与管理

数量管理科学理论也叫运筹学理论，也有直接把它叫作管理科学理论的。这个学派的基本思想是用数学分析和数学模型的方法对管理问题进行定量分析，以实现管理的程序化和最优化。这个学派继承了泰勒科学管理的基本方法，即把科学理论、方法和工具运用于管理实践之中。同时运用了系统管理的思想和第二次世界大战期间军事上运用的运筹学方法。其系统思想体现在把组织系统中的各种相关因素用数学模型表示出来，最后试图得到整个企业的综合效果。其主要代表人物是：爱德华·鲍曼、罗伯特·费特；韦斯特·丘奇曼、拉塞尔·阿考夫、伦纳德·阿诺夫，他们著有《运筹学导论》（1957）一书；美国管理学家埃尔伍德·伯法，著有《现代生产管理》（1975）

一书。下面对数量管理科学的主要观点做一概要性介绍。

一、员工是理性经济人

数量管理学派秉承了科学管理理论的人性假设思想，坚持理性经济人假设，认为组织中的人是为了经济利益参加工作的，而且是会计算的理性人。经济人会因组织提供必要的经济激励为组织效力，从而也实现了组织的目标。理性经济人的假设，也是数量学派的分析方法所需要的，它可以排除个人态度、情绪等对分析和建模的影响。基于这一假设，数量管理学派认为物质报酬是工作刺激动机的主要因素。

二、以模型为工具的定量分析方法

数量管理科学学派对管理过程包括计划、组织、控制、决策、反馈等方面都采用数学分析方法特别是数学模型方法来进行研究，通过合乎逻辑的推理，得出最优化的工作方法和结果。这种方法，减少了人为的主观因素和不确定性，增加了可信度和确定性，具有简明性和客观性等优点。伯法认为，在运用数学模型的时候，有很多系统模型可供选择，要根据工作任务的性质来选择分析模型。比如有资源配置模型、决策理论模型、库存模型、盈亏平衡模型、排队论模型、投入产出模型等。在模型分析与评价中，必须确定衡量标准和尺度。建立一套标准，衡量生产行动中各种可供选择的方案的效率。衡量尺度可以包括利润、贡献、成本等。在标准方面，可以根据需要选择不同的标准。比如设计资本财产的常用标准有：现值标准、平均投资标准、收益率标准、回收期标准等。

三、数学分析方法是一种程序化方法

数学分析方法的运用，有一些常用程序，一般要经过下列步骤：发现并解释问题—根据问题收集资料数据—建立数理模型—分析并得出所需结果—

评价模型及结果—实施模型结果。数学模型不是一成不变的，要根据管理问题的变化而不断更新和变化。

四、管理的最终目标是最优化

对于企业来说，最终的最优化是经济效益的最优化。管理的最优化是经济效益最优化的条件，而管理的最优化是整体的最优化，而不是指各个部门的最优化。数学管理学派吸收了系统管理理论的系统思想，从系统整体角度来理解最优化的概念。

第六节　有限理性与决策

第二次世界大战以后，世界经济格局发生了巨大变化，第三次科技革命即信息革命和知识经济时代已经开启，生产力发展，企业出现重组和转型。这一时期，企业面对变动中的内外环境，对管理提出新的要求。企业组织的决策和重新定位显得十分必要而迫切。以往的基于理性经济人假设的经济学和管理学已经不适应时代变化的要求，新的决策科学的兴起，成为这一时代背景在管理学上的反映。对完全理性的审视，提出有限理性的人性假设和对决策的满意标准的认同，成为新的决策科学的理论基础。决策理论学派是以社会系统学派为基础发展而来的，同时吸收了行为科学和一般系统论特别是信息论的思想，以当时最先进的计算机技术和运筹学方法为主要的决策模型工具。

赫伯特·西蒙（1916—2001），美国杰出的管理学家，决策理论学派的创始人之一，是一直以来管理学家中唯一以管理学的贡献而获得诺贝尔经济学奖的人。他早年攻读政治学，后学习并掌握了高等数学、数理逻辑与数理统计等专业技能，为其严密的决策科学的研究打下了基础。此后，他在地方政府部门做过研究项目主管，对管理学的问题进行了思考。1943年他获得芝加哥大学的政治学博士学位，1949年起在卡内基—梅隆大学任政治学和心理学教授，后又任计算机教授。他参加了1956年的美国“人工智能”项目的研究，是美国人工智能研究的奠基人之一。20世纪60年代，他对人类实际解决问题的过程进行了心理学实验研究，取得重要成果。70年代他提出“决策模型理论”，标志其决策理论的成熟。1978年他因为对“经济组织内的决策过程进行的开创性研究”获得诺贝尔奖。其主要著作有《管理行为》(1947)、《组织》(1958，与马奇合著)、《管理决策新科学》(1960)等。此外还有合著《公共管理》(1950)一书，在公共管理上也有突出贡献。西蒙在国际上具有很高声望。值得一提的是，他与中国也有较多的交往，1995年，西蒙当选中国科学院外籍院士，中文名叫司马贺。

一、决策的“满意准则”和“有限理性”依据

西蒙在决策理论上的最大理论贡献是对决策标准和其理论依据——有限理性的研究。首先，西蒙坚持有限理性的人性假设。他认为，以前的管理学和经济学都是以完全理性为依据的，持理性经济人的假设。但这种理论是根本站不住脚的。西蒙认为，完全理性意味着行为主体必须完全了解并预期每项决策产生的结果，这在实际中是不可能达到的。事实上，每个人对于自己行动所处的环境条件只有片面的、局部的了解，对其中蕴含的规律和法则也只能有一个粗浅的理解，并由此大致推导未来的结果。他认为“最好是‘好’的敌人”，因为如果要去找“最好”，不仅不能找到“最好”，甚至连“好”也找不到。西蒙认为，完全的绝对的理性，必须要具备如下三个条件：(1) 决策者对可供选择的方案及其未来的后果要无所不知；(2) 决策者要具有无限的计算估量能力；(3) 决策者头脑中对各种可能的后果有一个完全而一贯的优先顺序。事实上，人们由于知识的限度，对于自己行动所处的环境条件只有片面的、局部的和粗浅的了解。即使具备了完全的知识，由于人类

的价值偏好和差异的存在，每一个人价值的冲突和偏好转移，也使得不能很好地保持价值顺序的一致性。而且人的客观行为还要受到各种客观条件的限制。所以，人们不可能有完全理性，只能有有限理性。西蒙认为，“任何时候，我们都只能想出非常有限的几个可能动作作为备选行为方案。由于每种备选方案都有各自独特的结果，所以许多可能结果根本无法进入评价阶段，因为人们还没有认识到它们也是备选行为方案的可能结果”①。所以人们探讨的应该是有限理性，而不是全知全能的理性，应该是过程合理性，而不是实质合理性。所以考虑人类的选择机制是有限的适应机制，而不是完全理性的最优机制，西蒙主张用有限理性的“管理人”代替完全理性的“经济人”。“管理人”与“经济人”不同，“管理人”具有有限理性，价值取向和目标具有多元性，受到多方面制约，处于变动甚至矛盾之中。

在决策标准上，西蒙主张用“满意”标准代替“最优”标准。“满意”准则首先依据的就是有限理性。用满意准则代替最优，不考虑一切可能的复杂情况，只考虑与问题有关的特定情况。“满意”标准就是指使决策者感到满意的决策方案，决策者不去寻找所谓的客观上的最优，而是找到能够满足实现目标要求的方案就确定下来。其次，“满意”标准还基于相对效率原则和“相对重要性”的价值判断。西蒙认为：“管理者在决策制定过程的事实方面，必须以效率原则为指南。”② 在西蒙的“满意”标准这个主观标准中，实际上包含了客观的成分，这就是依据事实的效率原则。西蒙说：“所有组织形式至少有两个共同要素：第一，任何组织都有某种（或某些）平衡机制；第二，效率准则是任何组织管理决策的一个基本准则。”③ 西蒙还认为，

---

① ［美］赫伯特·西蒙：《管理行为》，詹正茂译，机械工业出版社 2004 年版，第 89—90 页。

② ［美］赫伯特·西蒙：《管理行为》，杨砺、韩春立译，北京经济学院出版社 1988 年版，第 190 页。

③ ［美］赫伯特·西蒙：《管理行为》，杨砺、韩春立译，北京经济学院出版社 1988 年版，第 118 页。

作为决策的基本原则的效率原则贯穿于决策的全过程。“效率原则指的是，在所用资源一定的情况下，选择能产生最大效益的备选方案。”① 但是，西蒙的效率原则与理性经济人假设的收益最大化是有区别的。西蒙认为，应用于管理决策的效率原则，酷似经济理论中的效用最大化概念。但是要注意，这里并没有断言效率准则总是支配着管理者，支配着决策；而是说，管理者及其决策如果要有理性，就必须受效率准则支配。西蒙还强调这里的效率原则只是“相对效率”，即“令人满意的”效率。西蒙还认识到决策的价值考量问题。现代组织是多部门多层次的，各部门各层级之间在价值问题上并不总是一致的，冲突和矛盾不可避免，所以决策者在进行决策的时候，必须对各种价值目标进行权衡，进行折中，根据“相对重要性”来进行决策和方案的选取。“只有确定了彼此冲突的价值的相对重要性之后，管理决策才具有理性。”② “从某种意义上讲，一切决策都是某种折中。最终选定的行动方案，绝不会尽善尽美地实现目标；它们只能是在当时条件下可以利用的最好办法。我们所处的环境必然限制着可以为我们所用的备选方案，从而划定了目标实现程度的上限。”③

二、组织认同：决策的前提

组织和个人的关系问题，组织如何从员工那里获得其对组织的贡献，一直是管理学家们研究的一个核心问题。科学管理主张通过胡萝卜加大棒的方式获取员工的贡献，在韦伯的官僚制体制下，个人缺乏能动性，成为组织的工具。甚至韦伯自己都看到了官僚制这种局限性，称其为“理性的铁笼”。

---

① [美] 赫伯特·西蒙：《管理行为》，杨砺、韩春立译，北京经济学院出版社 1988 年版，第 173 页。

② [美] 赫伯特·西蒙：《管理行为》，杨砺、韩春立译，北京经济学院出版社 1988 年版，第 170 页。

③ [美] 赫伯特·西蒙：《管理行为》，杨砺、韩春立译，北京经济学院出版社 1988 年版，第 8 页。

而阿吉瑞斯在其“不成熟—成熟”理论中，则看到了组织与个人成熟度之间的内在矛盾。组织拒斥成熟的个性而欢迎不成熟的个性。巴纳德也重视组织与个人的关系的研究，并把获得职工的贡献作为经理人员的三大职能之一。西蒙不同意把组织与个人截然对立起来的做法，他认为，之所以会造成组织对个性压抑的情况，是由于人们过去对组织的看法有误解。人们倾向于将组织看作一个组织图、职位说明或者程序手册，“组织在图表及手册中的样子不像居民住宅，而像是根据某种抽象的建筑设计出来的一排排井然有序的小隔间”①。西蒙将组织理解为由人群所构成的信息沟通和相互关系的复杂模式，个人可以通过信息沟通、参与决策达到与组织理性的良性互动的状态。西蒙继承了巴纳德的思想，认为决策中的一个问题是对个人价值观的重视，使得个人价值和组织价值保持一致，要获取个人对组织的认同感。

那么什么是组织认同呢？组织认同是组织的价值观、目标等在个人身上的“内在化”。个人被组织化，形成组织个性，并认可自己在组织中的角色，总是倾向于把自己同组织等同起来，将组织目标和利益作为自己的目标和利益，并以那个组织的代表自居。西蒙说：“对个人在组织中的决策起指导作用的价值观和目标，主要是组织目标——组织本身的服务目标和生存目标，这目标起初往往是通过行使权力，强加到个人头上的；但作为价值要素它逐渐内在化了，体现在各个参加者的心理和态度当中，渐渐地个人养成了对组织的依附感和忠诚心。”② 如果组织目标与个人目标具有一致性，则个人会不断深化认同感。“如果组织目标表现出了对个人的有用性，组织成员就会通过其日常工作，连续地关注那些目标；他们会赏识那个目标的重要意义和价值（而且往往过分赏识）。这样组织目标就能逐步得到实现，从而也给他人带来个人价值的实现。我们在后面将会看到，除了这种对组织目标的忠

① ［美］赫伯特·西蒙：《管理行为》，詹正茂译，机械工业出版社 2004 年版，第 15 页。
② ［美］赫伯特·西蒙：《管理行为》，詹正茂译，机械工业出版社 2004 年版，第 192 页。

诚心之外，在雇员当中还可以培养一种颇为不同的忠诚心——对组织本身的忠诚心，以及对组织的生存和成长的关切。”①

关于组织认同的意义，西蒙认为主要有两个方面。(1) 组织认同是决策的前提之一。西蒙认为，“认同影响决策”。在西蒙看来，组织管理就是决策，是决策的制定和执行。而决策的制定和执行是否能够在组织中顺畅进行，取决于组织成员对组织的认同。组织认同影响着组织价值的选择和组织权威等目标实现机制。西蒙说：“当个人决定采取特定的行动方案时，该决策依据的前提中，有些也许是通过组织对个人行使权威强加给了个人，还有些是个人对组织忠诚的结果。”② (2) 组织认同使个人目标和组织目标、个人价值与组织价值保持一致。“认同过程就是个人以组织目标去代替个人目的，使前者成为其制定决策时所用的价值指南过程。”③ 组织认同通过个人价值和目标与组织价值和目标一致化，来实现组织决策的制定和实施。

三、决策的具体过程

西蒙认为，决策是管理的核心，决策贯穿管理的全过程。就某一具体问题的决策来说，绝不等于一次性地从几个备选项中选择一个，它要经过一个复杂的过程，大致可以概括为四个阶段和要素，这些要素之间是互相交叉的而不是截然分开的。四个阶段是：(1) 收集情报阶段。一个问题提出来或者是一项任务确定过后，就要进入收集材料信息阶段。这些情报信息资料，包括决策所需的一切有关的经济、政治、文化和社会等各方面的信息并对信息进行筛选，确定真伪和相关性，为制定方案提供依据。这一阶段的任

---

① [美] 赫伯特·西蒙：《管理行为》，杨砺、韩春立译，北京经济学院出版社 1988 年版，第 112 页。

② [美] 赫伯特·西蒙：《管理行为》，杨砺、韩春立译，北京经济学院出版社 1988 年版，第 208 页。

③ [美] 赫伯特·西蒙：《管理行为》，杨砺、韩春立译，北京经济学院出版社 1988 年版，第 211 页。

务主要是对影响决策的环境和条件进行情报的收集，所以这一阶段的工作又叫作“情报活动”。(2) 制订备选方案阶段。根据决策的任务和收集到的相关情报资料，拟订出几个决策方案，以供选择。这个阶段的任务主要是方案的设计，所以又称为“设计活动”。(3) 选定方案阶段。根据当时的情况分析和对未来的预测，以“令人满意”和“相对最优”为标准，从几种可能性方案中确定一种，作为行动方案。这一阶段的工作又叫作“抉择活动”。(4) 评估方案阶段。即对已经确定的方案进行审查评估。这个阶段的工作又称为“审查活动”。

四、决策的类型

1. 按程序标准划分：程序化与非程序化决策

西蒙从组织活动的分类出发，以程序的稳定性为根据，把决策分为程序化决策和非程序化决策。他把组织的活动分为两类：例行活动与非例行活动。例行活动指反复出现的例行公事，比如企业的订货、材料的出入等，这一类的活动有一定的固定结构，在决策时就可以建立一定的程序模式，每次决策遵循已有的程序，不必重新设计决策程序。这类决策可称为“程序化决策”。组织活动的另一种类型是非例行性的，不是反复出现的，但常常是非常重要的活动，比如新产品的研究和开发、企业经营的多元化、新建工厂等。对于这类决策，没有固定的程序，决策者不能简单地用过去的决策方式进行决策，需要决策者运用相关知识和能力，对环境和条件做出判断，提出创造性的决策方案。这类决策叫作“非程序化决策”。

2. 按结果标准划分：确定型、风险型和不确定型决策

决策的另一种分类方法是以决策实施结果的确定性为根据，把决策分为确定型、风险型和不确定型三种类型。(1) 确定型决策。指决策实施结果具有确定性的决策，比如决定去哪家银行存款贷款，存贷款利息是基本确定的，决策者所要考虑的是进行一定的比较，确定一种相对较好的方案。确定

型决策又可以分为单目标决策和多目标决策。单目标决策，由于只考虑一个方面的变量，所以可以用简单的方法确定一种最优方案。比如在工程方案中，如果只是考虑工程造价，造价最低就是最优方案。实际决策中大量的决策是多目标的，这时就要考虑多种变量，所以一般要采用排队法、淘汰法等较为复杂的方法。（2）风险型决策。指存在两种以上的客观状态，影响目标达成的因素具有不确定性，使得决策者不能轻易做出判断。风险型决策中，也可能以各种结果出现的客观概率作为决策依据，因此又叫作统计型决策或随机型决策。风险型决策可以运用决策树等方法综合考虑各种因素，比如方案、状态、概率和结果后进行决策。（3）不确定型决策。指条件非常不确定，决策者很难或根本无法做出判断的情况下做出的决策。这种决策可以用最小收益最大值法（小中取大）和最大后悔最小值法（大中取小）等技术方法。

第七节　经理的多重角色

经理角色学派主要是从经理在组织中所担任的角色的角度来研究经理的任务和性质，这里所说的“经理”，是指正式组织的主要负责人。它是 20 世纪 70 年代在西方出现的一个管理学派。这个学派认为，以前的管理学派，没有对经理人员的工作进行深入研究，对经理工作的真正面貌和实质缺乏清晰的认识，因而对经理们的工作缺乏指导。角色学派通过记日记等方法，对公司经理人员的活动进行系统的观察与记录，并通过分类方法，找出经理工作的特点和内容方面的一些共同规律，思考经理工作的实质，反过来对经理人员的工作起指导作用。

经理角色学派的主要代表是明茨伯格。他是美国杰出的管理学家，曾担任美国战略管理协会主席。他先后在麻省理工学院取得管理学硕士学位和哲学博士学位，长期在加拿大的麦吉尔大学任教。他的主要代表作有《经理工作的性质》(1973)、《组织的结构》等。经理角色学派其他代表人物还有乔兰（著作：《小公司的经理》，1969)、科斯廷（著作：《工商业和政府中的管理轮廓》，1970)、英国的贝克斯（论文：《对变动环境中的经理角色的某些观察》，1971)、萨尔宾和艾伦（论文：《论角色理论》，1968)、托马斯和比德尔（合著：《角色理论：概念和研究》，1966）等。

一、经理工作的特征和经理的角色

经理角色学派在研究中发现，经理人员不仅要负责本单位的工作，还要与外界进行联系，所以有大量的工作要做。他们的工作具有以下一些特征：工作量大、步调紧张；活动短暂，多样而琐碎；把现实的活动放在优先地位；爱用口头交谈方式；重视同外界和下属的信息联系；权力和责任相结合。

明茨伯格将经理人员的角色分为10种，并归结为三大类。第一类：决策方面的角色：企业家、故障排除者、资源分配者、谈判者。第二类：人际关系方面的角色：挂名首脑、领导者、联络者。第三类：信息联系方面的角色：信息接受者、信息传递者、发言人。明茨伯格这种分类与巴纳德在《经理人员的职能》中的分类大体相同。巴纳德认为经理人员的职能有三个方面：建立和维持信息交流系统、提出和制定目标、确保组织成员的协作活动。明茨伯格的决策方面的角色，作为企业家，对组织目标的确定，对组织战略的决策以及资源的分配等方面的工作，应该是经理工作的首要工作。在人际关系方面的角色，主要是协调组织内的各种关系，保证组织的正常活动，获取员工的生产力。在信息交流方面，吸收组织内外的各种有用信息传达给组织内成员和对组织外的权威发布。明茨伯格关于经理人员角色的理论有自己的新内容：第一是强调经理人员对外信息联系的内容，作为谈判者、联络者和发言人，均包括了对外信息联系的职能。这反映了对组织外部环境的关注以及注意与外部的信息交流，表明在新的条件下，对系统论思想的运用。第二是注意到了经理作为一种象征性精神力量和稳定的因素而存在，表现在其挂名首脑的认识上。

明茨伯格根据上述10种角色，进一步把经理人员分为8种类型：(1) 联系人，包括联络者与挂名首脑角色；(2) 企业家，包括企业家与谈判者的角色；(3) 政治经理，包括发言人与谈判者角色；(4) 内当家，作为资源分配者；(5) 实施经理，作为故障排除者；(6) 专家经理，接受信息和发言人角色；(7) 协调经理，作为协调者角色；(8) 新经理，联络者和信息接受者。

在经理人员的角色的三个方面关系上，明茨伯格认为，三个方面是一个整体，每位经理人员都应该同时具备三种功能，三个方面互相配合。但是，不同的环境中和不同的岗位、不同时期要突出其中一种或几种角色。此外，经理人员的角色会随着外部环境和时间的变化而变化，突出的角色在不同情况下会有所不同。

二、提高经理工作效率的方法

前面介绍了经理人员的三类十种角色。在这些角色中如何提高效率，有所作为？明茨伯格指出，要做到以下几方面：(1) 共享信息。经理作为高层管理者，掌握大量内外部信息，经理将这些信息与下属共享，加强信息交流，有利于工作的顺利开展。(2) 克服表面性。经理对于一般问题，可以通过授权让下属人员多承担，要花精力和专注于重要的根本的问题，要克服工作的表面性。(3) 角色分担。在共享信息的基础上，经理的角色由三个人分担，可以减轻压力，有时间多关注重要问题。(4) 利用职责。尽可能利用职务授予的权力，为组织目标服务，这与经理人员的成功关系密切。(5) 分清非必要工作。抓主要工作，摆脱非必要工作的束缚，腾出时间来对未来进行规划。(6) 角色情景定位。(7) 全局与细节兼顾。既要通过各种渠道尽量多地了解具体细节又要放眼全局，从全局出发思考和解决问题。(8) 注意影响。充分认识到经理的个人影响，注意下属对经理的言行的敏感性，注意言行，谨慎从事。(9) 协调关系。处理好影响组织的各种力量间的关系，认真协调，为实现组织目标服务。(10) 利用科学。充分利用科学家的知识和才能为决策和解决复杂问题、战略问题服务。

第七章　领导者的战略思考

用系统论的方法来看企业和环境的关系，就是企业作为一个小系统和社会大系统的关系。而企业系统本身又是由更小的成分构成的一个有机系统，而企业系统又与外界环境之间存在交流关系。外界环境会对企业系统的发展产生各种影响，甚至在一定条件下有决定性的影响，决定企业的生存和发展。20 世纪 60 年代以后，全球化已经成为发展趋势，加上市场环境的成熟化，使得中小型企业得到较大的发展，这样加剧了企业之间的竞争态势。研究根据环境来决定组织结构，甚至确定企业发展方向和管理方式的战略管理理论产生了。战略管理的产生还有其特殊的社会条件。这个社会条件就是随着科学技术的发展，市场竞争加剧，整个市场格局由卖方市场向买方市场转变，科技发展使产品更新换代的速度加快，也促使企业必须根据市场环境和其他环境来决定自己的发展思路。20 世纪 60 年代，安索夫的著作《公司战略》（1965）问世，提出了战略问题。该书把战略思考推进到商业领域。其基本思想是，根据市场确定战略，进行战略选择。日本的战略思想家大前研一在《战略家的思想》中，也讲到了环境对战略决策的重要性。他说："在战略思考中，人们首先要对某一环境因素的特征有清晰的准确的了解，然后尽可能地发挥人的智力因素，采取最有利的方式来对这些因素进行重组、再现。"

战略管理从20世纪60年代产生以来，可以分为三个发展阶段：(1) 60—70年代环境与战略关系的研究，包括钱德勒的战略与结构关系的思想、安索夫的战略规划理论、安德鲁斯的战略分析框架理论等。(2) 80年代的一般竞争战略研究，包括波特的竞争战略思想、普拉哈拉德与哈默尔的核心能力理论、戴明与朱兰的质量管理战略思想等。(3) 90年代以来的创新战略理论，包括哈默与布林的管理创新理论、罗斯的产品创新战略、哈默的组织流程再造理论、雷克汉姆等人的合作竞争战略以及金伟灿等人的蓝海战略理论等。

第一节　战略与环境的关系

一、钱德勒：结构从属于战略

阿尔弗雷德·钱德勒（1918—2007），美国著名的商业和经济史学家，战略管理理论的重要代表人物。他在哈佛商学院获得博士学位，先后在麻省理工学院、霍普金斯大学和哈佛大学担任历史和管理学史教授，以对现代公司的演变的研究闻名，代表作有《战略与结构》(1962)、《看得见的手：美国商业经理革命》(1977)、《管理上的等级制度》(1980)、《规模和范围》(1990)、《管理学的历史与现状》(1996）等。

钱德勒把战略定义为："制定企业宗旨和长期目标，为实现目标选择行动方案，调配必要资源。"他认为，要根据战略来分配资源，设计组织结构。这即是"结构服从战略"的思想。钱德勒研究了美国一些大型公司的组织结构和公司战略的演变过程和相互关系，包括杜邦公司、通用汽车公司、西尔斯百货公司、标准石油公司等。他发现杜邦和通用都是在市场需求的驱使下，不断扩大生产规模，增加生产流水线，导致组织结构的变化，原来的统一的管理模式已经不适应企业管理需要，而产生了较为松散的事业部制。所以，战略先于组织结构，一定的组织结构是战略和发展所决定的。组织结构随着市场需求和企业内外环境而不断调整。他因此对斯隆在通用汽车的改革给予很高评价，因为分权式的事业部制，是随着环境的改变而进行的调整，是符合发展潮流的，这种松散的结构，把高层管理人员从烦琐的事务性活动中解脱出来，专心致志于发展与决策等重大问题的思考。同时，钱德勒对通用的分析，也批驳了一种流行的观点，即只有小型公司才具有组织革新的活力。

二、安索夫：战略规划与战略管理

伊戈尔·安索夫（1918—2002），出生于俄国的海参崴，在美国的新泽西史蒂文斯工学院和布朗大学先后获得硕士和博士学位。他曾经担任洛克希德公司的副总裁，也在加利福尼亚大学洛杉矶分校做过高级行政人员，同时又是一位战略管理学家，先后在宾夕法尼亚大学、田纳西大学和美国国际大学担任管理学教授。由于他在“完善环境服务组织的长期赢利能力方面的贡献”，被称为“战略管理之父”。其主要著作有《公司战略》（1965）、《战略管理》（1979）、《推行战略管理》（1984）、《新公司战略》（1988）等。

在《公司战略》一书中，他提出了企业战略规划理论，认为企业战略由四个要素构成。（1）产品和市场范围。首先要对本企业的产品和市场在整个行业市场中的位置有明确的认识，这是战略规划的基础。为了更清楚地认识这一点，可以将大行业分为小行业，再进行评估。（2）企业成长方向。指企业为了更好地发展和成长，应该选择何种产品和何种市场及其组合作为未来方向。将“现在”与“未来”两个变项和“产品”、“市场”这两个变项进行组合，可以得到四种战略类型：1）市场渗透战略：现有市场与现有产品的有机结合；2）市场开发战略：现有产品与未来市场的有机结合；3）产品开发战略：现有市场与未来产品的有机结合；4）多角经营战略：未来市场与未来产品的有机结合。(3) 竞争优势。指企业在产品和市场方面的优势特性，它是保证企业获得利润和获得经济效果的关键因素。(4) 协同效果。是指企业中两种以上因素的有机结合，产生超出几种因素简单相加的效果。安索夫非常重视这种协同的作用，因为协同的好坏，可能产生大于也可能产生小于简单相加的效果。在后来的《战略管理》一书中，他认为协同是“一种可以为公司带来远比资源简单堆积所产生的回报更多的回报力量”。在《公司战略》中，安索夫还讲到“分析瘫痪”的概念。分析瘫痪是战略分析的负面影响，指反复制订战略计划，使得计划无法实施。安索夫还认为，有效的分析不能保证其执行的有效性，因为事实总是一种变化的因素。克雷纳对该书评价道：“从严肃、理性和综合性等方面来说，《公司战略》一书对商界有十分重要的影响力。它把战略思考推到一个新的领域。”①

安索夫在 1972 年的一篇文章《战略管理思想》中，正式提出了“战略管理”的概念，以示与以前的“战略规划”相区别。在 1979 年的《战略管理》一书中，系统地阐述了他的战略管理理论。他认为，企业战略的构架是由环境、组织、战略这三个因素一起完成的，成功的战略结构要使三者协调一致，如果三者不一致，战略管理就会失败。这里的组织，是指包括企业、政府机关和生活团体等在内的为环境服务的因素。影响战略的组织特性包括组织的开放性、组织的总体能力、文化、需求、权力结构和战略领导等方面。战略或战略取向是根据环境干扰的程度等级对产品类型和市场范围的保持、扩大以及收缩等。以环境对企业的影响即干扰等级为变量，安索夫把战略管理的类型分为五种：稳定型、反应型、预期型、探索型和创造型。在这五种模式下，都要求环境、组织和战略三因素保持一致性。在稳定型中，环境重复、无变化，组织反应表现为寻求稳定、拒绝变化，战略取向就是基于

① ［英］斯图亚特·克雷纳：《影响世界的西方管理思想》，董洪兰译，中央编译出版社 2007 年版，第 81 页。

先例，维持产品和市场现状；在反应型中，环境干扰表现为缓慢变化，可预见，组织反应表现为效率驱动，适应变化，战略取向是基于经验，被动地适应环境变化；在预期型中，环境表现为快速变化，可预测，组织反应表现为市场驱动，寻求适应的变化，战略取向表现为基于推测，向有关领域的产品和市场开拓；在探索型中，环境高度震荡，基本可预测，组织反应为环境驱动，寻求相关变化，战略取向为基于可见机会的新战略，开拓新产品和新市场领域；在最后一种创造型的战略中，环境高度震荡，不可预测变化，组织反应为环境创造，寻求新奇的变化，战略取向为基于创造能力的新战略，自我研制新产品和开拓新市场。

三、安德鲁斯：战略要素与 SWOT 分析框架

肯尼斯·安德鲁斯（1916—2005），美国哈佛商学院管理学教授，战略设计学派的主要代表。他 1965 年出版的《经营策略：原理和案例》是战略设计学派的代表作。他的贡献主要在两个方面：一是提出战略要素思想，二是提出战略分析的 SWOT 模型。他认为战略规划的过程有资料收集与分析、战略制定、战略评估与选择和战略实施等几个阶段，认为战略要素有四个方面：市场机遇、企业能力、企业愿景、企业的社会责任。他的最大贡献还是提出了 SWOT 分析法。SWOT 由 strength—weakness—opportunities—threats 四个英语单词的第一个字母结合而成，分别代表优势、劣势、机遇和挑战。安德鲁斯认为，四个因素基本可以分为两个方面，即内部的优势和劣势，外部的机遇与挑战。战略的制定既要考虑外部环境所给予的机遇，还要考虑自身的能力，好的战略应该是四种因素的综合考虑，最后确定适合于自身的又能够充分运用外部机遇的战略。

第二节　一般竞争战略思想

一、波特的竞争优势理论

随着企业国际化、大型化发展以及小型企业的成长，企业面临着严峻的竞争环境。如何在竞争中处于不败之地，要根据内外环境制定出自身发展的理想战略。企业发展战略研究成为时代对企业的要求，也成为管理学家们的神圣使命。美国哈佛大学的管理学教授迈克尔·波特在这种背景下，对企业战略问题进行了深入研究。

迈克尔·波特（1947—　）是当今世界上最有影响力的管理学家之一、战略管理权威、“竞争战略之父”。他分别在 1971 年和 1973 年获得哈佛大学 MBA 和商业经济学硕士、博士学位，后入职哈佛大学，1983 年被任命为里根总统的产业委员会主席，2005 年荣登世界管理思想家 50 强排行榜第一位。波特出版关于战略的三部著作，《竞争战略》（1980）、《竞争优势》（1985）、《国家竞争战略》（1990），称为“竞争战略三部曲”。他在《竞争战略》中提出了五力模型，在《竞争优势》中提出了三种基本竞争战略和价值链思想，在《国家竞争战略》中，研究了世界顶尖的八个国家的竞争力，看到了国家之间的差异，指出影响国家之间竞争力的主要因素：资源、相关与辅助性产业、国内客户、国内竞争对手，认为国内竞争更为激烈的国家的公司会更快地得到发展。他与当时的一些战略学家不同，提出一般战略的概念和战略思想，不强调环境的影响，认为战略学家要分析现状，改变五种战略影响因素，而不是去适应它，要打破现有规则，弱化各方面因素的制约。

1. 竞争五力模型

波特认为，决定行业结构特点和企业赢利能力的是产业的吸引力，而这种吸引力又取决于该产业的五个方面的竞争性因素：行业竞争者、产品替代者、产品供应方、产品销售方和潜在入侵者。这五个方面在价格、成本、投资等多方面影响着企业的赢利能力。(1) 行业竞争者。指同行业企业之间的竞争。决定某一行业的竞争激烈程度的主要因素有：企业的增长性，是夕阳行业还是朝阳行业，行业的快速增长会缓解竞争激烈程度；固定成本与附加价格；周期性生产过剩；产品差异。(2) 产品替代者。替代品是企业产品生存的主要威胁之一，替代品会影响产品市场和产品价格。而相对价格使潜在的威胁转化为现实性。但是从原有的消费转换到替代品消费，有转换成本的问题，作为现有企业，不仅要考虑并增加顾客的转换成本，还要考虑消费者对替代品的使用倾向。(3) 产品供应方。供应方具有讨价还价能力，是竞争的一个重要威胁。(4) 产品销售方。买方是决定企业生存的主要力量，他们要从两个方面发生影响：一是议价能力，这又包括地理位置、购买数量、买方转换成本以及信息获取成本等。二是价格敏感性。买方对价格敏感会制约获利能力，而影响价格敏感性的因素有购买总量、产品差异、品牌专有情况、产品质量和性能、买方的利润等。(5) 潜在入侵者。新进入者带来竞争压力，影响获利能力。对付新进入者的办法主要是设置进入壁垒。造成进入壁垒的因素有：产品方面如规模经济、专卖产品差别、商标专有性；经营方面如转换成本、资本需求量、销售渠道、成本优势、政府政策、预期的反击等。

2. 基本竞争战略

波特把树立企业竞争优势的基本战略归结为三个，这些基本战略是其他一切战略的基础。

(1) 成本领先战略。三种基本战略中最明确的一种战略就是成本领先战略。成本领先是企业产品的成本低于同行业的平均水平，以获取较大的利润和市场份额。成本领先的条件包括规模效应、专有技术、优惠的原材料，也包括技术水平和管理水平。

（2）差异化战略。或称“标新立异”战略。这种战略是使企业的产品或服务具有其他企业同类产品或服务所不具有的特殊性能和用途，满足顾客的特殊需要，并以其特质获得溢价报酬。这种战略也要依赖于基础产品、销售交货体系、营销渠道等方面的特质。

（3）目标集聚战略。集聚战略是企业选择行业内一种或一组细分市场，并量体裁衣式地为其服务。这种做法可以比那些多目标的企业在一个或几个方面更好地为该市场服务。这种战略又有两种主要做法：成本集聚战略和特异集聚战略。前者是在一些细分市场的成本行为中发掘特异，后者则是开发特异细分市场上顾客的特殊需求。

3. 价值链思想

波特在《竞争优势》一书中阐述了价值链思想。价值链理论讲的是从价值角度分析企业内部流程与部门之间的关系，分析价值是在什么地方产生的、是如何增加的，把竞争力视为企业的一个整体的能力。

一个企业的完整的活动是由各部分要素构成的，而这些要素都是一种产生价值的活动，整个企业是一个由各种价值环节构成的价值链条。价值链理论就是通过对价值构成环节的具体分析，进行价值管理并实现企业战略目标。具体来说，一个企业的经营活动，可以分为基本活动和辅助活动两大类，而基本活动又包括内部后勤、生产活动、外部后勤、市场营销、服务等几个要素，辅助活动又包括企业基础设施、人力资源的管理、技术开发和采购等要素。每一个环节都是一个创造价值的环节，每种活动都从不同侧面反映了企业的历史、战略、实施战略的途径以及这些活动本身的根本的经济利益。而全部活动就是一个价值链，所有活动之间都是相互联系、有机结合的。

价值链分析是一种工具，它有助于分析和实施前述基本战略。价值活动与经济效果的结合方式，决定一个企业在成本方面竞争力的相对优势，而且，各种价值活动的方式也决定对买方的需求包括特异需求的满足程度。价值链分析把企业间竞争的实质通过企业内要素分析的方法揭示出来，通过价值链的比较，可以分析竞争对手之间竞争力的差异所在，从而有利于整个企业的各项战略的具体实施。

4.“钻石理论”与“集群战略”

波特在《国家竞争战略》一书中，分析了“钻石理论”和“集群战略”思想。波特认为，一个国家的竞争力取决于其产业在国际市场上的竞争能力表现，一个国家的特定产业竞争力又取决于国内的四个方面的关键要素：(1) 生产因素，(2) 需求条件，(3) 相关产业与支持产业情况，(4) 企业战略、结构与同业竞争的情况。可以用一个“菱形”模型表示由四种要素构成的国家基本的竞争力，所以构成其国家竞争优势理论的基本思想，又称为“钻石理论”。这些因素不仅决定了国家在国际上的竞争力，还决定了本国的基本生活水平。波特指出，国家的根本经济目的就是为它的公民创造高水准并不断上升的生活水平。达到这个目标的能力并非取决于模糊不清的“竞争力”概念，而是取决于这个国家凭借自身资源（劳动力和资本）所能达到的生产力水平。生产力是决定一个国家长期生活水平的基本因素。他的这一理论，并非理论推测的结果，而是通过对美国、英国、德国、丹麦、意大利、瑞典、瑞士以及东方的日本、新加坡和韩国共 10 个国家进行分析研究得出来的。

“集群战略”不等于前面的“集聚战略”。所谓“集群”，是指在某一地区内的特别领域，聚集一群相互关联的公司供应商、关联产业，并有专门化的制度和协会。集群的存在，首先提升了企业的获利能力，有利于降低交易成本，提高效率，有利于实现经验、知识和技能的共享，同时享受名声效应等集体财富，享受集群带来的规模经济的效益。其次，有利于形成新的管理制度，比如创造出信息、专业化制度，有利于改善创新途径，培育各种创新机制，加速生产力成长。最后，集群还可以养成行动的敏感性，甚至促使新企业的产生，最终达到保持竞争优势的目标。

二、普拉哈拉德与哈默：核心能力理论

美国学者 C. K. 普拉哈拉德（1941—2010）和英国学者加里·哈默（1954— ），均是著名的战略管理学家，企业核心能力理论的代表。两位思想家有合著《企业核心能力》（论文）、《作为延伸杠杆的战略》、《竞争大未来》等。他们的主要理论为核心能力理论、扩张与杠杆作用理论。

1. 核心能力理论

核心竞争力，普拉哈拉德将其定义为：使一个企业能够带来基本客户收益的技能。核心竞争力是一种对手难以模仿的具有适应性的能力，是一种稀缺资源，一些能为企业带来技能和能力的东西。普拉哈拉德与哈默认为，企业获得成功的秘密不仅在于为顾客生产好的产品和提供好的服务，更为基础的东西是培养自己的核心能力，即企业生产这些优秀产品的独特的、不易模仿的能力。企业的这种核心能力，是组织共同学习和有效组合的结果。企业的核心能力必须具备如下一些特征：(1) 不可模仿性。核心能力作为持久的优势能力，是不可模仿或不易于模仿的能力，为一个或部分企业所具有。竞争对手可能获得提高核心能力的知识和技术，但很难仿效企业内部资源和能力的有效组织以及学习的综合模式，就是说，相对于知识和技术来说，组织的管理和学习能力是核心能力更为根本的部分。(2) 生产性。企业的核心能力能创造独特的价值。核心能力要成为一种竞争能力，其价值主要体现在为顾客提供更优质和更独特的产品和服务上。(3) 开拓性。它能够为市场空间的开拓提供能力基础。市场空间是企业竞争力的直接标志，企业的核心能力必须通过其独特的产品和服务确保市场地位，赢得市场空间，开拓市场空间。普拉哈拉德与哈默还用“竞争树”来形象地表达其核心能力思想。一个从事多种经营的公司就好比是一棵大树，树干和主要树枝是主导产品，小的树枝是经营单位，而树叶、花朵和果实是最终产品，由提供养分的根系维持着生存。同样，组织的稳定性在于核心竞争力（核心能力）。你只看它们的

最终产品可能会觉察不到竞争者的实力，同样，如果你仅看到树叶是不会理解大树的力量的。我们可以把这种提供养分的根系——生产主导产品的能力——看作企业的核心能力，而树叶、花朵和果实只是这种核心能力的最终结果。但我们往往只看到这些最终结果。

关于核心能力及其重要性的理论渊源，由来已久。在早期分工理论中就包含了特殊行业的技能会提升能力，取得更好效果的认识。马歇尔 1925 年提出的企业内部成长理论，就认为分工会产生不同的知识和技能，而知识和技能的积累又会使企业内部产生"可感知的进化"。乔治·理查德森看到了能力与知识技能的关系及其对企业经营各环节的影响，认为，能力是知识、技能和经验积累的结果，并通过对生产、营销、研发等因素的影响发挥其作用。20 世纪 80 年代，能力观的研究成为热潮，尼尔森、温特明确提出经营中的能力观。1984 年沃纳菲尔特从能力观的角度，提出了企业资源基础论，在 90 年代发展成为成熟的核心能力观。在普拉哈拉德与哈默之后，管理学界对核心能力观进行了广泛热烈的讨论，对其含义和作用认识更加明确具体。比如迈克尔·希特和杜安·爱尔兰给核心能力下了定义，认为核心竞争力是能为企业带来相对于竞争对手的竞争优势的资源和能力。他们还对核心能力和核心资源以及核心产品的关系进行了分析，认为核心资源是核心能力的基础，又隐含在核心产品之中，核心能力是智力、技术、制度和文化等因素的一种综合优势。

2. 扩张与杠杆作用理论

普拉哈拉德与哈默对"扩张"的概念进行了与众不同的解释，认为扩张的原因是"企业资源和它所期望之间的差距"。部分企业的基础资源贫乏，但却具有极强的野心，从而必然具有扩张的动机。但欲望的动机只是一个发动器，真正要实现欲望，还要学会发挥优先资源的杠杆作用。发挥有限资源杠杆作用的有效方法如下：(1) 把有限资源集中于战略聚焦点的使用上，有助于完成战略任务。(2) 有效吸取其他企业的经验和资源，从而更高效率地积累资源和优势。(3）以一种资源为主，将另一种资源作为补偿或附加资源，实现两种或几种资源的有机结合，创造比两种资源简单相加更好的效果。(4）通过循环使用和利用其他资源来保持资源优势。(5）在最短时间内从市场上回收资源。

三、戴明与朱兰的质量管理战略思想

我们把质量管理作为一种竞争战略，是因为，一方面，以质量求生存已经被许多企业从一般的技术改进上升为企业战略；另一方面，质量改进是基于原有的市场和产品的改进，不属于产品创新战略。所谓全面质量管理，是 20 世纪 80 年代末 90 年代初在发达国家兴起的一场产品质量革命，是建立在通过整合了工具、技术和培训体系而不断使顾客更加满意的基础上的，这意味着不断改进组织的运作流程，从而提供高质量的产品和服务。其特点是通过对生产管理的全过程的控制，全员参与质量改革来保证产品和服务的质量，以满足顾客对质量的需求。全面质量管理是以产品质量取胜的一般竞争战略。

对产品和服务的质量要求，是因为科技与经济的发展，企业产品生产能力的提高，生产从供不应求的卖方市场逐渐转向供过于求的买方市场，产品只有满足顾客的质量要求，才能得到顾客的青睐。企业从大批量生产的单纯追求数量的做法，转向以质量取胜。这时，质量管理已经从单纯的质量标准控制，到注重全方位的质量管理，特别是注重员工对质量管理的参与以及对具体生产过程合理性的管理。随着科技发展和管理水平的提高，人们已经看到产品质量和产品成本之间的相容性，过去那种高质量要以高成本为代价的观念受到质疑。人们也认识到，这种质量与成本统一性思想，必须依靠全面的质量管理，包括市场调查，产品开发设计，原材料购买，产品的生产、销售以及服务等过程，都必须贯彻质量控制，而不只是对产品进行事后质量检验甚至质量抽查。

质量管理的观念最先起源于美国等西方国家，但真正受到重视、取得成效则是在东方的日本。质量管理对日本第二次世界大战后经济腾飞的影响，以及日本经济腾飞对西方国家经济的冲击使西方人看到了质量管理的价值。20 世纪 40 年代，戴明就已经是美国知名的统计专家，而朱兰在 1951 年就出版了《朱兰质量控制手册》，但并未受到美国人应有的重视。二人分别于 1950 年和 1954 年把质量管理引介到日本，他们作为专家被派遣到日本帮助日本重建经济，开始了在日本的质量管理培训工作。日本人掌握了其精神实质，将二人的思想付诸企业管理实践，并取得意想不到的效果，对日本经济的繁荣起到了巨大的推动作用。后来又结合先进的科技手段，特别是统计技术和计算机技术来进行质量控制，并取得新的成就。这些成就通过高质量产品的输出，对美国等西方国家市场的占领，引起西方人对质量管理的重视。1980 年 7 月 24 日，美国广播公司做了一期演讲节目，题为“日本能行，美国为何不能?”，对全面质量管理及其应用做了全面介绍，引起巨大反响，从此开始了对质量管理的研究和大规模应用。对全面质量管理的研究和应用，促进了产品的国际标准化的发展，并被引入政府管理等公共管理领域，得到英美等一些国家政府的大力支持。

在全面质量管理理论的研究和实践指导中，戴明和朱兰是两个奠基性的人物。下面介绍戴明和朱兰的全面质量管理思想的基本内容。

1. 戴明的质量持续改进理念

爱德华·戴明（1900—1993），世界著名质量管理的先驱和主要代表之一，因其对质量管理理论和实践的卓越贡献而享誉全球。1921 年到 1928 年，戴明先后获得怀俄明大学工程学学士学位、科罗拉多大学数学和物理学硕士学位以及耶鲁大学物理学博士学位。20 世纪 40 年代，他在人口统计中发明统计过程控制方法，大大提高工作效率，成为美国首屈一指的统计专家，1956 年获得美国质量协会授予的“休哈特奖”。1946 年日本成立科学家与工程师联盟后，戴明经常被该组织邀请到日本讲学，其品质经营理论得到推崇，并成为日本全面质量管理的理论基础。1951 年日本设立“戴明奖”。日本工业振兴提出了“以较低的价格和较好的质量占领市场”的战略思想，使质量管理在日本深入人心，很快得到实施并取得立竿见影的效果，不仅质量提高了，成本也降低了，经济竞争力迅速提升。1960 年日本天皇授予戴明“神圣财富”银质勋章。20 世纪 80 年代以后，由于在日本的成功，戴明在本国也受到热捧，成百上千的美国各类机构，包括军事部门和政府，纷纷学习和采用其质量管理理论，近二十所大学，其中包括著名的波士顿大学和哈佛大学，相继授予他名誉博士学位，其母校耶鲁大学在 1993 年授予他维尔布尔·卢修斯十字奖章。

（1）质量管理的“十四要点”。

戴明持续改进的质量管理思想把质量管理上升到战略的高度，反对以前的事后质量检查和抽查的做法，从理念到做法提出了质量管理的“十四要点”：1）树立恒久改进的战略目标。戴明认为，公司要想长盛不衰，就要有长期的战略，而不拘于短期行为，要把改善产品和服务质量作为恒久的战略目标。2）树立全新的质量观。要树立新的质量观，根据新的变化了的环境和顾客需求来确立产品与服务的质量标准，才能获得最大的和长期的经济效益。绝不容忍粗劣的原料、不良操作、有瑕疵的产品和松散的服务。3）纠正事后检验的做法。如果只依赖事后检查，出现劣质产品是必然的。“质量不是来源于检验，而是来源于改进生产过程。”产品质量不是检验出来的而是生产出来的，所以要把对产品的质量控制贯彻到生产和服务的全部具体环节中，要通过预防来实现质量的改进。4）放弃低成本战略。价格本身没有意义，价格只有相对于产品质量才有意义。由于产品粗制滥造，使得买主不得不经常更换供应商，一方面增加了转换成本，另一方面也增加了劣质产品的维修等费用，得不偿失。5）持续改进。改进是一种提高和进步，并且是一种持续的行为，而不是一旦达到某一标准就原地不动地拼命维持。6）根据质量标准进行员工培训。因为职工的水平直接影响到产品和服务质量，所以必须加强对员工的培训，而且要根据质量标准，采用统计等现代科技手段进行培训。7）建立现代领导和督导方法。员工工作好坏，大多取决于领导的工作方式，作为企业的领导，必须从自身找原因，实际承担起合理安排岗位、为下属的工作创造有利条件的责任。8）排除员工恐惧心理。质量改进需要员工的积极参与，富有创造性地改进，所以管理层要帮助员工驱除恐惧心理，大胆提出问题和参与决策。管理层要建立一套有效的问题解决机制，鼓励员工，使其在一个更加安全可靠的环境下工作。9）拆除樊篱，建立关联。作为最终端的产品和服务的质量的提高，来源于各个部门的努力，也取决于各部门之间的相互配合。建立跨部门的质量圈，有助于质量的改进和成本的控制。10）禁止发口号和目标。切实为员工提供持续改进的方法和手段，不要只发出一些令人向往而难以实现的口号，不给员工发一些定量化的目标，而是把坚持永不停息的改进作为目标。11）取消工作标准和量化定额。定额的焦点是数量而不是质量，应该取消具体的定额，特别是不要搞计件工资制，而是要把提高质量作为员工的一种自愿的行为。12）消除妨碍因素。给予员工一定的自主权，对员工实施帮助而不是控制，消除影响工作的障碍，消除影响积极性的因素。13）采用严谨而先进的教育培训。因为质量与生产力的提高会影响到工作岗位的变化，员工要不断接受教育培训方能适应持续改进工作的需要，培训应该使用统计等新的技术手段。14）重新设计相适应的每天都推动以上所有措施的高层管理结构。

上述管理的十四个要点，大体上可以归结为四个方面的基本要求：一是树立持续改进的质量管理观念，改变质量导致高成本的传统看法，废除计量化的传统工作方式；二是全过程的质量管理，包括生产、员工培训、监督等过程的管理，而不是仅仅实行事后检查的方法；三是全员参与，通过培训、心理调节、消除妨碍因素等方式来帮助员工改进质量；四是采用科学方法，在质量管理过程和员工培训中引入统计学等先进的科学方法。

(2) PDCA 循环。

PDCA 循环又称为“戴明环”，即计划（Plan）—执行（Do）—检查（Check）—行动（Action）的工作程序的循环。这里“行动”与“执行”是有区别的概念，“行动”指对检查的结果的处理和运用，即对成功的经验加以肯定并予以标准化或制成作业指导书，进行推广，对于失败的例子进行总结，避免今后再犯同样错误。PDCA 循环整个程序是任何一项工作特别是质量管理工作必须经过的符合逻辑的程序。PDCA 循环的最大特点在于其循环性质，这种循环集中体现了戴明关于质量管理的持续改进思想。质量管理不是一次完成的，它是一个持续改进、周而复始的过程，这个阶段上存在的问题、不足的地方，直接转入下一个循环周期中去解决。戴明还提出了保证这种循环有效进行的具体步骤：1）考察分析现状，寻找存在的问题。2）找出影响质量的各种因素。3）分析造成问题的主要原因。4）有针对性地寻找和采取对策。5）严格执行已制订好的措施计划。6）将实际执行的结果与预定目标进行对照检查。7）把成功的经验进行总结，并及时修订标准。8）将仍未解决的问题或新出现的问题转入下一个周期去解决。这一过程也是一个周而复始、大环带小环、阶梯式上升的过程。在这一过程中，要使控制精确化，要使用先进的统计工具、各种图表法帮助改进质量。

戴明还提出“100% 检查”的思想，这一思想成为后来克劳斯比“零缺陷控制”理论的思想来源。戴明在这里强调的只不过是全面的和持续的质量管理。戴明认为，以上这些步骤，看似没有什么新意，但是只要认真严格执行，就会有惊人的效果。日本在运用戴明理论上的成功经验，说明了这种义无反顾的持续改进的重要性。戴明有一句很有哲理的名言：“质量无须惊人之举。”在他平实的见解和语言与骄人的成就之间，只差一步，那就是持续改进。只要能系统地、持久地将这些观念加以运用，产品与服务质量就能够有意想不到的突破。

2. 朱兰的全面质量管理思想

美国质量管理专家约瑟夫·朱兰（1904—2008），是举世公认的现代质量管理的领军人物。生于罗马尼亚，8 岁时移居美国。1925 年获得明尼苏达大学电力工程专业的学士学位，后获得芝加哥洛约拉大学的法学博士学位。曾经供职于著名的西方电气公司的芝加哥霍桑工作室检查部，从事有关质量控制的数学方法的研究工作，开始了他对质量管理的关注和研究。和戴明一样，朱兰早年在统计方法上有所斩获，在 1928 年 24 岁的时候，就完成了一本叫《生产问题的统计方法应用》的小册子。1937 年朱兰担任纽约西方电气公司总部工业工程方面的主席。1951 年，《朱兰质量控制手册》一书出版发行，为他赢得国际声望。他于 1954 年前往日本召开中高级管理者专题研讨会，并做了"全公司质量管理"等讲座，主张从"最初的、单纯的技术控制型工厂管理方法"向"全面质量管理"转变，对日本企业质量管理乃至经济的复兴都作出了重要贡献，并获得日本天皇颁发的奖章。1979 年，朱兰建立了"朱兰学院"，以传播他的质量管理思想。在其 82 岁高龄时，发表著名论文《质量三部曲》，副标题为"一种供普遍使用的质量管理方法"，提出了后来被称为"朱兰三部曲"的管理方法和思想。朱兰出版过 20 余部著作，其中《朱兰质量控制手册》被誉为"质量管理领域的圣经"，是一个全球范围内的参照标准。朱兰还协助创建了美国的马尔科姆·鲍得里奇货架质量奖。他自己也因为对质量管理的卓越贡献，获得了来自 14 个国家的 50 多种嘉奖和奖章，其中有美国总统为表彰其"为企业提供管理产品和过程质量的基本原理和方法从而提升其在全球市场上的竞争力"所做的毕生努力，而给他颁发的国家技术勋章。

(1) 朱兰质量管理思想的具体性特征。

朱兰质量管理思想与戴明的区别在于它更为具体，其特征如下：1）提出质量以顾客需求为标准和限度。关于质量的定义，朱兰有自己的特色，把质量与顾客需求联系起来，并用顾客需求来定义质量概念。朱兰的至理名言是：质量是一种合用性。合用性即产品在使用期间能满足使用者的要求。2）提出质量管理是解决问题。有针对性地解决具体问题，而不是一般地泛泛而谈。3）认为质量是领导策划和团队合作的结果。他坚信质量不是偶然产生的，它的产生必定是有策划的，质量策划能力是高层管理所必备的管理能力。朱兰提出 80/20 原则，认为 80% 质量问题是领导责任导致的。同时，朱兰也认为，质量改进工作是由团队合作的方式进行的。4）提出质量改进是以项目建设为基础方法，以问题解决为导向。5）提出“质量环”概念。认为产品质量是在从市场调查到销售、反馈的整个过程中形成的，并且是一个螺旋式提高的过程。

（2）朱兰质量管理三部曲。

关于实施质量管理的行动步骤，朱兰认为可以分为三个阶段或要素：质量策划、质量控制和质量改进。这就是著名的“朱兰三部曲”。

第一部：质量策划。质量策划是指确定质量目标，确定采用的具体质量体系的标准和具体要求的活动。质量策划是朱兰关于公司内部实现质量管理方法三部曲中的第一部。其《质量策划》一书提供了公司质量策划方法的指导思想。朱兰的“质量策划”实际上是一个质量差距的认识和填补的过程。首先是认知差距，即找到现实中存在的质量与计划质量的差距，包括理解差距、设计差距、过程差距和运作差距等方面的认知。其次是弥补差距，以实现质量目标。朱兰为此设计了六个步骤作为缩小或填补差距的解决方案：质量项目设定；顾客类型的确定；发现顾客需求；根据顾客的需要开发产品；设计新产品的生产流程；根据工作运行过程制定质量标准和控制计划。

第二部：质量控制。控制是通过技术和操作方法，对计划实施过程予以监督，必要时予以矫正，以保证实际执行情况与计划一致。控制是一个比照过程，而不是优化过程。优化的任务要在计划和改进环节进行。朱兰还提出了质量控制的七个具体步骤：确定控制对象；配置测量设备；确定测量方法；建立作业标准；判断操作的正确性；分析与标准的差距；对差距采取行动。

第三部：质量改进。质量改进是指为了给顾客提供更多的价值而采取的提高生产活动和过程的效益和效率的活动。改进作为一个持续的过程，需要建立一种保证良性循环的组织形式，通过团队合作和项目运作方式予以实现。质量改进方式可分为持续改进和突破性改进两种方式。朱兰也提出了质量改进的具体步骤：证实改进的必要性，争取立项建设；确立专门的改进项目，建立项目组；对项目进行有组织的指导，保证领导人的参与；组织诊断，确认质量问题产生的原因；采取补救措施；在操作条件下验证补救措施的有效性；在新的水平上控制，保持已经取得的成果。

关于这“三部曲”之间的关系和各自的意义：质量策划是质量控制的基础和标准，质量控制是策划实现的保证措施，而质量改进是质量计划的一种超越。朱兰还指出美国和日本在质量管理上的一个显著差别在于，美国企业强调对质量的控制，而日本企业强调持续改进。通过日积月累，持续改进，日本在质量上逐渐领先于美国，日本企业使用与美国相同的设备、材料和经过同样的生产过程，却能够生产出更多更好的产品。

3. 朱兰的质量“突破改进历程”

朱兰把质量改进分为持续改进和突破改进两种类型。突破改进需要一些基本条件和过程，他把这个“突破改进历程”分为七个基本环节：(1) 突破的事态。主要是关于质量突破性改进的急切性、严重性的说明，预期效果以及质量控制投资回报率的说明等，让参与质量改进的实践者明确质量改进的意义和必要性。(2) 突出关键的少数几个项目，集中力量进行优先处理。(3) 寻求知识上的突破。成立策导委员会和诊断小组，前者由各部门的高层管理人员组成，负责总体策划、协调、排除阻力等工作，后者作为参谋分析组织，帮助厘清和分析问题。(4) 进行分析。这是指诊断小组研究表征、提出假设、找出原因的工作。诊断小组还要分析确定不良产品的产生原因，是管理人员还是操作人员的责任。(5) 决定如何克服变革的抗拒。克服变革的抗拒这项任务是要达到人们对变革重要性的明确认识，具体方法是要让其参加具体决策过程，不能依靠单纯的逻辑论证。(6) 进行变革。最为关键的是各部门在对问题的严重性以及变革意义的理解基础上的通力合作，给予足够时间让员工进行思考和反省，并进行适当的训练。(7) 建立监督系统。这样做的目的是对整个变革过程进行监督和对突发问题及时解决。

4. 生活质量观：质量概念的拓展

朱兰还把质量概念扩展到生活领域，讨论了生活质量的相关问题，把经济发展的目的界定为提高人们的生活质量，经济发展的最终目的就是不断满足人们日益增长的物质文化生活需要。朱兰认为，质量的概念是发展的，可拓展到生存的环境质量、卫生保健质量、精神需求和满意程度等。认为生活质量与现代科学技术、环境有密切的关系。他特别指出，社会工业化引起一系列环境问题，影响了人们的生活质量。可见，他的生活质量的概念是广义的，不只是物质生活水平，还包括环境质量、精神需求和满意度等多重指标的满足程度。

第三节　创新战略

一、管理创新：新世纪企业核心竞争力

在加里·哈默与比尔·布林合著的《管理大未来》一书中，他们认为，传统的管理方式已经过时，科技的发展已经到了一个新时代，而管理已经完全落伍，时代需要管理的创新。美国《商业周刊》在评介《管理大未来》一书时认为："哈默希望读者透过他的主张及问题，踏上一场兴奋之旅；而他的提问将会使现代经理们开始思考：在日复一日的管理实践中，有哪些已经成了'理所当然'的传统，或是'从没被检验过'的教条？本书必将引发经理人的共鸣。"在该书的"前言"中，作者说："你所在的公司在很大程度上

受20世纪初期一小撮已故的理论家和实践者提出的所谓‘现代’管理的约束，这些恶作剧者置管理于发霉的机器中，在很长的时间内无形地改变你所在公司的资源分配方式、预算的制订、权力的配置、激励员工的方案和各种决策。”“与物理学不同，管理学原理既非先知也非恒久不变，特别是当前的管理原则已经无法适应。这是因为急剧的变革、飞逝的优势、技术的颠覆、可畏的竞争、全能的顾客、挑剔的股东，他们对全球的组织管理提出了新的挑战，传统的管理模式也更显局促。”“当今的管理已经过时。它像一台无法动弹的引擎，这不是件好事。作为调动资源、部署计划、制订工作方案、产生绩效的活动，管理是完成人类梦想的关键功能，当它无法达到预期目标时，就会给人类带来巨大的损失。”在该书第一章“传统管理的终结”中，他们认为，正如所有伟大的发明一样，再伟大的管理实践也有一个从初生到成熟到衰竭的过程，而源自工业时代的管理模式已经步入S形曲线的尾端，已经没有发展的余地了。他们认为，制约组织取得优良业绩的不是其运作模式，也不是商业模式，而是其管理模式。① 哈默说：“我确信，管理创新是一个公司获得长久竞争优势的独特能力。在本书中，我将说明未来管理的诸多关键内涵。”②

哈默和布林提倡运用大思维带来大进步。他们分别从全食超市、戈尔公司和谷歌的经验中，概括出管理创新的三种途径：创建目标社区、倡导民主创新和关注进化优势，提出在社区中共生、民主为要和时时创新的理念。关于如何成为管理创新者，他们提出了三条原则：(1) 突破管理思维——打破惯性思维，挑战先例。比如在全食超市员工自己决定库存，压力源自同事而非老板，应聘者的去留完全由所在工作团队而非公司管理者来决定，强调自由度与责任心、信任、公平和目标。这些做法与传统的超市概念是完全不

① ［美］加里·哈默、比尔·布林：《管理大未来》，陈劲译，中信出版社2008年版，第3页。
② ［美］加里·哈默、比尔·布林：《管理大未来》，陈劲译，中信出版社2008年版，“前言”。

同的，而与目前的社区概念很接近。(2) 接纳新规则——全新的问题要求用全新的原则。在组织中无处不在的、挥之不去的和前所未有的任何问题，都不大可能用从别人那里拿来的旧原则加以解决。专业化、标准化、等级制、外部激励等方式，一再被人们“挖掘”，以获取竞争优势。这些做法成功的可能性太小了。取而代之的是基因重构，创造变异，灵活配置资源，激发民主参与意识，激发使命感，创造最佳偶遇的机会。(3) 在边缘中学习——抛弃旧观念，重组管理新基因。“倘若想一窥管理的未来，你必须寻找‘积极的出轨’，因为不寻常的观点通常来自不寻常的地方——那些离奇的，没有预兆的，超越‘最佳实践’的地方。”① 要善于吸收创意，激发新的创新源泉，重启新思维，引领管理创新的变革，成为真正的管理创新者，才能开创管理的新时代。

二、罗杰斯的产品创新战略

贝思·罗杰斯（1941— ），英国女管理学家，著名咨询顾问，产品创新理论大师，任教于英国朴茨茅斯大学商学院。主要著作有《产品创新战略》(1996)，在产品创新战略方面作出了巨大贡献，她把产品创新作为企业管理的重点目标，使产品创新思想在实业界和学术界引起巨大反响。

1. 产品创新的必要性

当世界历史进入 20 世纪 90 年代，产品市场已经从福特时代反转过来，一辆 A 型汽车打天下的局面不复存在，从卖方市场转移到买方市场。观众对产品新价值的期望越来越高，市场营销竞争越来越激烈，企业压力越来越大。企业产品能否创新，成为能否在市场上有一席之地的关键。所以，产品创新已经不是局部问题，而成为企业的整体战略问题。罗杰斯看到了英国许

---

① ［美］加里·哈默、比尔·布林：《管理大未来》，陈劲译，中信出版社 2008 年版，第 161 页。

多企业在此问题上的鲜活的例子。在英国，当时由于日本摩托车大量进口，自己的摩托车制造业出现逐渐萎缩趋势，失去大量市场份额；但同样在80年代，英国一家水泵厂面对咄咄逼人的国外同行，采取了相应的对策，通过改良自己的产品，主动迎接对手的挑战，不但没有丢失市场份额，反而在过去的10年中，在国内和国际市场上将自己的市场份额提高了7倍，形成鲜明的对比。罗杰斯认为，实际上，许多企业已经把产品创新作为一种企业发展战略，而不仅是为了维持市场空间以求生存的问题。在这样的态势下，企业对新产品的开发，满足顾客对新价值的需求，就成为企业生存和发展的战略问题。而企业的营销策略，不仅要随机应变，灵活多样，更为重要的是要成为创新的动力和源泉，成为企业产品创新的促进力量，促使企业进行产品创新。根据产品生命周期理论，产品一般要经过投入期、成长期、饱和期和衰退期。如果一个企业能够在产品进入饱和期之前在改进产品或者进行新产品的开发上获得成功的话，就可以避开衰退期，直接进入下一个新的繁荣阶段。

但是，罗杰斯也认识到，当前企业中也存在着不真正重视产品创新的情况，她甚至认为，很少有企业在创造性方面达到令人满意的程度。其实，创新并不是高深莫测的魔术，每个人都可以成为创新的主体，企业的任务就是为创新进行管理，培养创新人才。罗杰斯指出，在实际的经营管理过程中，许多企业只是花大量时间、精力收集数据，进行管理决策，真正花在创意上的时间和投资相对不足，甚至把个人的创造性的培养问题看作无稽之谈。

2. 产品创新方式与质量标准

罗杰斯区分了创造新产品和革新，认为创造新产品是人类描绘新事物蓝图的思维过程，是新设想诞生的过程，革新则是将优选的方案转化为产品的过程。产品创新方式包括：(1) 实现新产品的突破。新产品构想的过程是对原有事物的重新组合，比如印刷机的发明者说他是把榨汁机和压膜机的原理糅合起来，取得创新成果的。(2) 根据顾客需求，系统创新。通过了解顾客的需求，进行系统性的思考，创造出满足顾客需求的产品。对于顾客的需求，我们可以将其分为四种：特定需求、定制需求、模糊需求和变动需求。这样界定了顾客需求后，就明确了产品创新的方向，就可以借用专利等方式，进行创新。通过需求分类和产品创新还可以使企业了解竞争对手的动态，与科技保持一致。(3) 产品改进。罗杰斯认为，产品都是有生命周期的，通过对产品的改进，特别是核心产品随着市场需求，利用时空和质量进行改变，可以延长产品寿命。同样，产品的服务和无形产品也要适应消费者需求，发生相应的变化。

罗杰斯还讨论了新产品的标准问题，认为一个新产品是否成功，可以通过一致性、艺术性、可靠性、便利性、耐用性、业绩、功能和质量观感等标准来评判。这里主要标准是对顾客的新价值，但也包括业绩等对企业本身的优势因素。就服务业而言，可延长其生命周期的改进方法包括增加其可靠性、可感知性、反应能力，增加顾客的依赖感，想顾客所想等。这里的"可感知性"是一个类似于上面的艺术性的概念，指物质上的设施、装备、员工素质等可感性质；"反应能力"是指对客人来讲，员工乐于助人。

3. 创造型人才与产品开发小组

罗杰斯提出，创新人才的获得和创新团队的建立，是产品创新的前提。关于创造型人才的特征，罗杰斯认为主要有：独立性、能打破思维定式、为人乐观、喜欢幽默、不贸然下结论、勇于担当风险、有想象力、面对事物多元化而能做缜密思考，最杰出者还善于检验自己的设想并为之做好准备，能将设想坚持不懈地贯彻实施。对企业最有价值的人才，具有相关的以知识和主动精神为基础的业务能力，坚持真理，不受局限和蒙蔽，乐于承担责任。雇主一方面要寻找创造型人才，另一方面，更为重要的是要在现有的雇佣大军中发现和培训创造型人才。产品开发小组机制应有的特点包括：独立，摆脱公司固有文化的压力；富有激励性的目标，保持一种紧迫感；容忍不同意见并允许犯错；团结互信，避免天性中固有的缺陷等。

三、组织流程再造理论

组织流程再造理论产生于20世纪90年代，作为企业创新战略理论，它是对企业的工作流程进行重新设计、根本改造的一种工作设计、组织设计的变革理论。其产生的时代背景，包括顾客需求变化、竞争的形式变化、人性需求的变化和管理体制弊端等诸多因素，可以归结为客观形势和管理体制本身的困境两个方面。第一方面，从客观形势的变化要求来看。(1) 顾客需求变化的要求。生产从卖方市场向买方市场转变，商品价廉物美的一般性要求向多样性、个性化要求转变。(2) 竞争形势变化的要求。竞争打破产品竞争、同行竞争和国内竞争等界限，范围和方式均发生变化。竞争激烈程度也发生变化。(3) 新时期变化速度加快的要求。高速发展的时代要求，也是流程再造的重要原因。三个要素即是人们所说的顾客、竞争、变化“3C要素”。第二方面，从管理体制本身的发展困境来看。分工理论与传统官僚制的管理方式的时代局限性要求进行工作流程和组织设计的改革。

组织流程再造理论的代表人物是迈克尔·哈默（1948—2008)。他16岁进入麻省理工学院学习，先后获得学士、硕士和博士学位。曾经担任IBM的软件工程师、麻省理工学院计算机专业的教授。1982年创办哈默咨询公司，还兼任了一些世界级著名公司的顾问，1993年他与詹姆斯·钱皮（1948— ）合著的《再造企业——工商管理革命宣言》的出版，标志着流程再造理论的诞生。

1.“企业再造”的含义和特征

“企业再造”的概念，是哈默在1990年发表于《哈佛商业周刊》的文章中首先提出来的，后来在1993年与钱皮合作的著作中加以发展。哈默、钱皮将企业再造概念定义为：“为了飞跃性地改善成本、质量和服务等重大的现代企业的运营标准，对工作流程进行根本性重新思考并彻底改革。”“从头改变，重新设计。”“企业再造”或“流程再造”有四个特征或曰关键词：根本、彻底、显著、流程。根本，是指对组织的一些基本问题如分工思想、等级制、官僚制、标准化等进行重新思考，改变旧观念；彻底，是指不是对企业组织进行修修补补的改良，而是彻底变革，根据任务目标重新设计工作流程；显著，是指要通过流程的改造，达到经营绩效的显著改善；流程，是指对工作流程重新设计，把流程看作改革的关键因素。

2. 目标、手段和内容

企业流程再造的目的是从业务流程上保证企业以最小的成本，把高质量的产品和优质的服务提供给企业客户，充分地提高自身的竞争力。主要是利用先进的科技特别是信息系统和信息技术手段，最大限度减少对产品增值没有价值的环节和过程，建立优化的流程，提高产品数量与质量。主要内容包括：(1) 对生产和服务流程从多角度进行审视，包括功能、作用、效率、成本、速度、可靠性、准确性，找出哪些方面是不合理的。(2) 以企业效益和效率为中心重新设计新的流程。企业考虑的重点与过去完全不同，过去考虑的是计划、控制和增长，现在主要考虑速度、创新、质量、服务和成本。

3. 企业再造的程序

企业流程再造就是要破旧立新，所以其基本程序就是推倒重来。具体包含以下四个方面的步骤：(1) 对原来的流程进行功能和效率分析，找出在新的环境下影响效率的因素。(2) 设计新方案，评估新方案。新的流程要具有灵活性，适于沟通，有利于创新。(3) 配套人力资源管理。根据新的流程需要配置管理团队。(4) 组织实施与持续改进。流程再造不是一次完成的，新的流程也要根据形势的变化而变化。

4. 基于流程再造的企业组织和业务流程的特征

基于流程再造的企业组织和业务流程的特征表现在10个变化上。(1) 在工作单位上，从过去的职能型部门转变为任务执行小组。(2) 在工作方式上，从专业化的单一的工作任务变为多方面的工作任务。(3) 在人员主动性上，从被动控制转变为授权式自主管理。(4) 在职业教育方式上，从专业的职业培训转变为全面的学校教育。(5) 在业绩与报酬的评价标准上，从以过程为标准转变到以结果为标准。(6) 在晋升标准上，从重工作成绩转变为重工作能力；(7) 在价值观和品质上，从守旧和维护型转变为开拓创新型。(8) 在管理者作用上，从严格的监工转变为指导性的教练。(9) 在组织结构上，从多层次的等级制变为层次较少的扁平化组织。(10) 在主管人员的作用上，从记分员变为领导人。从这些转变来看，在新型的组织中，组织结构形式、人员关系、评价标准、人员培养和任用等方面都发生了根本的变化。所以组织流程再造理论与当时的整个工业管理向知识管理的转变的大背景是一致的。

四、合作战略

美国三位销售领域权威尼尔·雷克汉姆、理查德·鲁夫、劳伦斯·弗里德曼1995年合著的《合作竞争大未来》一书，提出了合作竞争的思想，对企业的合作伙伴关系进行了深入的研究。雷克汉姆，美国心理学家，全球著名的销售大师，SPIN销售模式的创始人，研究提高销售效率和成功率的专家。他们分析了合作竞争或者说伙伴关系的建立的重要性，以及这种伙伴关系的主要内容。下面主要介绍他们思想的三个方面的内容：(1) 伙伴关系出现的背景，(2) 伙伴关系的基本因素，(3) 选择合作伙伴的基本原则。

1. 伙伴关系产生的背景

分工合作是现代管理理论产生以来一直讨论并基本给予肯定的企业提高效率的方式，但当代的分工合作已经不限于传统意义上的制造业中的作业分工与合作，而是一个更为广泛的概念，伙伴关系理论就是一种新的合作理论。在企业间的关系上，传统理论包括波特等人的战略管理理论，竞争被放在第一位。波特的竞争战略理论，主张通过差异化、低成本等战略行为，在市场上赢取顾客，击败竞争对手。甚至为了获取企业利润，不惜采取一些不利于竞争对手的手段。波特的五力模型，看到了影响企业赢利能力的五个主要竞争对手，并提出各种应对措施。但是，时间进入 20 世纪 90 年代，传统的你死我活的零和博弈关系引起企业界和学界的深刻反思，取而代之的是各种双赢策略、互利共荣等合作竞争的观念与做法。雷克汉姆等人的新的伙伴关系理论，是其中一个具有重要影响的新思想，该理论认为伙伴关系是企业竞争力的来源。

2. 成功伙伴关系的三个基本因素

雷克汉姆对积极参与伙伴关系的建立和运作的人员进行大量调查，发现成功的伙伴关系有许多特征，其中最为重要的、不可或缺的有三个因素：贡献、亲密和远景。认为，贡献、亲密和远景是我们在每一个成功伙伴关系中都能发现的重要成功因素，当然也是最关键、最核心的因素。

（1）贡献。伙伴关系的贡献是指，它可以提高生产力和附加价值，最重要的是，能改善获利能力和竞争力。可以说，对合作对方的贡献是每一个成功的伙伴关系存在的理由，如果不能为对方作出贡献，一种伙伴关系就失去了存在理由，这种合作伙伴关系最终必然瓦解。贡献有三个基本特征：第一，为合作而改变。为了多作贡献，合作的各方都必须在自身的某些工作流程等重要方面进行必要的改革。第二，利润共享。对于因合作所增加的总和利润，合作各方都应公平合理地进行分享。第三，保持各自领域优势。通过合作伙伴关系的建立，使得合作各方特别是供应商和企业之间的利益捆绑在一起，一方的竞争优势出现问题，就会影响到另一方，不能为对方作出贡献。所以，合作各方都必须共同保持在各自领域的竞争优势，各自保持自己的竞争优势对伙伴和伙伴关系来说无疑也都是一种贡献。（2）亲密。亲密是一种超越交易本身，超越简单的生意来往的合作伙伴关系。这种亲密关系体现在双方建立和维持很高程度的信任，这样不仅要具备基本的忠实和强烈道德感，更重要的是表现在一系列的践行方面，比如：双方必须一起共同学习进步；从合作关系出发，为合作各方的总体利益做事；合作各方实现全方位的信息共享等。(3) 远景。伙伴关系远景是指这种伙伴关系给合作各方带来的远期利益。伙伴关系对于合作双方或多方要有一个清晰的远景目标的方向性指引，只有这种诱人的目标，才能激励亲密的合作，相信合作的成效，这对于企业的长期发展来说，远远大于各自独立完成的结果之和，也是各方在合作过程中愿意担当风险和承担各种花费的合理理由。

这三个方面是一种相互交叉关联的关系，只有当贡献、亲密和远景三个因素都具备时，才具有真正意义上的伙伴关系。如果过分强调其中一个方面，比如过分强调贡献极大化，为亲密而亲密、不切实际的远景等，最后都是对伙伴关系的破坏。

3. 选择伙伴关系的基本原则

雷克汉姆等人认为，伙伴关系的建立，是有一些必要前提条件的，企业要根据这些条件来选择合作伙伴。这些条件可以看作选择伙伴关系的原则。他们认为，最重要的是四个方面的原则：(1) 创造贡献的潜能。伙伴关系能否创造出真正的、独特的价值，这是所有合作者首先关心的问题，也是合作的真正意义所在。(2) 共同的价值。价值观作为基础，决定了合作各方是否有足够的共通性，是伙伴关系真实可行的条件。(3) 有利的伙伴关系环境。环境条件对建立伙伴关系有很大的影响，比如客户的模式和态度关系到是否适合建立伙伴关系。(4) 与合作者目标一致。各方在目标上具有一致的方向是合作的一个重要前提条件。如果上述条件均得以满足，成功的伙伴关系就能够顺利形成和得以保持下去，否则，如果缺少某些方面的条件，对伙伴关系的建立必然有潜在的影响。

五、金伟灿、莫博涅：蓝海战略

金伟灿，出生于韩国，曾经担任欧洲工商管理学院波士顿咨询集团布鲁斯·亨德森战略与国际管理教授；美国人勒妮·莫博涅，欧洲工商管理学院策略和管理学教授。金伟灿与莫博涅合著的《蓝海战略》(2005) 一书，在分析了1880—2000年30多个产业的150次战略行动的基础上，提出蓝海战略的构想，指出价值创新是蓝海战略的基石，用战略创新代替基于竞争的基本战略取向，面向潜在的顾客需求，改变产业格局和游戏规则，在竞争白热化的情况下为实现自我发展提出新的战略思维。作为一本具有创新性，理顺以往杂乱思想，鼓励企业开创新市场空间的管理学图书，《蓝海战略》引起了极大反响，很大程度上反映了在当今商业市场和竞争态势下，全球企业对寻找新的战略手段以实现获利性增长的强烈渴望。《蓝海战略》一书，不仅在学术界和企业界受到高度重视，而且引起一些政治人物和政府领导人的高度重视，比如前韩国总统卢武铉曾经指定该书为政府高级管理人员的必读书籍。

1. 红海战略存在的问题

商业战场，此消彼长，优胜劣汰。没有永远卓越的企业，也没有永远卓越的产业。各个企业乃至各个产业都在激烈的竞争中渴求生存和发展。以变化为特征的社会，对于企业来说，既是挑战也是机遇。企业在这样一个大变动的态势下，如何重新估计和重塑自己的战略，是生存与发展的首要问题。长期以来，波特的一般竞争战略已经深入人心，在已知市场空间，采取差异化、低成本和目标集聚战略，打败竞争对手，获取利润，已经成为主要的战略手段。但在白热化的市场竞争中，企业获利空间越来越小，企业增长变得越来越困难。如何突破增长的瓶颈，走出一般竞争战略的困境，就成为管理思想家们思考的一个主题。企业如何才能从血腥的红海战略中走出来？企业未来的发展道路究竟是什么？这些问题，《蓝海战略》做出了尝试性的全新回答。

2. 蓝海战略与红海战略的区别

红海战略把商场等同于战场。战场是一种你死我活的场所，用经济博弈论的观点来看，正好是一种典型的零和博弈。按照这种观点来看市场，市场也是一种你死我活的竞争场所，而且比战场更为惨烈，因为商家不仅要和对手竞争，也要和偏好不断变化的消费者以及不断出现的新技术新工艺竞赛。红海竞争的结果只能是两败俱伤。但是《蓝海战略》的作者认为，商场并不完全等于战场。在商场，企业可以通过价值创新，满足顾客的价值追求，进行价值重排，重建市场甚至产业边界，摆脱困境，进入全新的发展空间，同时也实现了“差异化”和“低成本”战略。

在《蓝海战略》中，两位作者列举了一些著名公司如何运用蓝海战略而大获成功的鲜活案例。其中一个最典型的案例是星巴克。咖啡类相似的产品企业麦氏、雀巢这些厂商，纷纷采取“低成本”战略，企业只在价格上的竞争使人们觉得似乎咖啡产业已经极度相似化，也没有多少赢利空间。但是星巴克一出现就打败同行对手，迅速占领了这一领域。它以独特的经营方式和高价政策反而造就了一大批客户，在该产业中创造了辉煌，成为行业的垄断企业。而另一个例子是关于太阳马戏团的。太阳马戏团以新颖的马戏表演吸引了新的消费群体——成年人与商业人士，可以说再造了马戏。还有，美国航空公司通过去掉供餐、饮料等一些比较昂贵的服务以低价和快捷重新赢得乘客的青睐。快餐业中的来一客以快速就餐、新鲜健康、价格合理为经营策略赢得顾客心。在IT领域，各种小型音响产品相互竞争，最终iPod以它的大容量、使用方便和品牌效应独领风骚。

3. 蓝海战略的实质：价值创新

《蓝海战略》不仅从战略理念上把蓝海战略和竞争战略区别开来，还通过价值创新路径的设计使战略思想具体化和系统化，易于操作。哪些产业认定的元素需要剔除？哪些元素的含量应该被减少到行业标准以下？哪些又应增加到以上？哪些元素需要被创造？从以上问题可以创造出新的价值曲线，并且可以从中看出，蓝海战略最强调的便是元素的创新重排，只有把握好价值元素的创造重排，整合需求，才能使企业开创新格局。

蓝海战略是一种创新战略，但这种创新是价值的创新，并不是去创造新奇的产品，而是为顾客创造新的价值，更好地满足顾客的需要。重组顾客需求，更好地为顾客服务，这才是蓝海战略的关键。著名的摩托罗拉公司的"铱星计划"虽然有技术创新，但没有实现将技术创新转化为价值创新，所以仍然避免不了失败。新技术是价值创新的基础，但不是价值创新的全部。顾客的价值追求随着时代的发展也在不断发生变化，以顾客需求为导向，进行价值重排，满足顾客现有的和潜在的需求，不断创新，开拓新的业务和新产品，是蓝海战略的真谛。

4. 蓝海战略的思维特征

正如《蓝海战略》这本书所说，任何一家企业都不可能永葆卓越，正如任何一个行业都无法长盛不衰一样。我们回顾走过的路时会发现，自己和企业一样，做了聪明的事和蠢事。为了更加成功，我们需要研究和认识造成积极变化的那些行为，以及如何才能系统性地复制此类正确的行为。这就是我们所说的聪明的战略推动，并且我们发现，起中心作用的战略行为就是开创蓝海。所以，开创蓝海是企业在竞争日益激烈的国内外市场寻求发展的最佳战略，同时企业也要能够成为蓝海战略扩张的推动者。

蓝海战略给我们两个思维方面的启发：一是要进行逆向思维，进行反省，回到原点，要牢记目标任务。因为有时我们已经走得太远，以至于忘记了为什么出发。企业就是为顾客服务，获得利润，创造顾客。办企业不等于竞争，不等于低价，商城不等于战场。二是要突破、跳出原有的思维定式和预设，不要把任何未经审视的东西当作当然的前提。重大创新往往是对一些预设性的前提进行反思的结果，而不是细枝末节的改变，是要另辟蹊径，绕过独木桥，走前人未走过的路。山重水复疑无路，柳暗花明又一村。从红海到蓝海，从竞争到拓展甚至合作，从零和博弈到双赢的非零和博弈，这就是蓝海战略的进路和思维革命。

六、斯宾塞·约翰逊的权变思想：谁动了我的奶酪

斯宾塞·约翰逊（1940—2017），美国医学博士、演说家、作家。出生

于美国的南达科他州，1957—1963 年，先在美国南加州大学获得心理学学士学位，后获得爱尔兰皇家外科医学院医学博士学位。约翰逊的主要著作有《谁动了我的奶酪》(1998)、《一分钟经理人》(1982) 等。

在《谁动了我的奶酪》一书中，约翰逊捕捉到了当今社会急剧变化的特点，并通过故事讲述告诉人们，应该正确地面对变化、应对变化。他用“奶酪不见了”来比喻变化的情况，提出的思考方式和解决方式很独特，预言式的写作方式和语言，也很能启发人们的思考，所以本书出版后，竟引发了一种重新认识变化的文化现象。约翰逊解释说，“事实上，我只是发现了生活中的一些真相，然后编了一个很引人入胜的故事，带领读者去阅读和体会它”。

1. 故事梗概

《谁动了我的奶酪》一书，只有四万字，分为三个部分：第一部分，讲述了一群过去的同窗在芝加哥的一次聚会上，讲到生活中的变化以及在变化面前的种种困境。比如变化太快，跟不上变化的节奏，不想对自己有所改变，害怕和拒绝变化等。第二部分是全书的中心，讲述了“谁动了我的奶酪”的故事。主要讲到两个小矮人哼哼和唧唧以及两个小老鼠嗅嗅、匆匆在“奶酪不见了”的情况下，各自的想法及做出的不同选择。嗅嗅和匆匆头脑简单，他们面对“没有了奶酪”的情况，不做过多的思考和追问，而是径直去寻找新的奶酪。它们采用反复尝试的方法，一旦碰壁，马上折回，继续寻找，并很快地寻找到了新的奶酪站。相反，两个小矮人因为智力高，遇到没有了奶酪的情况，他们一直埋怨，追问“是谁动了我的奶酪”，认为这不公平，甚至长时间不愿意去寻找新的奶酪，相信总该有人来恢复公平。但是后来小矮人唧唧终于主动出击，去寻找新的奶酪，一路上遇到很多困难，但是他一想到会找到新的更好的奶酪就有了动力，克服了各种困难和心理障碍，特别是恐惧心理，最后也找到了新的奶酪。而哼哼仍未见行动。故事的第三部分是同学之间就该故事展开讨论。大家从这个故事中懂得：要敢于面对现实，随着不断变化的环境而改变自己。而且认为，事先变化比被动变化要强得多。他们认识到，这个故事的观念和方法可以运用到更广泛的生活中去。比如害怕变化，不仅是成人的习惯，而且也是孩子的习惯，孩子有时面对变化会感到很愤怒，可以用《谁动了我的奶酪》中的思想，向他们描绘“新奶酪”的美景，也许他们就会改变。

2. 权变管理思想

约翰逊的著作在管理学界也引起了强烈震动，被世界上许多顶尖企业和知名组织广泛使用，成为工作指南和培训工具，作者也被誉为“最善于为复杂问题提供简单有效的解决方案的智者”。“谁动了我的奶酪”的故事，在管理思想上给我们的启发是多方面的。(1) 要防微杜渐，居安思危，觉察变化。在当今这个知识经济时代，只有变化是唯一不变的。问题不是有无变化，而是我们要有敏感的嗅觉，感觉到这种变化，否则就有被“煮青蛙”的危险。(2) 我们要勇于面对变化，改善心智，超越恐惧，这样就会感到轻松。对于企业的管理者来说，在面对变化的环境时，唯一能做的是积极应对变化，一切的怨天尤人，犹豫、恐惧、消极的方法都是不对的，其结果只能是被变化的竞争环境所无情地淘汰。(3) 面对变化的环境，要快速简单地应对，不要做过多的思考和论证。面对当今变化的环境，有的学者指出，不是大鱼吃小鱼，而是快鱼吃慢鱼。彼得斯也认为卓越企业的第一个经验就是“贵在行动”，必要时可以凭借直觉思维，做出快速的反应，而不是靠复杂的逻辑推理论证。(4) 阻止我们发生改变的最大敌人是我们自己。只有我们自己通过亲身经历，使我们的思维模式发生改变，事情才会好转，而陈旧的观念则会使你裹足不前。这也是故事中唧唧最终没有再回到 C 站去劝说哼哼的原因。彼得·圣吉在《第五项修炼》中同样认为，自我超越是修炼的精神基础，自我超越、心智模式的转变，是实现个人愿景和共同愿景的基础性条件。自我超越，厘清个人愿景，活出生命的意义，是修炼的真正目的。故事中唧唧的经历和体验告诉我们，一旦你有了美好的愿景，你就会感到一种从未有过的兴奋，也才会真正地改变自己。

七、卡普兰和诺顿的平衡记分卡思想

平衡记分卡管理是突破单纯财务指标片面控制的管理方式，从战略的高度，着眼于企业的成长和发展，从而提出的通过一种全面的企业效益衡量标准来进行控制的管理。该管理方式由美国管理学家卡普兰和诺顿提出。

罗伯特·卡普兰，美国哈佛商学院教授，曾经担任美国平衡记分卡协会主席。他主要研究如何通过成本管理和绩效管理来实施企业战略和卓越运营。戴维·诺顿，曾经创办诺兰·诺顿公司，复兴全球战略集团的创始人之一和总裁，平衡记分卡协会的创始人、主席兼 CEO。20 世纪 90 年代以来，随着知识经济的凸显，新的竞争态势的出现，无形资产的意义及其创造越来越受到企业的重视。为了描述和管理这种无形资产，需要一种新的绩效评估系统。卡普兰和诺顿在 1990 年带领研究小组对 12 家公司的绩效评估方式进行了研究并提出许多改进方案，最后选定平衡记分卡的方式。平衡记分卡在原有的财务指标的基础上，增加了客户、企业内部业务流程、学习与成长三个方面的评价指标，把企业未来发展能力方面纳入评估系统。卡普兰和诺顿于 1992 年合作发表《平衡记分卡：良好绩效的评价体系》一文，提出了这种全面的企业绩效评估体系。之后两人对平衡记分卡及其运用进行了深入研究，又相继出版五部相关著作：《平衡记分卡：化战略为行动》(1996)、《战略中心型组织：如何利用平衡记分卡使企业在新的商业环境中保持繁荣》(2000)、《战略地图：化无形资产为有形成果》(2003)、《组织协同：运用平衡记分卡创造企业活力》(2006)、《平衡记分卡战略实践》(2008)。平衡记分卡（the Balanced Score Card，BSC）作为一种适应企业发展需要的新的管理工具，在提出后较短时间内得到了普遍的应用。《财富》杂志列出的世界 1000 强的公司中，70% 的公司采用了平衡记分卡系统进行管理。平衡记分卡被《哈佛商业评论》誉为 75 年来最有影响力的战略管理工具。

1. 平衡记分卡与发展战略

作为一种战略思想的平衡记分卡，通过企业绩效评估方式的改变，对企业的长期发展起到了引导作用。过去只是简单地计算销售和收益，重视财务报表，为了短期的可量化的利益而采用单一财务标准的评价方法，有可能忽视甚至牺牲长远利益。也由于员工满意度、顾客忠诚度等软性指标的评价存在技术上的问题，所以，财务以外的因素经常遭到忽视。卡普兰和诺顿提出平衡记分卡的目的是克服软硬指标不平衡的问题。他们提出指标的四个因素：客户评价、内部评价、改革和学习、财务因素。综合评价的好处在于了解全面和整体情况，看清一个方面的变化是以另一个方面的损失为代价的。两位作者认为，衡量一个好的平衡记分卡有三个因素：(1) 建立一种网络式的、战略式的因果性的各种数字之间的联系和影响的关系。(2) 能显示企业的优势和劣势。(3) 必须与财务分析联系起来。但他们提出的三个因素仍有局限性，有很多重要因素如管理能力、智力资本等并未包括在其中。

作为战略管理学家，卡普兰和诺顿是把平衡记分卡作为实现企业战略的手段来研究的。企业战略体现了企业的使命、核心价值观和企业愿景等企业的根本性问题。企业的使命是企业在社会整体系统中的地位与作用，也即其存在价值；愿景表示企业的发展蓝图和对未来的期望；而价值观则是组织的深层信仰和对企业相关伦理关系的态度。这些基本的方面是企业战略的出发点和最终归宿，所以，作为企业战略实现手段的平衡记分卡必须反映这些基本的目标价值体系。这也是企业文化发展到一定阶段的成果。单一财务目标反映的是企业的赢利能力和利润状况，而平衡记分卡则扩展了评价范围，强调了无形资产、企业外部因素即客户的价值意义，把企业长远目标作为评价考察的对象，是一种把内外、有形与无形、财务与非财务指标相结合的综合评价体系。

2. 平衡记分卡的指标体系

卡普兰和诺顿的平衡记分卡包括财务、客户、内部业务流程、学习和成长四个方面。

(1) 财务。财务层面的指标是财务业绩改善，实现股东长期的价值。财务业绩改善又有两种途径：收入增长和生产率改进。而收入增长可以通过提高客户价值、提高销售水平以及通过增加新产品和新客户，从而增加收入机会来实现。

(2) 客户。战略学家们越来越认识到，客户对于企业来说是一种无形资产，特别是在买方市场出现后，顾客真正成为企业的“上帝”，与客户的关系成为管理的直接对象，也成为绩效评价的重要标准之一。客户层面的指标既包括已有客户也包括目标客户。对于已有客户，客户满意度、客户保持率、客户获得率、客户获利率、市场份额、客户份额等成为主要的考核指标；但是作为一种竞争战略来说，目标客户的确定具有更大的意义。目标客户是一种特殊的细分客户，能够为企业带来赢利。企业可以通过为顾客创造差异化和持久价值的方法来实现其战略。企业的价值主张通过确定目标和具体指标得到反映。卡普兰和诺顿认为主要有四种价值主张：1）总成本最低战略。总成本最低不等于产品市场零售价最低，它包括竞争性价格、稳定的质量、快速购买和良好的产品选择机会等方面的总体成本。他们列举了西南航空、丰田汽车、戴尔、沃尔玛等著名企业来说明。2）产品领先战略。产品领先是指相对于其他企业的产品，在某些特征和功能上具有更高的价值，这些性质和功能为客户所重视并愿意为其支付更高的价格。主要强调通过创新获得更为突出的表现，比如在速度、准确性、尺寸、能耗等指标上的优越性。索尼、奔驰、英特尔是这方面的代表。3）全面客户解决方案战略。全面客户解决方案包括产品购买和使用服务的相关问题的解决，使客户方便、放心地购买和使用其产品，通过这种全面的解决方案，加深企业与客户的信任关系，留住顾客。比如在20世纪60—80年代的IBM公司，以提供良好的信息技术服务和人性化的服务赢得客户信赖，他们的全面解决方案包括硬件、软件、安装、现场服务、培训、教育和咨询等多方面。4）系统锁定战略。系统锁定是运用产品系统特有的价值，使产品使用者使用该系统以外的产品而导致转换成本的增加，使得现有客户不至于流失从而产生持续价值的一种措施。这种战略在信息技术产生后，得到普遍运用。比如把微软的 Windows 兼容机换为苹果的麦金托什机的客户，就无法使用只能在 Windows 操作系统运行的某些程序。这一战略使用的前提是企业具有其他企业所不能模仿的核心技术，该产品拥有合法保护、复杂结构和持续升级的秘密等特点。

（3）内部业务流程。内部业务流程作为一个评价指标，可以通过业务流程改进战略来增强企业的发展能力。业务流程改进战略，是通过业务流程的优化，达到为客户提供有更高价值的产品和服务，更好地传递价值主张，以及通过改善流程，降低成本，实现生产率的改进的目的。它是从属于前两个战略的，该战略是实现企业财务目标和客户战略目标的保障措施。内部流程战略主要包括以下方面：1）运营管理流程改进。指对产品生产流程和交付流程的改进，包括这一过程中的质量、成本、生产和服务等因素和过程的改进。2）客户管理流程改进。指对与客户关系的改进，包括了解客户、吸引和保持其价值主张，利用良好的客户关系来提升客户价值。3）创新流程改进。是指识别开发新产品和服务的机会，管理研发组合，设计和开发新产品与服务，以及将产品和服务推向市场等方面的改进。4）法规与社会关系管理流程改进。创设遵纪守法的环境，建立繁荣社区，满足社会需求等方面的改进。

（4）学习与成长。学习与成长作为当代企业的普遍性战略，被卡普兰和诺顿列入评价指标体系。这项战略性指标意在评价无形资产在战略中的重要作用。它是“存在于组织内，用于创造不同优势的知识”、“组织员工满足客户需要的能力”，具体内容包括专利、版权、员工知识、领导力、信息系统、工艺流程等诸多方面的优势和能力，它是一种“战略准备”，其最大的意义是作为战略要素帮助企业实施战略的能力。

3. 基于平衡记分卡的战略管理流程

在 2008 年出版的《平衡记分卡战略实践》一书中，卡普兰和诺顿根据平衡记分卡的内容，提出了自己的平衡记分卡战略实施流程思想，这种战略实施流程具有一定的普遍性。他们认为实施该战略有六个主要阶段，六个阶段构成一个闭环系统。这六个阶段分别是：(1) 开发战略。战略开发即新战略的制定，是结合组织内外因素进行战略分析和战略制定的过程。可细分为三个阶段或要素：首先是厘清组织使命、愿景和价值观等基础性因素；其次是结合组织使命等内部条件与外部环境提供的可能进行战略分析；最后是制定战略。(2) 诠释战略。诠释战略是使实施战略的一些关键因素建立与明确化。包括以下工作：构建战略地图；确定目标和具体指标；确定目标值和行动方案；提供预算和建立责任机制；建立主题团队。(3) 协同组织。做好各组织和业务部门的协同工作。比如明确协同顺序和查验点、协同组织总部和业务单元的关系、协同业务单元与支持单元的关系。(4) 规划运营。包括改进关键流程和制订运营计划等关键问题。(5) 监控和学习。分别召开运营回顾会和战略回顾会，检查分析各部门和业务单元的绩效情况，查找原因，讨论平衡记分卡的指标和实施方案以及执行的阻碍因素等。(6) 检查与调整。通过与前述战略回顾会不同的战略检查与调整会议，检查基本战略假设的有效性，以便适时调整。

4. 战略地图：一种可视化方法

卡普兰和诺顿在 2003 年出版的《战略地图》一书中提出了“战略地图”的概念。战略地图是用来表示平衡记分卡中企业内部流程方面的关键因素特别是一些无形资产因素的一种直观的图标方法。企业内部业务流程的改进作为企业财务和客户目标战略的实现途径，在运营管理流程、客户顾客流程、创新流程、法规与社会流程等诸环节均有具体做法和要求。不同企业由于其性质和目标不同，在这些关键因素方面也存在差异，所以每个企业均应有自身的战略地图。比如实行总成本最低战略的企业，由于其关注的焦点是价格优势、质量优势、快速购买和转换成本等方面，其战略地图中，保证这些目标的内部管理流程的各要素应该有自己的特点，要通过高质量的产品、与客户的良好畅通的关系、创新和转换成本的方法来赢得总成本最低的优势。

第八章　创建学习和创造型组织

时间进入 20 世纪下半叶，科学技术得到前所未有的发展，世界主要资本主义国家经济得到稳定高速的发展，企业的竞争从国内走向国际，企业要不断适应国际国内形势的变化才能生存和发展。这就要求突破适应能力较弱的传统官僚制的组织形式，建立灵活的适应力强的学习型组织，以适应迅速变化的时代。彼得·圣吉的学习型组织理论对影响学习的障碍和学习修炼的方法进行了系统的研究。由于信息时代的到来，知识经济的兴起，人们日益关注知识工作者的生产力问题，德鲁克的知识工作者管理理论对知识工作者的特征及其管理原则进行了研究。知识经济时代，知识的创造与管理就成为管理的主题，日本企业在知识创造与管理方面走在世界的前列，积累了很多的经验。野中郁茨郎和竹内弘高的企业知识创造理论对日本的企业知识创造的过程和原理进行了系统的总结和研究。

第一节　创建学习型组织与系统思考

彼得·圣吉（1947—　）被称为“学习型组织之父”，是当代杰出的新管理大师之一。1978 年在麻省理工学院斯隆管理学院获得博士学位以后，圣吉致力于将系统动力学与组织学习、创造原理、认知科学、群体深度对话与模拟演练游戏相融合，发展出一种学习型组织的蓝图，建立了圣吉模型。他在斯隆管理学院创立了“组织学习中心”，对一些国际知名企业，如微软、福特、杜邦等，进行创建学习型组织的辅导、咨询和策划。1990 年出版《第五项修炼：学习型组织的艺术与实践》，带动了美国经济近十年的发展，并在世界范围引发了一场创建学习型组织的管理浪潮。该书被称为“21 世纪的管理圣经”。

20 世纪 80 年代后，随着科技进步，知识经济时代的到来，原来那种靠一种产品和技术长期占据竞争优势的时代已经结束，许多企业包括一些影响很大的企业纷纷退出历史舞台，在这种情况下，通过组织学习，不断适应科技的发展就显得非常重要。这就是《第五项修炼》产生的背景。《第五项修炼》的核心就是强调以系统思考代替机械的、静止的、局部的和片段式思考方式，并通过动态复杂性等的研究，找出解决问题的“高杠杆解”。它涉及个人与组织的心智模式的转变，深入到哲学的方法论层面，强调以企业全员学习与创新精神为目标，在共同愿景下进行长期而终身的团队学习。

该理论认为，在新的背景下，企业要持续发展，必须增强企业的整体能力，提高整体素质。在《第五项修炼》开篇，彼得·圣吉就借用《财富杂志》的话指出：“90 年代最成功的公司，将是那些建基于学习型组织的公司。”还引用当时壳牌石油公司企划主任德格的话说：“唯一持久的竞争优势，或许是具备比你的竞争对手学习得更快的能力。”“当世界更息息相关、复杂多变时，学习能力也更要增强，才能适应变局。企业再不能只靠像福特、史隆或华生那样伟大领导者一夫当关、运筹帷幄和指挥全局。未来真正出色的企业，将是能够设法使各阶层人员全心投入，并有能力不断学习的组织。”①

---

① ［美］彼得·圣吉：《第五项修炼》，郭进隆译，上海三联书店 1998 年版，第 4 页。

一、学习型组织理论的思想来源

1. 系统动力学

20 世纪 50 年代中期由美国麻省理工学院的弗瑞斯特教授首创的系统动力学，开始只是研究工业问题，后来扩展到研究自然、社会、经济问题。系统动力学在 60 年代中期后出现了一批专著，如《城市动力学》、《世界动力学》、《增长的极限》等。弗瑞斯特的学生丹尼斯·梅多斯等人出版的《增长的极限》一书，认为整个世界是一个系统，并用系统动力学的观点来分析系统内的各种复杂关系，得出了令世人震惊的结论：在目前的发展水平上，增长是不可持续的，必须改变目前的发展模式。后来，彼得·圣吉将其与管理结合起来，用于分析组织学习问题，形成了学习型组织理论。

系统动力学坚持了系统论的思想，认为系统是一个由内部各因素相互作用构成的整体，各个因素处于一个由因果联系构成的反馈循环之中。这种因果关系之间的反复运作，构成一种稳定结构，结构决定系统行为。系统动力学还用当时的先进手段——数学和电子计算机技术来帮助进行模型试验。系统分析，就是要通过对系统运行的反复过程的观察和分析，总结运行的规律和机制以及关键的影响因素，找出问题的“高杠杆解”，使其进行良性循环，避免恶性循环。彼得·圣吉在《第五项修炼》中，一开始就用大量篇幅介绍“啤酒游戏”。啤酒游戏中由于片段性思考的思维局限，导致信息失真，由最初的供应不足最终导致生产大量过剩。系统动力学还用系统基模的形式，来描述日常生活中的系统运行方式，说明了系统思考的重要性。

2. 组织学习理论

组织学习的行为，随着组织的产生而产生，但是对之进行系统的学术研究，是从 20 世纪 40 年代开始的。1958 年马奇和西蒙提出了组织学习的定义。他们认为，组织对外部环境的适应就是组织学习，是组织觉察到环境的风险与动态性而改变决策的行为。阿吉瑞斯先后在耶鲁、哈佛等大学工作，他关心的是企业中个人的成长，他的主要著作有《个性与组织》（1957）、《组织性学习：行为观察理论》（1978）、《关于组织性学习》（1993）、《行为知识》（1993）等。他的主要论题是如何实现双赢。他坚信，如果组织允许和鼓励个人发展，以充分发挥他们的潜力，那么企业和个人均会受益。企业应当让员工得到发展，而不是加以限制。他对学习型组织和企业知识的理论作出了贡献。1978年阿吉瑞斯和舍恩的著作《组织的学习：行为透视理论》出版，引起学术界对此问题的研究兴趣。阿吉瑞斯把组织学习定义为组织改正自身错误的过程，即组织在其运行过程中把预期状况和实际运行状况相对比，发现偏离和错误，及时纠正的过程就是学习的过程。阿吉瑞斯把人的行为产生结果的过程分为几个阶段：主导价值观—行动策略—结果。行为结果如果与预期的结果不相匹配，就产生一个学习过程。通常做法是把不匹配归因于行动策略的错误，于是通过纠正行动策略来改进结果。还有一种做法是把这种结果的不匹配除了归因于行动策略而外，还归因于主导价值观的问题，要求对价值观也进行修改。阿吉瑞斯把前一种学习过程称为单循环学习，而后一种称为双循环学习。阿吉瑞斯还提出两种应用模型理论。两种模型分别称为应用理论模型Ⅰ和应用理论模型Ⅱ。两个模型都包含核心价值观和假设、策略、结果三个部分。但两个模型在三个方面都存在显著的差异。在模型Ⅰ中，核心价值观体现了通过单方面控制和拒绝审查价值观以及主张自己的正确性和合理性，在策略上常常保存脸面和维护自己的地位，不在乎他人的行动原因的追问，结果上则出现不信任、防卫性、自我封闭、限制学习、降低工作质量、降低有效性。模型Ⅱ则解除这种防卫性。在价值观方面，强调自由和见多识广的选择和同情，假设每个人的信息和看问题的方法不同，承认差异性。在策略上，强调共享信息、共同设计，注重假设的检验和推论，不固执己见。在结果方面，会出现与模型Ⅰ截然不同的效果，加深了理解，增强了信任，减少了矛盾和自我封闭，结果是加强了学习，提高了效率和有效性。阿吉瑞斯指出，信任、开放、透明和对观点的检验，在未来是越来越为组织设计和管理所需要的。

彼得·圣吉则进一步提出通过自觉的修炼来进行学习，提出了五项修炼的方法，并且他还认为，组织学习和学习型组织是不同的概念，学习型组织是“不断提高自身能力来创造未来的组织”。学习型组织的学习是创造性的学习，主动的学习，为了组织的未来发展而自觉的学习，是一种基于共同愿景的团体的学习。

3. 学习型社会理论

美国学者哈钦斯 1968 年出版论著《学习型社会》，“学习型社会”的概念开始为人们使用。联合国教育委员会 1972 年的报告书《学会生存　教育世界的今天和明天》，阐述了终身学习的理念，把学习型社会视为今后社会的基本形态。之后，人们普遍使用“学习型”的概念，来限制各种组织、团体、机构等。在哈钦斯看来，对于普通成年男女，定制的成人教育是不够的，还必须有伴随学习的成长和人格的良好发展。学习型社会不是单纯的教育制度的发达，人人都能接受教育，更为主要的是人格和价值观的转变，而不只是知识和技能的提高。在彼得·圣吉那里，这一概念被发展为心智模式的转变和系统思维方式的确立以及共同愿景的实现、活出生命的意义。

4. 中国传统的整体思维

中国传统的整体思维方式，是彼得·圣吉所熟悉的。整体观主张天地人合一，相互依赖和制约，遵守齐一性规律。彼得·圣吉在《第五项修炼》中文版“序言”中说：“就我的了解，中国传统文化的演进途径与西方文化的演进途径略有不同。你们的传统文化中，仍然保留了那些以生命一体的观念来了解万事万物运行的法则，以及对于奥妙的宇宙万物本原所体悟出的极高明、精微和深广的古老智慧结晶。”① 生命一体、万物一体的整体观思想，与西方的系统思想在基本观点上是一致的。彼得·圣吉对系统基模的作用与

① ［美］彼得·圣吉：《第五项修炼》，郭进隆译，上海三联书店 1998 年版，第 3 页。

反馈的描述，与中国阴阳对立统一的思想高度一致，只是太极图用黑白阴阳鱼来表示这种关系，而彼得·圣吉用线性的圆形图来表示。

二、学习型组织的含义和特征

彼得·圣吉认为，学习型组织是不断创新、进步的组织，“在其中，大家得以不断突破自己的能力上限，创造真心向往的结果，培养全新、前瞻而开阔的思考方式，全力实现共同的抱负，以及不断一起学习如何共同学习。”①

学习型组织的特征：(1) 组织学习。学习是学习型组织的基本特征，这是与时代的要求相一致的。这里的学习，包括个人学习，更强调组织学习。组织学习的目的是要提高组织智力和思维方式。组织学习要为共同愿景服务，要改善思维方式，形成系统思维。(2) 共同愿景。学习型组织中个人要厘清个人愿景，将个人愿景和组织愿景相结合。(3) 扁平化的组织结构。当代社会能够快速适应社会发展需要、能够做出快速反应的组织，是扁平化的组织，这种组织要根据市场等环境情况，不断调整和创新。(4) 领导新角色。在学习型组织中，管理上要改变管理方式，职工是知识工作者，把职工看作自我实现人，不用过去那种严格监督管理方式，而要以目标管理方式管理。因此领导要重新定位自己的角色。领导要成为设计师、仆人和教师。要作为组织和目标的设计师；作为共同愿景的仆人，领导要自觉接受愿景的召唤，要有使命感；作为教师，要帮助职工厘清愿景，认清真相，提高系统思考能力，促进人们自觉的学习。

三、组织学习的障碍

彼得·圣吉认为，组织学习，系统思考，首先要正视组织内在的阻碍学习的障碍，有针对性地进行修炼。关于组织学习的障碍，圣吉认为主要有

① [美] 彼得·圣吉：《第五项修炼》，郭进隆译，上海三联书店 1998 年版，第 3 页。

以下一些方面，可以归结为一种与系统思考相反的碎片化、局部化和静止的思考方式。

(1) 局限思考。局限思考源于工作分工和对工作定义的狭义理解。分工协作本来是一对孪生物，但是在强调分工带来效益的情况下，分工导致人们固守本职的顽疾，不是从更高的组织的高度而是从本职工作和局部利益的角度来理解自己与工作、组织的关系。个人及其工作与组织和外部环境的联系被忽略，看不清个人工作对组织的整体意义，没有整体感和责任感。对于造成这一局面的原因，圣吉认为有主观和客观两个方面。主观方面来说，组织中的绝大多数人认为自己对于整个组织来说微不足道，没有或只有很小的影响，每个人只要做好本职工作即可，不必过多地思考组织问题以及个人对组织的影响问题。客观方面来说，长期以来形成的科层制的组织结构，以功能为界，条块分割，按章办事，强调各自局部功能的实现，以制度的方式肯定了这种学习障碍的合理性。“现代组织功能导向的设计，将组织依功能切割分工，更加深了这种学习智障。”① 圣吉举了两个例子加以说明。一个是由于固守本职，甚至将自己与工作相混淆。20 世纪 80 年代初美国一家大型钢铁公司把旗下的工厂关闭了，公司提供所有被调职的个人新的培训，但培训从未发挥作用，这些个人最后大多陷入失业和打零工的境地。一群心理学家发现这批个人面临一种强烈的认同危机，这些工人说：“我怎能做其他工作？我是个车床工。”另一个例子是美国和日本汽车在装配流程上的区别。日本公司在引擎盖上的三处地方，使用相同的螺栓去接合不同部分。美国汽车同样的装配却使用了三种不同的螺栓。因为在美国这家公司有三组工程师，每一组只对自己的零件负责，而日本则由一位设计师负责整个引擎或范围更广的装配。具有讽刺意味的是，这三组美国工程师，每一组都自认为他们的工作是成功的，因为他们的螺栓与装配在性能上都不错。

---

① ［美］彼得·圣吉：《第五项修炼》，郭进隆译，上海三联书店 1998 年版，第 21 页。

（2）归罪于外。如果人们只关注自己的个人工作，没有整体观念，无法觉察和体认自身的行动所造成的内外影响，就会把问题出现的原因归罪于各种外部因素。圣吉举了一个例子，一位朋友告诉他，在训练少年棒球联盟时，一个男孩在右外野漏接了三个高飞球之后，甩掉手套走进球员休息区，说“在这烂球场没有人能接得住球的”。组织中这种情况特别多，比如行销部门责怪制造部门：“我们一直达不到销售目标的原因，是我们的品质无法跟别人竞争”；而制造部门又责怪工程部门；工程部门又回头责怪行销部门：“如果他们不干扰我们的设计，让我们尽情发挥设计产品，我们已经是业界的领导者。”其实都是以一种消极的方式维持与组织的一致性，看不到自己的影响与责任。圣吉认为这种情况的原因还是在于局限思考和对组织系统的人为分割，使得人们无法认清那些存在于“内”与“外”互动关系中的问题及其解决之道。①

（3）缺乏整体思考的积极主动。“积极主动”一般作为一个褒义词。圣吉也看到积极主动的策略常常能够有效地解决问题，所以人们视之为消极被动的解毒剂。但是，圣吉认为积极主动不是解决一切问题的万能钥匙，积极主动的适用也是有条件的，在面对“动态性复杂问题”时，如果没有正确的理性的指引，盲目的积极主动可能适得其反，事与愿违。真正的积极主动，要以整体思考的方法和工具深思熟虑，细密量化，模拟立意极佳的构想，以察知可能出现的种种后果。② 彼得·圣吉举例说，一家大型保险公司的理赔业务副总裁发表演说，正式宣布该公司将扩大自有法务人员的阵容，使公司有能力承办更多案子，而不再在庭外和解或向外聘请律师，以减少营业成本。但圣吉的研究小组对此做了分析，运用系统分析方法，分析了这项构想可能带来的一连串后果，分析了在法院可能胜诉或败诉的情况，直接或间接

① ［美］彼得·圣吉：《第五项修炼》，郭进隆译，上海三联书店 1998 年版，第 22 页。

② ［美］彼得·圣吉：《第五项修炼》，郭进隆译，上海三联书店 1998 年版，第 23 页。

费用、案件费时等，最后模拟的结果显示总成本反而增加。最后这位副总裁取消了这项构想。

(4) 专注于个别事件。专注于个别事件、专注于事物片段的思考和解决问题的方式，看不到事物之间的联系和事物的整体意义，这种思维方式，影响了人们对整体和长远的思考，对事物深层次原因的思考。运用这种思考方式，最多只是加强了对个别事件进行预测和应付的能力，而不可能学会如何进行创造性的思考和实践。在这里，圣吉还讨论了究竟什么是“真实”的问题。一般认为个别事件是最真实的存在，但圣吉认为，“真实”并不等于那些在片段中存在的各种事件，而是这些事件的相互关系和作用过程所形成的事情的长期趋势和整体特点。我们对事物的思考也应当相应地着眼于事物本身所具有的这些特点。这种整体的思考方式，尽管不能在实际上达到完全的和绝对的程度，但它为我们提供了一种更为客观有效的思想空间。

(5) 忽视缓慢渐进的变化。在组织发展过程中，重视微小的缓慢的变化十分重要，许多公司的失败都是因为不能体察缓慢而来的致命威胁所致。圣吉还用“煮青蛙”的故事来说明他的这一观点，讲述了注重组织中各种缓慢变化的必要性，要求必须以审慎的态度对待各种细微的变化，学会从缓慢的、渐进的过程中把握细节，未雨绸缪，预先做好对策安排，否则就无法避免被“煮青蛙”的命运。

(6) 从经验中学习的错觉。对经验的意义，人们一般是从正面去理解的，经验的确是人们不断提高的环节和源泉，对于人们思考问题和采取行动提供了参考借鉴。但要防止“从经验中学习的错觉”，因为经验的对象是个别的、具体的，经验的适用范围也应该是具体的局部的有限时空。超出了特定的时空范围，就不能再作为行为的指引。一味墨守现有经验，不仅成为创新的障碍，甚至会导致对组织的消极影响乃至产生与目标相反的结果。

(7) 管理团队的痼疾。管理团队在组织管理中的重要作用毫无疑问，它与个人相比，可以承担起更为严峻的挑战和更为复杂的任务，所以，现代大型组织一般都采用管理团队的管理形式以代替传统的一个人的英雄式管理。但是，管理团队是由不同部门的一群有智慧、经验丰富和有专业能力的人组成的，而每个人代表不同的部门利益，使得在多数团队中存在着固有的顽疾，比如常常把时间花在争权夺利上，为了保全面子而装作表面团结和谐，管理者惧怕内部的求真质疑精神所带来的威胁，利益分割造成为了保全利益而相互妥协、推卸责任等弊病。圣吉认为，这种情况会对组织学习造成极大危害，使学习变成要么相互妥协，要么相互否定。而这种表面上的团队和谐、实际上的利益冲突与组织学习、创造的目标南辕北辙。

四、学习型组织的五项修炼

圣吉提出，任何一个组织要承诺为学习型组织，都必须进行以下五项修炼，通过修炼，建立系统思考方式，使个人和组织的生命时空得到扩展。

1. 自我超越

自我超越是个人成长的一种修炼学习，这项修炼是通过学习不断厘清并加深个人的真正愿望，集中精力，培养耐心，并客观地观察现实，不断扩展个人实现生命中真正愿望的能力，实现内心深处最想实现的愿望。自我超越是主动创造生活而不是被动适应生活。自我超越的学习不是单纯获取更多的资讯，而是不断培养实现生命意义的能力，是一种面向未来的真正愿景的创造性的学习。基于这种自我超越的学习，个人与组织和工作的关系将被重新界定。过去的工作是基于契约关系，个人被当作组织实现自身目标的工具或手段，在新的关系中，组织反过来成为个人实现人生目标的工具和手段，成为实现个人愿景的载体。自我超越的修炼是学习型组织的精神基础，对于组织整体价值观的形成，对于组织成员对组织目标的认同，对于提高组织的学习能力都有重要的基础性作用。

圣吉认为，要想不断精熟和扩大自我超越的能力，必须坚持以下原理：(1) 厘清和建立真正的个人“愿景”。圣吉这里的“愿景”的概念，不等于短期的“目标”。短期的目标可能只是想要摆脱眼前的事情的一种手段和副产品。这种副产品只是要不断地摆脱困境，而不能促进成长。“愿景”概念，相当于我们日常使用的“理想”概念，是指最想做的事情。对“愿景”的追求，要把焦点放在真心追求的终极目标上，而非仅放在次要的目标上甚至放在手段上面。人们最喜欢谈论最关心的事情同时也愿意为之做各种承诺和努力。他们会因为正在做真正想做的事情而神采奕奕，充满热情，提高效率，坚韧不拔。(2) 保持必要的“创造性张力”。“创造性张力”是指为解决愿景和现实之间的差距而具有的创造力。圣吉认为：“创造性张力是自我超越的核心原理，它整合了这项修炼所有的要素。然而大部分的人对它有所误解。例如‘张力’一词本身含有焦虑或压力的意味。但是，创造性张力是在我们认清一个愿景与现状之间有差异之时产生的那股正面的力量。”① 创造性张力可以使我们看待现状和失败的态度发生根本的转变。创造性张力可以使我们正确地看待真相，把真实的情况看作盟友而不是敌人，使我们看到，正确而深入地认清现状的真相，跟有一个清晰的愿景一样重要。在对待失败的问题上，创造性张力可以转变我们对失败的看法。失败只是做得不够好，说明在现实与愿景之间还有一定差距。或者认识还不够正确，所以会把失败当作一个学习的机会。所以，创造性张力可以培养我们的毅力和耐心。(3) 看清“结构性冲突”。这里的“结构性冲突”是指人们实现愿景的冲动和无力感之间的矛盾结构，这种结构是客观存在的。人们一方面具有自己最想实现的愿景，愿意为之付出任何代价，以过人的意志力，实现自己的目的。但是另一方面，人们又往往不是很自信，总觉得有一种反向的力量把自己向后拉，远离“愿景”。认为自己没有能力甚至没有资格实现自己最在乎的事情。这一正一反的力量，就像两根橡皮筋一样影响着你。成功的人士会看清这种结构性冲突，看清这种矛盾的力量和心态，面对困难，勇往直前，直至达到

① ［美］彼得·圣吉：《第五项修炼》，郭进隆译，上海三联书店 1998 年版，第 179 页。

属于自己的愿景。(4) 坦诚地面对“真相”。一般会认为坦诚地面对真相并不是一个什么了不起的品质，但事实上往往达不到。人们往往只是努力寻找解决结构性冲突的技术、公式等看得见的工具，而忽略了一种最有效的心理策略：坦诚面对真相。真相并不是很深奥的字眼，不是绝对的真理和万物本源，而是实实在在的真实的障碍。看清真相就是要看到这些障碍，不断对自己已有的根深蒂固的预设加以挑战，加深对事件背后结构的理解及警觉。(5) 运用潜意识。相对于“潜意识”,“意识”只是冰山一角。潜意识是支配人们行为方式的最重要的心理基础，而我们又往往意识不到其作用。自我超越的修炼之一，就是要通过这种潜意识的训练，实现意识和潜意识的高度契合，使我们真正想要的结果成为我们的一种内在的“潜意识”的一部分。

2. 改善心智模式

心智模式是根深蒂固于人们心中，影响人们如何了解世界，以及如何采取行动的许多假设、成见，甚至图像、印象。其特点是其假设性及其影响的潜在性。心智模式决定了人们对世界的理解和判断，不同的心智模式会导致不同的认知和行为。不良的心智模式会成为组织学习的障碍，有些实践中的新想法无法实施，不是因为系统思维的缺乏和意志力问题，而是这种新想法与人们心中根深蒂固的假设相违背。改善心智模式，就是要对人们关于世界的一些既有认知做批判性考察，试图对世界做出反思和全新的理解，形成一种合理的心智模式。圣吉通过系统基模模拟了各种片段思考产生的背后结构，特别是用啤酒游戏分析了由于时间滞延导致的从供不应求发展到供过于求这一过程及其背后存在的结构性思维错误。这就有利于我们改善思考方式，摒弃某种局部思考的心智模式而逐步养成系统思考的习惯。彼得·圣吉不仅定义了什么是心智模式，还提出了如何进一步理解和管理的问题。为此他推介了美国汉诺瓦保险公司管理心智模式的 10 条准则：(1) 领导者可以经由不断改善本身的心智模式，提升管理的能力。(2) 不要把自己所偏好的心智模式强加在人们身上，应由人们自己的心智模式来决定如何做，才能发挥最大的效果。(3) 员工对于依自己的看法所做的决定有更深的信念，执行也较有效。(4) 拥有较佳的心智模式，较易顺应环境的改变。(5) 内部董事会成员很少直接做决定。他们的角色是通过检验或增益总经理心智模式来帮助总经理。(6) 多样化的心智模式造成多样化的观点。(7) 群体所能引发的动力和积累的知识高于个人。(8) 不刻意追求群体成员之间的看法一致。(9) 如果过程发挥预期效用，会产生意见调和一致的效果。(10) 领导者的价值是以他们对别人心智模式的贡献来衡量的。

3. 建立共同愿景

树立组织目标，把组织目标与个人目标结合起来，获得员工的支持与贡献，这是许多管理学家致力于解决的一个最基本的问题。社会系统学派的巴纳德把组织目标的建立作为组织的三大要素之一，并作为经理人员的一项基本职能。美国行为科学家利克特的支持关系理论主张，管理归根结底是对人的管理，领导者要充分考虑职工的处境和需求，支持职工实现自己的目标和人生价值。加拿大管理学家豪斯的"目标—途径"理论主张领导工作是帮助员工达到目标，并提供必要的指导和支持以确保员工各自的目标和组织总体目标保持一致，通过向职工指明实现工作目标的途径来帮助员工排除实现目标过程的各种障碍，使其顺利实现目标。管理大师德鲁克在谈到知识工作者的自我管理时，也讨论了职工价值观与组织价值观的关系问题。彼得·圣吉对组织共同愿景问题的讨论，吸收了已有的学术成果，但其共同愿景与以前管理学家们的组织目标在含义上有所区别。而且他对共同愿景的讨论是与整个学习型组织结合起来的，特别是和其他修炼比如自我超越、组织学习等修炼方式结合起来，更强调组织目标与个人目标的一致性和个人对组织目标的分享。圣吉认为，共同愿景就是要回答我们想要创造什么的问题，是指一个组织长期形成的共同目标、共同价值观和使命感，是组织中人们所共同持有的意象或景象，共同愿景通过改变人们之间的分离感，实现一种伙伴关系和个人与组织的一体感。"它帮助组织培养成员主动而真诚地奉献和投入，而非被动地遵从。”“共同愿景不是一个想法，它是在人们心中一股令人深受感召的力量。”它不是每个人心中各自的相同愿景，而是彼此真诚地分享对方的愿景。这种共同愿景就像一张全景底片，即使分成几张，每一张都是不折不扣的全景图像，这个愿景，可以说是“我的”，也可以说是“我们的”。共同愿景是基于个人愿景，在个人愿景中建立起来的，而非最高管理当局通过顾问所写的“愿景宣言”。建立共同愿景也不是单一问题的解答，而是作为领导者工作的中心要素，持续进行，永无止境的工作。只有具有共同愿景的组织中，人们才有共同目标和强烈愿望去排除各种阻力和干扰，向正确的目标前进。否则，就没有力量改变现状，也不可能有创造性的学习型组织，而只有被动的适应性学习。

4. 团队学习

在现代组织中，不仅每个成员需要学习，组织也需要学习。但是组织学习不是指所有成员单个人的学习之和，也不等于团体成员在一起学习。组织学习的要义在于通过共同学习和讨论，实现个人和组织智力的提高。圣吉提出一个令人深思的问题：在一个团体中，大家都参与，每个人的智商都在120以上，为何集体的智商只有62？团体学习修炼的意义就在于此。团体学习可以摆脱集体智商低于个体智商的状况。不少惊人的实例显示，团体智慧是高于个人智慧的，团体还具有整体搭配的能力。彼得·圣吉用“深度汇谈”来表明团体学习的特征。他认为，团队学习的主要组织形式是“深度汇谈”。“深度汇谈”是一个团队的所有成员，摊开和“悬挂”心中的假设，丢掉每个人的习惯性防卫，而进入真正的一起思考的境界，通过群体自由而具有创造性的学习和交流这种头脑风暴的形式，超越个人意见，达到个人能力和组织能力的共同提高。除了“深度汇谈”，圣吉认为还有“讨论”的交流方式，“讨论”是提出不同看法，并加以维护，与“深度汇谈”有根本区别。学习中要善于区别和运用这两种团体交谈的方式。圣吉认为，进行有效的“深度汇谈”，要具备三项必要条件：（1）所有参与者把他们的假设“悬挂”

在面前，不断接受询问与观察。(2) 所有参与者视彼此为伙伴关系。(3) 有一位“辅导者”来掌握“深度汇谈”的精义和架构。

5. 系统思考

彼得·圣吉认为，系统思考是五项修炼的核心。他说：“把系统思考叫作第五项修炼，因为它是整个五项修炼的基石。所有修炼都关系着心灵上的转换。”这种心灵上的转换即是从碎片化的思考向系统思考的转化，以一种新的方式重新认识自己与所处世界的关系。这种转换包括从看部分到看整体，从把人们看作单独的无助的反应者转变为看作改变现实的主动参与者，从反应现状，到积极创造未来。圣吉认为，系统思考就是思考及形容、了解行为系统之间的相互关系的方式，其要义是克服片段性和局部性思考，增强个体对整体的连属感。“它是一个架构，能让我们看见相互关联而非单一事件，看见渐进变化的形态而非瞬间即逝的一幕。它是一套蕴含极广的原理，是从 20 世纪开始到现在不断精炼的成果，跨越繁多的不同领域，如物理、社会科学、工程、管理等。它是一套特定的工具与技术，出自两个来源：控制论的‘反馈’概念与‘伺服机制’工程理论。”① 伺服机制（serve-mechanism），是用来精确地跟随或复现某个过程的反馈控制机制和系统，又称随动系统。在很多情况下，伺服系统专指被控制量是机械位移或位移速度、加速度的反馈控制系统，其作用是使输出的机械位移准确地跟踪输入的位移。在原理上，与其他的反馈系统一样。系统思考要实现三个方面的突破：第一要突破分割思考，注意整体思考，从专注个别事件到弄清变化背后的系统结构；第二要突破静止思考，注意动态互动思考；第三要突破表面思考，注意本质思考，从归因于外到看清自己行为的影响。圣吉把第五项修炼——系统思考作为所有修炼的基石，在自我超越、改善心智模式、建立共同愿景和团体学习的修炼中，都贯彻了其系统思考、反对片段性和局部思考

① ［美］彼得·圣吉：《第五项修炼》，郭进隆译，上海三联书店 1998 年版，第 75 页。

的精神。系统思考的法则是统摄所有修炼的灵魂和核心，是整合各种修炼、实现各种修炼之间良性互动的先决条件。

关于系统思考的必要性，圣吉认为，人类系统本身就是一个复杂的动态系统，需要运用系统思考的方式方能对其进行正确的认识。系统本身有其内在的系统结构，系统结构是随着时间的推移，影响人们行为的一些关键性的相互关系，这些关系不是存在于人与人之间的相互关系，而是存在于关键性的变量之间的关系。系统结构也不是泛指系统中所有要素和部分之间的相关性，而是指对系统结构的性质、形式具有的关键要素及其相互关系。圣吉还运用啤酒游戏说明了系统结构是如何影响和制约着人们的思考以及行为的。不同的人在相同系统结构下会产生类似的行为结果，所以组织系统中产生的问题和危机，可能并不是由于外部因素或者个人因素所致，而是由于系统结构本身所致。这就要求人们对组织问题的思考，要从复杂动态和结构的角度做系统思考，关注组织结构，找到关键变量和杠杆，重构组织结构。在动态系统中存在“动态性复杂”与“细节性复杂”，我们不要只看到“细节性复杂”，更要认识“动态性复杂”。

关于系统思考修炼的方法，彼得·圣吉提出了“以简驭繁”，即通过“动环”的反馈原理来理解事物的动态复杂性，他还用“注满一杯水”的例子来说明这种反馈原理。对“动环”或反馈环路的理解是实现系统思考的主要方法。圣吉区分了两种不同的反馈环路：不断增强的环路和反复调节的环路。不断增长的环路有好有坏，滚雪球效应和“蝴蝶效应”是对这种环路的形象诠释。圣吉特别强调“时间滞延”在其中的作用。“时间滞延”是指行动和结果之间的时间差距，一个变数对另一个变数的影响只有在一定时间之后才能显示出来。他在啤酒游戏的例子中很好地说明了时间滞延的影响。圣吉通过建立系统基模的方法来帮助进行系统思考的训练，他提出九个系统基本模型：反应迟缓、成长上限、舍本逐末、目标侵蚀、恶性竞争、富者愈富、共同悲剧、饮鸩止渴、成长与投资不足，通过系统基模的分析，找出影响系统运转的关键因素，使之作为杠杆点，对整体发生影响，实现“高杠杆解”的作用。

关于五种修炼各自的作用，圣吉认为，在五项修炼中系统思考是核心，改善心智模式和团队学习是基础，自我超越和建立共同愿景这两项修炼形成向上的张力。

五、五项修炼的实施进阶

彼得·圣吉认为，五项修炼的每一项均有一个由表及里的修炼过程。基本顺序是演练—原理—精髓。通过实际的操作演练，再结合领会其中的原理，最后掌握其实质、关键和精髓，融会贯通。这个过程，类似于中国武术等功夫的修炼过程。

（1）演练。演练是指具体的练习活动，是每一项修炼活动的基础和具体的部分。包括技巧、方法、工具、模型等技术层面和活动的层面。比如：自我超越在演练层面要先经过“厘清个人愿景”、“掌握创造性张力”等修炼的方法；改善心智模式，要练习区别所觉察到的直接资料与由其引发的概括性看法，掌握检验假设与进行推论的批判性思维方法；系统思考中要搭配系统基模的运用，看清复杂情况背后的运行的基本结构。

（2）原理。原理是指具体演练背后起支撑作用的理论。没有原理指导，只是依样画葫芦，永远达不到修炼的目标。必须对每一项修炼予以明确的理论指导，无论对于初学者还是精熟者，原理指导都是必要的。即使是精熟者，也可以通过原理在演练中精益求精。演练和原理的掌握是相辅相成的，不仅原理对演练有指导作用，演练对原理也起到一种验证作用，而对于修炼者来说，在演练中才能更好地理解原理。比如：在自我超越的修炼中，如何把握愿景发挥作用的机理，如何发挥人的潜意识的作用和创造性张力的作用；在团队学习上，要掌握“深度汇谈”的原理、解除影响学习的习惯性防卫的原理等；系统思考必须掌握结构影响行为的原理、高效解决组织问题的杠杆解等。

（3）精髓。精髓的层次属于修炼的最高境界，是指通过演练和原理的熟练把握，自然领悟到和实际达到的一种崭新境界。比如：在自我超越的修炼中，要达到对自我生命的体认，实现自我愿景，活出生命的意义；在改善心智模式的修炼中，要达到勇于坦诚真相的心态，追求真实和开放的目标；在系统思考层面，掌握精髓意味着实现人们在组织中的整体感以及与周围世界的一体感，从而达到系统思考的自然的、随心所欲的境界。修炼是一个过程，要经过演练和原理领会，自然而然地达到，不能操之过急，一开始就把重点放在把握精髓方面。

六、不可分割的整体

彼得·圣吉在《第五项修炼》的最后一章用探月飞船阿波罗 9 号宇航员鲁斯特·史维加特的体验来说明世界本来是一个不可分割的整体。在飞船上每一个半小时环绕地球一圈，当看到一座座城市，特别是看到那些熟悉的城市景象时，会产生一种特别的感情。史维加特说："那种感情是对整体的一体感：最初是对休斯顿的一体感，然后是对洛杉矶、凤凰城、新奥尔良，接下来你将对北非有一体感，然后是……整个一个半小时的航行过程中，转变了你原先所认同的；你开始看清你所认同的是整体。这使得你有很大的转变"。"你向下俯视，你无法想见有多少边界与国界是你再三横越的，你甚至看不见这些界线。在小憩之后，你看到了战火频传的中东，由以往得知的讯息，你知道各国在自设的国界上互相残杀。但现在你看不见这些，从你所在的位置看，它是一个整体，而且是如此美丽。你希望以双手从争战的双方各接一个人上来，向他们说：'从整个角度看过去，你们便会了解对人类真正重要的是什么。'"他说，才过不久，有另一批太空人去了月球。他们从那里所看到的地球非常渺小，看不见美丽的细节……地球微不足道……你甚至可以用拇指遮住这个小点。但这个蓝色的小点，对你而言就是一切。有人问从太空看地球的感觉时，史维加特说："那像是看见一个即将出生的婴儿。"彼得·圣吉最后总结道，大自然是一个整体，"所有界线，包括国界在内，基本上都是人们强行认定的。我们制造了它们，然后，很讽刺地发现自己最后被这些界线困住了"。①

第二节 知识工作者的特征及其管理

德鲁克在文集《个人管理》中提出了一个令人玩味的问题：未来的历史学家将会认为哪一项是20世纪最重大的事件？可能有人认为是两次世界大战的发生，或原子弹的制造，或日本崛起成为第一个非西方经济大国，而他本人的选择是人口革命。这个答案出乎意料，可能很不起眼，但确是独具慧眼的。20世纪，在所有的发达国家，劳动力发生了空前的变化，由主要从事不需要技能的体力劳动转变为主要从事知识工作的劳动。德鲁克认为，在20世纪中期以后，西方经济大国进入向后资本主义社会，或叫知识社会过渡的阶段。这个阶段要到2010—2020年才完成，但知识已经引起了世界政治、经济、社会和道德的面貌的巨大变化。在20世纪初期，有90%以上的劳动人口是体力劳动者，他们不到50岁就已经丧失了自己的劳动能力，而知识劳动者只占劳动人口的2%至3%。而目前（1993年出版《后资本主义社会》的时候），美国的知识劳动者已经达到劳动人口总数的40%。德鲁克甚至认为，事实上，知识已经成为今天唯一有意义的资源。而传统的"生产要素"——土地（即自然资源）、劳动和资本，已经退居次要位置。在《后资本主义社会》一书中德鲁克说，在1960年左右，他创造了新词"知识工作"和"知识工作者"。在当代企业中，人工成本已不太重要，深远的竞争

① ［美］彼得·圣吉：《第五项修炼》，郭进隆译，上海三联书店1998年版，第430页。

优势是知识工作者的生产率。德鲁克认为，从人们对管理者的定义中就可以看出知识的作用越来越大。第二次世界大战期间和战后不久，管理者被定义为“对下属的工作负责的人”，到 20 世纪 50 年代初被定义为“员工工作业绩的责任人”，而现在管理者的正确定义应该是“应用知识并取得绩效的责任人”。管理者定义的变化意味着我们把知识看作是基础资源。知识工作者的管理问题直接决定着现代生产力水平，而知识工作者的个人管理或者自我管理可以说是整个知识工作者管理的基础。

一、知识工作者及其工作的特殊性

知识工作者是指利用知识资源和知识工具，承担知识创造和运用的相关任务的新兴工作群体。知识工作者的特殊性和其工作性质的特殊性的认识是知识工作者正确管理的前提，所以，我们首先要对德鲁克关于知识工作者和其工作特殊性的思想有一个概括的认识。

1. 知识工作者身份的特殊性

德鲁克指出，知识工作者不同于以往的劳动者，主要体现在：一是知识工作者拥有属于自己的主要生产资料即知识，而且这种生产资料非常容易流动，与体力劳动者对工厂的机器与工具以及原材料等生产资料的依赖性形成鲜明对比。基于此，德鲁克甚至将知识工作者称为新的资本家。他认为，在美国以及其他发达国家，唯一迅速增长的群体是新的资本家——“知识工作者”。知识工人从总体上说是新的资本家。知识已成为主要资源，而且是唯一稀缺的资源。二是他们的工作寿命很可能长于任何用人组织，他们必须对自己的人生和工作负责，必须进行自我决策和自我管理，这与大工业下的体力劳动者有根本的区别——他们只要和雇主签订劳动协议就服从雇主的任何安排，由别人对自己负责。

2. 知识工作者工作的特殊性

（1）工作的非限制性。德鲁克说：“当我们还在对‘未来的办公室’猜测纷纷的时候，未来的组织——一种以信息为中心和核心支撑的组织——正在迅速成为现实。”对知识工作者不用也不能进行严密和琐碎的监管，只能为他们提供帮助。而知识工作者必须进行自我约束，并且为了绩效、效能，必须进行自我管理。当代知识工作者与以往的劳动者不同的一个主要的地方在于，知识工作者的工作就是思考，随时可以工作。它以信息为中心，所以，其工作时间和工作场所具有非限制性。因此，对知识劳动者应以目标为中心，以成果为中心，而不是以过程为中心进行考核。

(2) 工作的专业化。德鲁克认为，在当代，知识的概念发生了根本转变，从一般知识转变为专门知识，现在被我们称为知识的是高度专业化的知识。今天我们所讲的知识是能够在实践中发挥效能的知识，注重结果的知识。德鲁克提出，知识在不同历史时期的性质和作用是不同的，如传统的知识以综合性为特征，而现代知识是专门化的。这种知识高度专业化的社会，人们的价值观念、行为方式以及社会结构等方面根本不同于以往的时代。知识工作者通常都是某方面的专才。事实上，他们往往只有在很好地掌握了做某事的技能以后，也即在实行了专业化以后，才具有效能。但是，一个专业本身只是一块“碎片”，并且不会产生成果。一个专业的成果必须与其他专业的成果整合在一起，才能够创造组织所需要的成果。所以，这种高度的专业化必须考虑整合问题，才能发挥知识工作者对组织和社会的作用。

二、知识工作者个人价值观与组织的价值观的关系

关于知识劳动者和组织价值观的关系，德鲁克认为，组织有自己的价值观，而组织的成员也有自己的价值观。而且为了能够在组织中发挥效能，组织成员的价值观必须与组织的价值观相容，虽然不必相同。否则，组织成员的价值观甚至成果就得不到组织的承认，他们就会有一种挫折感，而且工作常常缺乏成效。

1. 知识工作者个人价值观的独立性

在现代知识社会，知识工作者的寿命会长于一个组织的寿命，他们必须对自己个人的发展和价值观负责。德鲁克认为，为了更好地进行自我管理，我们个人最终必然会自问："我的价值观是什么?"他说，不论我们怎样看待"忠诚"的问题，知识工作者必然会越来越把自己的专业化知识，而不是所在组织，看作是自己身份和特点的标志。知识劳动者要保持自己的效能，要成长、进取，就必须成为自己的发展和职业定位的主要责任人。德鲁克指出，知识工作者的价值观与组织的价值观并非是始终一致的。而当知识工作者个人与组织的价值观不相容和组织已经腐败时，个人最好的选择是离开。知识工作者自身拥有生产资料并能随身带着走。对于不适合自己职业归属的职业应该学会说"不"。有时候，为了使自己重新振作起来，变换环境是非常重要的。随着人们的自然寿命和工作寿命大幅度延长，认识到这种需要变得越来越必要。知识工作者必须把自己定位在他们能够作出最大贡献的位置上，必须学会自我发展，必须学会在50年的工作生涯中保持心理上的青春和活力，必须知道如何和何时调换自己的工作、工作方法和工作时间。

2. 个人价值观与组织价值观的相容性

德鲁克认为，一个组织也必须有自己的价值观。价值观是组织借以维系的东西，否则组织就会解体，陷入混乱和瘫痪，而组织是实现个人价值的工具。组织有自身的价值，而个人的价值又要通过组织来实现。所以，尽管个人价值观与组织的价值观可以不必相同，但必须是相容的。

讲究效能的人必然注重贡献。他们不会只看到自己的工作，而是会注重目标，包括组织目标。他们会自问："我所能作出的贡献是否对我所供职的机构的业绩和成果产生意义深远的影响?"德鲁克说，大多数人往往只看眼前，把注意力集中在过程而不是贡献上，总觉得组织和上司有"负"于自己，计较自己应得的待遇，结果往往导致效能的缺乏，凡注重过程，强调对下属的权力的人，无论职位有多高，都只能充当配角。反之，凡是讲究贡献的人，对结果负责的人，尽管职位不高，却具有“高级管理者”的风范，只有他们能够为组织的整体业绩担负责任。

三、知识工作者个人管理的基本原则

目前知识管理作为一种新的组织管理形式已引起了广泛的关注。德鲁克把知识管理的出现看作是管理领域的新革命。他认为知识被用于知识本身，这就是管理革命。他根据当代资本主义的发展趋势，写出了类似于《资本论》的著作——《知识论》。基于知识工作者的身份、工作以及与组织关系的特殊性，德鲁克研究了知识工作者个人管理的原则。在《卓有成效的管理者》中，德鲁克认为有效性来自于一整套方法，这是可以通过学习掌握的。他指出有效性来自于五个原则：(1) 明白自己的时间的去处，懂得应该用在什么地方。(2) 关注结果，注重贡献，而非工作过程本身。(3) 应该发挥长处而不是短处。(4) 要事优先。(5) 应进行有效决策。我们把德鲁克关于知识工作者的个人管理原则概括为以下几点。

1. 注重效能原则

关于知识工作者的工作为什么需要效能，德鲁克说，今天，每一个大型组织的主要劳动力已经是知识工作者，他们主要是运用知识、理论和概念，而不是体力来工作，发挥知识的效能成为管理工作的重心。他认为，提供效能甚至是我们提高知识工作者绩效、成就、满足感的唯一途径。

发挥效能是一种习惯，是通过学习得到的，而不是一种天赋才能。德鲁克认为，有成效的人有一个共同之处，即都有过使自己发挥效能的实践经验和经历。效能是一种习惯，也是一整套的习惯做法，而这种习惯做法总是能够在实践中学会的。习惯的东西要靠“实践实践，再实践”才能学会，他还借用小时候钢琴老师对自己所说的话，即要通过反复练习指法，来说明这个道理。

德鲁克在《二十一世纪的管理挑战》一书中认为，以下六个方面决定了知识工作者的生产率：明确工作任务；自我管理；不断创新；学习；讲究质量；把知识工作者当作能生产剩余产品的资产而不是简单的成本，并给予合理的待遇。

2. 发挥特长原则

德鲁克认为，知识工作者的工作要发挥效能，要为组织作出更大的贡献，就需要发挥自己的特长。与其他每一个领域的能手一样，知识工作者也必须立足于本专业并精通本专业，才能够使自己的工作富有成效。

我们大多数人以为知道自己擅长什么，其实通常会弄错。我们只能凭借自己的长处来获得绩效，而不能把绩效建立在自己的弱点上，更不用说通过做自己根本无法胜任的事来取得绩效。富有成效的人士善于把自己的长处转化为成效。德鲁克认为，为了取得成效，我们必须利用一切可以利用的长处，自己的长处、同事的长处甚至上司的长处。这些长处构成了实实在在的机会。而组织的工作就是要把每个成员的长处和优势转化为具体的成效。组织不能克服我们每个人身上存在的缺点，但可以回避它。组织的任务就是为了取得共同的绩效而通过利用每个成员的长处聚沙成塔。

德鲁克认为，发现自己长处的方法是反馈分析方法。通过反馈分析能够得出我们的长处和如何运用长处的结论。通过分析，发现哪些方面是我们能够取得成就的长处，努力发展自己的长处；哪些属于我们因无知而丧失了能力的领域，并在缺乏能力的领域少浪费自己的时间和精力。

3. 专心致志原则

德鲁克说，发挥效能其实没有什么秘密，如果说发挥效能有什么秘诀的话，那么就是专心致志。讲究效能的人总是挑选最重要的任务首先完成，而且与众不同的地方是能够一项一项地完成，而不是同时完成几项任务。对专心致志的需要基于知识劳动者的工作性质和人类的本性，因为知识工作者的工作任务是一种复杂的需要时间的工作任务，而人的精力是有限的。一心一意意味着能够迅速完成某项任务，越是能够集中时间、精力、资源，就越能够实际完成数量更多、内容更丰富的任务。一个能够做成那么多事，而且是难事的人，其成功的秘诀就在于：每次只做一件事。结果他们所花的时间最终比我们其他人要少得多。那些一事无成的人，往往低估完成某事所需要的大量时间，他们匆忙赶时间，结果欲速不达，事倍功半，难以成事。

德鲁克认为，集中精力的首要原则就是舍弃那些没有成效的过去所决定的事，将时间精力腾出来，把握未来的机遇。也就是说，把握机会，自己决定每个时期真正对自己重要、需要先做的事——是决策者成为时间和事件的主宰（而不是它们的奴隶）的唯一希望。德鲁克认为，要有真正的贡献，必须确定自己的方向，不要随波逐流；要目标远大、与众不同，不要贪图保险、方便。成功属于那些善于把握住历史机遇，能够挑选重大的项目，并且把其他标准只当作限制条件而不是决定条件的人。

4. 注重时间管理原则

如上所述，德鲁克认为，要有成效，要分清轻重缓急，一个最重要的管理是时间的管理。由于知识工作者的时间是自己控制的，所以对于知识工作者来说，时间管理就成为自我管理的一个重要内容。

真正讲究效能的人并不是从任务和目标着手，而是从安排自己的时间着手；不是从制订计划开始，而是从查明自己的时间的实际去处开始。接着他们进行时间管理，并且着力削减没有成效的时间安排。最后，他们把可供自己支配的时间相机合并成大块的连续时间。这个三阶段的实际流程就是：对时间的去处进行如实的记录；对时间进行管理；对时间进行整合。德鲁克还提出了管理时间要注意的三种方法：一是识别和排除根本就不必要做的事；二是识别可以由别人代劳，至少跟我做得一样出色的事，要善于授权，尽量让别人去做；三是掌握和消除对别人时间的浪费。

5. 个人决策原则

由于知识工作者身份和工作的特殊性，知识工作者对组织的依赖性减弱，从具体工作方式到价值观的选择方面，都需要知识工作者的自我决策。

德鲁克认为，自我发展和职业定位的责任，必须由知识工作者个人承担。回答诸如“我现在需要承担哪些责任？我现在能胜任哪种工作？我现在需要积累哪些经验？我现在需要掌握哪些知识和本领？”之类的问题，必须在很大程度上成为个人的责任。这方面的决策当然不能是个人单独做出的决策，而应该根据组织的需要并结合自己的能力和需要来做出。

关于决策的技巧问题，德鲁克认为，讲究效能的人不会同时进行多项决策，而是集中精力于最重要的决策。他们试图把解决问题的一般事务性决策和重大决策区别开来。他们努力在高度理性认识的基础上进行为数不多的重要决策，努力寻找其持久作用的稳定因素，而不是受决策速度的影响。他们宁可把那些一般人认为是技巧高超地处理多个变量的做法看作思维混乱的表现。

德鲁克关于知识经济时代知识工作者的特征、知识工作者工作的特征及其与组织的关系的论述，特别是对知识工作者的“自我实现人”的人性的假设是我们当今管理的前提性指引。而他作为当代管理思想中经验主义学派的代表人物，对知识劳动者个人管理提出的这些管理原则，则是从具体实践中总结出来的真知灼见，具有极强的现实性和可操作性。

第三节　日本的企业知识创造理论

日本在第二次世界大战后经过短短 30 年的时间，创造了经济奇迹，一跃成为世界第二大经济强国，特别是汽车、电子产品等行业的崛起，直接威胁美国乃至欧洲国家的产品市场，于是引起美国等西方国家学者的高度关注，并对日本的管理模式和企业文化进行了认真的分析总结，出现了企业文化管理思潮，标志着管理思想发展到一个新的阶段。但是西方国家对日本管理的研究，总是隔靴搔痒，不能完全准确地总结日本的企业文化包括企业创新思想。野中郁次郎和竹内弘高作为本土学者，在20世纪90年代，发表了《创造知识的企业——日美企业持续创新的动力》等重要知识管理书籍，系统深刻地总结了日本的企业创新管理过程，总结出了一套具有普适性的企业创新模式。野中被称为世界“知识运动之父”，《创造知识的企业》这部著作成为知识管理领域被引用最多的著作，德鲁克称为“经典著作”。在该书的中文版“序言”中，野中郁次郎指出，中国在加速向知识经济社会转型方面，这些理论可以提供广泛的信息，它们适应中国国情，因为中国和日本一样都很重视暗默知识层面，知识创造将是推动中国经济持续增长的最大的可持续力量。

一、基本概念

如果一个理论是建筑物，那么概念就是砖块，基本概念是建筑的基石。在野中郁次郎和竹内弘高提出的企业知识创造理论中，有几个基本概念，构成其理论基石，也是理解其创造理论的关键。这几个关键概念是：暗默知识、承上启下、知识螺旋。

1.“暗默知识”

野中和竹内认为，日本和西方国家在企业创新中最主要的区别在于，形式知识在西方是主要的知识形式，而对于日本来说，通过语言和数字表示的知识只是冰山一角，知识基本上是“暗默的”——不易察觉和表达的东西。主观洞察力、直觉和预感等均属于暗默知识。暗默知识深深地植根于个人的行动和经验以及个人所信奉的理想、价值观和个人感情之中。

暗默知识包括两个部分，即技术的维度和认知的维度。技术的维度包括非正式的和难以准确描述的，通常用“秘诀”这个词来表示的技能和技艺。认知维度是由心理图式、心智模式、信念和知觉构成的，是作为一种预设存在的东西。野中和竹内之所以非常重视暗默知识的概念，是因为他们认为可以把日本企业的知识创造过程简单地描述为：暗默知识向形式知识的转换。他们认为："拥有高度个人化的洞察力或预感，除非个体能够将洞察力或预感转换为形式知识，然后将其与企业内的同事共享，否则这些洞察力和预感对企业毫无价值。日本则特别擅长于在产品开发阶段实现暗默知识与形式知识之间的转换。"①

2. "承上启下"

野中和竹内认为，无论在西方官僚制的组织结构中，还是在当代扁平化的任务小组的组织结构中，都忽视了中层组织和中层管理人员的作用。如前所述，日本企业创造过程可以浓缩为从暗默知识向形式知识转换的过程，这一过程中，中层管理者起到了关键的作用。他们将高层管理者的意图、愿景具体概念化，这种概念化的知识通过与基层员工共享，实现由暗默知识向形式知识的转化，员工具体研制出新的产品、技术。野中和竹内认为："在我们的理论里，企业内中层管理人员与第一线人员起着关键的'知识工程师'的作用。中层管理人员是知识创造的促进者，介于高层管理者与第一线人员之间，在管理过程中，我们称之为'承上启下'式的管理方法。"② 中层管理者在其中起到关键作用，这种作用既与"从上至下"的层级制不同，也与"由下而上"的项目小组不同，这种作用，野中和竹内称为"承上启下"。

3. "知识螺旋"

野中和竹内认为，日本的企业知识创造的过程是一个通过共享知识而扩大的过程，通过共同经验和共同体验实现知识的共享，共享必然扩大知识的范围，这从认识维度和主体维度上展开，并在这两个维度上通过循环和互相作用，实现知识扩展。这种知识的螺旋式转换，一是指知识本身的转化、扩展，二是指在知识创造主体间的转化。他们把这一过程称为"螺旋"，意

---

① ［日］野中郁次郎、竹内弘高：《创造知识的企业——日美企业持续创新的动力》，李萌、高飞译，知识产权出版社 2006 年版，第 11 页。

② ［日］野中郁次郎、竹内弘高：《创造知识的企业——日美企业持续创新的动力》，李萌、高飞译，知识产权出版社 2006 年版，第 61 页。

味着知识不是直线传播的过程，而是循环往复向前发展和生长的过程，扩展的过程。

二、企业知识创造的过程模式

西方国家由于对知识理解为形式知识，所以无论在心理学还是在知识管理理论中，都没有对知识创造的具体过程进行深入细致的研究。野中和竹内由于看到了暗默知识的作用，认为企业知识创造过程是一个由暗默知识向形式知识转化的过程，所以他们对这一创造过程可以说第一次进行了具体深入的研究。他们认为知识的演进和创造的过程是从认识论和本体论两个维度上进行的，经过四种转化，这种转化过程可以分为五个阶段，此外他们还提出了促进知识转化和知识创造的五种助力。

1. 两个维度：认识论和存在论

如前所述，野中和竹内认为，日本的企业知识创造是一种以螺旋的方式进行的动态过程，沿着两个维度进行，一个是认识论维度，一个是存在论维度。

（1）认识论维度。野中和竹内认为，知识创造的过程，不是波浪式前进，而是螺旋式上升。知识创造过程是暗默知识和形式知识相互作用、相互转化、“彼此互换”的过程。“我们关于知识创造的动态模型是基于这样一个假设：人类知识是通过暗默知识与形式知识之间的社会化相互作用而创造和扩展出来的，我们称这种相互作用为‘知识转换’。”[①] 通过这种社会化转换，暗默知识和形式知识在质和量上均得以扩展。

（2）存在论维度。野中和竹内认为，严格说来，唯有个体才能创造知识，没有个体是无法进行知识创造的。但这种知识创造，可以通过组织的作

---

① ［日］野中郁次郎、竹内弘高：《创造知识的企业——日美企业持续创新的动力》，李萌、高飞译，知识产权出版社2006年版，第70页。

用，让其放大，将其结晶为组织知识网络的一部分，这个过程发生在逐渐扩大的“相互作用的社区”之内，这种相互作用可以超越组织、组织之间的边界。所以真正实现知识创造的是组织，组织就是一个知识创造的场所，或称“知识场”。

野中和竹内认为，知识创造的认识论的维度和存在论维度实际上是同一个过程的两个方面，一个是知识客体方面，一个是知识主体方面。客体的知识不能离开主体，知识的转换实际上是在主体间并通过主体来实现的。借用现代西方哲学的一个时髦概念，它本身体现了一种“主体间性”。

2. 知识转换的四个模式

野中和竹内认为，知识转换过程的总体方向是从暗默知识向形式知识的转换，但整个知识创造过程是一个复杂的螺旋式的过程，是回流与前进的过程，它是在暗默知识和形式知识内部或者它们之间不断进行转换的过程，于是形成了知识转换的四种模式：共同化、表出化、联接化和内在化。

（1）共同化：从暗默知识到暗默知识的转化。共同化是共享体验并由此创造诸如心智模式和技能之类的暗默知识的过程。获得暗默知识的关键是体验，如果没有共同的体验，个人要想使自己置身于他人的思考过程之中非常困难。组织的一个重要的责任就是创造一种共同体验的场景。共同的场景，共同的体验，是形成共同的暗默知识，或者说实现暗默知识转换和共享的基本条件，因为暗默知识是很难通过培训传授直接获得的。

（2）表出化：从暗默知识到形式知识的转化。表出化是将暗默知识表述为形式概念的过程。它采用比喻、类比、概念、假设或模型等形式将暗默知识明示化。明示化的意义在于知识共享，其他知识主体更好接受暗默知识。这种转化的手段的选择，是知识创造的过程的精髓，是整个过程的关键。而这种表出化的过程，如前所述，是日本企业知识创造的方向性的基本过程。它包括从高层到中层的知识转化过程，又包括从中层到一线员工的转移过程。这种过程源自对话和集体反思，常用的逻辑手段是演绎和归纳。

(3) 联接化：从形式知识到形式知识的转化。它是将各种概念结合为知识体系的过程。这种转换将各种不同知识和信息集合起来，通过整理、分类、增添、结合、重构，可以创造出新的知识。这个过程既可以在个体内部进行，也可以在主体之间进行。在当代，创造性地使用计算机通信网络和大规模数据库，对这种知识的转换有非常大的帮助。

(4) 内在化：从形式知识到暗默知识的转化。这个过程是使形式知识体现到暗默知识之上的过程。这体现了"做中学"，使得形式知识帮助理解或强化已有的暗默知识，这是内在化的过程。这种强化过程也是一个暗默知识分享的过程，而个人所积累的暗默知识在组织成员之间的分享，是激发新一轮知识创造螺旋的发动机，也是一个新的平台。根据野中和竹内的观点，"体验"在内在化过程中很关键，我们可以通过"听故事"等间接体验，但更为基础的是直接的体验，所以扩大实际体验的范围是内在化的真正关键。在西方学者中，也有不少哲学家主张主体间性思想，但普遍主张通过交流、对话、理解、沟通实现主体间性，比如胡塞尔、伽达默尔、哈贝马斯等。德国哲学家胡塞尔认为，自我可以通过"同感、共现、统觉、移植等而实现对他人主体性的把握"①。德国解释学家伽达默尔认为，我们通过"对话"、"沟通"等语言和交往而生存于世界之中并实现相互理解。野中和竹内则更加重视共同的生活体验在形成共识中的基础性作用。他们还认为，企业可以通过换岗、跨部门团队等多种形式扩展这种共同的体验的范围。

野中和竹内认为，知识内在化的实现，使得某种暗默知识变成一种心智模式，当这个心智模式为组织大部分成员所接受和共享时，暗默知识便成为组织文化的一部分。所以，理解了知识共享和内在化，有助于我们理解组织文化的实质和形成条件，有助于组织文化的创建。

① [德] 胡塞尔：《胡塞尔全集》，上海三联书店 1997 年版，第 900 页。

3. 知识创造的五个阶段

前面关于知识转移维度和四种模式的描述，为分析创造的过程做好了准备。野中和竹内从时间维度把知识创造过程分为共享暗默知识、创造概念、验证概念、建造原型和知识转移五个阶段。这不仅是一个从高层出发，经过中层管理者，再到基层一线员工完成创造的全过程，而且还是一个不断反复形成知识螺旋的过程。

野中和竹内设计的知识创造的这五个阶段与前述的知识转化的四个模式之间有一种对应的关系。(1) 共享暗默知识阶段。作为起始阶段的共享暗默知识的阶段相当于暗默知识的共同化，大量的暗默知识首先是储存在个人的头脑里，要使之发生转移，引发创新，就要与别人共享，要使这些暗默知识在组织内放大，引起共鸣，甚至成为组织文化。在这个阶段，要使暗默知识得到共享，必须有共同的体验，因为它不容易用语言进行交流和传递，而要实现共同的体验，就需要建立进行接触的场所，以分享各自的体验，共享彼此的心智模式和技能。(2) 创造概念阶段。第二个阶段即概念的创造阶段，相当于知识转化中的表出化，它的作用是使共享的暗默知识，通过对话等方式和演绎、归纳等逻辑推理产生出一种创新的形式概念，最后用比喻的语言表达这种形式概念。(3) 验证概念阶段。一个新的概念产生出来，是否符合组织和社会的需要，符合最初的意图，是需要进行验证的。对于企业来说，新概念的正常的验证标准包括成本、利润空间和产品可能对企业产生的贡献度等，验证的标准可以是定量的也可以是定性的。从标准制定和验证的主体来说，这种检验标准总体上是高层制定的，但也不排除中层或其他组织单元把握各自的子标准的可能性。(4) 建造原型阶段。经过验证的概念被转换成为某种有形的，或者说是实在之物。新产品开发情形的原型可以是产品原型，在服务或组织创新的情况下，原型可以是模拟的操作机制。这个阶段是通过形式知识的联接实现的，所以与知识转换的“联接化”过程是类似的。(5) 知识转移阶段。野中和竹内认为，组织的知识创造是一个无尽的持续自我提升的过程，它并不因为原型的建立而结束，创造的新知识会再次进入知识创造的新一轮循环，这是一种互动的螺旋过程，称为“知识转移”。它发生在组织内部和组织之间。组织外部的转移，包括集团内的其他企业、顾客、供应商、竞争者和企业外部的其他个人和组织，比如与顾客的沟通，可能引发另一次的产品创新。这个阶段与知识转换的第四种模式“内在化”并不完全等同，知识的内在化是指从形式知识到暗默知识的转换，而知识转移可以说是内含了整个知识转换过程，是一个循环过程、一个整体性概念，而“内在化”只是其中的一个阶段。

野中和竹内在书中多次用到本田公司制造“Honda City”车型的例子。1978 年本田公司提出开发一种新概念轿车，其口号是“让我们一起去冒险”，相当于第一阶段。中层项目团队负责人渡边洋男等人提出形象的比喻性概念——“汽车进化论”和“人最大化，机器最小化”，相当于第二阶段和第三阶段。最后，通过各层次共识，项目团队设计出一个更形象化的概念和方案——“小高个子”的“高而短”的汽车设计方案并得到认可，相当于第四阶段。

4. 知识创造的五种助力

组织或管理者在知识创造过程中起什么作用？其主动性体现在哪些方面？野中和竹内认为组织和管理者在知识创造中主要是营造一种创造的场所，以利于个人的知识创造和积累并促进有关的团体活动。组织起一个推手的作用，提供促进条件。组织提供的最重要的促进条件是：

(1) 意图。意图是方向，是标准，是一种驱动力。意图被明确地定义为组织对其目标的渴望。它常常以战略的形式表现出来。而从组织创新来看，战略的实质就是开发能够获得、创造、积累及利用知识的组织能力。企业战略中最关键的是将愿景概念化——它指出应该开发哪些知识并将其纳入管理体系，以备实施之用。组织的意图是判断已有知识价值性的标准，知识是有价值取向的，缺乏组织意图，对知识做出价值判断是不太可能的。企业应该制定组织的意图，并向员工推荐这种意图，以便培养员工的献身精神和组织文化。

（2）自主管理。在各个层面，只要条件允许，应该让组织的所有成员自主行动。通过自主行动，组织可以增加意外的机会的可能性。自主管理还可能实现自我激励，从而提高创造新知识的可能性。组织的一个重要原则是“最少重要规定”，通过保证个体的独创性，并使得这种独创性想法在组织内传播。自主管理还通过建立自组织团队来实现，这样的团队要保证成员的差异性。

（3）波动与混沌。波动与创造性混沌，能够促进组织与外部环境的互动。波动不等于完全的无序，它是“没有循环的有序”。组织内导入波动，可能“瓦解”成员在例行程序、习惯和认知上的模式，帮助创造新观念。“创造性混沌”是指在组织处于危机，受到威胁的情况下，在日标等根本问题上出现的一种模糊状态而使组织出现危机感。有时，高层管理者为了增强这种危机感，而故意制造一种混沌，以把成员的注意力集中到一定的组织目标上，集中寻找问题的答案，实现组织知识创造。“创造性混沌”的使用条件，是基于成员具备对自身行动进行反思的能力，否则会适得其反，出现“破坏性混沌”。

（4）冗余。野中和竹内指出，对于那些沉溺于高效信息处理或降低不确定性思维之中的西方管理者来说，“冗余”这个词汇，鉴于其不必要的重复、浪费或信息过剩等含意，也许听起来有害无益。而我们这里所说的冗余是指组织成员在工作中并非马上需要的信息。在商业组织里，冗余指有关业务活动、管理职责和整个企业方面的信息的有意的重叠。通过分享冗余的信息，促进知识的共享，加速知识的创造过程，尤其是在开发阶段。信息冗余促使个体“侵入”彼此的职能领域，以不同的观点提供新的信息。它增强了知识传播的立体感，增加了知识创新的源泉。野中和竹内用橄榄球运动来比喻信息冗余的作用。组织在该问题上的作用是制定信息冗余制度，科学储存冗余信息，促进知识转换与创新。

(5) 必要多样性。如果组织想要经受环境所带来的挑战，那么，其内部多样性必须适应环境的多样性和复杂性。多样性是组织和成员处理不测事件的必要条件，组织首先应该保证其成员以最快的方式，通过最快捷的途径，获得最广泛的必要信息，同时要求成员要享有获得信息的平等权利。当今最好的途径是利用计算机网络实现必要多样性。其次在组织结构设计上通过重叠、交叉、成员差异性和内部竞争等手段保证必要多样性。

以上五种助力，其作用一是把握方向和标准，二是加速知识的转移，实现知识的创新。两个作用合起来可以帮助企业尽快创造出对组织和社会有用的新知识、新技术，增强企业的核心竞争力。

三、野中和竹内主客一体的哲学思想

野中和竹内的企业知识创造理论的一个突出特征在于其方法论上的自觉。他们把自己的创新理论自觉奠基于认识论、本体论和系统辩证法基础上。在这几个方面，他们以开放的态度，充分吸收了东西方哲学中合理成分，并加以发展，提出富有创意的哲学思想。

1. 认识论：主客统一

作为知识创造理论，其基础理论即认识论思想对其具有直接的指导意义。野中和竹内在认识论上的主要特点，是对西方和日本在认识论上的风格进行了认真的对比研究，提出了“暗默知识”和“形式知识”的区分，并由此揭示了日本企业的知识创造过程是从暗默知识向形式知识转化这一秘密。

野中和竹内发现西方哲学特别是近代西方哲学在认识论上是以区分身体和精神、精神与物质、理性和非理性为特征的，近代西方哲学这种区分是从主客分离的笛卡尔“二分法”开始的。当然，野中和竹内的理论特色在于其综合性和包容性：他们也看到并吸收了西方思想的合理的综合因素，看到了黑格尔试图综合对立的倾向，看到了马克思在实践基础上对主客体的综合；也认识到胡塞尔的直觉分析方法，海德格尔、梅洛·庞蒂以及实用主义者们对二分法的拒斥；他们对德鲁克的综合管理实践理论和彼得·圣吉的学习型组织理论，均有充分理解，并吸收了积极因素，特别是“暗默知识”的概念直接来源于英国思想家迈克尔·波兰尼。波兰尼于 1958 年出版著作《个人知识：一种后批判哲学的探索》，针对西方传统认识论依托明确表述的逻辑性的知识本质要求，提出了“暗默知识”的概念。暗默知识具有一种与认知主体和其活动无法分离的性质，它只可意会不可言传，认知主体的这种意会认知形式和知识，正是一切知识的基础和内在本质。在认识论上，野中不满足于原有的信息创造的概念，而提出了知识创造的概念。知识创造过程，不等于单纯的信息运用的过程，而是有人的价值观体系即信心和决心等因素参与其中的过程。而这些因素恰好是西蒙的决策理论坚决要求剔除的因素。知识创造理论认为，主观认识是建立在看到真理的人们的价值观和背景之上的。我们不能忽视诸如价值、背景和动力这样的问题。野中认为，知识创造理论不是以实证主义的主客二分为基础的，而是以现象学的主客一体的非二元实体的认识为基础的。实证主义以二元论为基础，认为人的认识是主体对客体的认识甚至被动的反映，是一种二分法的静态结构。与实证主义相反，知识创造理论根植于如下信仰，即知识本身就包含了人类价值和理想，这是隐性知识的一部分，知识创造过程不是一个标准的因果模型，真理的概念取决于价值、理想和背景条件，认识的结果也不是一个绝对的、现实可靠的东西，而是一个长期的、未完成的、对当前情况质疑的结果。知识是一个以真理为目标，不断调整个人信仰的动态过程。

野中和竹内认为，日本结合了佛教、儒学和西方主流哲学思想，形成了独特的日本式认知方式。日本式认知方式具有三大特征：主客一体、身心如一、自他统一。这种认识方式，注重与他人的互动关系，注重模糊思维的运用，不要求直接证明或反驳，有利于相互吸收和创新。野中和竹内吸收了古希腊哲学家柏拉图关于知识是合理的真信念的观点，将真理定义为：经过验证的信念。与西方近代知识观不同，这个真理定义，一是强调信念等非理性因素，二是强调实践、经验在知识检验和形成中的作用，这是一个具有动态观点的定义。新的定义的特点是重视信念的验证过程，这一过程的关键词是对话、交流、共享、信任、共识。在这个定义中，他们将认知的主观性也包括进来，并受到比客观知识更为重要的重视。经验、直觉、预感等作为潜在的知识受到重视，更能够体现创造的本质。野中和竹内从其认识论思想出发，创造了一个新的知识创造的理论体系。这个知识创造过程理论，是对西方知识管理和学习型组织理论的超越。德鲁克提出知识经济和知识工作者的概念，彼得·圣吉提出学习型组织理论，西蒙提出“组织即信息处理”的观点，都没有重点论及知识创造的问题。彼得·圣吉在《第五项修炼》中列举了组织学习的局限思考、归罪于外等七个智障，并提出以转换心智模式，学会系统思考为基本解决途径。与彼得·圣吉不同，野中和竹内认为，知识创造不仅是通过转变思维方式，更为重要的是体验、经验、共同经历。他们认为创新的精髓是根据具体理想和愿景来创造一个世界。他们用辩证的思考方式来探讨波兰尼的知识两分法，提出两个部分的相互作用、相互转化，形成动态的知识螺旋和知识创新机制。

2. 本体论：组织的知识场论

野中和竹内在知识创造理论中的本体论思想，主要体现在对知识创造主体的认识上。在西方知识管理理论中，个体是拥有及处理知识的主体，组织的作用只在于对知识工作者的激励。野中和竹内认为，个体知识创造是通过组织发生相互作用的过程，企业知识创造的主体是组织。在本体论上，野中和竹内关于人、组织和环境的思想是比较先进的。

(1) 关于人类主体。实证主义和现象学在对人类主体的认识上也是有巨大差异的。主客二分的实证主义，把人类主体看作可以和环境分离的部分，人与环境之间是一种刺激—反应的认识过程和感知过程，排除个体的价值、道德、经验和选择的意义。现象学则认为人是环境的一部分，认识是有意向性地对环境的认识过程，是一种主观地追求目标的过程。以现象学为基础的知识创造理论认为，人是一个可以通过知识创造过程与环境共同进化的道德存在体。人类本性和行为都不是处于一种静止状态，而是通过环境的动态进化过程。个体通过知识创造自己。个体与他人交互作用，以超越他们自己的边界，从而改变自己、他人以及环境。

（2）关于个人与组织的关系。野中和竹内认为，知识创造是由个人具体实现的。他们分别对高层管理者、中层管理者和基层职工在知识创造中的作用做了研究，特别强调中层管理者和基层员工尤其是被西方官僚制组织理论所忽略的中层管理者的作用，因为，他们才是知识创新的实际执行者。不过，野中和竹内更强调知识创造是一种组织行为，知识是在组织内和组织间流转和创造的。组织可以为知识创造提供场所，提供助力。他们认为，西方崇尚个人自由和个人能力，自然将商业成功归结为单枪匹马式的英雄或者少数管理精英的所作所为，却往往忽视了知识交流、信息共享、团体互助的集体努力。

（3）关于组织。组织曾经分别被界定为“实证主义核心组织”和现象学的“先验的有机体”。前者认为，组织机构是为某些确定目标而存在的同质实体，其基本功能是将投入转化为产出，这个转化过程和决策都是给定的。现象学认为，组织里的人类主体，是作为由个体和集体行为构建的相关系统的一部分而生活。组织是一个对话的和实践的场所，在这里组织和个人在交互作用中得到发展。一个公司可以看作一个多层场的有机结构。野中和竹内肯定了这一思想。

那么创造知识的企业应该是一种什么样的组织呢？借助于计算机科学“超文本”的比喻性概念，野中和竹内认为理想的知识创造组织形式就是“超文本”的组织形式。“超文本”组织能够将官僚制的效率和稳定性与任务团队的有效性和动态性有机结合在一起，而弥补了它们各自的局限。“超文本”组织形式的基本特征是知识具有在多层文本或各个层之间强大的“穿梭”能力，它是一个知识互动场所，它能够实现知识的共享和转移以及知识的创造，无论是组织外还是组织内。在“超文本”组织中知识的螺旋可以跨越个人、部门和组织。他们使用“橄榄球”比赛来比喻日本企业在新产品开发中所体现出来的速度和灵活性。他们说就像在橄榄球赛中一样，当球队在场地上以整体的形式向前推进时，橄榄球便在队员之间互相传递，共同完成组织任务。

(4) 关于环境。知识创造是一个人类主体和环境在交互作用下辩证的共同进化过程。环境不是像以前的理论，比如战略管理理论认为的那样，是一个独立于人类主体的雾化状的物体，人通过其活动改变着环境。

3. 方法论：系统辩证法

野中和竹内的企业知识创造理论是对日本企业知识创造过程的总结，反映了日本企业知识创造的动态、开放和自组织的特征。同时，两位思想家在方法论上是非常自觉的。他们深谙东方系统思想、对立统一思想，也非常熟悉西方哲学特别是黑格尔和马克思的辩证法思想。作为管理思想家，他们深受巴纳德、德鲁克和彼得·圣吉等人的系统思想和综合思想的影响。这些因素决定了他们的知识创造理论中的系统辩证方法。知识创造理论的核心，就是人类主体和主体、主体和环境的交互作用的辩证进化。其系统辩证法主要体现在以下几个方面。(1) 开放性。野中和竹内认为，企业创造知识的过程，是一个知识流转的过程，两种知识不仅在个人思想中流转，而且在个体与个体之间、组织内任务小组和部门之间、组织与外部环境之间流转，形成了不同层次的知识运动的系统形态，它由小变大，形成知识螺旋。每个系统都是开放系统。这与西方传统认为知识创造只是以个人为主体的看法大相径庭。(2) 动态性。知识创造过程同时也是暗默知识和形式知识在不同主体间自由转移的过程，知识在流动中共享，在流动中创造。野中和竹内提出四种知识转换的模式，他们认为日本知识创造的典型过程是由暗默知识向形式知识的转化。他们把组织看作一个交互作用、对话和实践的场所，而不是一个静态的场所。他们甚至把环境也不看作一个实体存在，而是一个交互作用的关系场，是一个可随着关系和场景的改变而移动的东西。人与组织都通过学习和创造而超越自身。(3) 自组织性。野中和竹内认为，在创造知识的企业里，无论组织还是个人，都是一个具有创新能力的自组织系统。各种主体能够与外界交流，根据环境进行知识创造，自我修复，实现可持续发展。在科技日新月异的时代，只有持续地自我创新，才能获得竞争优势。(4) 综合性。野中和竹内力图避免西方哲学思想中的片面性思维方式，强调综合性。他们很欣赏黑格尔对立统一的综合思想和马克思在实践基础上的综合思想。在认识论上并未完全否定西方的形式知识及其作用，也没有否定官僚制和任务小组的作用，他们提出的“超文本”的组织形式，就是吸收了两种组织形式的优点。他们强调综合、融合，在对立中寻求同一性。他们的可贵之处在于，他们不是简单的拿来主义，而是根据实际情况综合各家优势，进行知识创造理论的自主创新。

四、借鉴意义

日本企业知识创造过程展现给我们的俨然是一幅立体动态的画面，形形色色的形式知识和暗默知识像原子和分子在各种创造主体之间来回自由穿梭，它们不受约束，它们之间争相发生碰撞，它们不断地结合、分离、退出、新生，它们逐渐放大、膨胀，形成动态的螺旋。“超文本”组织为其运动提供了立体的自由开放的场所和运动的总体方向，中层管理者为其运动提供直接的指导，每位职工都是“创造人”，他们八仙过海，各显神通，但彼此融合，相互激荡。创新已经成为日本企业的组织文化，而不再是一种制度、一种激励机制，更不是激励机制下员工个人的单打独斗。这就是日本企业创新的秘密，是日本战后工业成功发展的最大动力。这个秘密由两位日本思想家发现、总结。野中和竹内甚至认为，日本的成功最主要不是源自制造能力、与政府以及其他部分的合作关系、终身雇佣制、年功序列制，而是源自组织创造知识的技能和专长。这并不是什么骇人听闻的妄语。

我们这个时代，已经成为一个各种因素迅速变化的时代，正如很多人指出的那样，在这个时代，唯一能确定的因素就是“不确定”，唯一不变的因素就是“变化”。这个时代需要创新，创新成为企业生存和发展的核心竞争力。对于现代企业来说，如果要想在激烈的竞争中立于不败之地，实现可持续发展，组织创新之路是一种必然的选择。野中和竹内总结出的日本的企业知识创造理论，对当代企业或其他组织来说，其借鉴价值是不言而喻的。

第九章　创建优秀组织文化

美国经济在第二次世界大战后，经过了一个迅速发展的时期，但是到20世纪70年代，出现了滞涨的情况，经济衰退，通货膨胀，工人失业显著增加。日本作为第二次世界大战的战败国，虽然政治上和军事上受到美国的控制，但经济上得到快速的恢复和发展。从1945年日本投降到1955年，日本主要着力于经济建设，短短的10年时间，就恢复到战前水平。60年代以10%的速度增长，70年代虽然面对石油等能源危机，但仍然保持5%的增长速度。70年代末国民人均收入接近9000美元，到80年代进入黄金发展期，增长率是美国的两倍。日本迅速崛起成为世界第二经济大国。美国《福布斯》杂志1984年7月发布国外企业排名榜世界200强中，日本占据61席。美国《财富》杂志1984年8月统计资料显示，世界500强中，日本占据146个。在银行业100强中日本占据28家。日本经济的发展，对美国国内经济也形成直接的冲击，一是日本商品很快占领美国市场，二是出现了日本企业“购买美国”的狂潮。1989年日本索尼公司花34亿美元购买了美国哥伦比亚电影公司；随后三菱地产以14亿美元收购洛克菲勒中心80%的股权；1987年后的三年时间里，日本购买美国约570亿美元的地产；松下花62亿美元买下好莱坞的MCA公司；美国度假疗养胜地夏威夷的旅馆和小洋楼也被收在日本人旗下。日本的迅速崛起，引起美国人的惊呼和高度重视。美国学者也纷纷开始转而对日本管理进行研究，发现了日本管理与美国管理最大的差别在于日本的组织文化上的特殊性。同时管理学家也对美国自科学管理以来的理性主义的管理传统做了进一步反思，认识到组织文化作为一种更为基础的激励手段的重要性。于是，形成了组织文化理论研究热潮。

组织文化理论发展的过程，基本上可以分为前后两个阶段：初步认识和系统建立阶段；发展深化阶段。前期主要是对组织文化建设的意义的研究，后期是对诸如组织文化的本质等问题做深入的思考。

第一节　组织文化的意义

1979 年美国哈佛大学教授沃格尔出版《日本名列第一》，以大量事实雄辩地证明，日本在资源极其匮乏的情况下，如何解决了美国感到棘手的许多问题，在发展上名列第一，这个书名就足以使美国人感到震惊。1980 年 6 月 24 日美国 NBC 公司播出的电视节目“日本能，我们为什么不能?”更是引起美国人的反思，推动了美国学习日本的决心。1980 年比尔·艾伯纳西在《哈佛商业评论》杂志上发表了题为《在经济衰退中进行管理》的文章，提出以文化为根本管理方式的主张；1980 年秋，美国《商业周刊》首先提出“企业文化”的概念，指出企业文化的内涵主要是指价值观，企业应该运用价值观的作用为公司的活动、意见和行动树立榜样。在 20 世纪 80 年代初，关于组织文化的研究取得丰硕成果，陆续出版了组织文化理论研究的四本力作，称为组织文化四重奏，包括《战略家的头脑——日本企业的管理艺术》(1981)、《Z 理论——美国企业界如何迎接日本的挑战》(1981)、《企业文化——公司生活和礼仪》(1982)、《追求卓越》(1982)。

一、帕斯卡尔和阿索斯的“7S”管理模型

理查德·帕斯卡尔和安东尼·阿索斯同为斯坦福大学教授，前者还做过哈佛大学教授、牛津大学协同院士，是全球著名的企业顾问，与数十位《财富》500强公司的执行官及团队成员在推进组织转型方面有过合作关系。两位文化管理大师的合著《日本企业的管理艺术》是最早系统研究组织文化的专著之一。他们对日本松下电器及其创始人松下幸之助和美国国际电话电报公司及其总裁哈罗德·吉宁的管理进行对比研究，并结合著名的麦肯锡咨询公司的研究成果，提出了著名的“7S”管理模型，指出了日美企业文化的区别，以及组织文化的意义。

“7S”模型理论认为，一个优秀的组织包含至少七项相互依存的关键变量。即 Strategy（战略）、Structure（结构）、Systems（模型）、Staff（人员）、Style（风格）、Skills（技能）、Shared value（共同的价值观）。这里面，不仅有战略和结构等硬件，还有风格、人员、技能、价值观等软件。美国企业很注重前面三项“硬”的因素的建设，而日本企业更加注重后面四项“软”的因素的建设，让人们懂得软即是硬的道理。对后面四项因素的重视，正是日本优秀企业和美国企业的区别所在。后来，帕斯卡尔和阿索斯以此作为《日本企业的管理艺术》的概念基础，认为这七项因素是一个整体，忽视其中任何一个因素，都会对整体造成影响，而居于中间的则是共同的价值观。共同价值观把其他六项因素结合在一起，发挥系统作用，它可以增强企业的凝聚力，是企业竞争力的来源。在美国，战略管理在当时成为管理研究的重点，如前所述，钱德勒等人提出“结构服从战略”，主张通过组织结构的调整来实现战略意图，出现分权制和矩阵式组织变革浪潮。而日本企业强调向员工灌输组织信念，建立共享价值观，通过共同利益团结一致。对整体利益的尊重和集体价值观，与美国的个人至上的价值观完全不同。日本的这种组织文化优越于美国。所以帕斯卡尔和阿索斯认为“我们讨论了美国管理亚文化如

何存在于国家宏观文化之内，这两种文化都包含了我们近年来企业管理能力的不断衰退的原因……美国的‘敌人’不是日本人或德国人，而是企业本身管理‘文化’的限制”。

二、威廉·大内：Z 理论

威廉·大内（1943— ），日裔美国管理学家，曾经任职于通用汽车公司，先后在斯坦福大学和芝加哥大学获得硕士和博士学位，1979 年起在加利福尼亚大学任职管理学教授。他从 1973 年起到日本对日本企业进行研究，深入研究了日美两国企业的管理现状和特点，于 1981 年 4 月出版《Z 理论》一书，把美国的组织管理方式叫作 A 型组织，把日本的组织叫作 J 型组织，他借鉴日本的一些组织文化思想，根据时代和美国企业的特点，提出了一种类似 J 型组织的 Z 型组织，认为 Z 型组织是美国企业组织形式发展的方向。大内自己说过，本书写作的宗旨在于如何把对日本企业管理的理解运用到美国环境的实践中，看日本的企业管理模式能否在美国获得成功。

1. 日美企业的对比

大内认为，日本企业在组织关系和管理制度方面有如下一些特征：终身雇佣制；缓慢的评价与升职；非专业化的经历道路；含蓄的控制；集体的决策过程；集体负责；整体关系。而美国企业则具有如下一些明显的特征：短期雇佣制；迅速的评价和升职；专业化的经历道路；明确的控制；个人的决策过程；个人负责；局部关系。当然大内也认为，日美管理并非完全对立，现实中也有许多美国企业已经采取了与日本类似的一些管理方式，比如惠普、国际商用、柯达。关于自己提出的 Z 型组织，他认为，其典型特征是：长期雇佣、非专门化职业、个人负责、关注个人所有方面、非正式控制制度、少数服从多数的决策方式、晋升速度缓慢。通过这些方面，在工人、管理者和其他群体中，造成紧密合作和信任关系。

2. 日本组织文化的优势

大内认为，日本与美国在管理上的区别主要是企业文化的区别，日本企业文化对现代企业的发展来说无疑具有更为积极的意义。

首先，大内分析了美国企业传统科层制的弊端。大内认为，在传统的科层制组织中，组织与个人的关系是一种契约关系，职工只在制度规定的范围内活动，享有权利，组织只在制度内对职工负责。这种组织的决策，是由高层做出的，员工参与程度不足，员工被视为实现组织目标的工具，没有独立的人格。由于严格的专业化和短期雇佣制，造成人员流动率高，员工不能在组织中实现自己的价值，对组织的忠诚度不够，没有积极性、主动性和创造性，对工作没有耐心。美国传统的典型的企业文化，一般依据合同，实现短期雇佣制。威廉·大内认为，短期雇佣制会产生许多后果，比如快速的雇员流动率，使得快速的评估和升职成为必然。这又使得雇员们产生一种歇斯底里的恐慌态度，三年不晋升到重要岗位就意味着失败。他们非常没有耐心，一般在头十年有三个雇主。人与人之间，部门与部门之间存在隔阂。流动率高，导致培训只是培训短短几天就可以学到的东西，过后换得也快，形成恶性循环。

其次，大内分析了日本企业文化的优势。信任与合作是日本企业文化的特征。关于信任与合作对组织效率的意义，在现代管理思想中，最早可以追溯到泰勒，他甚至认为，劳资之间的合作是科学管理实行的前提。法约尔、福利特、梅奥对此也都有研究成果。特别是 20 世纪 80 年代的组织文化理论，通过对日本和美国优秀企业的研究发现，具有信任与合作的组织文化是优秀企业的共性。麦格雷戈提出 X、Y 理论，他于 1964 年去世，去世前正在研究 Z 理论，试图把企业与个人的需要和企业的激励因素结合起来。后来威廉·大内继承了这项研究，主张以终身雇用制为基础，关心雇员的一切工作和生活，培养合作与信任。大内认为，“Z 理论的第一个原则是信任。生产力和信任是紧密相关的，尽管看起来二者形同陌路。要搞清这种说法，先看看英国经济在20世纪的发展情况。这是一段工会、政府和管理层互不信任的历史，这种不信任使经济瘫痪，使英国人的生活水平一落千丈。”① 大内还举了几个实例说明信任对组织整体效率的重要性。一个是，日本的一些综合贸易公司，像三井、三菱、住友等，它们在国外有办事处，美国公司敲定不了的交易，它们能够做到，并协调广泛分布的商业活动，使之步调一致。这些贸易公司的主要特点是粗放型管理体系，这种体系使得贸易公司的雇员相互之间有信任感。② 许多雇员在一个不确定的环境中工作，他们敢于接受大量的业务，如果某个部门出现亏损，而另一个部门足以弥补这种亏损，这样受益的就是整个公司，那么整个公司的利润率就会达到最大值。贸易公司的成功，关键取决于个别部门和雇员是否愿意做出牺牲。这种愿意之所以存在，是因为日本的贸易公司采取了增进信任的管理方式，信任来源于人们知道有失将来必有得，公平最终会被恢复的。另一个案例，是一家与日本的管理方式很类似的美国公司——惠普的例子。有一个人事专家受副总裁委托，计划提出一套全公司适用的新规程。不久，他发现在一个很不起眼的下属单位实行的一套规程与之所想的非常类似，只要稍微修改即可。他稍微犹豫一下后把这一情况报告给了副总裁，他相信副总裁会因为他的诚实而奖励他，给他安排同样具有挑战性的工作任务。更重要的是，他相信他的同事将来对他也会同样坦率和诚实。大内认为，这就是生产力。大内认为，在日本文化中，大家认识到，公平和公正可能是一个长期的过程，因为日本的制度和观念支持这一点，所以形成组织中的合作精神是很自然的事情。

威廉·大内特别强调了日本企业价值观的优势。他认为，最令西方人难以理解的可能是日本人强烈的集体价值观倾向，尤其是集体责任感。在研究的日本公司中，他们几乎从不利用鼓励个人工作的激励手段，如计件工资

① ［美］威廉·大内：《Z理论》，朱雁斌译，机械工业出版社2013年版，第3页。

② ［美］威廉·大内：《Z理论》，朱雁斌译，机械工业出版社2013年版，第3页。

制，甚至不利用与加薪挂钩的个人绩效评估。日本雇员（女青年）甚至认为计件工资制的做法对他们是一种侮辱，他们更强调其他人对某个人的工作的条件性、优先性、重要性。在一个实行计件工资制的地方，她们主动要求改为日本模式。① 在日本社会中，对相互之间的依赖性及合作关系重要性的认识，可以说是一种深入人心的组织文化。

3. 建立 Z 型组织的步骤

大内认为，从 A 型文化向 Z 型文化转化是非常困难的，要不断重复，花的时间很长，要 10—15 年。一般要经历以下 13 个步骤：(1) 了解 Z 型组织和你扮演的角色。(2) 审查公司的哲学观。(3) 确定适当的管理哲学并让公司的领导参与。(4) 哲学观的实现靠的是搭建结构和提供动力。(5) 培养人际交往能力。(6) 自我检验和系统检验。(7) 让工会参与。(8) 稳定雇佣关系。(9) 确定一种缓慢的评估和晋升制度。(10) 拓展职工职业发展道路。(11) 做好在基层实施变革的准备。(12) 选择在哪些方面实施参与式管理。(13) 提供发展整体化关系的机会。

三、迪尔和肯尼迪的公司文化理论

特伦斯·迪尔，美国哈佛大学教授；阿伦·肯尼迪，美国麦肯锡咨询公司顾问。1981 年，两人合作出版企业文化力作《企业文化——公司生活和礼仪》一书。他们对组织文化的意义、层次和类型有比较系统的研究，对组织文化理论作出了重要贡献。

1. 组织文化的意义

他们通过对美国和日本组织文化的研究认为，每个公司都有自己的组织文化，组织文化对企业的一切重大问题包括重大决策、人事任免等产生巨大的影响，甚至影响到员工的行为举止、衣着爱好、生活习惯等。杰出而成

① ［美］威廉·大内：《Z 理论》，朱雁斌译，机械工业出版社 2013 年版，第 41 页。

功的企业都有自己的优秀的组织文化，日本之所以成功，其中一个重要原因就是在组织内能够维持一种强烈而具有凝聚力的文化。两位作者还通过对美国数百家组织包括营利的和非营利的组织进行研究得出结论：美国企业中，强烈的文化总是取得持续成功的驱动因素。他们认为，两个企业其他方面的条件相差无几，但企业文化的强弱不同，会产生完全不同的结果。与威廉·大内不同的是，他们认为，每个国家都应该有自己独特的组织文化，美国不能照搬日本的企业文化，必须根据美国自身的特点，挖掘独创观念和设想，发展出自己的组织文化，才是摆脱发展困境的最佳途径。

2. 企业文化的层次与要素

迪尔和肯尼迪认为，组织文化是一种为全体员工共同遵守的，但往往又是自然约定俗成的而非书面的行为规范。这些行为规范通常通过各种仪式和习俗来宣传以强化其文化价值观。它包括各个层次的员工的价值观和行为总体以及由此所表现出来的企业外在形象。一个公司文化的完整体系中，包括深浅不同的五个层面的要素：企业环境、文化网络、礼节与仪式、英雄人物和价值观。

（1）企业环境。这里的企业环境，不仅指外部环境，它还包括企业本身的性质、企业的经营方向、企业的社会形象、与外界的联系等诸多内外部环境因素。环境因素对于企业的行为起关键性甚至决定性作用，正是所处的环境不同，才形成不同的企业文化。

（2）文化网络。是组织内部的一种非正式的文化传播渠道。它起到传播企业价值观和英雄式人物传奇故事的工具性作用。文化网络是由某些非正式的组织和人群，甚至某一特定场合的特定交流方式组成的，这种非正式的场合往往比正式场合能够更真实地反映职工的愿望和心态。文化网络通过非正式渠道把各个部分——不分职位与头衔——连接起来，包括公司的讲故事者、教士、小道消息传播者、密探甚至小集团等，强化公司的价值观，起到一种凝聚作用。所以，文化网络对公司的管理也是十分重要的。

（3）礼节和仪式。礼节和仪式体现在表彰、奖励活动、聚会以及文娱活动等各种场合，是用形象生动的方式来体现和宣传公司价值观。这种文化层面不可替代，它能够使价值观、信念和英雄人物在员工心目中保持一种崇高的地位，并且这种“寓教于乐”的方式往往比正式的文化宣讲效果更加明显。

（4）英雄人物。英雄人物是一种组织价值观的人格化，它是一种榜样，用看得见的形象的形式来从正面树立正气，为员工树立模仿的楷模。英雄人物可以是天生的，如洛克菲勒、福特等，也可以是“在某种环境下干一番非凡的事业而获得奖章的人们”。英雄人物并非指具有非凡的不可模仿的才能，而是坚守公司信念和体现公司价值观的具体的人，英雄人物把这些价值观传递给周围的人。“美国公司的董事会比好莱坞的票房更需要英雄人物，”英雄人物既是公司对外形象，代表公司特征，同时为人们提供了一种可以模仿的榜样，对员工是一种激励。

（5）价值观。价值观是企业文化的深层含义，它反映了一个组织的基本思想和理念，是对组织行为和员工行为正确与否的评价标准的一致认同，价值观“为全体职工提供了对共同方向的意识和他们日常行为的准则”。不同企业有不同的价值观，正是价值观把各种企业文化区别开来，“共享的价值观决定组织的基本特征和使它有别于所有其他公司的行为模式”。价值观通常体现在组织的一些标语口号之中，比如美国电话电报公司的“万能的服务”、杜邦公司的“通过化学为更美好的生活提供更美好的东西”、劳茨公司的“为人们创造最佳环境”。

3. 公司文化类型论

迪尔和肯尼迪通过对现实企业文化的考察，把现存的企业文化分为四种类型，并分析了各种文化类型的特点和适用的企业类别。这些类型的文化的区别主要以风险和反映及时性维度为依据。第一种是硬汉、胆识型。具有高风险和快反应的特征。由于具有非持久性和投机性，这种企业不能建立强烈而持久的、具有很高的凝聚力的文化。适合于娱乐业和建筑业等行业。第二种是孤注一掷型。其特征是高风险和慢反应。这种文化以未来的需要为目标，注重实验、创新和突破，对于高新企业和追求重大科技成果的组织比较实用。第三种是尽情工作 / 尽情娱乐型。其特征是低风险和快反应。这种组织文化由于风险低，追求的是工作和娱乐的刺激，适用于销售部门等。第四种是按部就班型。特征是低风险、慢反应。主要改进是对技术的完善，而在价值观方面由于不易衡量，有导致官僚主义的可能。适用于金融机构和政府机构等。

四、彼得斯的行动理论：追求卓越

20 世纪 80 年代以后，国际局势动荡，国际化加深，文化多元化发展，社会和经济发展的不确定性因素增多，市场难以捉摸，消费者观念也发生变化，“变”成为唯一“不变”的因素。管理环境的改变必然引起管理思想和管理方法的改变。在这一背景下，产生了强调变化，强调行动实践的管理思想，代表之一是彼得斯的管理哲学思想。

汤姆·彼得斯（1942—　），美国著名管理学家，由于对后现代企业的研究而著名，被称为“后现代企业之父”、“商界教皇”、“管理领袖中的领袖”。他对现代企业有深入的了解，主要代表作是《追求卓越》，被称为“工商管理的圣经”，在福布斯评选出的 20 本最具影响力的商业图书中排名第一。其他还有《乱中求胜》、《解放管理》、《管理的革命》等，在管理界引起巨大反响。《财富》杂志甚至称：“我们生活在一个汤姆·彼得斯的时代。”彼得斯管理思想的核心表现在两个方面：第一是“两重性”的人性假设，第二是其管理权变观。

1. 人的两重性

在人性假设方面，彼得斯有两个基本观点：一是认为人性受到“两重性的”的驱动，即既要作为集体的一员，成为获胜队伍中的可靠成员，又要突出自己，成为团队的明星。二是坚持了自我实现人假设，只要人们认为某项事业从一定意义上来说是伟大的，那么他们就会心甘情愿地为之吃苦耐劳地工作。

2. 管理八项原则的核心：“变”

彼得斯分析了许多美国大小企业的管理经营情况后，通过自己的归纳总结，得出了卓越企业所遵循的八项原则，或者说经验。(1) 看准就干，行动果断；(2) 接近顾客；(3) 自主创业；(4) 以人促产；(5) 深入基层；(6) 专心搞本行；(7) 精兵简政；(8) 张弛互济。

单从字面上看，这八项原则好像都是老生常谈，没有新意。但是在企业的实际管理中，能否坚持做到这些，是卓越企业和其他企业相区别的标志。管理实践中是否坚持，坚持得如何，体现了是否真正理解其中的真义。彼得斯的这些原则中，包含着深刻的管理哲学思想，把握到了时代特征。它不仅坚持了权变思想，还看到了管理和决策中直觉等非理性思维方式的积极作用，认识到了科学管理的理性主义思维方式的局限和在当今的困境，在复杂多变的环境下，只有直觉的飞跃性思维才能很好地适应新的管理和决策的需要。可以说，彼得斯管理思想最核心的方面就是“变”，环境在变，管理也要变。管理方法甚至组织机构的形态要适应变化中的环境。在彼得斯那里，管理的环境条件包括管理对象和管理的环境条件。所谓管理权变，包括两个方面：一方面是管理者要适应管理环境，管理者在环境既定条件下，根据环境要求选择管理方式；另一方面则是指管理环境也可以适应管理者，即在管理者及其管理方式和手段确定的情况下，管理环境特别是其中的管理对象可以通过调整自身的期望、要求等，使管理者和环境保持一致。在彼得斯看来，权变管理的要求是一个整体的要求。“权变管理要有系统的观念，从事物的全局和整体出发考虑问题。”整体是基本的，而部分是派生的，一切变化都要有利于整体的发展。

第二节 组织文化的本质

从20世纪80年代中后期开始一直到21世纪初期，组织文化理论深入组织文化本质的研究，对组织文化的内涵、层次，组织文化的特征，组织文化的差异和冲突以及跨文化管理等方面的内容进行了全面的研究，对管理思想的发展作出了重要贡献。

一、沙因的组织文化内涵与形成理论

埃德加·沙因（1928— ），是美国著名的行为科学家和文化管理的代表人物。从1947年到1952年，他先后在芝加哥大学、斯坦福大学和哈佛大学学习教育学、社会心理学等学科，最后在哈佛大学获得博士学位，后一直任教于麻省理工学院斯隆管理学院。在行为科学上，他提出了著名的"复杂人"理论，为权变管理理论奠定了基础。在组织文化理论上他也有深入研究和深刻见解，被称为"组织文化之父"。他的主要著作有《组织文化与领导》(1985)、《组织文化生存指南》(1999)。前者详细论述了组织文化和领导之间的关系，是组织文化理论的奠基之作。

1. 组织文化的含义

在《组织文化与领导》中，沙因解释了组织文化的含义，认为组织文化是一种基本的假设模型——由一个特定的群体在探索如何处理外部适应和内部聚合问题的过程中所发明、发现或发展而来的——一种运作有效性的而被认可并传递给组织新成员作为理解、思考和感觉相关问题的正确方式。由于假设被重复使用，很可能成为理所当然的和无意识的。沙因还认为作为组织文化的定义，至少应该突出三个要素：一是文化的流变性，它有一个形成和变革的过程，不是一成不变的。二是文化的渗透性，即组织文化渗透到人

类生活的各个方面。三是文化的预设性，即文化是人们对一些基本问题的预先设定或一种共同信念，这些基本问题包括时空、真理性、现实、人性以及人际关系等方面。

2. 组织文化的层次

沙因在《企业文化生存指南》一书中，认为组织文化由相互作用的三个层面构成：表象层面、表达的价值层面和基本假设的层面。（1）表象层面是指可视的物质层面。诸如物理的、书面的、视觉的、技术的、组织结构的和人的行为的等方面。（2）表达的价值层面。诸如企业的发展战略、目标、质量意识和指导哲学等方面。（3）基本假设层面。指信仰、知觉、思想、感受等方面，是一种潜在的、预设性的思想。这种基本假设包括人与自然关系的假设、人性的假设、人际关系的假设、现实与真理等问题的假设以及人类活动本质的假设等。沙因认为，这三个层面的组织文化中，最为核心的是基本假设，它对整个组织文化起决定作用。

3. 组织文化与领导的关系及组织文化的形成

在组织与领导的关系上，沙因主张这两个方面正如一个硬币的两面，每一方面对对方都是非常重要的。一方面，领导对建立组织文化起着重要作用，领导要创造和管理文化。另一方面，文化对领导来说也是至关重要的，领导要尽量用文化来进行管理，甚至认为利用文化工作是领导者的唯一天职。关于文化的形成，沙因认为，文化作为一种组织成员共享的价值观念，其形成过程就是一个不断学习的过程，可以用组织学习理论和群体动力学来很好地说明组织文化的形成。群体动力学是观察和研究群体中个体之间的相互作用对情绪、情感、动机等因素产生的影响。沙因认为，这种研究方法对于作为文化内涵的“多数人所共有的思考方式”和在此之上的“共同的解决方案中共有的意思”的研究也具有参考意义。

二、文化差异与跨文化管理

1. 霍夫斯泰德的文化差异关键因素理论

吉尔特·霍夫斯泰德（1928— ），荷兰著名的跨文化管理研究专家。1965年进入美国IBM公司人事部工作，1971年进入学术界并开始教学生涯，曾经任教于欧洲多所大学，最后从马斯特里赫特大学退休。早在IBM公司工作期间，霍夫斯泰德就开始了对跨文化企业中的文化差异的研究。他对来自40个国家的员工进行了问卷调查，包括50多种岗位和60多种国籍的员工，共11万多份问卷，对员工行为、价值观以及合作方式等方面的差异进行研究。他发现，公司总部有自己的公司文化，但遍布世界40多个国界和地区的各分公司员工则存在巨大的文化差异。由于文化差异是冲突甚至是灾难性冲突的来源，对于管理来说是非常重要的。霍夫斯泰德对世界上一些最具代表性的国家的文化进行了对照研究，比如美国、中国、英国、法国、德国、日本、阿拉伯等民族，试图找到文化差异的根本因素，并把它运用到管理中去，提升跨文化管理的目标性和有效性。他的主要著作有《文化的后果》（1980）和《文化与组织》（1991）等。

霍夫斯泰德认为文化主要是指一种共同的价值观，是对社会成员的思维、情感和行为模式的一种概括，是一种不成文的社会行为规范。霍夫斯泰德最大的贡献在于对形成文化差异的关键因素做了分析，强调对权力的态度、对确定性问题的态度、对个人与集体关系的态度、对性别气质的态度以及对利益的时间性的态度五个方面对形成不同特征文化的区分的认知意义。（1）权力差距的可接受性程度。权力差距涉及人与人之间的关系，以及对组织形式的态度。对权力差距接受程度高的文化中，人们往往习惯于从属于权力，接受等级森严的组织形式；而权力差距接受程度低的文化中，人们更强调权力平等。低权力距离指数国家是欧美发达国家，社会成员对上层的依赖性较小，自主性和独立性较强，不太注重地位高低。相反，高权力距离指数国家主要是一些亚洲国家如新加坡、韩国等，权力比较集中，严格监管，对上级的依赖性较大。(2) 不确定性规避的迫切程度。不确定性，是指环境、前途、职业等方面的未来的不确定性。不确定性规避研究的是人们对于不确定性和未知的情况感受到的威胁的程度以及用严格的规章制度来加以规范的倾向。他认为，对于不确定性有强烈规避感的文化中，人们往往通过职业稳定、通过正规条例规定、追求绝对真实等途径来保持稳定性的一面，对不确定性有高度的紧迫感、忧患意识，有进取心，为了稳定而努力工作。在对不确定性弱规避的文化中，法律法规较为模糊有限，人们更易于接受不确定性带来的风险，对之做出适当的选择，相信直觉和个人决策。(3) 对个人与集体关系的态度。霍夫斯泰德认为，在美国等西方文化中，强调个人主义，而在中国、日本等国家则强调集体主义。个人主义是指在一个比较松散的组织结构中，个人关心自己，主张通过自己的个人奋斗来实现自身利益。强调"自我"意识。在集体主义文化中，由于感受到集体对个人的关心和照顾，个人也因此以忠诚与合作等方式来给予相应的回报。集体主义与个人主义相反，更加强调"我们"的意识。个人主义和集体主义的文化，在评价和使用人才方面也是有区别的，前者强调对个人能力与贡献的重视，后者则更注重人际关系的处理和协作能力。(4) 男性气质与女性气质。男性气质是指具有"男子气概"，阳刚之气，代表自信、果断、坚韧、注重成就；而女性气质则表现为谦虚、柔性、关注生活质量。男性气质突出的文化中，强调公平、竞争，注重工作绩效。女性气质突出的文化中，更强调平等、团结，注意心灵的沟通。(5) 长期导向性与短期导向性。更注重长期利益还是短期利益，也是文化差异的一大表现。注重长期利益着眼于企业的发展，强调节俭和坚韧不拔的精神；注重短期利益则主要考虑眼前利益、遵守传统等，也注重社会责任的承担。

2. 琼潘纳斯与特纳的文化冲突理论与跨文化管理

荷兰人冯斯·琼潘纳斯和英国人查尔斯·特纳两位管理学家，作为跨文化管理研究的开创者和倡导者，创办了跨文化管理咨询公司，曾经先后在 18 个国家开设了上千次的跨文化管理培训，服务对象包括摩托罗拉、壳牌等世界一流企业。他们出版了《跨文化浪潮》(1993)、《七个资本主义国家的文化》(1993) 等具有重要影响的著作，主要研究了不同国家和地区的文化差异及其对管理方式的影响。

(1) 关于跨文化管理的基本观点。

琼潘纳斯在跨文化管理研究上得出了两个基本观点：1) 文化背景决定组织管理方式。在实际的管理中没有所谓的绝对正确的管理方式，在特定的文化背景中，可以认为某些管理方式优于其他方式，而在跨国公司中，由于多种文化并存，各种管理方式均可以作为备选方式。2) 管理要尊重文化的差异性。文化的差异性是不容置疑的客观事实，不能视而不见，最好的办法是充分利用这种差异进行建设性的管理，比如在跨文化的商业交往时，要考虑对方的文化特征，采取相应对策，不能千篇一律。

(2) 文化冲突与差异。

琼潘纳斯等人的跨文化研究的一个基本内容就是对各国文化的具体差异和冲突的研究。两位作者对世界各国的文化差异、七个资本主义国家的文化差异分别进行了研究，他们发现，各国之间在文化方面存在着巨大的差异。他们从五个方面归纳了这种差异：1) 普遍主义和特殊主义。普遍主义强调平等适用一般规则，没有例外，反对搞特殊化，主张"唯一最佳方式"的存在。比如在遵守交通规则方面，即使没有车辆路过，红灯亮的时候也要遵守规则，不得横穿马路。德国、瑞士、美国、加拿大和澳大利亚属于这种文化。特殊主义则强调特殊性，主张爱有差等，对于那些离得近的，给予特殊的利益照顾。特殊主义的国家如中国、韩国、马来西亚等国家。2) 集体主义与个人主义。美国是极端个人主义的代表，个人基本权利高于一切，不可侵犯。法国人和埃及人处于另一个极端，主张个人服从集体，集体利益高于一切。3) 情感型文化与情感中立型文化，也可以说是外向型文化和内向型文化。4）专一型文化与扩散型文化。5）成就型文化与因袭型文化。琼潘纳斯与特纳的文化差异理论与前面介绍的霍夫斯泰德文化差异论分析的角度不同，所以得出的结论是有区别的。但是也有一些结论是相同的，比如在集体主义与个人主义的区别上有相同的认识，规则的确定性与不确定性问题与普遍主义与特殊主义的问题也有一定类似性，男性气质与女性气质的区分与内向型与外向型的区分也有类似之处。

琼潘纳斯与特纳还专门研究了美国、英国、瑞典、法国、日本、荷兰和德国七个经济领先的资本主义国家的文化特质，认为这些国家在文化上存在很大的差异甚至具有对立倾向，并认为正是这些文化差异导致了各国在管理上的差异，文化成为影响社会经济成就的主要因素。通过对七个国家的文化进行分析，他们指出不同国家之间文化上的七个方面的差异，以及由此决定的不同管理方式：1）规则或例外　　普遍主义和特殊主义；2）解构和建构——分析与整合；3）个人与组织——个人主义或集体主义；4）外部与内部——外部导向或内部导向；5）先后还是同时——依序处理或同时处理；6）主动还是被动——赢得的地位或赋予的地位；7）分级还是均等——阶层或平等。

他们还重点分析了美国文化的特点及其对管理方式的影响。认为美国文化有如下特点：1）普遍主义和分析思维。美国作为一个移民国家，法制是立国之本，主张平等自由，主要以法律来约束人们的行为，重视法制与规则的作用。同时英美分析方法传统也对整个文化系统产生深远的影响，在机器大工业时代，这种文化大放异彩，成为工业进步的文化基础。2）个人主义。强调个性自由、个人权利的保障，认为社会是个人实现梦想的工具。另外，个人主义必然与组织利益发生冲突，有时难免出现为了个人利益而损害社会和他人的利益的行为。而且在组织内，对组织的忠诚度低，跳槽的情况普遍，不利于组织的稳定。3）序列性时间概念。由于把时间看作一元的、线性的、序列的，所以非常重视时间的利用，与时间赛跑，以快速赢得竞争。4）成就与平等。在法律面前人人平等。美国人不看重世袭的身份和等级地位，对人的评价以个人的贡献和成就为依据。这种文化鼓励每个人通过自己的努力去实现梦想。

（3）四种企业文化。

主张企业文化受到各国的一般文化差异的影响。琼潘纳斯把企业文化归纳为四种类型：1）家庭型文化。家庭型文化是一种以人为导向而不是以任务为导向的企业文化。组织就像一个家庭，领导犹如父亲，有高度的权威和权力。这种文化内部保持温暖、友好与和谐的关系，但缺乏外部适应性。日本、巴西、西班牙、意大利等国家的企业属于此类文化。2）埃菲尔铁塔型文化。这种文化属于传统型的等级制文化，等级较多，底层员工多，越到上层人数越少。这种组织责任清晰，照章办事。德国、法国、加拿大和澳大利亚等国家的企业属于这种文化。3）孵化器型文化，或称保育器型文化。也是一种以人为导向的文化。属于创造型的、培育新观点的文化，机构简单而扁平，成员间平等，共同分担责任。比如美国的硅谷。4）导弹型文化。是一种以任务为导向的文化，成员间强调平等，任务由项目小组完成，具有临时性，一旦任务完成小组即解散。美国、英国、挪威等国家的企业属于这种文化。

三、霍金森：组织文化的意义、层次与和道德属性

克里斯多夫·霍金森（1928—　），加拿大著名管理哲学家，维多利亚大学教育学院哲学教授，英国剑桥大学客座教授，从20世纪70年代以来，一直关注和研究人类社会和组织的价值观问题，分别在不同时期出版了三部著作：《走向管理的哲学》（1978）、《领导哲学》（1983）、《管理哲学》（1996）。霍金森是当代综合运用各门学科分析管理的意义和价值观等哲学问题的典范，其理论中包含了哲学、语用学、心理学、运筹学等学科的内容，分析深刻，最突出的是其中的人文主义精神。

1. 管理哲学的产生及意义

管理和管理哲学是如何产生的？霍金森认为，人们是在组织中生活的，管理是我们一生都离不开的东西。管理人员对我们来说是非常熟知的，这个阶层对人类的生活质量具有深远的意义。管理者与被管理者的区别与分离是与管理一起出现的，管理从人类的第一次成功合作时就开始了。管理者与被管理者的分离带来两个相互关联的结果：一是管理活动和管理理论的产生。一种实践、知识和理论，我们可以把它标识为管理。二是作为对管理活动本身进行批判性思考的哲学。一种对管理的反思、分析、批判，我们可以称为哲学。管理哲学就是对人类最古老的合作行为的反思，要思考怎样的合作才是最好的。①

霍金森对管理哲学的意义进行了分析。世界观是人人皆有的，霍金森认为，大部分的理论哲学家，不一定是具体意义上的管理者，但是我们可以把每一位管理者看作是某种程度上的哲学家，因为他们都是在一定的价值观、世界观的背景下从事管理工作的。② 古希腊哲学家最初对哲学的定义是“爱智慧”，爱智慧不是一种理论层面的东西，而是一种生活态度，一种对生活的审视。霍金森还根据古希腊苏格拉底名言“未经审视的生活是不值得过的”，提出了自己对管理进行审视的意义的论断：“未经审视的管理不值得实施”、“未经审视的价值不值得追求”。他认为，对日常管理的审视和批判，是人类特有的内省精神的体现。在此意义上，行动哲学便完全意味着实践的智慧或智慧的管理。他还认为，当代美英日等发达国家在管理科学的预备课程中都安排有与哲学相关的课程的事实，说明了管理哲学在一定程度上受到肯定。

但是管理哲学到目前为什么没有成为一门与法哲学、宗教哲学、科学

① 刘敬鲁：《西方管理哲学》，人民出版社 2010 年版，第 282 页。

② ［加］克里斯托弗 · 霍金森：《领导哲学》，刘林平译，云南人民出版社 1987 年版，第 8 页。

哲学、语言哲学等部门哲学一样独立的学科呢？他认为，这可能有两种解释：一是因为管理虽然重要，但是因为太微观，与哲学的整体宏观的分析方法不符。二是可能在对一般事物的分析中已经包含了对管理的思考，只是我们没有注意而已。霍金森还认为，现代以来管理哲学的书籍非常之少的一个重要原因，是西方盛行的逻辑实证主义和一般实证态度所致。科学技术理论与现实社会基础结构的发展，例如计算机技术、控制论、合理合法的科层制、一般系统论和实证主义的意识形态等，从整体上说，可以使得哲学激情和与此相关的人道主义敏感陷入麻木。① 实证主义方法主张事实与价值相分离的看法，没有看到管理的核心部分与价值和哲学的相关性。除了逻辑、理性的标准，人文科学的引导也不可或缺。他关注到了学者迪莫克已经深刻地认识到价值对职业的意义：除非每个人努力达到把人的尊严与人的意义作为基本尺度的这样一种哲学，否则我们的职业生涯将会毫无意义。霍金森认为，管理者也应该变得更人性化，当管理者变得富有人性和具有哲学视野时，他们就能够制定满足人类需要与希望的现行方案。这说明霍金森对当代社会人类的追求有清醒的认识。

2. 组织文化的层次性与组织文化的道德属性

霍金森认为，人们是生活在不同层次的组织中的，对于组织来说，一个重要问题是组织的文化的层次和道德属性问题。每个组织都有自己独特的文化，而且组织文化具有层次性。可以从以下几个层次上来分析组织文化的不同特征：文化精神、亚文化、组织、群体与个体。文化精神是组织层次上最高的价值观念，是一个社会的民族精神，一个社会持续存在的灵魂和动力，在某些特定历史条件下具有浓厚的意识形态特征。文化精神不直接对各种组织发生影响，但它以亚文化为中介对组织发生间接影响。亚文化是文化精神之下的一个层次的文化，是一个组织处于其中的由特定人口、民族、地

① ［加］克里斯托弗·霍金森：《领导哲学》，刘林平译，云南人民出版社1987年版，第8页。

域、地理等因素构成的环境统一体所具有的特殊文化。它有特定的价值观，包括社会习俗和道德规范等。一个群体也有自己的行为规范和准则，正式的和非正式的组织中的这些行为规范也会对个体的行为产生影响，同时也必然会影响到管理人员对个体的管理。上述几个层次及其文化之间是相互影响的，作为一个社会的主导力量的文化精神和基于一定地域和人群的亚文化，影响着组织文化的建构，个体和群体的行为规范也要影响到组织文化特征。特定组织的组织文化是在各种社会文化与其自身内部因素如组织性质、规模、发展阶段等相互作用下形成的。

霍金森认为，组织文化的实质在于其道德属性方面。组织严格来说不是一种物质，而是一种由人们的意识所选择和发明的道德秩序。人的社会生活是组织性的，而道德属性会渗透到组织的方方面面，不存在道德中立的组织形式。比如官僚制的组织，就体现了人们对公正无私、客观、理性等道德价值的追求。组织的存在必须坚持道德良心，承担道德责任。霍金森在其《管理哲学》中还列举了第二次世界大战中英国和德国交战的事例以说明组织行为的道德性质问题。如果德国空军轰炸考文垂或者英国皇家空军轰炸德累斯顿而他们的政府没有感到道德不安，恰恰说明其失去了道德良心和道德责任。现实中的任何组织，都有自己的组织利益和组织目标，组织要实现生存和发展，这些组织目标本身就已经内含了道德属性。有些组织行为中，把人当作获取利润的工具而不是目的，这正好违反了康德提出的道德律。①

四、柯林斯与彼得斯：卓越企业的文化特征

吉姆·柯林斯（1955—　）2001 年发表《从优秀到卓越》一书，与《基业长青》（与杰里·帕拉斯合著）形成姊妹篇。《基业长青》揭示了自始至终出类拔萃的企业保持卓越的秘密，而《从优秀到卓越》则揭示了那些业

---

① 参见刘敬鲁：《西方管理哲学》，人民出版社 2010 年版，第 287—288 页。

绩平平的企业，实现从优秀到卓越跨越的秘密。虽然《从优秀到卓越》一书出版在后，但从内容来看，有些学者认为它应该是《基业长青》的前篇。

柯林斯和它的研究小组通过五年的时间对一些卓越企业进行深入研究，收集了关于38家企业在过去50年甚至更早时间的文章，通过大范围的定性和定量分析，总结出如何使企业从优秀走向卓越的令人惊异而振奋的答案：有六大特质造就了企业从优秀到卓越的转变。这六大特质是：第五级经理人；先人后事；直面残酷的现实；刺猬理论；训练有素的文化；技术加速器。柯林斯认为，如果企业能够做好这些方面，几乎所有的企业都能极大地改善自己的经营状况，甚至从一般优秀的企业转变为卓越的企业。

特质一：第五级经理人。柯林斯把企业经理人一共分为五个等次。五级经理人分别是：第一级，能力突出的个人。用个人的智慧、知识、技能和良好的工作作风作出巨大贡献的人。第二级，乐于奉献的团队成员。注意团队合作，为实现团队目标而贡献个人才智。第三级，富有实力的经理人。能够有效地组织人力和资源，朝既定目标前进。第四级，坚强有力的领导者。追求并努力实现更高的业绩和清晰的愿景。第五级，谦虚且有意志的经理人。同时具有谦虚的个人品质和职业化的坚强意志，追求持久的卓越业绩，为人低调和善。柯林斯认为在从优秀到卓越的跨越式发展的企业中，第五个等级的经理人尤为关键，而且作为研究对象的这些卓越企业基本上都出现了第五级经理人，而作为研究的其他对照公司则普遍缺乏这样的经理人。第五级经理人能够很好地把对人性的尊重和对事业的执着完美结合，一方面心地仁义厚道，另一方面无所畏惧；一方面为人谦和，另一方面坚定不移；当一切都很顺利的时候，他们把功劳归于自身以外的因素，当一切进行得不顺利时，他们勇于承担责任。柯林斯的第五级经理人的品质，包括为人谦和、有责任感和意志力。这些品质，是在新的企业环境和文化背景下最为珍贵的品质。在新的知识经济时代，需要的是谦虚好学，为人谦和，更强调组织文化的作用，在复杂的竞争环境下，需要有面对困难的决心和勇气。是环境造就了这些品质和第五级经理人。柯林斯还指出，我们不需要从企业外请人来整顿改组，只要懂得如何寻找，第五级经理人就在我们身边。

特质二：先人后事。柯林斯指出，一般认为，一个好的企业是先建立一套新的构想、新的策略，然后寻找合适的人来完成实施。但在卓越企业的实际操作中并不是这样的，企业会首先寻找合适的人才，如果找不到，宁可不做新的计划。在柯林斯看来，决定计划成功的关键因素是人才。在挑选人才的标准方面，柯林斯看重的是人的品质而不是学历背景、技能、特殊的知识和经验。这不是说这些不重要，而是说这些是可以学习、教会的，而性格、职业道德、智商、完成任务的决心、价值观等则是不容易改变的。柯林斯还提出了选拔人才的三条原则：宁缺毋滥；换人要当机立断；真正的人才是善于发现机遇的人，而不仅是解决问题的人。

特质三：直面残酷的现实。在新的竞争态势下，只有敢于面对残酷的现实，才能实现从优秀到卓越的转变。卓越企业会在残酷的现实面前，绝不失去成功的信念。柯林斯用“斯托克代尔悖论”来说明这种品质。在越南战争期间，美国海军上将吉姆·斯托克代尔被俘并被投入集中营长达八年之久，但他相信自己一定能出去，见到自己的妻子和儿子。于是，在残酷的现实面前，他与敌军周旋，与被隔离的同胞联络，互相鼓励，最终获释。这说明一方面要有必胜的信念，但另一方面又要敢于直面残酷的现实。好的领导并不是始于远见卓识，更不是骄傲自满，而是在残酷的事实面前，采取积极的行动。卓越的企业有一个说真话、敢于争论的氛围，让企业问题成为员工的顾虑，把危机转化为无法忽视的信息，并且在与对手的竞争中能够很好地成长，保持必胜信念。

特质四：刺猬理论（化繁为简）。柯林斯引用了关于刺猬和狐狸斗争的故事，狐狸总是想各种办法攻击刺猬，但刺猬只有一招就能对付狐狸：它每次都蜷缩成一团，依靠身上的尖刺对付狐狸。一个优秀的企业要转化为卓越企业，也应像刺猬与狐狸战斗那样，化繁为简，把复杂的事情简化为单个的观点和基本原则，坚持一个目标并不断去努力实现。刺猬理论的核心是，树立简明的理念，并剔除与这个理念相违背的方面，这也叫作“三环内部的简化”。所谓“三环”是指：(1) 你在什么地方能做到优秀。不一定是目前的核心业务，也不一定是你多年擅长的业务，而是最有潜力的方面。(2) 是什么驱动你的核心引擎。确立一件“单一的大事”，更有利于你集中精力，坚持不懈。(3) 你对什么充满激情。激情是一种动力，没有激情，就无法获得持续的、长久的动力。

特征五：训练有素的文化。如果组织中没有创业精神，没有训练有素的文化，那就会变成一种官僚制度，卓越企业要有一套训练有素的文化。实现从优秀到卓越，企业要有一套长期坚持的制度，也给员工在制度框架下的自由和责任，在制度与自由之间保持适当的尺度，这就是训练有素的文化的基本含义。让企业的文化做到训练有素，可以从以下四个方面入手：(1) 坚持一种框架，保持自由与责任的结合。(2) 坚持“刺猬理论”，坚持关注“三环”的重合部分，敢于对违背“刺猬理论”的机会说不，就算一生只此一次机遇。(3) 建立“戒律”即制度规范，同时也要厘清与目标无关的方面。(4) 列出不该做的事。知道不该做的，比打算做的事更重要。

特质六：技术加速器。实现跨越式转化的企业，不是盲目追求技术，而是把技术放在直接服务于“刺猬理论”和“三环理论”的地位，一旦能够成为企业的突破性进展的加速器，就应该成为该项技术的首倡者，否则，就该择优或放弃。

应该把以上六个方面作为螺旋桨，形成一个“飞轮”，永不停息地旋转上升，企业的发展和向卓越企业的转化是一个长期的过程。德鲁克对《从优秀到卓越》这本书进行了评价：这本书经过精心研究，写得很好。它瓦解了时下绝大多数热门管理理论和实践，从对超级 CEO 的崇拜，对 IT 的热炒，到兼并和收购的狂潮，不一而足。它不会使平庸的企业成为优秀的企业，但是，它却会使优秀的企业成为卓越的企业。正如戴明所说的“质量没有惊人之举”一样，从优秀到卓越也没有什么惊人之举，不需要超凡的领袖人物，也不需要新奇的高超的管理技术，只要真正做到坚持目标，坚定信念，不懈努力，就能成为卓越的企业。

五、其他思想家：关注员工

英国管理思想家查尔斯·汉迪（1932—　）对组织和管理行为甚至哲学思想进行了研究，强调对组织和人的发展起影响作用的组织和管理的一些本性上的研究。他在《非理性的时代》、《空闲的雨衣》等著作中认为，管理者对企业的管理中，急需要进行根本的具有改革力度的改变。对于企业而言，最重要的财产是企业员工。目前要改变对员工不信任的局面，要像新加坡那样，保持企业的管理和控制生产制造的能力。对工作和工作方式的理解上的改变来源于组织本身的改变，即　种新型的组织的出现：“三叶草组织”——一种以核心管理人员和员工为基础，配以外包合同以及兼职人员的帮助而形成的新型组织形式。三片叶子分别代表企业核心员工、以编外契约关系为基础的人员以及其他灵活的劳动力，比如雇佣廉价的劳动力。此外，许多企业还发展了外包商。汉迪还提出联邦组织形式，中心是通过授权，可以把各种独立的群体联合在一起，挥舞一面共同的旗帜，有一些共同的特征。汉迪还提出企业应该把“三I”结合起来，即智力、信息和想法集合起来，“三I”应该成为企业的中心。企业应该把组织和员工的利益结合起来，给员工以职业发展的机会，才能留住员工。

来自斯坦福大学的杰弗里·普费弗在《人力资本方程式》一书中认为，公司的成功是靠员工的努力换来的，如何培养员工和管理员工是关系公司能否长久繁荣的关键，真正使企业成功的因素不是看其是否朝阳行业、企业的大小、获得正确的战略、机构的简繁等方面。对员工和人才的管理要创造和结合三个要素：第一，需要建立信任关系。而只有尊重员工，能够把员工的需求和公司目标相结合，才能建立真正的信任。第二，领导者要鼓励创新，营造创新的氛围。第三，领导者必须审时度势。分析现状和原因，而不是立足于财务细节。内部系统的正确构建是成功的关键，这是一种特殊的能力和竞争力，如果有好的组织体系，面对宏观环境和激烈的外部竞争，企业也能够生存。

荷兰皇家壳牌集团的阿里·赫斯在《具有生命力的企业》中，对于具有生命力的长寿企业进行了考察，日本和欧洲一些企业的统计数据显示，公司的平均经营时间为 12.5 年，而财富 500 强企业的平均经营时间为 40—50 年，20 世纪 70 年代财富 500 强企业中有三分之一的企业是在 1983 年以前倒闭的。赫斯分析后认为，管理者一味追求赢利，而不是把重点放在一个人性化的社会群体，是这些企业倒闭的重要原因。赫斯的理论是基于两个假设：（1）“公司是一个有生命的主体”；（2）“必须经历一个学习的过程才能够进行决策的制定”。他和壳牌公司的同事对“长寿”公司进行了研究，他们得出结论，长寿公司具有四个特征：对环境敏感、有很强的责任感、坚韧精神以及保守的财务政策。赫斯认为：“把赢利和企业混为一谈的看法是错误的”，“一个成功的企业必须是可以踏实学习的企业”。可以说赫斯的说法是有根据的，因为当今知识社会，资金已不再是企业的核心资源。核心资源已经变成员工特别是知识员工的生产力，只有学习，才能适应发生的各种变化。所以赫斯主张，企业必须花更多的时间对员工进行教育和培训。

第三节　日本共存共荣的组织文化

我们之所以要讨论日本现代管理思想，不仅是因为其本身的借鉴价值，也是因为日本管理中存在着对西方管理思想的运用和发展，比如泰勒的科学管理思想、德鲁克的目标管理和知识管理思想以及戴明等人的质量管理思想，并且日本管理思想对美国等西方国家的当代管理思想也有重要的影响。

日本作为一个面积很小的岛国，第二次世界大战后在不到三十年的时间里，就发展成为世界上能够与美国抗衡的第二大经济强国，引起美国和其他国家的研究，日本靠什么振兴的经济？最后得出结论，认为是日本组织文化和管理制度上的优势。

在日本文化特质的研究中，早期最有影响的著作是美国学者鲁思·本尼迪克特于1946年出版的《菊与刀》。作者认为，日本文化精髓可以用“菊”与“刀”的柔和刚为基本特质。“菊”是日本皇室的族徽，它代表恬淡静美；“刀”则是日本武士文化的象征，代表果敢决绝。这两个方面，一柔一刚，象征了日本文化的矛盾特征：爱美而又黩武、尚礼而又好斗、喜新而又顽固、服从而又不驯、勇敢而又怯懦。一个民族的文化，作为一种长期形成的稳定的群体心理状态，是对民族生存环境和实际生活的反映。日本民族文化特征，反映了日本民族的生存环境和生存方式。日本作为一个岛国，生活在一个陆地面积狭小、资源相对贫乏，地震、台风、海啸等各种自然灾害频发的岛屿上，长期面临着生存的困难和物质精神生活的压力，逐渐形成了日本的民族心理特质。这种民族文化特质可以概括为：(1) 生存忧患意识。基于日本民族所居住的环境，他们具有强烈的危机意识，对任何事物都敏感和谨慎，化消极为积极，化忧患为凝聚力。这也造就了日本民族的不断进取、不知疲劳地工作的品质。(2)“和为贵”的群体意识。在各种资源贫乏和多灾多难面前，依靠个人生存的可能性更小，蜗居于弹丸之地而又无处可逃，最好的途径是团结一致，共渡难关，从而形成了“和为贵”的集体意识。日本人意识中强调和与忠贞，他们养成同甘苦共患难的群体意识，具有强烈的群体认同感，对集体有一种忠诚意识和奉献精神。(3)“和魂洋才”的兼容心理。“和魂”就是要坚持日本大和民族精神和东方文化特质。但是在日本这样一个自然环境下，首先要解决生存的需要。对物质文明的需要使得日本重视向西方学习，重视西方科学技术的引进、学习和改造。特别是在明治维新之后，政府直接推进了这种学习西方科学技术和先进管理方式的运动，在日本，企业学习西方科技和管理日益形成高潮，这就使得日本文化中同时又具有“洋才”的内涵。(4) 源于自卑的超越意识。日本民族的自卑心理源于其狭窄的边缘性的生存空间，对集体忠诚和负责任，他们离开集体就会感到生存的绝望。当然在知耻的基础上，更多的是积极进取。日本战后经济的崛起诠释了“知耻而后勇”的日本民族精神。日本在第二次世界大战后为美国占领和统治，使“日本国民第一次体验到被征服的屈辱和被禁锢的痛苦”。① 日本在这种形势下，还具有强国的决心。他们利用稳定的政治环境，虚心向美国学习，从经济上突破，重新站在经济强国的行列。日本的组织文化思想集中体现在其管理制度的三大支柱和其发展战略上，日本一些著名企业家的管理思想中也体现了其组织文化特征。

一、企业管理制度的三大支柱

日本企业管理制度的三大支柱是终身雇佣制、年功序列制和企业工会制。日本的企业文化集中地体现在其企业管理的三大支柱上，三大支柱决定着日本整个企业文化的全貌。

日本作为“二战”的战败国，政治上和军事上处于被管制的局面，在经济上发展成为日本战后谋求的主要方向。战后日本专心致力于经济的发展，积极引进美国的科学技术和管理思想与制度，使日本经济很快进入发展的快车道。日本企业在20世纪50年代中期就开始引入美国企业的常务会议制度，60年代开始引进美国大企业实行的事业部制和经营决策制，引进质量统计、人事管理制度、作业制度、价值分析方法甚至先进的计算机管理技术。这些技术和日本的一些传统文化优势相结合，形成了日本独特的管理制度。

① ［日］高桥龟吉：《战后日本经济跃进的根本原因》，宋绍英等译，辽宁人民出版社1984年版，第180页。

1. 终身雇佣制与员工忠诚

所谓终身雇佣制，指的是企业对雇佣人员，除非有特殊原因，一般不得在退休以前解雇或开除的一种雇佣制度。终身雇佣制是日本大型企业采用的普遍的雇佣形式，在“二战”以前的20—30年代，一直以不成文的制度存在和运用。没有明文规定，甚至没有在双方签订用工合同时予以说明，但是一旦一个人被某公司正式聘用，除非有违反相关规定和法律应该解聘的，一般不得解雇，只要公司不破产，员工就会一直干下去。企业如果解聘员工，员工可以到地方劳动委员会或法院起诉并要求救济。这种干预不是形式上的，一旦认定解聘失误，会被责令予以纠正。

（1）终身雇佣制的主要特征。

终身雇佣制体现了长期或终身雇佣的关系，也体现了在这一关系下的其他一些管理方法。主要有以下特点：1）在入职环节，注重选拔和培训。入职定终身，日本企业和员工两方面都非常重视。企业注重挑选员工，工作前要进行入职教育。威廉·大内在《Z理论》中说道，有时候甚至家长也会参加这样的会议。录用的大学生，进入后进行培训，从基层工作开始，并在一线从事较长时间的工作。2）在聘期方面，实行终身雇佣。这是最大的特点。员工经考核后被正式录用，只要不违反公司制度，没有发生很大的责任事故和主动辞职，就可以在公司一直工作到退休，不会受到公司的解聘。这种权利受到法律的保护。3）晋升和发展方面，实行较为缓慢的晋升制度。工作时间成为影响员工晋升的重要因素，员工都要从基层工作做起，而且要在不同的多个部门流动，熟悉各个部门的工作，不强调专业性。晋升按顺序逐级递增。4）待遇与义务对等。在这种雇佣关系中，员工成为企业的一员，其利益与企业的成败密切相关，员工要为企业恪尽职守，努力工作，企业也要为员工提供优厚的福利待遇。

（2）终身雇佣制的作用。

终身雇佣制作为日本企业最基本的雇佣制度，对日本的企业发展起到了重要支撑作用。其作用和意义在于：1）有利于忠诚感和归属感的建立。入职定终身的雇佣制度，把职工的终身利益与某个企业捆绑起来，企业经营的好坏和效益直接而长期地影响员工的切身利益。员工与企业形成风雨同舟、共存共荣的稳定关系，企业也经常给员工灌输“以企业为家”的观念，使得员工自然把企业的事情当作自己的事情，义不容辞地为企业服务，对企业产生忠诚感和归属感。也正是由于这种终身雇佣制，使得日本企业和员工对入职选择都非常重视和谨慎。企业录用员工时非常严格，要经过笔试和面试，要委托专门的机构对员工入职前的情况进行调查，包括家庭背景、性格爱好甚至私生活等。员工方面也非常谨慎，好的毕业生会选择优秀的企业。这样就会形成一种良性循环，把好的毕业生和优秀的企业结合起来，有利于企业的发展与优胜劣汰。2）有利于员工积极性与创造性的发挥。由于终身雇佣制下，员工和企业形成一种稳定的契约关系，企业不能随意解雇员工，员工也不能随便跳槽，因为跳槽在日本是一件不光彩的事情，甚至家人也这样看。再加上企业与员工利益休戚相关，所以员工自然对企业的发展非常关心，并积极投身于企业的发展之中。企业支持，职工也愿意为企业的发展进行创造活动。日本的很大部分专利都是一线员工申请的，说明这种雇佣制度是有利于员工创造性的发挥的。3）有利于企业的技术引进与管理革新。终身雇佣制保证了员工的工作稳定性，不至于因为技术引进和改进以及管理的改进而失业，所以对于有利于企业提高效益的技术引进和创新以及管理的改进，员工都是持支持态度的。4）有利于对职工进行教育投入，提高工作效率。由于终身雇佣制下，员工队伍比较稳定，不会出现美国等国家出现的人员大量流动的情况。如果员工队伍不稳定，势必会导致经济低谷时解雇员工甚至熟练员工，经济复兴阶段又招进新员工进行培训，导致教育投入费用增加。员工稳定则可以免除对新员工培训费用的反复支出，从而减少成本，同时也不至于因员工流动而降低工作效率。特别是一些优秀的企业能够留住优秀人才，有利于企业的发展。

威廉·大内在《Z 理论》中指出，日本的终身雇佣制也不是在日本所有企业都实行的，单从数量上来说甚至不是多数。主要是在一些大型的企业中实行。大型企业的终身雇佣制是以小型企业特别是一些依附性的企业的临时和季节性用工为保障的，特别是女性的进出频繁的临时用工对缓解这种制度的刚性特征起到非常大的作用。与欧美国家不一样的地方在于，欧美企业一旦遇到经济不景气，就大量裁减员工，而日本一般不裁减正式员工，而是裁减临时用工，或者终止配套厂家的供货合同，即使这些小型企业缩减生产，也只是解聘临时用工。还有就是让接近退休的员工提前退休，给予一定的补偿。松下电器等著名企业很少采用解聘员工的做法。松下的一个做法是让所有员工去销售产品，而不是裁减员工，反而取得意想不到的效果。

（3）终身雇佣制的缺陷。

任何一种制度都不可能适应所有的时代。终身雇佣制的局限性随着时代的变迁，慢慢地凸显出来，在当代受到严峻的挑战。在 20 世纪末的亚洲经济危机中，日本一些大型的企业包括松下、索尼、富士通等电子工业企业就宣布了裁员计划。日本劳动部门的调查显示，只有极少数企业表示坚守终身雇佣制。上述情况说明，终身雇佣制本身就具有一些缺陷。这些缺陷主要是：1）不利于人才使用和流动，影响企业活力。由于在终身雇佣制下，实行比较缓慢的晋升制度，即使是有才华的人才，在短时间内也不容易得到重用，在很大程度上影响了员工的工作积极性。企业进出流动率低，不容易注入新鲜血液、引进人才，也不容易辞退不称职人员，会影响企业的活力。2）不符合现代人的就业观念。由于经济全球化和交往的频繁，西方文化观念包括就业观念自然会影响到日本，他们往往不喜欢一职定终身，喜欢有更多的选择机会，在能够发挥自己才能的地方工作，终身雇佣制对这种选择自由显然是一种阻碍。3）不利于劳动成本的及时削减。当经济处于萧条阶段，一般的降低成本的做法是裁员。由于终身雇佣制企业不采取裁员的方式，在萧条期要遭受由于员工超出正常需求增加的费用，这个时间有时是漫长的。

这种状况对于企业来说是一种不必要的成本。

2. 年功序列制与人员的稳定

年功序列制是按照职工的年龄和工龄，结合能力与贡献来确定工资福利的制度。日本在第二次世界大战期间就开始实行这一制度。该制度在20世纪50年代广为流行，一直沿用至今。年功序列制的主要内容是，员工的基本工资随着年龄和在本企业工龄的增加而增加，并有一个确定的等级序列，工资等级晋升一般按照严格的序列进行，不得越级。年功序列制作为传统的工资制度，与终身雇佣制是一对孪生物，互相支撑。它既是终身雇佣制的结果，也反过来强化了终身雇佣制。日本的年功序列制体现了两个方面的思想倾向：一方面是着眼于员工在企业时间的长短和对企业的忠诚。它的做法是论资排辈，年龄和工龄在基础工资中起主要作用，再辅之以能力与技术，所以岗位工资所占比例并不大。企业内部强调和谐与合作，员工之间包括不同职务之间的工资差别不大。另一方面强调递进回报的思想。这与第一个方面也是一致的。职工在40岁以前，工资按照缓慢递进的方式进行晋升，在40岁以后，员工的工资快速增长，也是对员工以前长期贡献的一种回报。当然也考虑到职工这时正年富力强、贡献最大而且负担也最重。

年功序列制增加了员工对企业的归属感和忠诚度，在第二次世界大战战后对日本经济的稳定起到了重要作用。但任何事物均有两面，年功序列制也有其固有的局限性：一是由于这种制度强调的是年龄和工龄在工资确定中的决定性意义，不注重员工的实际绩效和能力，不同岗位工资差别也不大，所以不利于年轻人的积极进取，会在某种程度上挫伤其积极性和创造性。二是由于年龄越大，工资越高，最后会导致企业承担过多的工资总量，对于企业发展来说是不利的。

3. 企业工会制度的黏合剂作用

企业工会制度能够成为日本企业制度三大支柱之一，体现了它与其他两个基本制度的一致性和其在经济发展中的作用。日本工会制度与西方工会制度的重要区别在于它主要不是行业性质的，而是以企业为单位组建的。而且工会组织在职工与企业管理层之间要起到一种黏合剂的作用，这与西方工会长期与企业管理方处于对立和对抗的态势是截然不同的。日本企业工会领导一方面要代表员工，为员工争取利益，但其本身也是管理层的重要成员，工会要深度参与企业管理，所以工会与管理层之间体现了利益一致的关系，也决定了它能够调和职工和领导层的关系。当然，决定这种关系的最终原因还在于前面的两项基本制度。由于实行终身雇佣制和年功序列制，职工与企业、雇主的根本利益在很大程度上是关联在一起的。当然职工与企业之间也有冲突，特别是经济利益上的冲突，有时也会引起罢工等事件。但是，罢工归罢工，罢工一旦结束，员工又会自动返回工作岗位一如既往地工作，不会伤及企业的根本利益。因为员工也认识到，他们与企业是一荣俱荣，一损俱损的。他们相信工会为了职工的利益会与企业管理层沟通，最终达成一致。

二、基于发展的竞争优势战略

日本企业的战略思想对日本经济的发展和企业的壮大也有重大的影响。日本企业的战略思想体现在三个方面：一是强调长期发展和整体利益，二是注意自身优势的建立与强化，三是强调创新。

1. 立足于企业的长期发展和整体利益

日本长寿企业数量上远远超过其他国家，这得益于其注重长期发展和整体利益的战略思维。日本企业非常注重市场情况的研究和预测，根据市场需求的变化调整自己的生产和销售，甚至在基础设施建设上也要考虑市场的长远的需求，用低成本和高质量的产品与同行竞争。比如本田在 20 世纪 50 年代，根据市场需求的发展趋势，以超过市场增长率 50% 的速度进行扩大再生产，用短短的 5 年时间，即击败所有同行，使得许多厂家直接放弃摩托车的生产。

2. 关注竞争对手，建立并发展相对的竞争优势

要在竞争中战胜对手，就要建立自己的竞争优势。通过市场调查，进行产品创新，建立自己价值等方面的相对竞争优势，是日本企业普遍的战略思维。日本战略学家大前研一对日本的竞争优势战略进行了研究。大前研一（1943— ），先后就读于日本早稻田大学、东京工业大学和美国麻省理工学院，在麻省理工学院获得博士学位。1972 年加入麦肯锡咨询公司，曾经做过日本首相中曾根康弘的顾问。主要著作有《战略家的思考》（1982）、《21 世纪企业全球战略》（1985）、《企业家的战略头脑》（1986）、《企业成熟期的成长战略》（1987）等。大前研一认为，日本竞争战略的一个基本目标在于提高企业的竞争地位，提高市场占有率。具体来说有以下措施：1）实行职能差异化。在资源不充分的情况下，在基本相同的人财物的情况下，通过职能差异化，可以取得比对手更好的竞争优势。通过对提高市场占有率和赢利能力的关键因素的分析，把有限资源集中起来，重点突击这些关键成功因素，服务于关键性的经营职能，从而提升市场占有率。2）通过对对手的深入分析，找到对手的优势和缺点，抓住对手的薄弱环节，建立自己在某一方面的市场竞争优势。3）不断对市场进行调查和追问，打破常规，进行理念创新，提出非凡的具有价值创新的理念，为顾客创造价值，为顾客利益最大化服务。并能将创新理念运用于产品生产和销售之中，提升竞争优势。为实施创新战略，大前研一提出决策分析“五戒”：害怕假设；追求完美；忽略关键因素；局限于现有条件；用记忆代替分析。

日本企业不仅注重建立竞争优势，而且主张对竞争优势用足用活。一旦建立优势，就要以最大力量保持这种优势，并通过关键因素的重点投入，充分利用好这种优势。日本曾经在纺织业和造船业中充分发挥廉价劳动力的优势，20 世纪六七十年代，在滚珠轴承、叉车、机床等方面，充分地发挥了优势作用。一般是采用开发新产品、占有市场、扩大生产、降低成本等相辅相成的一套做法。

3. 以创新带动发展和建立竞争优势

日本企业建立竞争优势的主要源泉在于创新，包括管理创新、技术创新、价值创新等多个层面。这方面，丰田公司和其创始人丰田章一郎尤其卓有成效。曾经担任日本丰田汽车株式会社董事长的丰田章一郎（1925—　），凭借其强烈的进取精神，不断创新，使丰田汽车在1990年生产数量超过美国通用汽车，成为世界上第一大汽车制造公司。丰田在管理上采取了一系列的创新措施：1）创立产销分离的管理模式。丰田公司从1950年开始，将原先产销部分的管理模式进行了改革，实行产销独立经营而又相互合作的经营模式。销售部门独立出来，在财务上相对独立，从生产部门购买商品。与生产部门之间的关系从原来的以产定销转变为以销定产，销售部门与生产部门一起决定产销计划、生产数量、品种和交货问题。转而又与下属的经销商也签订合同，建立“推销责任区域制度”，强化责任，促进销售。2）实行“看板”管理。在市场导向的商品经济中，与以销定产的管理模式相一致，在生产方面，实行“看板”管理，从而达到生产的“合理化”。具体做法是在一张装在方形的盒子里的纸片上写上与生产直接相关的具体数据，诸如零件名称、号码、数量、生产时间、送货数量、送货计划、送货地点与存放位置等，在公司内部以及协作企业之间相互传递这样的信息，前面一道工序要根据下一道工序的需要和具体要求进行生产和提供产品，下一道工序确定从前一道工序取货。这样，就可以根据需要进行生产和运送货物。一方面减少不必要浪费，另一方面也去掉许多库存的费用，进而大大降低成本，提高整体效益。“看板”管理是丰田公司对管理思想和技术的一项重要贡献。3）实行全面质量管理。在质量管理方面，丰田公司也有独到之处。他们把产品质量视为公司的生命，把“生产优良产品，提高丰田质量声誉”确立为公司的基本方针，从20世纪60年代开始实行全面质量管理。具体做法是，从组织上建立质量监管小组，对生产的各个环节包括设计、准备、采购、销售、服务等实现全面监管。整个公司建立了4000个质量小组，每个小组由10个人组成。制定严密详细的“质量保证规则”，把质量管理从事后检查变为贯穿全过程的常规工作。

在创新方面，盛田昭夫和他的索尼公司也是独树一帜的。公司同时进行价值创新和技术创新，用创新打造品牌和竞争力。索尼公司把技术创新作为基本发展道路，并以技术创新带动价值创新与市场的开拓。从索尼产品发展历程可以看出索尼的“永争第一”的创新精神。比如手提式磁带录音机、微型单放机、晶体管收音机、晶体管电视机、盒式录音机、大角度彩色电视机、平板直角彩色电视机等的发明，说明创新战略是索尼的一项基本的长期的战略。索尼上下有一种“不创新、则死亡”的危机感，在公司创立时盛田就把“做别人未做的事”作为公司的目标，并把“索尼：研究使它与众不同”作为座右铭并放在醒目的位置。索尼不仅提倡创新，而且采取具体的措施去落实创新的理念。公司每年把年销售额的6%—10%作为技术研究经费，使索尼的创新得到保障。

日本企业的创新还体现在柔性组织和多角化经营模式的创建。柔性组织在管理体制和结构设置上都与以前的科层制有很大区别。它能够根据环境因素的变化，进行及时的调整，具有灵活性和外部适应能力。它废除了以专业化为基础设置的科室制度，建设小型而带有综合性质的项目小组。小组是以项目任务为导向的，它打破科室之间的界限，根据需要把各科室的力量整合在一起，共同完成某个特定的任务。这种做法是与日本的整体观念和集体精神一致的，强调整体利益至上。这种小型的柔性组织的产生适应了当代市场和生产特征的需要，是小批量、多品种、高效率的市场和生产的必然要求。佳能公司以事实说明了这种灵活的柔性组织的适应性和转变优势。佳能公司在人们的心目中是生产相机的公司，但是在相机市场需求量减少的时候，它迅速地转向印刷机、计算机、文字处理机、传真机和复印机等产品的生产，形成了多角化经营。而德国和美国的照相机厂家则固守本业，单纯通过缩减生产，解雇员工来削减成本，最终还是逃脱不了从相机市场消失的命运。

三、共存共荣的企业文化理论

1. 松下幸之助的自然主义的经营哲学

松下幸之助（1894—1989）被称为日本“经营之神”，是“事业部制”、“终身雇佣制”和“年功序列制”等制度在日本的首倡者。他亲手创立的松下电器公司，是从最初的三个人创办的电器小作坊开始的，经过40年的不断努力，成为一个国际化大公司。松下在长期的经营过程中，形成了一套富有日本特色的企业制度和文化，即经营哲学理念。

松下幸之助经过自己的亲身经历，自己对古代智慧和当代最新科技的反思以及和日本著名宗教思想家、哲学家池田大作等思想家的交流，形成了自己比较全面的经营哲学思想。与池田的讨论论题广泛，对他的经营管理哲学产生了直接的影响。池田大作说：“‘中国五千年的历史给日本的文化带来了无限的恩惠。在中国的历史上，有着无数光辉夺目的伟大的人物形象。他们是人生应当学习的榜样。’——这是我和已故松下幸之助先生交谈中的一个重大的主题。”① 松下直接或间接地对中国古代智慧的精神实质包括儒家和易道以及佛教思想有深刻的领会，在几十年的奋斗生涯中，加强自身的修炼，身正为范，能够融会贯通，树立牢固的经营理念，并在实践中始终如一地坚决予以贯彻，使得松下电器王国始终立于不败之地。

（1）人本主义经营使命。松下幸之助十分强调企业要树立自己的经营理念。他认为经营理念确定公司存在的意义、目的和方式，所以正确的经营理念是其他生产要素发挥作用的前提和基础。经营理念首先要确定为什么从事经营的“生产者使命”，这种使命是处理其他问题的基本依据。在经营理

---

① ［日］池田大作、松下幸之助：《人生问答》，卞立强译，中国文联出版社2000年版，“中文版序”第1页。

念中，松下主张树立人类观，主张企业有社会责任。其人类观认为，经营是人类相互依存，为人类自身的幸福所从事的一项活动，经营理念要立足于人类社会之上。松下认为，人类是万物之王，它顺应了生存发展的法则，并被授予了将自身同万物的共同生活无限发展下去的权能和责任。松下说，对人们维护和提高生活、文化的意愿作出反应，并满足人们的这种意愿，就是经营事业的根本任务，或称为使命。松下认为，企业经营的利润是不能少的，否则就不能完成企业的社会责任，公司的存在不能实现其使命，不如解散，这是正确经营的基础。但利润不是企业的最终目的，经营是社会的公有物，其内容具有社会性，是公共的事业。① 这体现了松下的人本主义的企业责任观，与中国古代儒家的义利观中义利合一、先义后利、重义轻利的思想是一致的。为了形象地描述企业的使命，他提出经营的“自来水哲学”，主张要通过创新，使得产品价格如自来水一样的廉价，让每个社会成员都能享受。“自来水哲学”最能够体现他的企业社会责任理论。松下还强调经营中要以诚立信、以人为本。在经济危机的困难时期，别的企业纷纷解雇工人，他没有解雇工人，而是实行全员推销，得到员工的信任和支持，并取得意想不到的效果。松下在向其他商家购买原材料的时候，开诚布公，说明都要赚钱，如果对方觉得价格不合适，就不强求，另寻卖家。这些都体现了松下的诚信原则。

松下以人为本的经营哲学也体现在，他主张要培养人才、依靠人才。“事业在人”，这是松下的名言。松下认为，任何经营只有在有了称职的人之后才能发展下去。在松下公司规模还很小的时候，松下就对员工说，如果有人问松下电气公司是干什么的，就回答说，松下是培养人才的。松下认识到，企业要生产产品，首先要培养生产产品的人才。松下强调要把理念与使

① ［日］松下幸之助：《松下经营哲学》，阚文祥、陈俊杰译，南开大学出版社 1986 年版，第 11 页。

命灌输给员工，信任员工，让员工有主人翁责任感，认为是自己在工作，为自己工作，是我在经营。他认为要让职工无论作为一个企业职工还是社会人，都应该是优秀的。他还强调企业的发展要集思广益，实行全员经营，发挥集体智慧。

松下的人本思想还体现在他关于企业与社会大众的关系的认识上。他主张社会大众是可以信赖的、公正的，我们是可以进行一种适应社会需要的经营的。从总体上和长远看，社会像神一样的公正。个别的人可能是不公正的，要区别整个社会和个别人的看法。这些思想，也是其人类观的基本内容。

（2）基于自然法则的系统思维与共存共荣思想。松下幸之助在其管理哲学中，坚持遵守自然法则和社会法则，坚持系统思维。松下首先主张企业经营要遵守自然法则和社会法则。他认为，经营是一种困难的事业、复杂的事业，也可以是一种容易的事业，是一种能够获得成功的事业。松下说，曾经有人问经营的秘诀是什么，他说，并没有什么特别的秘诀，如果非说不可的话，那就是在工作中要顺应天地自然之法则，就如同天下雨就要打伞一样。松下说，自然的事情就顺其自然地去处理，这就是我的经营方法、经营观点。比如原价是100日元的商品就要以110日元卖出，如果按照100日元卖出，就没有利润，商业也就不成其为商业了。再者，如果商品卖出去的话一定要收款，还要积累资本，这也是很自然的事情。顺应天地自然之理的经营，就是指做应该做的事情，或者说，应该把该做的事情做到底。如果认真地去做应该做的事情，事业经营就一定能够顺利地向前发展。生产出优质产品，以获得适当利润的价格去出售它，并且严格地收款，通常按照这样就是可以的了。① 由于无限地生成和发展是大自然的法则，所以顺应这一法则，

---

① ［日］松下幸之助：《松下经营哲学》，阚文祥、陈俊杰译，南开大学出版社1986年版，第14页。

自然就是一条生成、发展之路。松下认为，经营要适应时代变化。经营是一种适应人的本质的活动，只要人类的本性不变，经营理念就可以不变。但他同时认为，经营理念体现在现实经营中的方针或方略，绝不是一成不变的。这些方针或方略必须根据每个不同的时代而变化，应该“日新月异”。社会的一切方面在不断地变化和更新，因此，企业为了在这一社会变化之中发展下去，必须适应社会的变化，而且先行一步采取应变的对策。堤堰式经营、量力而行、贯彻专业化、顺应时代变化、求实精神，都体现了松下遵守自然法则的思想。他提出堰堤式经营的思想，他说，通过蓄水，可以不受季节、气候等因素所左右，保证一定量的必要用水。企业在设备、资金、人员、库存、技术和计划以及产品开发等方面都应建立堰堤，在从事经营时，要有充分的余裕，这样，在任何情况下都能稳定发展，应对各种不测和变化。他主张量力而行，要对自身能力的有限性进行认识，干力所能及的经营，否则多数要失败。他还主张要专业化，要考虑到自己的经营能力、技术能力、资金能力等因素。松下主张，经营者应该具有的根本的思想意识是求实精神，缺乏求实精神的经营是不能长期发展下去的。求实精神要求不持偏见，不受私利左右。松下关于经营要遵守自然法则和社会法则的思想，与中国古代思想智慧中关于天地人一体、天人感应、天人合一的系统思想是一致的。

松下的系统思想，还体现在他关于共存共荣、关心政治的思想中，以及对工会的态度上面。首先，松下与其他企业家不同，他反对恶性竞争，强调共存共荣。他认为，独家企业实现繁荣不会长久，因为企业都是互相依赖的关系。他强烈主张要关心政治，并对政治寄予必要的要求，因为政治左右着经济，很多看似经济的问题实际上是政治的问题，企业一半靠自己的努力，一半受政治局势的左右。①

---

① ［日］池田大作、松下幸之助：《人生问答》，卞立强译，中国文联出版社2000年版，第59页。

松下对对立和谐、和合发展的思想深有心得。在对待劳资双方的关系上、管理者和工人之间的关系上，松下强调对立和谐，以和为贵。他强调资方要与工会合作，这与西方劳资之间长期对立和斗争形成鲜明对比。松下认为，在企业中，如何处理资方和劳方及工会的关系是一个至关重要的问题，在处理这种关系时有三个方面要注意：一是认识问题，要认识到工会的存在是重要的。工会产生于西方，是为职工的福利和地位而产生的，在历史上对社会的发展起过重要的作用。二是要正确地处理两者的关系，即既对立又调和。有独立的主张，又要协调。对立统一是一种自然和社会普遍的现象，要认识到最终工会和资方利益的一致性，使公司和工会之间处在一种对立调和的关系之中。三是创造一种均衡的力量，就像车子的两个轮子，一样大才能协调运转。[①] 他对这一关系的认识是比较全面的，富有哲理的。

（3）生生不息的创新理念。松下强调树立经营理念的重要意义，那么正确的经营理念是什么呢？他认为，正确的经营理念，不单是经营者个人的主观产物，它的基础离不开自然法则和社会法则。这种自然法则和社会法则的根本就是无限地生成和发展。博大的自然和永恒的宇宙，从无限的过去朝无限的未来生生不息地发展着，在这一过程中，人类社会、人类的共同生活也在物质和精神两个方面无限地发展着。我们就是在这种规律的作用中从事着事业的经营的，他说，我的个人的经营理念就是在此基础上产生的。[②] 由于日本本国在资源上相当贫乏，当时在日本出现资源贫竭说。按照资源贫竭说，再过几十年，资源枯竭，人类的生活也将陷入极端贫困，那么相互间的事业经营也不得不适应这一新的情形，当然也就没有必要进行新的投资，根据情况不得不缩小企业规模甚至关闭企业。但松下认为，由于事物本身的发

---

① ［日］松下幸之助：《松下经营哲学》，阚文祥、陈俊杰译，南开大学出版社 1986 年版，第 50 页。

② ［日］松下幸之助：《松下经营哲学》，阚文祥、陈俊杰译，南开大学出版社 1986 年版，第 5 页。

展，资源的开发、生长和循环，靠科学技术能够解决资源短缺问题。他说，诚然，就每一种资源来说是有限的，在使用的过程中，有些会逐渐趋于枯竭，但我们依靠人类的智慧一定能够创造或发现代替那些资源的新的资源。我们过去的历史进程一直都是如此。现在的人口比过去多很多，但却过着过去人们甚至王公贵族无可比拟的生活，这就是因为自然法则和社会法则在起作用，自然在无限生成与发展。松下幸之助的这些思想，与道家和易经中关于生生不息的思想是一致的。

松下认为，经营理念是不变的，但把经营理念体现在现实经营中的方针或策略，决不是一成不变的，应该“日新月异”。社会的一切方面在不断地变化和更动，企业为了在这一社会变化之中发展下去，必须适应社会的变化，而且要先行一步采取应变的对策。只有树立“日新月异”的经营理念和方略，才能使正确的经营理念具有真正的永恒的生命力而长存下去。松下认为，经营是一种创造。他认为，经营是一项极有价值的活动，可以称它为一种艺术。艺术被看作是精神性的东西，而经营是物质性的东西，但就其是一种创造性活动这一点来说，经营和艺术一样，可以看作是一种艺术，是一种从无到有的创造。经营是怎样的呢？思考一项事业的构想，制定计划；基于构想和计划去筹集资金，建造工厂及其他设施；寻找人才；开发产品并把它生产出来，提供给人们使用。经营这一过程如同画家绘画的过程一样，可以说是一系列创造的连续。如果仅看形式，企业似乎是单纯制造产品的，但在经营过程的每一环节中却都活生生地体现着经营者的精神，可以说它是一门艺术。而且经营是在不断变化的，因为围绕经营的社会情势和经济情势每时每刻都在变化。

在创新的修炼的实践方面，松下也为我们树立了榜样。松下 9 岁四年级时辍学开始工作谋生，先后在火盆店、自行车店、水泥厂做店员和搬运工，后到大阪一家电灯公司工作，认为电气行业是最先进的有发展前途的行业，17 岁时辞职开始独立办厂，从最初三个人创办的投资仅百元的生产电灯灯头盒、电风扇底盘的小店，经过 50 年的苦心经营，发展成为一个生产上千种产品的国际电器王国。松下的发展史就是一部不断创新的历史。

2. 稻盛和夫的利他主义经营哲学

稻盛和夫（1932— ），是日本著名的企业家和管理思想家。从 20 世纪 50 年代末开始，他创建并经营了日本京都陶瓷和 KDDI 两个世界 500 强的企业集团，在半个世纪后的 2011 年，两家企业总销售额达到 4.7 万亿日元，利润近 6000 亿日元。2010 年 2 月，已 78 岁高龄的稻盛接受日本政府邀请，出任代表国家形象的、破产重建的日本航空公司的董事长，经过意识转变、企业体制改善等管理改革，短短 10 个月便使日航的经营利润率达到两位数，实现 1580 亿日元的利润，变成一个高效益的企业。稻盛和夫本人认为，成功的秘诀在于坚持了正确的经营理念："彻底贯彻做人的正确原则。"稻盛和夫在长期的经营实践中，形成了自己独特的管理哲学思想。

（1）"爱"、"真诚"与"和谐"的人生哲学。

"爱"，是祈愿他人好；"真诚"，是为社会为世人尽力；"和谐"，就是不仅让自己，也要让别人生活幸福。稻盛和夫认为，如果我们每个人都以充满"爱、真诚与和谐"之心去生活、工作，那就意味着与引导万物向好的方向发展的宇宙潮流相一致，这样，我们的经营就会顺畅，人生就会美满。[①] 稻盛和夫用一个公式来表示他对人生和人才品质重要性的观点：人生结果 / 工作结果 = 理念、人格（－100—100）× 热情（0—100）× 能力（0—100）。他认为，这个公式解决了多年思考的一个问题：能力平凡的人如何才能取得不平凡的成功。在这个公式中，他不仅看重能力，更看重热情和思维方式即人格和理念。一个能力平平的人，如果热情高涨，也能创造佳绩。在商业竞争中，如果不如别人努力，就处于落后状态，我们的努力就不奏效，我们就

---

① ［日］稻盛和夫：《经营为什么需要哲学》，曹岫云译，中信出版社 2011 年版，第 8—9 页。

难免失败和衰退。所以要经常反省，坚持“不亚于任何人的努力”。他特别强调理念和人格的意义，如果没有正确的理念和人格，我们不仅不会成功，而且还会是负数。不辞辛劳，愿意为他人的幸福而努力工作，这样的思维方式就是正值；相反，愤世嫉俗、怨天尤人，否定真挚的人生态度，这样的思维方式，就是负数。如果持有非常恶劣的反社会的思维方式，就会给他的人生和工作带来极为悲惨的结果。他认为，高尚的思想里蕴藏着巨大的能量，连神也会感动。稻盛和夫用自己的例子说：“如果不是这样，就无法说明为什么能力平平，缺乏知识、技术、经验、设备的我，竟然能够做出世界一流的发明创造。”稻盛和夫把近80年的企业经营生涯所坚持的真理概括为以上正确的为人标准。我们可以看到，稻盛和夫坚持的“仁爱”、“真诚”思想与自然和谐一体的观点也是与松下幸之助的共存共荣、遵循自然法则的思想一致的，都是来自于东方古老智慧——儒家的“仁爱”思想和道家“天人合一”的思想。

基于以上的人生哲学，稻盛和夫回答了“作为人，何为正确”的问题。他以此为基准，提出“将正确的事情以正确的方式贯彻到底”的指导思想。正是在这样的思想指导下，他建立了“京瓷哲学”，其主要内容包括：脚踏实地，坚持不懈；钻研创新；玻璃般透明的经营。

(2) 经营为什么需要哲学。

经营为什么需要哲学？稻盛和夫认为，有以下三个方面的理由，这三个方面足以说明，经营哲学不可或缺。1) 所谓哲学，首先是经营公司的规范、规则，或者说必须遵守的事项。经营公司无论如何必须有全体员工共同遵守的规范、规则或事项，这些作为“哲学”，必须在企业内部明晰地确定下来。① 但事实上，自古至今，不知道或不遵守这些规范规则的实例比比皆

① 参见［日］稻盛和夫：《经营为什么需要哲学》，曹岫云译，中信出版社2011年版，第42—43页。

是，最终都免不了失败的下场。2）所谓哲学，它用来表明企业的目的、企业的目标，即要将这个企业办成一个什么样的企业，同时这种哲学还要表明，为了实现自己希望的、理想的企业目的，需要什么样的思维方式。因此这种哲学在企业经营中必不可缺。3）优秀的哲学可以赋予企业一种优秀的品格。就像人具有人格一样，企业有企业的品格。企业经营非常需要优秀的哲学，就是因为这种哲学可以赋予企业优秀的品格。

（3）利他主义的经营哲学。

利他主义哲学观的树立对企业有何意义？稻盛和夫强调了以下几点：1）利他是一种动力。利他是最强有力的，让对方高兴，与人为善，这样的行为最终一定会成功，因为他的行为会让我们获得超越自己的伟大力量。让对方生存，帮助对方，为对方好，能具备这种美好的关爱之心、利他之心，一种超越自我的伟大力量就会自然地添加进来。经营者务必要排除“只要自己好就行”的利己之心，经营不是为了自己，而是为社会，这种高尚的行为让我们感到自尊和自豪，一定能给予我们克服困难的勇气。我们为社会、为世人作出了贡献，意识到这一点，过去所有的劳苦都转化为无上的喜悦。2）利他是智慧与创造力之源。专注于利他，全身心投入，还能引发创造力。努力利他，会产生灵感，使思想闪光，能够做别人从未做过的事业，并取得卓越的成功。当我们处于忘我的状态，为员工，为客户，一心不乱，全神贯注地投入研究开发的时候，无意之中会触及智慧宝库睿智的一端。打开智慧宝库的钥匙，就是愿他人幸福的关爱之心，利他之心。3）利他和共存共荣，是企业自身发展的条件。树立“知足”理念，控制个人欲望，实现共生与利他，也就能够保持和谐的社会，企业自身也才有发展的空间，这也是稻盛和夫几十年经营的总结，是他对从小接受的道德教育思考的结论。如果不加反省，在放任自身欲望的基础上持续人类的活动，那么人类构筑的现代物质文明，以及给人类带来繁荣的资本主义，都将自行毁灭。他总结道：“现在回想起来，不是依据经营的经验和知识，而是以这种最基本的伦理规范、道德律为基础去从事经营活动，正因如此，才取得了今天的成功。”“将目光转向当今世界的经济界，我们看到许多企业缺乏这种伦理道德，舞弊和丑闻频发，结果被社会无情地淘汰出局。”①

① ［日］稻盛和夫：《经营为什么需要哲学》，曹岫云译，中信出版社 2011 年版，第 116 页。

余论　从管理走向领导

一、管理的基本特征

在整个20世纪的管理历程中，既有管理又有领导，是一个从管理发展到领导的过程。20世纪初期，各主要资本主义国家处于工业革命之后和革命的过程中，以大规模生产为特征的工厂及工厂制度的出现，工厂的流水线作业的出现，造就了当时的管理的基本特征。

古典管理理论主张科学化、程序化、理性化为管理的基本特征。泰勒科学管理的宗旨在于提高体力劳动者的生产力，这一点在其《科学管理原理》一书的开篇就说得非常清楚。泰勒要求人们要转变观念，劳资双方从对抗走向亲密合作，通过科学知识的运用，实现双赢的管理目标。泰勒对科学知识如何运用于具体劳动过程、对管理方如何在管理中承担起工作计划和安排的责任等问题进行了探索，对工人的劳动从时间和动作上进行了解析和研究，对工具的分类和如何排放这些具体的管理问题进行了研究，可谓细致入微，体现了管理的控制和监管的特征。所以泰勒又被丹尼尔·雷恩称为“来自车间的管理学家”。而被雷恩称为“来自办公桌边的管理学家”的法约尔，把管理学研究内容提升至工业管理和一般管理的高度，他设计的是一个严格的管理系统，一个层级的组织结构。他把管理定义为计划、组织、指挥、协调和控制，强调统一领导和统一指挥，着力研究了组织的基本原则和管理的程序化、制度化。组织管理学家韦伯受到严格的军事管理制度的启发，提出了在大型组织实行科层制的主张，认为理想的组织形式是合乎理性的、合法型的组织。认为法制型的组织比传统型和魅力型要优越，要更有效率。这种基于理性的组织管理理论，主张管理过程必须遵循一套管理原则，为了保证管理人员严格履行职责，提出了对管理人员的保障措施，意在排除个人主观倾向对管理过程和结果的不良影响。

行为科学理论诞于20世纪二三十年代，以人际关系理论为开端。其研究延伸至整个的20世纪，在80年代的组织文化研究中，人们还在讨论组织行为问题。人际关系理论中，梅奥等人提出职工不是单纯的经济动物，不能靠“胡萝卜加大棒”的管理方式。认为职工主要是“社会人”，通过实验也发现在正式组织中还存在着以情感为基础的非正式组织，主张通过组织中人际关系的改善来提升工人的士气，最终达到提高生产效率的目标。但是，在管理过程中，管理仍然是管理方的工作，职工仍然是被动的反应者。在后来行为科学的发展过程中，学者们研究了组织中的人性问题、人的需求和激励问题、组织中的凝聚力问题，以及组织中的领导行为问题，但一直到组织文化理论，也没有把职工提升到管理主体的地位，职工与管理层之间，仍然处于管理与被管理的严格关系之中。麦格雷戈虽然提出“Y”理论，认为职工有自我管理能力，但也只是希望采用不同于“胡萝卜加大棒”的更为温和的管理方式，还没有把职工放在管理者的位置，管理者仍然是在管理而不是在领导。直到德鲁克提出知识工作者及其自我管理和目标管理理论，才真正把职工当作管理的主体，而把原来的管理者推上领导人的高度。在当代的管理哲学思想中，管理已经逐渐转变为领导。对组织的系统思考、战略思考，创建学习型和创造型组织，创建组织文化，这些都是在执行领导职责。

二、领导与管理的区别

从现代西方管理思想史的发展过程来看，从管理走向领导是一个总体趋势。美国通用电气公司原 CEO 杰克·韦尔奇（1935—　）有一句名言："多一点领导，少一点管理。"说明他已经认识到了领导的优势和管理与领导的区别。美国领导学家华伦·本尼斯把领导定义为"创造并实现梦想"，认为"领导关注的是方向、前景、意图、目标和效果"，用目标引领，既是领导者的领导方式，又是其职责与使命。他对领导和管理进行了明确的区分，认为领导是做正确的事，管理在于正确地做事，一个求革新，一个求稳定。美国领导力研究专家约翰·科特也持类似的看法，认为管理和领导两者的主要区别体现在其功能上的不同，领导是变革，管理是维持秩序。科特将领导的作用概括为：(1) 提出一个关于该怎样做的设想，要考虑所有有关人员的合法权益。(2) 设计一种战略安排，考虑环境因素与内部因素。(3) 建立一个资源协作系统。(4) 打造一群情绪高昂的主要成员。① 可以看出，科特对领导的作用的认识，继承了巴纳德关于经理人员职能的思想，认为领导的任务主要是设计和制定目标战略、建立沟通协作系统和激励员工。

领导与管理的主要区别在于工作的内容和方式两个方面：(1) 在工作的内容上，领导和管理是决策与执行的关系。领导是做正确的事，设置目标，是战略导向的，而管理是正确地做事，是技术导向的，是执行计划，实现目标。(2) 从工作的方式上看，传统的管理主要运用监督控制的手段、强制性的手段，是维持秩序，而领导是通过方向、目标、前景、创意、创新引导他

---

① ［美］约翰·科特：《现代企业的领导艺术》，史向东等译，华夏出版社 1997 年版，第 21 页。

人，形成追随者，通过领导者的影响力带动他人，实现组织目标和个人目标。这两个方面的区别，也体现了“管理”和“领导”的字面含义。管理是监管与梳理，对象是当前的现存事物，是使现存事物整齐有序，实现管理的既定目标；而领导是引领和引导，目标在于未来和前方，是在不确定性的未来走出一条新路，是对目标与途径的探索与创新。

三、从管理向领导的转变

彼得·德鲁克和加里·哈默研究了适应知识社会管理的一种新的管理方式，这种新的管理方式可以用一种不同于20世纪传统的管理方式的概念即“领导”的概念加以概括。因为这些管理方式及其人性假设，更符合“领导”概念的内涵。哈默在《管理大未来》的前言中认为，当代还有许多公司，在很大程度上受20世纪初的理论家和实践家提出的一套所谓“现代”管理的约束，包括预算的制定、权力的配置、激励员工的方案和各种决策。但是当今，这些曾经有效的管理原则已经不适应当前的形势。急剧的变革、飞逝的优势、技术的颠覆、可畏的竞争、分散的市场、全能的顾客、挑剔的股东，它们对全球的组织管理提出了新的挑战。“如果现代管理将具有创造性的、有主见的、具有自由精神的人们置入一个标准化的、规则化的体系内，这就破坏了人类最美妙的想象力和创新精神。”①

在新的挑战面前，管理必须走出一条崭新的道路，根据哈默和德鲁克的思想，即是要使传统的“管理”走向当代“领导”的道路。

(1) 从管理对象和人性假设来看，实现从“体力劳动者”向“知识工作者”的转变，从“依赖管理”到“自我实现”的转变。

---

① ［美］加里·哈默、比尔·布林：《管理大未来》，陈劲译，中信出版社2008年版，第7页。

无论是哈默还是德鲁克，研究的对象已经不是传统的从事体力劳动的处于流水线上的工人，而是用头脑工作的知识工作者，就是在企业中也不例外。德鲁克认为在整个20世纪，对社会影响最大的事件，不是两次世界大战，也不是战后日本在经济上的迅速崛起，而是人口革命，即作为生产力中的基本要素的劳动者的变化，从体力劳动者向脑力劳动者的转变。在20世纪体力劳动者的生产率得到很好的研究和提高，大约提高了50倍，而脑力劳动者的生产率没有实质性的提高。由于在未来的时间里，知识工作者会逐渐代替体力劳动者，因此在21世纪，管理的主要挑战就是如何提高知识工作者的生产率。德鲁克和哈默等未来管理的研究者，发现了一个伟大的真理，即在未来的管理中，必须把“管理”转变为“领导”。德鲁克主张，知识工作者是“自我实现人”，是“管理人”。他认为，“自我管理是人事上的革命。它要求个人，特别是知识工作者展现出全新的面貌和做出史无前例的事情。这是因为，它实际上要求每个知识工作者都从首席执行官的角度思考问题和做事情”。①

加里·哈默在《管理大未来》中把全食超市、谷歌公司的职工均描述为“自我管理人”、“创新人”，认为他们如果有足够的授权、有足够的创新条件，就能自我管理、全员创新。他们为了实现自己的目标，实现自己的梦想，必须充分发挥主动性和创造性。知识工作者的工作就是创造知识，知识工作者的工作方式，与传统工人有着根本的不同，不是通过严格的监管所能实现的，必须让知识工作者实行自我管理、目标管理。管理层与职工之间从原来的严格管理转变为主要是一种基于合作、合伙关系或“领导关系”的新式管理。

（2）在管理中的责权关系上，实现从“集权”到“分权”的转变。

基于“自我实现人”的人性假设和随着知识工作者自由、权利的意识

---

① ［美］彼得·德鲁克：《21世纪的管理挑战》，朱雁斌译，机械工业出版社2014年版，第172页。

增强，在管理层和被管理层的关系上，以及在相应的管理方式上，均要发生根本性的转变。在管理层与被管理层的关系方面，在权力的分配上，分权化是一种基本的趋势。领导者提出工作任务，职工参与目标的制定，甚至自己单独制定目标，实行社区式的管理。在工作过程中，职工可以享有高度的自主权，自己决定工作方式。在德鲁克的知识工作者管理理论中，知识工作者应对自己应做的贡献负有责任，在质量、数量、时间和成本方面，由知识工作者决定他们应承担什么责任。知识工作者需要有自主权，有了自主权，他们就应当承担责任。哈默在《管理大未来》中，分析了全食超市、谷歌公司和戈尔公司的管理创新。他们的共同点就是给予职工更大的自主权，使他们有更多的时间和空间进行创造，发挥每位职工的主动性和创造性，保持公司的活力和竞争力。在全食超市，员工可以决定自己的目标、进货渠道、库存，甚至决定新职工的进入，决定同事的奖金报酬。在戈尔公司，实现民主管理，实行“两自”（“自然领导”和“自娱时间”）的管理方式。在自然领导体系中，领导者的权力不能被当作理所当然，因为团队可以随时罢免它的首领，领导者必须获得同事们的忠诚从而维护他的权力。“自娱时间”，自由支配时间则是创新的内燃机，员工每周保证半天的时间从事自己心仪的项目研究，这些研究成为公司的极大财富。戈尔还有一些惊人之举，真正实施了“要网络，不要等级”、“不要老板，但有足够的领导”、“领路人，而不是老板”、“试验自由”、“要承诺，不要分配任务”、“聚焦，但没有核心业务”等革命性措施。谷歌公司致力于创新，找到一条将键盘声变成金钱的神奇道路。“让谷歌与众不同的不是其以网络为中心的业务模式，而是其崭新的管理模式。”[①] 谷歌实行“70—20—10”的创新法则，公司将20%和10%的资源分别投入到拓展性的开发研究和萌芽状态的创意的研究。给予职工通过自

① ［美］加里·哈默、比尔·布林：《管理大未来》，陈劲译，中信出版社2008年版，第91页。

己的努力改变世界的机会，他们可以通过使命感的激励，从事大问题的研究，思考要几年甚至十几年才能完成的大问题。谷歌的管理结构就如网络一样的民主，充分偏平，彻底放权。在谷歌，职工以及所有与决策结果有利害关系的人，都可以参与决策，把“管理”真正变成了“领导”。

（3）在管理的方式和管理者的角色上，实现从“控制者”到“引路人”的转变。

德鲁克在《21世纪管理的挑战》等著作中，分析了知识工作者及其工作的特征，从而引申出对于知识工作者的特殊的管理方式。德鲁克认为，知识工作者与传统的依赖于组织资源的工人不同的地方在于他们拥有自己的主要生产资料即知识。他们拥有更大的工作的自主权和较少的对特定组织的依赖性，他们必须对自己的工作负责，必须进行自我决策和自我管理。他们工作上的特殊性，一是非常的专业化，二是工作过程的非限制性。这两个特征要求在管理中管理者不要过多地干预，员工要有充分的自决权，不能实行严格的过程监控而必须实行结果导向的管理，或者说通过“领导”的方式而不是“管理”的方式管理。职工要对自己的工作负责，对自己的价值观负责。领导的任务是引路、服务、制定激励规则、创造必要的条件。德鲁克认为，管理者的根本职责就是要提出任务目标，并通过对目标的坚守而拥有自己的追随者。他说：“目标是区分正确领导与错误领导的试金石。他在现实的约束条件下做出的协调（包括政治、经济、财务或者人的约束因素）是否与他的使命或目标相一致，就决定了他是不是一个有效的领导者。另外，他是否坚持一些基本标准（并身体力行）或者自己可以违反这些‘标准’，则决定了这个领导者身边是否拥有忠实的跟随者，或者只是虚假的趋炎附势者。”①德鲁克还认为，企业越来越需要采取管理“合作者”的方法管理“雇员”，

---

① ［美］彼得·德鲁克：《管理未来》，李亚、邓宏图、王璐等译，机械工业出版社2007年版，第81页。

而合作关系的定义也指出，在地位上，所有的合作者都是平等的。合作关系的定义还指出，不能向合作者发号施令，他们需要被说服。①彼得·圣吉对学习型组织中领导新角色进行了描述，指出在学习型组织中，管理者面对的是知识工作者，领导要成为设计师、仆人和教师。要作为组织和目标的设计师，作为共同愿景的仆人，作为促进组织学习的导师。

哈默认为，从管理到领导的转变，并不是不再需要管理，而是要在管理与领导之间保持一定的张力。今后管理要重点考虑的是，如何将科层制下的管理，转变成为未来的管理——领导。在管理创新的议程中要增加以下三项内容：第一，在不牺牲工作重点、纪律和秩序的前提下，怎样通过更少的管理拓宽员工的自由度？第二，如何脱离机械的科层体制，构建一个以社区共同体精神凝聚员工的企业？第三，如何在整个组织中放大共同使命感，让员工乐于奉献？②

哈默认为，现实的管理中，虽然我们知道进取心、创造性和激情对于工作的重要价值，但在培训的时候，往往把监督、控制和严格执行作为培养目标。但是人类的这些能力特别是创造力几乎是不可能被“管理”的。现代管理学中的管理工具可以让员工更服从、更勤奋，但不能使他们更有创造性、对组织和管理者更忠诚。所以今后的管理变革的方向是捆住管理之手，减少管理，真正把权力交给员工，让其设计自己，选择工作内容，使其真正为一个崇高的信念而奋斗，建立一个真正尊重、激发与赞赏人类创造性、激情和勇气的21世纪的崭新的管理模式。③

---

① ［美］彼得·德鲁克：《21世纪的管理挑战》，朱雁斌译，机械工业出版社2014年版，第19页。

② ［美］加里·哈默、比尔·布林：《管理大未来》，陈劲译，中信出版社2008年版，第56—57页。

③ ［美］加里·哈默、比尔·布林：《管理大未来》，陈劲译，中信出版社2008年版，第218页。

主要参考文献

一、论著部分

1. [美] 彼得·德鲁克：《创新与企业家精神》，蔡文燕译，机械工业出版社 2015 年版。

2. [日] 野中郁茨郎、竹内弘高：《创造知识的企业——日美企业持续创新的动力》，李萌、高飞译，知识产权出版社 2006 年版。

3. 宫向阳：《德鲁克管理思想研究》，苏州大学出版社 2013 年版。

4. [美] 彼得·德鲁克、[日] 中内功著：《德鲁克看中国与日本》，林克译，东方出版社 2009 年版。

5. [美] 克里·沃兹曼、彼得·德鲁克：《德鲁克最后的演讲》，陈召强、张文同译，中国工商联合出版社 2011 年版。

6. [美] 彼得·圣吉：《第五项修炼——学习型组织的艺术与实务》，郭进隆译，上海三联书店 1998 年版。

7. [美] 彼得·德鲁克：《21 世纪的管理挑战》，朱雁斌译，机械工业出版社 2014 年版。

8. [美] 彼得·德鲁克：《非营利组织的管理》，吴振阳等译，机械工业出版社 2012 年版。

9. [美] 玛丽·福利特：《福利特论管理》，吴晓波等译，机械工业出版社 2007 年版。

10. [法] 亨利·法约尔：《工业管理与一般管理》，迟力耕、张璇译，机械工业出版社 2014 年版。

11. [美] 乔治·梅奥：《工业文明的人类问题》，陆小斌译，电子工业出版社 2013 年版。

12. [美] 乔治·梅奥：《工业文明的社会问题》，张爱民、唐晓华译，北京理工大学出版社 2013 年版。

13. 方振邦主编：《管理思想百年脉络——影响世界管理进程的百名大师》，中国人民大学出版社 2007 年版。

14. [美] 彼得·德鲁克：《管理的实践》，齐若兰译，机械工业出版社 2009 年版。

15. [美] 亨利·明茨伯格：《管理工作的本质》，方海萍译，中国人民大学出版社 2012 年版。

16. [美] 彼得·德鲁克：《管理：使命、责任和实务》（使命篇），王永贵译，机械工业出版社 2015 年版。

17. [美] 丹尼尔·雷恩：《管理思想的演变》，孔令济译，中国社会科学出版社 2004 年版。

18. [美] 丹尼尔·雷恩：《管理思想史》，孙健敏等译，中国人民大学出版社 2009 年版。

19. [美] 赫伯特·西蒙：《管理行为》，詹正茂译，机械工业出版社 2009 年版。

20. [美] 彼得·德鲁克：《管理未来》，李亚等译，机械工业出版社 2007 年版。

21. [英] 奥利弗·谢尔顿：《管理哲学》，刘敬鲁译，商务印书馆 2013 年版。

22. 袁闯：《管理哲学》，复旦大学出版社 2005 年版。

23. 彭新武等：《管理哲学导论》，中国人民大学出版社 2006 年版。

24. [美] 肯·史密斯、迈克尔·希特：《管理中的伟大思想 经典理论的开发历程》，徐飞、路琳译，北京大学出版社 2010 年版。

25. [英] 亚当·斯密：《国富论》，高格译，中国华侨出版社 2013 年版。

26. [美] 彼得·德鲁克：《后资本主义社会》，傅振焜译，东方出版社 2009 年版。

27. [德] 马克斯·韦伯：《经济与社会》（上下卷），林荣远译，商务印书馆 1997 年版。

28. [美] 切斯特·巴纳德：《经理人员的职能》，王永贵译，机械工业出版社 2013 年版。

29. [日] 稻盛和夫：《经营为什么需要哲学》，曹岫云译，中信出版社 2011 年版。

30. [美] 迈克尔·波特：《竞争战略》，陈小悦译，华夏出版社 2011 年版。

31. [美] 吉姆·柯林斯、杰里·波勒斯：《基业长青》，真如译，中信出版社 2009 年版。

32. [美] 彼得·德鲁克：《巨变时代的管理》，朱雁斌译，机械工业出版社 2015 年版。

33. [美] 弗雷德里克·泰勒：《科学管理原理》，马风才译，机械工业出版社 2009 年版。

34. [古希腊] 柏拉图：《理想国》，郭斌和、张竹明译，商务印书馆 1986 年版。

35. [美] 亚伯拉罕·马斯洛等：《马斯洛论管理》，邵冲、苏曼译，机械工业出版社 2014 年版。

36. [美] 彼得·德鲁克：《旁观者　管理大师德鲁克回忆录》，廖月娟译，机械工业出版社 2014 年版。

37. [美] 约翰·科特：《权力与影响力》，李亚等译，机械工业出版社 2013 年版。

38. 唐任伍：《世界管理思想史》，重庆出版社 2011 年版。

39. 卢大振主编：《世界管理学名著导读》，中国城市出版社 2004 年版。

40. [英] 查尔斯·汉迪：《思想者　查尔斯·汉迪自传》，闾佳译，浙江人民出版社 2012 年版。

41. [荷] 吉尔特·霍夫斯泰德、格特·扬·霍夫斯泰德：《文化与组织　心理软件的力量》，李原、孙健敏译，中国人民大学出版社 2010 年版。

42. 孙进编：《50 部管理学经典解读》，四川出版集团、四川人民出版社 2013 年版。

43. [美] 彼得·德鲁克:《下一个社会的管理》,蔡文燕译,机械工业出版社 2014 年版。

44. 姜杰等编:《西方管理思想史》,北京大学出版社 2007 年版。

45. 郭咸纲:《西方管理思想史》,经济管理出版社 2004 年版。

46. 孙耀君主编:《西方管理学名著提要》,江西人民出版社 2006 年版。

47. 刘敬鲁:《西方管理哲学》,人民出版社 2012 年版。

48. [德] 马克斯·韦伯:《新教伦理与资本主义精神》,李修建等译,中国社会科学出版社 2009 年版。

49. [英] 斯图尔特·克雷纳:《影响世界的西方管理思想》,董洪兰译,中央编译出版社 2007 年版。

50. 黎红雷主编:《中国管理智慧教程》,人民出版社 2006 年版。

51. [日] 野中郁茨郎、竹内弘高:《知识创造的螺旋 知识管理理论与案例研究》,李萌、高飞译,知识产权出版社 2006 年版。

52. [美] 汤姆·彼得斯、罗伯特·沃特曼:《追求卓越》,胡玮珊译,中信出版社 2009 年版。

53. [美] 威廉·大内:《Z 理论》,朱雁斌译,机械工业出版社 2013 年版。

二、论文部分

1. 罗仕国:《当代管理思想中的类中国古代哲学功夫——以彼得·圣吉和松下幸之助为例》,《领导科学》2014 年第 1 期。

2. 罗仕国:《德鲁克关于知识劳动者的个人管理思想述评》,《科技管理研究》2013 年第 2 期。

3. 罗仕国:《野中郁茨郎和竹内弘高的企业知识创造思想及其理论基础》,《科技管理研究》2015 年第 9 期。

后 记

本书是笔者在西方管理思想史长期教学过程中进行思考所积累的结果。广西大学哲学专业从 2008 年确定为管理哲学方向，也把“西方管理哲学思想史”作为专业核心课程。后来，公共管理和管理哲学专业研究生也把“西方管理学说史”作为必修课。但是国内当时没有西方管理哲学思想史的教材，只有西方管理思想史的教材，比如郭咸纲的《西方管理思想史》和姜杰等编著的《西方管理思想史》等管理思想史方面的著作，笔者在教学中也把这两本书作为基本教材，在此基础上进行一些哲学层面的思考。2013 年申请了学校教材项目，把“西方管理哲学思想史”作为重点教材建设项目，正式确定了此书的编写工作，笔者也开始了对西方管理思想和管理哲学的研究，并公开发表过一些相关的文章。

本书得以成型，首先得益于管理学家、管理哲学家们的优秀成果，这是本书思想的基本来源。泰勒、法约尔、韦伯、梅奥、谢尔顿、福利特、巴纳德、马斯诺、明茨伯格、柯林斯、德鲁克、波特、彼得·圣吉、威廉·大内、斯金纳、西蒙、加里·哈默、丹尼尔·雷恩、汤姆·彼得斯、霍金森、金炜灿、汉迪以及对东西方管理思想进行融合的日本的一些管理思想家，如松下幸之助、野中郁次郎、稻盛和夫等诸多管理思想家的创造性思想是取之不尽的源泉，要感谢这些思想家和其著作的译者们，这些译者包括郭进隆、朱雁斌、陆小斌、王永贵、迟力耕、詹正茂、刘敬鲁、李萌、马风才、蔡文燕、真如、陈小悦、孙健敏、吴晓波、齐若兰、曹岫云等。国内的管理学家和学者们的研究成果也是本书的重要思想来源，除了上面提到过的郭咸纲、姜杰外，刘敬鲁（《西方管理哲学》）、黎红雷（《中国管理智慧教程》）、方振邦（《管理思想百年脉络》）、唐任伍（《世界管理思想史》）、卢大振（《世界管理学名著导读》）、孙进（《50部管理学经典解读》）、彭新武（《管理哲学导论》）、袁闯（《管理哲学》）、李兰芬（《管理伦理学》）、罗珉（《管理理论的新发展》）、陈春花（《超越竞争》）等重要的管理哲学家的著作和论文也为本书作者的研究提供了重要的参考。

在教学过程中，笔者与本科生和研究生均进行过很多讨论，管理哲学2017级研究生还参与了本书的校对工作，在研究生的“西方管理学说史”的教学过程中，与公共管理学院院长谢舜教授的讨论也使笔者深受启发，受益匪浅。在此一并致谢。

本书的出版得到“广西自治区党委宣传部与广西大学马克思主义学院共建项目”的经费资助，感谢马克思主义学院院长雷德鹏教授、党委书记徐秦法教授等领导的支持。

在此呈现给读者的只是一些初步的也是非常粗浅的学习体会。西方管理思想家们的理论是取之不竭的宝藏。学无止境、路漫修远！吾将锲而不舍，上下求索，在学术这条苦行之路上前行。此以自勉。

2017年12月19日于西大碧云湖畔